W. M. Kähler

SPSS^X für Anfänger

Wolf-Michael Kähler

SPSS^x für Anfänger

Eine Einführung in das Datenanalysesystem

2., neubearbeitete Auflage

Friedr. Vieweg & Sohn   Braunschweig/Wiesbaden

1. Auflage 1986
   Nachdruck 1986
2., neubearbeitete Auflage 1988

Umschlaggestaltung: Peter Lenz, Wiesbaden

ISBN 978-3-528-13361-0   ISBN 978-3-322-89428-1 (eBook)
DOI 10.1007/978-3-322-89428-1

für meine Eltern

Vorwort

Als Nachfolgesystem von SPSS (Statistical Package for the Social Sciences) behält das Datenanalysesystem SPSS^X das Grundkonzept von SPSS bei. Zur Steigerung der Leistungsfähigkeit und um den heutigen Ansprüchen an das Leistungsvermögen von Datenanalysesystemen gerecht werden zu können, bietet SPSS^X neue Sprachelemente an und stellt die bewährten Sprachmittel von SPSS in meist leicht modifizierter Form zur Verfügung, so daß SPSS^X als neues Produkt der Herstellerfirma SPSS Inc. betrachtet werden muß.

Dieses Buch wendet sich an Leser, die empirisch erhobenes Datenmaterial mit Hilfe einer Datenverarbeitungsanlage statistisch auswerten und dabei das Datenanalysesystem SPSS^X einsetzen wollen. Die Darstellung ist so gehalten, daß keine Vorkenntnisse aus dem Bereich der Elektronischen Datenverarbeitung (EDV) vorausgesetzt werden. Vielmehr soll der Leser in natürlicher Weise an das Werkzeug "Datenverarbeitungsanlage" herangeführt und möglichst schnell in die Lage versetzt werden, Aufträge an das SPSS^X-System in Form von SPSS^X-Programmen selbstständig zu schreiben und auf einer Datenverarbeitungsanlage ablaufen zu lassen.

Dieses Buch ist eine problembezogene Einführungsschrift und keine handbuchartige Aneinanderreihung von SPSS^X-Sprachelementen. Vielmehr richtet es sich an Leser, die in leicht verständlicher Darstellung in die Lage versetzt werden wollen, SPSS^X-Programme selbstständig zu entwickeln.

Neben der Darstellung der grundlegenden SPSS^X-Sprachelemente wird - am Beispiel einer (einzigen) empirischen Untersuchung - die vom SPSS^X-System erzeugte Druckausgabe erläutert und die Interpretation der statistischen Analyseergebnisse beschrieben. Da dieses Buch keine Einführungsschrift in die Statistik sein will, sollte der Leser elementare Statistik-Kenntnisse besitzen. Dabei wird durch die ausführliche Darstellung ein nicht mehr vorhandenes Statistik-Wissen so aufgefrischt, daß sich für den Leser keine grundsätzlichen Schwierigkeiten ergeben dürften.

Als Einführungsschrift soll und kann dieses Buch nicht den Anspruch auf eine vollständige Beschreibung der Möglichkeiten von SPSS^X erheben. Vielmehr soll es die Anwendung einfacher und häufig eingesetzter statistischer Verfahren wie etwa Häufigkeitsauszählungen, Kreuztabellenanalyse und die Berechnung von beschreibenden Statistiken erläutern.

Aufgrund der in Lehrveranstaltungen und Projektberatungen gesammelten Erfahrungen kann dieses Buch zum Selbststudium empfohlen werden.

Dem Vieweg-Verlag danke ich für die angenehme Zusammenarbeit. Für kritische Anmerkungen bin ich zahlreichen Studenten zu Dank verpflichtet.

Ritterhude, im November 1985

Inhaltsverzeichnis

1 Datenaufbereitung und Ziele der Datenanalyse

1.1 Zielsetzungen von empirischen Untersuchungen

Bei empirischen, d.h. erfahrungswissenschaftlichen Untersuchungen werden - im Hinblick auf eine vorgegebene Problemstellung - Daten an Merkmalsträgern (Untersuchungseinheiten) erhoben, wobei man Methoden der Befragung, der Beobachtung, der Dokumentenanalyse oder aber die experimentelle Methode einsetzt. Dabei ist ein Merkmalsträger z.B. ein Schüler, an dem mit Hilfe einer Frage eine Information empirisch erhoben werden soll. Einen Merkmalsträger nennt man auch Objekt, und man spricht gegebenenfalls auch von einem Probanden, einer Person, einer experimentellen Einheit, einem Fall oder einer Analyseeinheit.

Wird ein Schüler etwa über die Einschätzung seiner eigenen Leistung befragt, so wird an ihm ein Merkmal gemessen. In diesem Zusammenhang bezeichnet man das Merkmal auch als (Interview-) Frage oder als Item. Ansonsten spricht man je nach Kontext von einem Response, einer Eigenschaft, einem Stimulus oder einer Kriteriums- bzw. Prädiktor-Variablen.

Den erhaltenen Meßwert, d.h. die Antwort nennt man Merkmalsausprägung oder auch Reaktion bzw. Beobachtungsscore oder Wert.

In den empirischen Wissenschaften stellt die Statistik ein Hilfsmittel dar, um gewisse Entscheidungen mit Hilfe der erhobenen Daten zu treffen. Bei der Auswertung der Daten (Datenanalyse) beschreibt man i. allg. zunächst die einzelnen Merkmale durch Häufigkeitsverteilungen.[+)] Ferner bestimmt man Statistiken, d.h. summarische Informationen über einzelne Merkmale durch die Berechnung typischer Maßzahlen (Kennwerte) einer Verteilung wie etwa

- Werte der zentralen Tendenz (z.B. das arithmetische Mittel als Durchschnittswert) zur Beurteilung der Häufung von Merkmalsausprägungen und
- Werte der Variabilität (z.B. die Streuung) zur Kennzeichnung der Unterschiedlichkeit der Merkmalsträger im Hinblick auf ein erhobenes Merkmal.

In einem zweiten Schritt geht es u.a. darum, die Beziehungen zwischen zwei und mehr Merkmalen zu beschreiben. Dazu verringert man die Komplexität der Informationen über das Zusammenwirken mehrerer Merkmale, indem man z.B. Korrelationskoeffizienten als Maße für die Stärke oder Schwäche einer Beziehung berechnet.

Diese Beschreibungen führt man mit Hilfe der deskriptiven, d.h. beschreibenden Statistik durch. In vielen Fällen möchte man die erhaltenen Ergebnisse auf einen größeren Bereich verallgemeinern. Dazu müssen die Merkmalsträger als Stichprobe (Zufallsauswahl) aus einer spezifizierten Grundgesamtheit (Population) gewählt werden, so daß man mit Hilfe der induktiven, d.h. schließenden Statistik von den beobachteten Merkmalsausprägungen - mit gewissen Einschränkungen - auf die durch die Stichprobe repräsentierte Grundgesamtheit schließen kann.

+) Die Häufigkeitsverteilung eines Merkmals dokumentiert, wie häufig die einzelnen Merkmalsausprägungen an den Merkmalsträgern gemessen worden sind.

Nun sollte man die Rolle der Statistik im empirischen Forschungsprozeß nicht über-
schätzen, denn der gesamte Prozeß der Erkenntnisgewinnung einschließlich der Theorie-
bildung kann niemals von der Statistik geleistet werden. Allerdings darf man die
Rolle der Statistik auch nicht unterbewerten, da die Notwendigkeit von statistischen
Analysen zum Zwecke der Informationskomprimierung außer Frage steht.
Im folgenden werden wir lernen, wie man mit Hilfe der EDV (Elektronische Datenverarbeitung) entsprechende statistische Verfahren automatisch durchführen lassen kann,
so daß der empirisch Forschende von manuellen Auswertungen befreit ist und trotzdem
nicht von einem EDV-Fachmann abhängig wird.

1.2 Beispiel einer empirischen Untersuchung

Unseren Ausführungen legen wir die Materialien einer empirischen Untersuchung zugrunde, die sich damit beschäftigt, wie die Schüler ihre Leistung, Begabung und
Belastung selbst einschätzen.[+] Diese Studie ist insofern von Bedeutung, als die
Leistungsmotivationsforschung die überragende Bedeutung des Begabungsselbstbildes
für das Lernen und für den Erfolg in Schule, Berufsausbildung und Beruf nachgewiesen
hat. Wir werden uns im folgenden auf einzelne Fragestellungen dieser Studie beziehen
und bei der Datenanalyse auf das erhobene Datenmaterial zurückgreifen.

Die Merkmalsträger unserer Untersuchung sind Schüler und Schülerinnen der NGO
(Sekundarstufe II) eines Gymnasiums in Bremen. Der Untersuchung liegt der folgende
Erhebungsplan zugrunde:

		Jahrgangsstufe		
		11	12	13
	männlich	5o	5o	25
Geschlecht	weiblich	5o	5o	25

Es nehmen also je 1oo Merkmalsträger aus den Jahrgangsstufen 11 und 12 und 5o aus der
Jahrgangsstufe 13 teil. Die in unserer Untersuchung einbezogenen 25o Probanden sind
zufällig ausgewählt, so daß mit den Ergebnissen für die Stichprobe gegebenenfalls auch
Aussagen über die Grundgesamtheit der bremischen NGO-Schüler gemacht werden können.[++]
Unsere Untersuchungspersonen wurden gebeten, einen Fragebogen mit insgesamt 48 Items
(Fragen) zu beantworten.
Im Rahmen unserer späteren Datenanalysen greifen wir auf den folgenden Auszug dieses
Fragebogens zurück, auf dem die von einem Schüler gegebenen Antworten sowie die zuge-
hörigen kodierten Werte (vgl. 1.4) eingetragen sind:

+) Diese Studie wurde im Rahmen der Staatsexamensarbeit "Die Selbsteinschätzung von
   Schülern der NGO (neugestaltete gymnasiale Oberstufe) bzgl. ihrer Leistungsfähig-
   keit" von Eberhard Dobers im März 198o in Bremen verfaßt.
++) Dabei nehmen wir an, daß die NGO-Schüler dieser Schule als repräsentativ für alle
    Bremer Schulen angesehen werden können.

	Kodespalte

Kreuzen Sie bitte das für Sie Zutreffende an!

1. Jahrgangsstufe: 11 ☒(1)

    12 ☐(2)

    13 ☐(3)

Kodespalte: $\boxed{1}$ 1

2. Geschlecht: männlich ☒(1)

    weiblich ☐(2)

Kodespalte: $\boxed{1}$ 2

⋮

6. Wieviele Unterrichtsstunden haben Sie in der Woche?

    Unterrichtsstunden: *36*

Kodespalte: $\boxed{3}\boxed{6}$ 5 6

7. Wie lange machen Sie pro Tag im Durchschnitt Hausaufgaben?

    ich mache keine Hausaufgaben ☐(1)

    weniger als 1/2 Std. am Tag ☐(2)

    1/2 - 1 Stunde am Tag ☒(3)

    1 - 2 Stunden am Tag ☐(4)

    2 - 3 Stunden am Tag ☐(5)

    3 - 4 Stunden am Tag ☐(6)

    mehr als 4 Stunden am Tag ☐(7)

Kodespalte: $\boxed{3}$ 7

⋮

1o. Oft schalte ich im Unterricht einfach ab, weil es mir zu viel wird.

    stimmt ☒(1)

    stimmt nicht ☐(2)

Kodespalte: $\boxed{1}$ 1o

⋮

14. Wie gut sind Ihre Schulleistungen im Vergleich zu Ihren Mitschülern?

    sehr gut ⟶ +4 (9)

    +3 (8)

    +2 (7)

    +1 (6)

    durchschnittlich ⟶ 0̸ (5)

    -1 (4)

    -2 (3)

    -3 (2)

    sehr schlecht ⟶ -4 (1)

Kodespalte: $\boxed{5}$ 14

⋮

16. Wenn Sie an alle Mitschüler Ihrer Jahrgangsstufe denken,

    wie schätzen Sie dann Ihre Begabung insgesamt ein?

    sehr gut ⟶ +4 (9)

    +3 (8)

    +2 (7)

    +̷1̷ (6)

    durchschnittlich ⟶ o (5)

    -1 (4)

    -2 (3)

    -3 (2)

    sehr schlecht ⟶ -4 (1)

Kodespalte: $\boxed{6}$ 16

	Kodespalte

17. Für wie begabt, glauben Sie, halten Ihre Lehrer Sie?

sehr gut ⟶ +4 (9)
+3 (8)
+2 (7)
+1 (6)
durchschnittlich ⟶ o (5)
-1 (4)
-2 (3)
-3 (2)
sehr schlecht ⟶ -4 (1)

Kodespalte: |6| 17

Im allgemeinen hat ein Schüler in manchen Fächern bessere, in anderen schlechtere Schulleistungen. Worauf führen Sie Ihre <u>besseren Schulleistungen</u> zurück?

Kreuzen Sie bitte alle zutreffenden Antworten an!

Ich führe meine besseren Schulleistungen darauf zurück,

Nr.	Aussage	Antwort	Kodespalte
18.	daß ich in diesen Fächern leicht lerne	☒ (1)	|1| 18
19.	daß ich ohne Mühe immer mitkomme	☒ (1)	|1| 19
20.	daß ich meist gut vorbereitet bin	☐ (1)	|0| 20
21.	daß die Lehrer in diesen Fächern die Sachen besonders gut erklären können	☐ (1)	|0| 21
22.	daß ich in diesen Fächern nicht so leicht aufgebe, wenn mir einmal etwas schwerer fällt	☒ (1)	|1| 22
23.	daß die Lehrer den Unterricht in diesen Fächern besonders interessant machen	☐ (1)	|0| 23
24.	daß ich oft Glück habe	☐ (1)	|0| 24
25.	daß ich in diesen Fächern begabt bin	☒ (1)	|1| 25
26.	daß ich die Sachen leicht behalte	☒ (1)	|1| 26
27.	daß ich mich immer bemühe, gut mitzukommen	☐ (1)	|0| 27
28.	daß ich mich hier beim Lernen nicht so leicht ablenken lasse	☐ (1)	|0| 28
29.	daß diese Fächer besonders leicht sind	☐ (1)	|0| 29
30.	daß ich die Sachen immer schnell verstehe	☒ (1)	|1| 30
31.	daß ich mich ziemlich anstrenge	☐ (1)	|0| 31
32.	daß ich im Unterricht viel mitarbeite	☐ (1)	|0| 32

⋮

Identifikationsnummer des Fragebogens: |0|3|1|
78   80

Als Untersuchungszeitraum wurde die erste Februarhälfte 1980 gewählt, weil es Ende
Januar Zeugnisse gab und die 13. Jahrgangsstufe kurz vor dem Abitur stand, so daß
sich alle Schüler gerade intensiv mit ihren Schulleistungen auseinandergesetzt haben
dürften.

Im Rahmen unserer Untersuchung wollen wir Aussagen über die Selbsteinschätzung von
Leistung und Begabung, die Leistungserklärungen, das Lernengagement, die zeitliche
Gesamtbelastung und die Ermüdung dieser NGO-Schüler erhalten. Dazu müssen wir uns
u.a. die Aufgabe stellen, die Häufigkeitsverteilungen der folgenden Merkmale zu er-
mitteln:
- Anzahl der Unterrichtsstunden, kurz: "Unterrichtsstunden"   (Item 6)
- Anzahl der Stunden für Hausaufgaben, kurz: "Hausaufgaben"   (Item 7)
- Abschalten im Unterricht, kurz: "Abschalten"   (Item 1o)
- Einschätzung der eigenen Schulleistung, kurz: "Schulleistung"   (Item 14)
- Einschätzung der eigenen Begabung, kurz: "Begabung"   (Item 16)
- Einschätzung, wie Lehrer die eigene Begabung beurteilen,
  kurz: "Lehrerurteil"   (Item 17)

Ferner interessiert uns, ob bei diesen Verteilungen eventuell geschlechtsspezifische
oder jahrgangsstufenspezifische Unterschiede bestehen, so daß man von einem statistischen Zusammenhang zwischen dem jeweiligen Merkmal und dem Geschlecht bzw. der Jahrgangsstufe sprechen kann. Für die Datenanalyse, die eine Antwort auf diese Fragen
geben soll, stehen uns aufgrund des Erhebungsplans 25o ausgefüllte Fragebögen zur
Verfügung.

1.3 Warum den Einsatz von SPSS[x] ?

Um etwa die Frage nach den Häufigkeitsverteilungen der Merkmale "Unterrichtsstunden",
"Hausaufgaben", "Abschalten" und "Schulleistung" zu beantworten, müssen wir für jedes
dieser Merkmale eine Häufigkeitsauszählung vornehmen. Dies könnten wir z.B. mit Hilfe
einer Strichliste durchführen. Der Nachteil besteht jedoch darin, daß immer von neuem
"gestrichelt" werden muß, falls die Fragen etwa auf die Gruppe aller Schülerinnen
bzw. auf die Schülerinnen der Jahrgangsstufe 11 eingeschränkt werden. Bei jeder neuen
Fragestellung müssen wir folglich die gleiche Arbeit erneut verrichten. Von einem bestimmten Datenbestand an ist dies langwierig und ermüdend, so daß uns sehr leicht
Fehler bei der Auszählung unterlaufen können. Aus diesen Gründen ist es sinnvoller,
diese Arbeiten von einer Maschine ausführen zu lassen.[+] Deshalb wollen wir eine
elektronische Datenverarbeitungsanlage (Computer)[++] als Werkzeug zur automatischen
Verarbeitung unserer Daten einsetzen.

 +) Bei großen Datenbeständen sind Handauswertungen aus zeitlichen und planungstech-
    nischen Gründen überhaupt nicht mehr durchführbar.
++) Für "elektronische Datenverarbeitungsanlage" schreibt man kurz "EDVA".

Als grundlegende Arbeit für die spätere Datenanalyse müssen wir die Daten zunächst
EDV-gerecht aufbereiten. Wie man die dazu erforderliche Kodierung und Datenerfassung
durchführt, stellen wir im Abschnitt 1.4 dar.
Damit die einzelnen Schritte der Datenanalyse automatisch von einer Datenverarbeitungsanlage ausgeführt werden können, müssen wir eine entsprechende formale Beschreibung in Form eines _Programms_ angeben. Dadurch wird festgelegt, welche Verarbeitungs-
schritte vom Computer im einzelnen ausgeführt werden sollen (z.B. Einlesen der Daten,
Auszählung der eingelesenen Werte, Ausgabe der Ergebnisse). Mit entsprechenden Vor-
kenntnissen kann man ein derartiges Programm in einer höheren problemorientierten
Programmiersprache wie BASIC, FORTRAN, PASCAL oder COBOL selbst abfassen (programmieren). Glücklicherweise kommt man heutzutage ohne die Kenntnisse einer derartigen
Programmiersprache aus, da es für die meisten Aufgabenstellungen fertige Programme
gibt, die zu _Datenanalysesystemen_ zusammengefaßt sind.

SPSS[X] (_S_tatistical _P_ackage for the _S_ocial _S_ciences in der Programmversion X - dies
ist das Nachfolgeprodukt von SPSS in der Version 9) ist das mit Abstand weltweit
am stärksten verbreitete System,[+] das sich u.a. durch die folgenden Eigenschaften
auszeichnet:

- einheitliche Kommandosprache zur Formulierung der Anforderungen,
- leichte Erlernbarkeit und
- leichte Handhabung im Hinblick auf eine beliebige Datenverarbeitungsanlage,[++]
  so daß der Anwender nur geringe anlagenspezifische Kenntnisse erwerben muß.

Die Leistungsfähigkeit des SPSS[X]-Systems dokumentieren die folgenden abrufbaren
Analyseverfahren:[+++]
- Häufigkeitsverteilungen und statistische Maßzahlen (FREQUENCIES, CONDESCRIPTIVE,
  AGGREGATE, BREAKDOWN, MULT RESPONSE),
- Erstellung von Reports (REPORT),
- mehrdimensionale Tabellen und Assoziationsmaße (CROSSTABS),
- Produktmoment-Korrelation (SCATTERGRAM, PEARSON CORR),
- Rang-Korrelation (NONPAR CORR),
- partielle Korrelation (PARTIAL CORR),
- Faktorenanalyse (FACTOR),
- Regressionsanalyse (REGRESSION),
- Diskriminanzanalyse (DISCRIMINANT),
- Varianzanalyse (BREAKDOWN, ONEWAY, T-TEST, ANOVA, MANOVA),
- kanonische Korrelationsanalyse (CANCORR),
- nichtparametrische Testverfahren (NPAR TESTS),

 +) Weitere wichtige Datenanalysesysteme sind BMDP, SAS und OSIRIS IV.
++) SPSS[X] ist an fast allen deutschen Universitätsrechenzentren vorhanden.
+++) Die Namen in den Klammern sind die Schlüsselwörter, mit denen die jeweiligen
     Auswertungsverfahren vom SPSS[X]-System abgerufen werden können.

- Itemanalyse (RELIABILITY),

- Analyse von Sterbetafeln (SURVIVAL),

- Zeitreihenanalyse von ARIMA-Prozessen (BOX-JENKINS),

- hierarchische Clusteranalyse (CLUSTER),

- spezielle Clusteranalyse bei vorgegebener Clusterzahl (QUICK CLUSTER),

- Bestimmung der Ähnlichkeitsmatrix für nachfolgende Clusteranalyse (PROXIMITIES),

- Analyse loglinearer Modelle (LOGLINEAR),

- hierarchische Analyse loglinearer Modelle (HILOGLINEAR),

- Druckausgabe zweidimensionaler Diagramme (PLOT),

- Probitanalyse (PROBIT) und

- multidimensionale Skalierung (ALSCAL).

Dieses Buch soll die grundlegenden Kenntnisse darüber vermitteln, welche Anforderungen man an das $SPSS^X$-System stellen kann und wie man sie in Form eines $SPSS^X$-Programms formulieren muß. Dabei werden wir uns in dieser Einführungsschrift auf die Darstellung der Auswertungsverfahren konzentrieren, die durch die $SPSS^X$-Kommandos FREQUENCIES, CONDESCRIPTIVE, REPORT, BREAKDOWN, MULT RESPONSE, CROSSTABS, NONPAR CORR, SCATTERGRAM, PEARSON CORR und T-TEST abgerufen werden können.

Grundsätzlich dürfen wir beim Einsatz von $SPSS^X$ nicht vergessen, daß jedes Problem zunächst inhaltlich genau beschrieben werden muß (z.B. Hypothesenformulierung), bevor ein geeignetes statistisches Auswertungsverfahren für das Problem ausgewählt werden darf. Nur in diesem Fall ist eine problemadäquate Interpretation der gewonnenen statistischen Kennwerte möglich.

1.4 Kodierung und Erfassung von Daten

Kodeplan

Damit das $SPSS^X$-System unsere erhobenen Daten verarbeiten kann, müssen wir sie EDV-gerecht aufbereiten. Dazu entwickeln wir zunächst einen Kodeplan, d.h. eine Vorschrift, wie wir die einzelnen Merkmalsausprägungen verschlüsseln wollen. Dabei sollte man jeder Ausprägung möglichst einfach aufgebaute Werte zuweisen wie etwa vorzeichenlose ganze Zahlen. So legen wir z.B. fest, daß beim Item 2 ("Geschlecht") der Merkmalsausprägung "männlich" die Zahl 1 und "weiblich" die Zahl 2 zugeordnet werden soll. Insgesamt stellen wir für unsere ausgewählten Items (vgl. 1.2) den folgenden Kodeplan auf:

Itemnummer	Kurzbezeichnung		Merkmalsausprägungen	Kodierung
1	Jahrgangsstufe		11 12 ——— → 13	1 2 3
2	Geschlecht		männlich weiblich ——— →	1 2
6	Unterrichtsstunden		Stundenzahlen	keine Ver- schlüsselung
7	Hausaufgaben		keine Hausaufgaben weniger als 1/2 Std. 1/2 - 1 Std. 1 - 2 Std. ——— → 2 - 3 Std. 3 - 4 Std. mehr als 4 Std.	1 2 3 4 5 6 7
1o	Abschalten		stimmt ——— → stimmt nicht	1 2
14	Schulleistung		sehr gut ———→ +4 +3 +2 +1	9 8 7 6
16	Begabung		durchschnittlich → o - ——→ -1 -2	5 4 3
17	Lehrerurteil		-3 sehr schlecht ——→ -4	2 1
18	Indikator-Merkmal für die Antwort "daß ich in diesen Fächern leicht lerne"		Antwort angekreuzt ——— → Antwort nicht angekreuzt	1 o s.u.
⋮				
32	Indikator-Merkmal für die Antwort "daß ich im Unterricht viel mitarbeite"		Antwort angekreuzt ——— → Antwort nicht angekreuzt	1 o s.u.

Diese Zuordnungen der Werte zu den einzelnen Merkmalsausprägungen nennt man Kodierung (Verschlüsselung). Um die spätere Verarbeitung zu vereinfachen, kodieren wir alle Merkmalsausprägungen als numerische Werte, d.h. als Zahlen.

Durch die Zuordnungsvorschriften eines Kodeplans sollten verschiedene Ausprägungen eines Merkmals stets auf verschiedene Werte abgebildet werden, damit man von den Werten auf die Merkmalsausprägungen zurückschließen kann. Auch sollte man natürliche Merkmalsausprägungen niemals verkomplizieren, indem man z.B. die angegebenen Stunden- zahlen im Item 6 von Stunden in Minuten umrechnet. Besteht ferner eine Rangordnung bei den Merkmalsausprägungen eines Items wie etwa beim Item 14, so sollte man diese Beziehung durch die Verschlüsselung nicht verändern.

Kodierung von Mehrfachnennungen

Sind bei einer Frage <u>Mehrfachnennungen</u>, d.h. mehrere Antworten erlaubt, so muß man
dieses Merkmal für die Dateneingabe künstlich in eine geeignete Anzahl von Indikator-
Merkmalen zerlegen. Diese Indikatoren haben in der Regel jeweils zwei Werte, die ausdrücken, ob die entsprechende Antwort genannt ist oder nicht.

So sind in unserem Fragebogen Mehrfachnennungen bei der Frage "Worauf führen Sie Ihre
besseren Schulleistungen zurück?" (vgl. 1.2) zulässig. Die Antworten werden als Merkmalsausprägungen der Items 18 bis 32 verschlüsselt. Dabei wird jeweils entweder der
Wert 1 oder aber der Wert o in die Kodespalte eingetragen, falls die entsprechende
Antwort "angekreuzt" bzw. "nicht angekreuzt" ist. Nach der Dateneingabe kann man
die 15 Indikator-Merkmale Item 18 bis Item 32 zusammenfassen und eine entsprechende
Häufigkeitsverteilung ausdrucken lassen.[+)

Missing Values

Bei der Entwicklung eines Fragebogens muß man stets gründlich überlegen, ob Antworten
der Form "weiß nicht", "keine Antwort" (Antwortverweigerung) oder "trifft nicht zu"
bei bestimmten Items möglich sind. Sollte dies der Fall sein, so sind diese Antwortkategorien als mögliche Merkmalsausprägungen im Fragebogen aufzuführen.[++) Bei der
Kodierung muß man derartigen Ausprägungen dann gesonderte Werte zuordnen, die sich
von den regulären Werten prägnant unterscheiden (z.B. die Werte -1 oder auch o, falls
es sich nicht um Häufigkeiten handelt, bei denen der Wert o als reguläre Ausprägung
vorkommen darf).[+++) Man sollte gegebenenfalls auch solche Werte wählen, die sich von
den regulären Werten auch schon optisch gut unterscheiden (etwa 99), da dies eine
evtl. erforderliche Fehlersuche oftmals sehr erleichtert.

Will man bei bestimmten Auswertungen die Merkmalstrager, welche bei einem Merkmal
einen derartigen gesonderten Wert besitzen, von der Verarbeitung ausschließen, so muß
man diesen Wert als <u>missing Value</u> (fehlender Wert, auch "missing Data" genannt)
kennzeichnen.[++++) Aus Gründen einer besseren Übersichtlichkeit und Durchschaubarkeit
der Datenanalyse sollte man für alle Merkmale möglichst dieselben Werte als missing
Values vergeben.

Bei unserem Fragebogen legen wir für die Fragen ohne Mehrfachnennungen fest, daß wir
den Wert o kodieren, falls eine Frage nicht beantwortet ist. Wollen wir bei den späteren Datenanalysen diejenigen Befragten ausschließen, die eine Frage nicht beantwortet
haben, so müssen wir folglich den Wert o als missing Value vereinbaren.

+) Diese Häufigkeitsverteilung wird durch das SPSS^{X}-Kommando MULT RESPONSE abgerufen (vgl. 4.6).

++) Kommt für ein Item nur eine dieser Kategorien als mögliche Merkmalsausprägung
in Frage, so braucht sie nicht gesondert angegeben zu werden, da sie durch das
Antwortverhalten "kein Kästchen angekreuzt" bestimmt wird.

+++) Diese Zuordnungsvorschrift sollte man auch bei der teilnehmenden Beobachtung und
beim Experiment befolgen, sofern gewisse Beobachtungen bzw. Messungen nicht
durchgeführt werden können.

++++) Dazu sind entsprechende Angaben im Kommando MISSING VALUES zu machen (vgl. 3.5).

Datenmatrix

Nachdem wir die Merkmalsausprägungen unserer (Fragebogen-) Items nach den Angaben
unseres Kodeplans verschlüsselt haben, ordnen wir die Werte der 25o Merkmalsträger
in Form der folgenden <u>Datenmatrix</u> an (dieses rechteckige Schema wird auch Daten-
tabelle genannt):

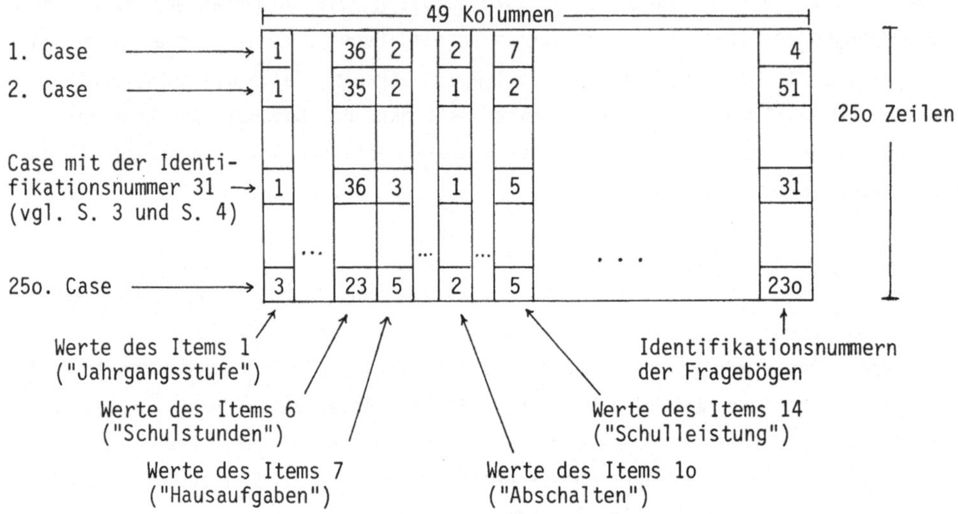

Jede Zeile der Datenmatrix enthält die kodierten Daten eines Fragebogens. In dieser
Situation sprechen wir im folgenden von den Werten eines <u>Cases</u> (Falles). In jeder
Kolumne (Tabellenspalte) der Datenmatrix sind die 25o Werte eines Items eingetragen.
Da 48 Items im Fragebogen erhoben wurden, erhalten wir folglich 48 Kolumnen. In einer
49. Kolumne fügen wir die <u>Identifikationsnummern</u> der Fragebögen als Werte der Cases
hinzu.

Die Datenmatrix, in der jede durch Case und Kolumne bestimmte Position einen Wert
enthält, ist der Ausgangspunkt unserer Datenanalyse mit dem $SPSS^X$-System.[+]

Datenerfassung

Nachdem wir die erhobenen Daten nach den Vorschriften des Kodeplans verschlüsselt
und in Form der Datenmatrix angeordnet haben, müssen wir diese Werte auf einen
maschinell lesbaren <u>Datenträger</u> übertragen.[++]

[+] Ein derartiges rechteckiges Schema ist jedoch nicht unbedingt erforderlich, um
Datenanalysen mit dem $SPSS^X$-System durchführen zu können. Weitere mögliche Formen
für die Struktur der Eingabedaten werden im Anhang A.5 beschrieben.

[++] In der Regel braucht man die Daten nicht gesondert in Form der Datenmatrix aufzu-
schreiben, um sie anschließend auf einen maschinell lesbaren Datenträger zu übertragen. Aus Gründen der Arbeitsersparnis und der Fehlerreduktion wird man nämlich
die kodierten Werte direkt in den Fragebogen eintragen, so daß man die Kodespalten
eines Fragebogens unmittelbar als eine Zeile (bzw. mehrere Zeilen, falls die
Anzahl der Spalten zu groß ist, s.u.) der Datenmatrix auffassen kann.

Für diese <u>Datenerfassung</u> benutzen wir einen <u>Bildschirmarbeitsplatz</u>, der an eine
Datenverarbeitungsanlage angeschlossen ist. An diesem Arbeitsplatz, der aus einer
Tastatur zur Dateneingabe und einem Bildschirm zur Datenausgabe besteht, führen
wir einen Dialog mit einem (im Hauptspeicher der Anlage ablaufenden) <u>Editier-
programm</u>.[+)]
Die Aufnahme des Dialogs mit dem Editierprogramm zum Beginn der Datenerfassung
muß zuvor durch eine Anforderung an das <u>Betriebssystem</u> - einem Programm, das alle
Vorgänge in der Datenverarbeitungsanlage steuert und kontrolliert - abgerufen
werden (nähere Angaben machen wir im Anhang A.6 exemplarisch für die Datenerfassung
an der Anlage SIEMENS 7.880 unter dem Betriebssystem BS 3000).

Im Dialog mit dem Editierprogramm bedient man die Tasten der Eingabetastatur, wie
man es von der Schreibmaschine her gewohnt ist. Über diese Tastatur werden die
Werte unserer Datenmatrix zeilenweise eingegeben, in den Hauptspeicher der Anlage
übertragen, (zur Kontrolle) auf dem Bildschirm angezeigt und anschließend auf den
von uns ausgewählten maschinell lesbaren Datenträger transportiert. Dabei wird jede
Zeile der Datenmatrix als <u>ein Datensatz</u> abgespeichert.
Wir gehen im folgenden davon aus, daß wir die Erfassung auf den Datenträger
<u>Magnetplatte</u> vornehmen.

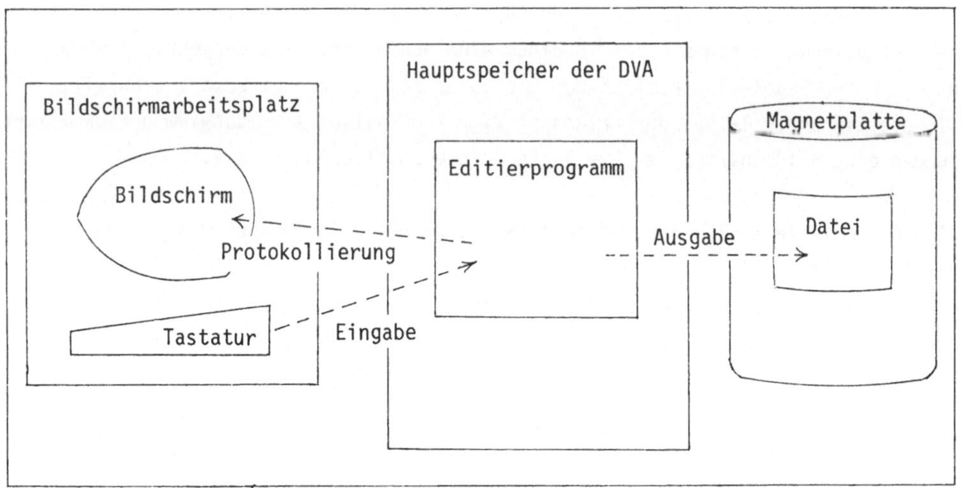

+) Unter "Editieren" versteht man die Bearbeitung von Texten mit Hilfe eines Editierprogramms, das die Textmanipulation durch einfache Angaben über die Tastatur
   unterstützt. Zu den möglichen Bearbeitungsformen zählen die Texterstellung und
   -ergänzung sowie das Korrigieren und Löschen von Textteilen.

Da man eine Sammlung von Datensätzen als _Datei_ bezeichnet, können wir den soeben
erläuterten Erfassungsvorgang so präzisieren:
Wir nehmen die Erfassung der Daten unserer Datenmatrix mit Hilfe eines Editierprogramms vor, mit dem die über die Tastatur eingegebenen Daten satzweise in eine
Magnetplatten-Datei übertragen werden, von wo sie anschließend vom $SPSS^X$-System
(satzweise) zur Verarbeitung eingelesen werden können.

Magnetplatten-Dateien werden vom Betriebssystem durch einen _Dateinamen_ identifiziert,
den man bei der Einrichtung einer Datei - in gewissen Grenzen - frei wählen kann
und der anschließend in einen internen Datei-Verwaltungskatalog eingetragen wird,
so daß man über die Angabe des katalogisierten Dateinamens auf die in dieser Datei
abgespeicherten Datensätze zugreifen kann.

Für die folgenden Darstellungen legen wir für die Magnetplatten-Datei, in welche die
Werte unserer Datenmatrix erfaßt worden sind, den Dateinamen "A2oA.NGO.DATA" fest.[+)]

Erfassungsvorschrift
Bevor die Werte einer Datenmatrix mit einem Editierprogramm erfaßt werden können,
sind die jeweiligen Zeichenbereiche festzulegen, in welche die Werte innerhalb
eines Datensatzes plaziert werden sollen.
Bevor man diese _Erfassungsvorschriften_ bestimmen kann, muß man sich zunächst überlegen, ob alle Werte eines Cases in einem einzigen Datensatz untergebracht werden
können. In der Regel sind nämlich nur bis zu 8o Zeichen pro Datensatz sinnvoll,
weil jede Eingabezeile bei der Erfassung (zur Kontrolle) am Bildschirm protokolliert
wird und eine Bildschirmzeile jeweils 8o Zeichenpositionen enthält.

Bestehen somit die Zeilen der Datenmatrix aus mehr als 80 Zeichen und ist daher
mehr als ein Datensatz pro Case vorzusehen, so sollte in jedem Satz neben einer
Identifikationsnummer für den Case auch eine _Satznummer_ für die jeweilige Satzart
eingetragen werden, welche die Reihenfolge der zu einem Case gehörenden Datensätze
bestimmt.[++)]

Für unsere ausgewählten Items und die Identifikationsnummern der Fragebögen legen
wir die folgende Erfassungsvorschrift fest (vgl. Abschnitt 1.2):

+) Dabei unterstellen wir, daß wir an einer Datenverarbeitungsanlage der Firma
   SIEMENS unter dem Betriebssystem BS 3ooo oder an einer Anlage der Firma IBM
   unter dem Betriebssystem OS/MVS mit der Benutzernummer "A2oA" (diese ist das
   Präfix des Dateinamens "A2oA.NGO.DATA") rechenberechtigt sind.
++) Diese Satznummern sollte man bereits von vornherein an den entsprechenden Stellen
   im Fragebogen mit abdrucken lassen. Nach der Datenerfassung sollte geprüft
   werden, ob die Anzahl der Sätze pro Case und die Reihenfolge der Datensätze
   für jeden Case stimmig ist (s. dazu Abschnitt 3.7).

Werte des Merkmals:	Zeichenpositionen:
"Jahrgangsstufe" (Item 1)	1
"Geschlecht" (Item 2)	2
"Unterrichtsstunden" (Item 6)	5 - 6
"Hausaufgaben" (Item 7)	7
"Abschalten" (Item 1o)	1o
"Schulleistung" (Item 14)	14
"Begabung" (Item 16)	16
"Lehrerurteil" (Item 17)	17
Item 18	18
⋮	⋮
Item 32	32
Identifikationsnummer	78 - 8o

←— +)

Zusammenfassend stellt sich die Aufbereitung der Daten des Fragebogens mit der
Identifikationsnummer 31 wie folgt dar (vgl. 1.2):

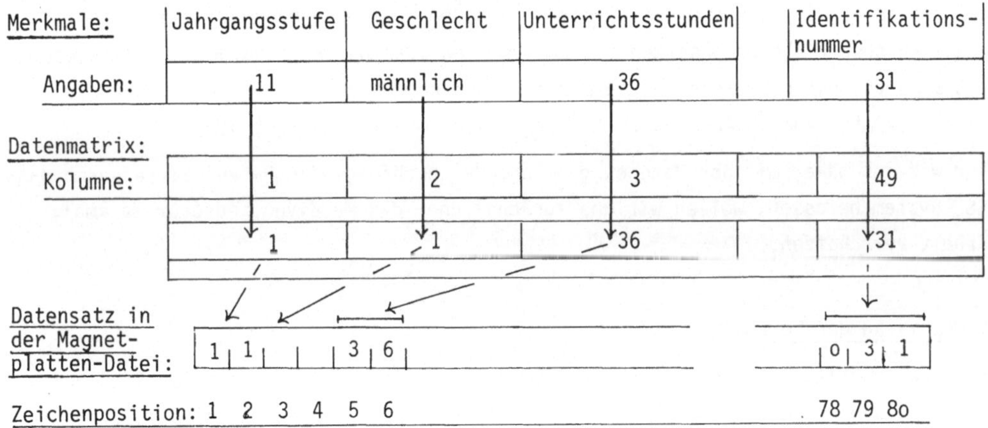

Erhebungs- und Erfassungsbeleg

Wir haben unseren Fragebogen (vgl. 1.2) so aufgebaut, daß wir nicht nur den zugehörigen Kodeplan, sondern auch die Erfassungsvorschrift in diesen Fragebogen integriert
haben. Dazu enthält die gesonderte Kästchenspalte, in welche die kodierten Werte eingetragen sind, die Nummern der Zeichenpositionen unter den einzelnen Kästchen. Dies
hat den Vorteil, daß der Fragebogen nicht nur als Erhebungsbeleg,[++] sondern gleichzeitig auch als Erfassungsbeleg dienen kann. Verzichtet man nämlich auf die Kästchen-

---

+) Beim Item 5, das nicht im Fragebogenauszug (vgl. 1.2) aufgeführt ist, handelt
    es sich um eine offene Frage. Deren Antworten sind im Zeichenbereich 5o-51
    und die Werte der Items 3 und 4 sind in den Zeichenpositionen 3 und 4 erfaßt.
++) Neben Fragebögen sind auch Beobachtungsprotokolle und Ergebnislisten von Experi-
    menten Beispiele für Erhebungsbelege.

spalte, so müssen die Daten in ein spezielles Formular zur Datenerfassung, einen sog.
Erfassungsbeleg eingetragen werden, wobei es leicht zu Übertragungsfehlern kommen kann.
Um derartige Fehlermöglichkeiten auszuschließen, sollte man den Erhebungsbeleg gleich-
zeitig auch als Erfassungsbeleg gestalten.

Erfassungsfehler

Als mögliche Fehler bei der Datenerfassung sind u.a. zu nennen:

- falsche Übertragung von Werten,

- unvollständige Übertragung von Werten,

- doppelte Erfassung eines Datensatzes,

- fehlender Datensatz für einen Case und

- falsche Reihenfolge der Datensätze, falls für einen Case mehrere Sätze existieren.

Weil man derartige Erfassungsfehler leider nie ganz ausschalten kann, sollte man sich
eine Liste der erfaßten Daten ausgeben lassen [+)] und darin nach Unregelmäßigkeiten
suchen. Dadurch kann man gewisse strukturelle Unstimmigkeiten auf Anhieb erkennen.
Darüberhinaus sollten auch sämtliche Möglichkeiten des $SPSS^X$-Systems genutzt werden,
um die Daten nach dem Einlesen auf ihre Richtigkeit hin zu überprüfen (vgl. 3.7)

Als Ergebnis der Erfassung erhalten wir in unserem Fall eine Magnetplatten-Datei,
die aus insgesamt 25o Datensätzen besteht und den Dateinamen "A2oA.NGO.DATA" trägt.
Damit sind die Daten EDV-gerecht aufbereitet und können vom $SPSS^X$-System über die
Angabe des Dateinamens "A2oA.NGO.DATA" eingelesen und verarbeitet werden.

Bevor wir uns näher mit der Dateneingabe und der nachfolgenden Datenanalyse durch das
$SPSS^X$-System befassen, wollen wir uns zunächst über das Meßniveau unserer Merkmale
Klarheit verschaffen.

1.5 Meßniveau der Merkmale

Die in Datensätzen erfaßten Daten sind die Meßwerte, die an den befragten Schülern
als Merkmalsausprägungen der (Fragebogen-) Items erhoben wurden. So sind z.B. beim
Merkmalsträger, der den Fragebogen mit der Nummer 31 (vgl. 1.2) ausgefüllt hat, im
Item 2 die Merkmalsausprägung "männlich" und im Item 6 die Ausprägung "36" gemessen
worden. Im Gegensatz zu Item 2 sind die Werte des Items 6 bzgl. einer Ordnung vergleichbar und arithmetisch verknüpfbar, etwa durch Summen- und Differenzenbildung.

Generell hängt es vom Meßniveau der Merkmale ab, welche Art von Auswertungen wir mit
den Merkmalswerten durchführen können. Man unterscheidet drei wesentliche Arten von
Meßniveaus, für welche die folgenden hierarchischen Beziehungen gelten:

+) Dazu muß ein Druckprogramm aufgerufen werden, welches auf jeder Datenverarbeitungsanlage vorhanden ist. Wie man dieses Programm einsetzt, wird dem Anwender von der
   Programmberatung seines Rechenzentrums erläutert.

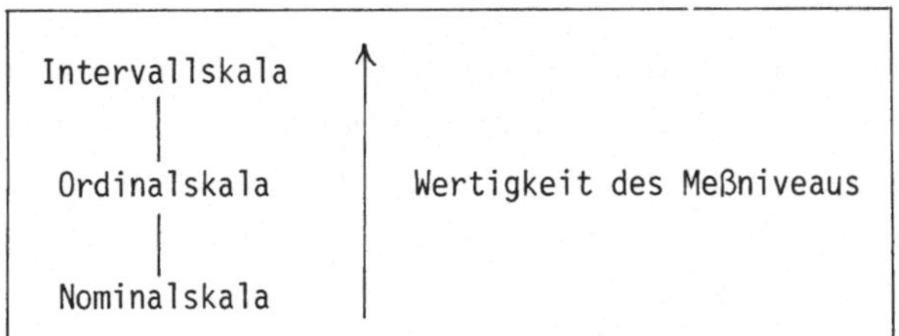

Dabei ist die Intervallskala das höchstwertige Meßniveau, und jedes Niveau hat die Eigenschaften des in der Hierarchie darunter aufgeführten Niveaus.

Nominal- und Ordinalskalenniveau

Bei einem nominalskalierten Merkmal[+] legen die Merkmalsausprägungen eine Gruppenzugehörigkeit fest (qualitative Klassifizierung). Nominal messen heißt also, die Merkmalsträger bestimmten Klassen zuzuordnen.

Beispiele für Nominalskalen sind bei unserem Fragebogen u.a. die Merkmale "Abschalten" (Item lo) und "Geschlecht" (Item 2). So werden nämlich durch die im Fragebogen aufgeführten Merkmalsausprägungen des Items 2 die Merkmalsträger entweder der Gruppe der Schüler oder aber der Gruppe der Schülerinnen zugeordnet.

Ein höheres als das nominale Meßniveau besitzt das Merkmal "Hausaufgaben" (Item 7). Hier legen die Merkmalsausprägungen nicht nur eine Klassifizierung der Merkmalsträger fest, sondern sie sind zudem noch geordnet bzgl. der Beziehung "weniger lang als" (kurz: " < "). So gilt etwa "1-2 Std. am Tag" < "2-3 Std. am Tag" und "ich mache keine Hausaufgaben" < "1/2 - 1 Std. am Tag".

Allgemein nennt man ein Merkmal dann eine Ordinalskala[+], falls die Merkmalsausprägungen geordnet und die Merkmalsträger entsprechend vergleichbar sind.

Das Merkmal "Hausaufgaben" ist folglich nicht nur nominal- sondern auch ordinalskaliert.

Intervallskalenniveau

Ein weiteres Beispiel für eine Ordinalskala stellt das Merkmal "Unterrichtsstunden" (Item 6) dar. Zusätzlich zur vorliegenden Rangordnung können wir bei diesem Merkmal ferner aus der Unterschiedlichkeit der einzelnen Merkmalsausprägungen auch eine Aussage über den Grad der Unterschiedlichkeit der jeweiligen Merkmalsträger ableiten. Hat nämlich etwa Schüler A 33 Unterrichtsstunden, Schüler B 3o Stunden und Schüler C 36 Stunden, so ist der Unterschied zwischen A und B bzgl. der Unterrichtsstunden genauso groß wie zwischen A und C.

Allgemein heißt ein Merkmal intervallskaliert[++], falls aus den Differenzen der Ausprägungen auf die Unterschiede zwischen den Merkmalsträgern geschlossen werden kann.

Bei dem Merkmal "Unterrichtsstunden" handelt es sich also um ein intervallskaliertes Merkmal.

+) Nominal- und Ordinalskalen nennt man auch nichtmetrische Skalen.
++) Eine Intervallskala nennt man auch metrische Skala.

Wären nun die ordinalskalierten Merkmale "Leistung" (Item 14), "Begabung" (Item 16) und "Lehrerurteil" (Item 17) zusätzlich auch intervallskaliert, so müßten die Unterschiede in der Beurteilung zwischen zwei Schülern mit z.B. den Ausprägungen "+2" und "o" gleich dem Unterschied sein, der durch die Ausprägungen "o" und "-2" ausgedrückt wird. Dies ist sicherlich zu bezweifeln, und trotzdem unterstellt man in dieser Situation sehr oft das Niveau einer Intervallskala.[+] Erst dann ist es nämlich sinnvoll, arithmetische Operationen mit den Merkmalsausprägungen durchzuführen, wie es etwa bei der Bildung des arithmetischen Mittels erforderlich ist.

Für unsere (Fragebogen-) Items stellen wir die Meßniveaus in der folgenden Tabelle zusammen:

Meßniveau	Item
Nominalskala	$1,^{++)}$ 2, 1o, 18, 19, ... , 32
Ordinalskala	7, 14, 16 und 17
Intervallskala	6

Diskrete und kontinuierliche Merkmale

Im Hinblick auf den Meßvorgang unterscheidet man bei intervallskalierten Merkmalen die diskreten (discrete) und kontinuierlichen (continuous) Merkmale.

Bei diskreten Merkmalen sind nur ganz bestimmte Merkmalsausprägungen möglich. Diese können exakt ermittelt werden und sind meistens durch Zählvorgänge bestimmt, wie z.B. beim Merkmal "Unterrichtsstunden".

Bei kontinuierlichen Merkmalen (wie z.B. der Temperatur) kann theoretisch jeder Wert in einem bestimmten Intervall als Meßwert auftreten, und eine Merkmalsausprägung wird i. allg. nur als Näherungswert erhalten.

Konsequenzen

Die Ausführungen dieses Abschnitts werden insbesondere im Abschnitt 4.1 und im Kapitel 5 verwendet, um in Abhängigkeit vom Meßniveau darstellen zu können, welche Verteilungsmaße zur Beschreibung der zentralen Tendenz und der Variabilität von Merkmalen und welche Maßzahlen zur Kennzeichnung eines statistischen Zusammenhangs zwischen Merkmalen berechnet werden dürfen. Diese Kenntnis ist entscheidend für den sinnvollen Einsatz des SPSS^X-Systems, da dieses System auf eine entsprechende Anforderung hin für jedes Merkmal jede abrufbare Maßzahl ermittelt. Entscheidend ist, daß man nur sinnvolle Anforderungen im Hinblick auf die jeweiligen Meßniveaus der Merkmale stellt. Insofern sollte man die Auswertungen niemals mechanisch betreiben, sondern sich stets vorher damit auseinandersetzen, ob die Voraussetzungen zur Durchführung der jeweiligen Datenanalysen auch erfüllt sind.

+) Als klassisches Beispiel für ein derartiges Vorgehen ist das Merkmal "Schulnote" zu nennen.

++) Wir betrachten nur den klassifikatorischen Aspekt bei der Diskussion des Skalenniveaus von Item 1.

2 Das SPSS^X-Programm als Arbeitsauftrag an das SPSS^X-System

2.1 Ein SPSS^X-Programm zur Häufigkeitsauszählung

Das SPSS^X-Programm

Wir greifen die Fragestellung vom Abschnitt 1.3 auf und stellen uns die Aufgabe, die Häufigkeitsverteilungen der Merkmale

- "Unterrichtsstunden" (Item 6, dessen Werte in den Zeichenpositionen 5 und 6 erfaßt sind,
- "Hausaufgaben" (Item 7 mit den Werten an der Zeichenposition 7),
- "Abschalten" (Item 1o mit den Werten an der Zeichenposition 1o) und
- "Schulleistung" (Item 14 mit den Werten an der Zeichenposition 14)

vom SPSS^X-System ermitteln zu lassen. Dazu formulieren wir unsere Anforderungen in Form eines Arbeitsauftrags an das SPSS^X-System durch das folgende SPSS^X-Programm:[+)]

Zeichenposition 1

```
DATA LIST       FILE = DATAIN /
                VARoo6 5 - 6, VARoo7 7, VARo1o 1o, VARo14 14
FREQUENCIES     VARIABLES = VARoo6, VARoo7, VARo1o, VARo14
```

Dieses Programm besteht aus den SPSS^X-Kommandos (commands)
- DATA LIST (zur Beschreibung der Datenübertragung) und
- FREQUENCIES (zum Abruf der Häufigkeitsauszählungen).

Jedes dieser beiden Kommandos ist mit Beginn einer neuen Programmzeile niedergeschrieben, wobei das jeweils erste Zeichen eines Kommandos die Zeichenposition 1 einnimmt.

Damit dieses Programm zur Ausführung gebracht werden kann, müssen die Programmzeilen zunächst als Datensätze in eine Magnetplatten-Datei übertragen werden. Die dazu erforderliche Erfassung ist wiederum am Bildschirmarbeitsplatz durch einen erneuten Einsatz des Editierprogramms (s. Abschnitt 1.4) durchzuführen.

Für das folgende legen wir fest, daß das o.a. SPSS^X-Programm in der Magnetplatten-Datei "A2oA.SPSS.DATA" abgespeichert ist.

Bevor wir im folgenden Abschnitt 2.2 darstellen, wie das SPSS^X-Programm zur Ausführung gebracht wird, wollen wir zunächst kennenlernen, welche Leistungen durch dieses Programm vom SPSS^X-System abgerufen werden.

[+)] Zur Notation des SPSS^X-Programms im Hinblick auf die Trennzeichen Komma und Leerzeichen s. Abschnitt 2.3.

SPSS^X-file und Variable

Das erste Kommando im o.a. SPSS^X-Programm enthält den Kommandonamen DATA LIST
(Datenliste) - wir sprechen im folgenden vom DATA LIST=Kommando.
Hinter dem Kommandonamen ist das Subkommando FILE mit dem Spezifikationswert
DATAIN in der Form

```
FILE = DATAIN
```

angegeben. Hierdurch wird Bezug genommen auf die Magnetplatten-Datei, in der die
Werte der Datenmatrix abgespeichert sind und aus der das SPSS^X-System die Datensätze zur Verarbeitung einlesen soll.
Dabei handelt es sich bei dem Wort "DATAIN" um einen symbolischen Dateinamen -
man spricht bei den Datenverarbeitungsanlagen SIEMENS und IBM unter den Betriebssystemen BS 3ooo bzw. OS/MVS von dem DD-Namen DATAIN ("DD" ist die Abkürzung von
"data definition") -, der über ein JCL-Kommando (s. Abschnitt 2.2) auf die Magnetplatten-Datei "A2oA.NGO.DATA" mit den Datenmatrix-Werten weist. [+)]

Hinter dem FILE=Subkommando folgt ein Schrägstrich "/", der die Eintragung in der
ersten Programmzeile abschließt. Durch die nachfolgenden Angaben innerhalb des
DATA LIST=Kommandos wird derjenige Ausschnitt der Datenmatrix markiert, der für
die Datenanalysen bereitgestellt werden soll. Die aus der Datenmatrix ausgewählten Kolumnen werden zu einem SPSS^X-file zusammengefaßt, das im Hauptspeicher der
Anlage vom SPSS^X-System eingerichtet wird.

Bei der Ausführung des o.a. DATA LIST=Kommandos wird das SPSS^X-file folgendermaßen
aufgebaut:

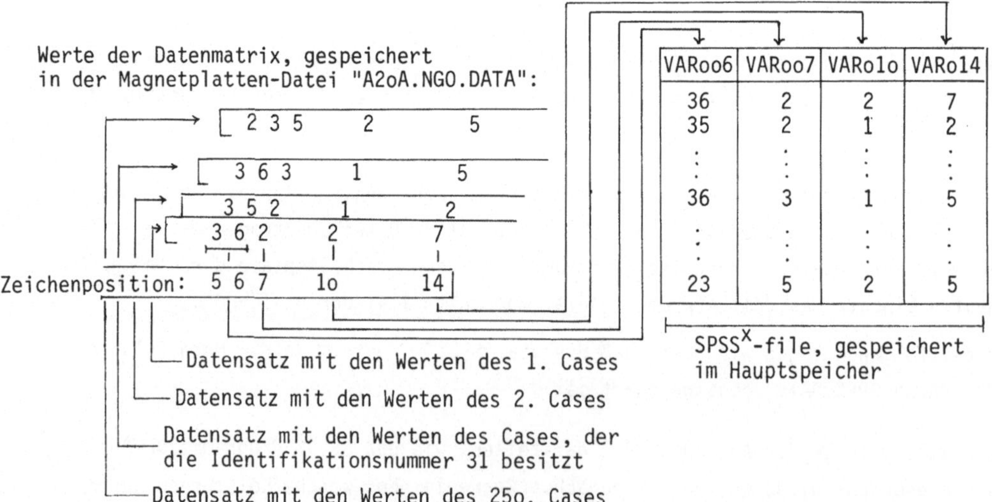

VARoo6	VARoo7	VARo1o	VARo14
36	2	2	7
35	2	1	2
⋮	⋮	⋮	⋮
36	3	1	5
⋮	⋮	⋮	⋮
23	5	2	5

+) Abweichend von der hier vorgestellten Zuordnung muß bei anderen Betriebssystemen
und anderen Anlagen die Verbindung des Spezifikationswerts "DATAIN" zu der Magnetplatten-Datei mit den Datenmatrix-Werten über das SPSS^X-Kommando FILE HANDLE
vorgenommen werden, über dessen Aufbau und mögliche Spezifikationen man sich durch
den Aufruf des INFO=Kommandos informieren kann (s. Anhang A.8).

So werden alle außerhalb der Zeichenpositionen 5 - 6, 7, 1o und 14 eingetragenen
Daten innerhalb eines Datensatzes zwar von der Magnetplatten-Datei mit eingelesen,[+)]
aber nicht innerhalb des SPSS[X]-files gespeichert und sind daher anschließend für
eine Datenanalyse auch nicht verfügbar.

Im Kommando DATA LIST - hinter dem Trennzeichen Schrägstrich "/" - legt die erste
Markierungsangabe der Form

| VARoo6 5 - 6 |

fest, daß alle in den Datensätzen innerhalb der Zeichenpositionen 5 und 6 eingetragenen Werte (das sind die Werte des Merkmals "Unterrichtsstunden") in die erste
Kolumne des SPSS[X]-files einzuspeichern sind, und daß anschließend die Gesamtheit
dieser Werte über den Namen VARoo6 für die Datenanalysen bereitgestellt werden
können.

Die Gesamtheit der Werte, die in einer Kolumne des SPSS[X]-files abgespeichert werden,
bezeichnet man als Variable, und den Namen, mit dem man auf die Werte einer Variablen
zugreifen kann, nennt man Variablenname.

Damit wird "VARoo6" als Variablenname vereinbart, mit dem die Gesamtheit aller
Variablenwerte angesprochen werden kann, die in der ersten Kolumne des SPSS[X]-files
abgespeichert sind.

Innerhalb gewisser Einschränkungen (genauere Angaben s. Abschnitt 3.1) sind Variablennamen frei wählbar, so daß wir anstelle von VARoo6 z.B. auch die Namen STDZAHL
oder STUNZAHL oder auch ANZSTD im Kommando DATA LIST aufführen könnten.

Über die drei weiteren Markierungsangaben

| VARoo7 7, VARo1o 1o, VARo14 14 |

wird folgendes festgelegt:
Der Name der zweiten Variablen im SPSS[X]-file ist VARoo7. Er benennt die Gesamtheit aller Werte des Merkmals "Hausaufgaben", die - vor der Übertragung in das
SPSS[X]-file - in jeweils der 7. Zeichenposition eines Datensatzes der Datei
"A2oA.NGO.DATA" erfaßt worden sind. Die in der 1o. und in der 14. Zeichenposition
eingetragenen Werte der Merkmale "Abschalten" und "Schulleistung" werden als Werte
der 3. und 4. Variablen in das SPSS[X]-file übertragen und sind durch die Variablennamen VARo1o und VARo14 benannt.[++)]

____

+) Aus technischen Gründen wird stets der gesamte Datensatz von einem Datenträger
   auf einen anderen Datenträger übertragen.
++) Durch die Wahl der Variablennamen dokumentieren wir die Zeichenposition bzw. das
   Ende des Zeichenbereichs, in dem die Werte des jeweiligen Merkmals auf dem
   Datenträger kodiert sind. Bei einer größeren Anzahl von Variablen erleichtert
   dieses Vorgehen die Kontrolle der Korrespondenz zwischen den Variablennamen und
   den Zeichenbereichen, in denen die Werte der Datenmatrix in den Datensätzen
   erfaßt sind.

Basis der Datenanalyse

Nach dem Einlesen der Daten liegt für die durchzuführenden Datenanalysen die folgende
Ausgangssituation vor:

	VARoo6	VARoo7	VARo1o	VARo14
1. Case $\longrightarrow$	36	2	2	7
2. Case $\longrightarrow$	35	2	1	2
	:	:	:	:
Case mit der Identifikationsnummer 31 $\rightarrow$	36	3	1	5
	:	:	:	:
25o. Case $\longrightarrow$	23	5	2	5

Überschrift der Tabelle: $\vdash$ SPSS^X-file $\dashv$

Unser SPSS^X-file besteht aus den vier Variablen VARoo6, VARoo7, VARo1o und VARo14.
Mit Hilfe dieser Namen stellen wir die Variablenwerte für die Häufigkeitsauszählungen bereit, die wir für unsere vier Merkmale vom SPSS^X-System abrufen wollen.

Häufigkeitsauszählung

Mit dem Kommando FREQUENCIES (Häufigkeiten) fordern wir eine Häufigkeitsauszählung für
diejenigen Variablen an, deren Namen innerhalb des VARIABLES=Subkommandos, d.h. im
Anschluß an das Schlüsselwort VARIABLES hinter dem Zeichen "=" angegeben sind.

Somit rufen wir durch das FREQUENCIES=Kommando

```
FREQUENCIES    VARIABLES = VARoo6, VARoo7, VARo1o, VARo14
```

Häufigkeitsauszählungen für die Werte der Variablen VARoo6, VARoo7, VARo1o und VARo14
ab. Als Ergebnis dieser Auswertung erhalten wir für die Variable VARo1o die folgende
Häufigkeitstabelle:

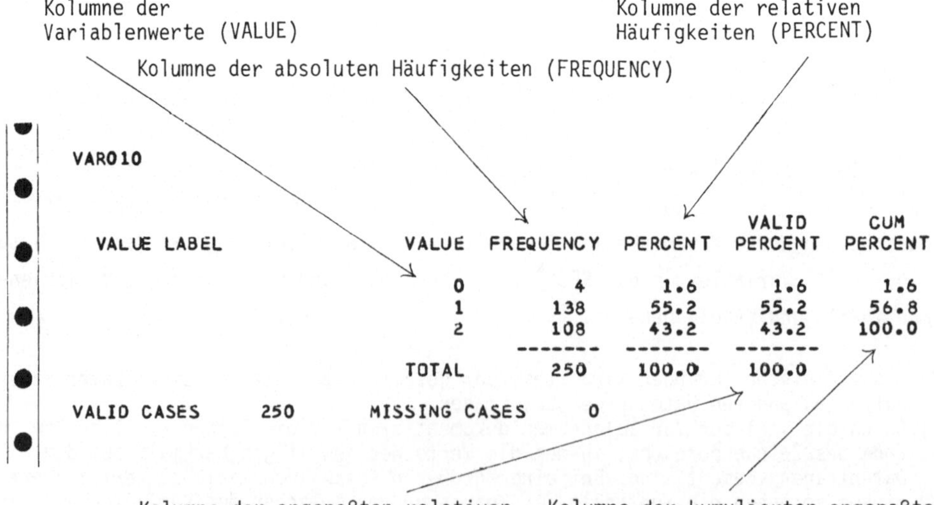

Die Ergebnisse der Häufigkeitsauszählung, die in Form von fünf Kolumnen (Tabellenspalten) präsentiert werden, sind mit dem Variablennamen VARo1o überschrieben. In der
ersten Kolumne sind die auftretenden Variablenwerte (hier: o, 1 und 2) in aufsteigen-
der Reihenfolge ausgegeben.

In der nächsten Kolumne der absoluten Häufigkeiten (FREQUENCY) wird für jeden
Variablenwert die Anzahl der Cases ausgedruckt, welche diesen Wert als Ausprägung
besitzen.

Die dritte Kolumne (PERCENT) enthält die zugehörigen relativen Häufigkeiten.
Dabei wird die jeweilige absolute Häufigkeit durch die Anzahl aller Cases geteilt
und mit dem Faktor 1oo multipliziert, so daß die Ergebnisse als Prozentsätze
ausgegeben werden.[+)]

Bezieht man bei der Ermittlung der relativen Häufigkeiten die absoluten Häufigkeiten
nicht auf die Gesamtzahl aller Cases, sondern nur auf die gültigen Cases (VALID CASES)
- d.h. die Cases, deren Werte nicht als missing Values vereinbart sind (vgl. 3.5) -
so resultieren daraus die Werte in der vierten Kolumne (VALID PERCENT) der angepaßten
relativen Häufigkeiten.

Bekanntlich erhält man kumulierte Häufigkeiten durch die Summation von Häufigkeiten,
und daher errechnet sich die kumulierte angepaßte relative Häufigkeit eines Variablenwerts als die Summe der angepaßten relativen Häufigkeiten aller der Werte, welche
nicht als missing Values vereinbart sind und - bzgl. der Reihenfolge der Variablenwerte - nicht unter dem zugehörigen Variablenwert protokolliert sind.[++)] Die ermittelten Werte sind in der fünften Kolumne (CUM PERCENT) plaziert und errechnen sich in
unserem Beispiel wie folgt:

VALUE	VALID PERCENT (%)	CUM PERCENT (%)	
o	1.6	→ 1.6	
1	55.2	→ 56.8	= (1.6 + 55.2)
2	43.2	→ 1oo.o	= (1.6 + 55.2 + 43.2)

Die Druckausgabe wird abgeschlossen durch eine Angabe zu der Anzahl der gültigen Cases
(VALID CASES) und der Anzahl jener Cases (MISSING CASES), deren Werte als missing
Values vereinbart sind.

Wir entnehmen unserer Tabelle, daß alle 25o Cases gültig sind, da wir die Ausprägung
o noch nicht als missing Value ausgewiesen haben (s.u.). Der Wert o tritt viermal
auf, was einer relativen Häufigkeit von 1.6% entspricht. Ferner entnehmen wir der
Tabelle z.B., daß die Werte 1 und 2 die relativen Häufigkeiten 55.2% und 43.2% besitzen. Diese Prozentsätze erhalten wir auch in der Kolumne der angepaßten relativen
Häufigkeiten. Sind nämlich alle Cases gültig, so stimmen die relativen und die ange-

---

+) Bei der Druckausgabe muß man besonders darauf achten, daß diese Werte - nach einer
   Rundung - mit nur einer Nachkommastelle protokolliert werden.
++) Bei ordinalskalierten Merkmalen sind es die Werte, welche kleiner oder gleich dem
    betreffenden Variablenwert sind.

paßten relativen Häufigkeiten überein. Abschließend schauen wir in die letzte Kolumne und interpretieren etwa den Wert 56.8 als den Prozentsatz, mit dem die Werte o oder 1 auftreten.

Die Ergebnisse der Häufigkeitsauszählung werden zwar übersichtlich präsentiert, jedoch empfinden wir es bei der tabellarischen Darstellung als störend, daß wir bei der Interpretation wieder in unserem Kodeplan nachschauen müssen, um uns zu vergegenwärtigen, daß wir mit dem Namen VARolo das Merkmal "Abschalten" und mit den Werten 1 und 2 die Ausprägungen "stimmt" bzw. "stimmt nicht" bezeichnen. Angenehmer wäre es, wenn man die Lesbarkeit der Häufigkeitstabelle durch entsprechende zusätzliche Texteintragungen erhöhen könnte. Diesen Komfort stellt das SPSS^X-System dadurch bereit, daß man Variablen- und Werteetiketten vereinbaren kann.

Werteetiketten können wir durch das Kommando VALUE LABELS (s. 3.4) festlegen. Die dadurch vereinbarten Etiketten werden dann in der gesonderten Kolumne "VALUE LABEL" in der Häufigkeitstabelle ausgedruckt. In gleicher Weise können wir auch dem inhaltlich nichtssagenden Variablennamen VARolo ein Variablenetikett wie z.B. "ABSCHALTEN" mit dem Kommando VARIABLE LABELS (s. Abschnitt 3.3) zuordnen, das in der Häufigkeitstabelle hinter dem Variablennamen ausgegeben wird.

Ferner wird in der Tabelle nicht dokumentiert, daß der Wert o als missing Value behandelt werden soll. Dies hätte zuvor durch das Kommando MISSING VALUES (s. 3.5) verabredet werden müssen.

Wir haben jedoch bewußt auf diese zusätzlich abrufbaren Leistungen verzichtet, um unser erstes SPSS^X-Programm so kurz wie möglich zu gestalten. Im Abschnitt 2.3 werden wir ein entsprechend vervollständigtes Programm angeben.

2.2 Ablauf der Datenanalyse

Ablaufplan
Als Zusammenfassung der vorausgegangenen Darstellungen skizzieren wir die Arbeitsgänge, die zur Durchführung von Datenanalysen erforderlich sind, durch den folgenden Ablaufplan:

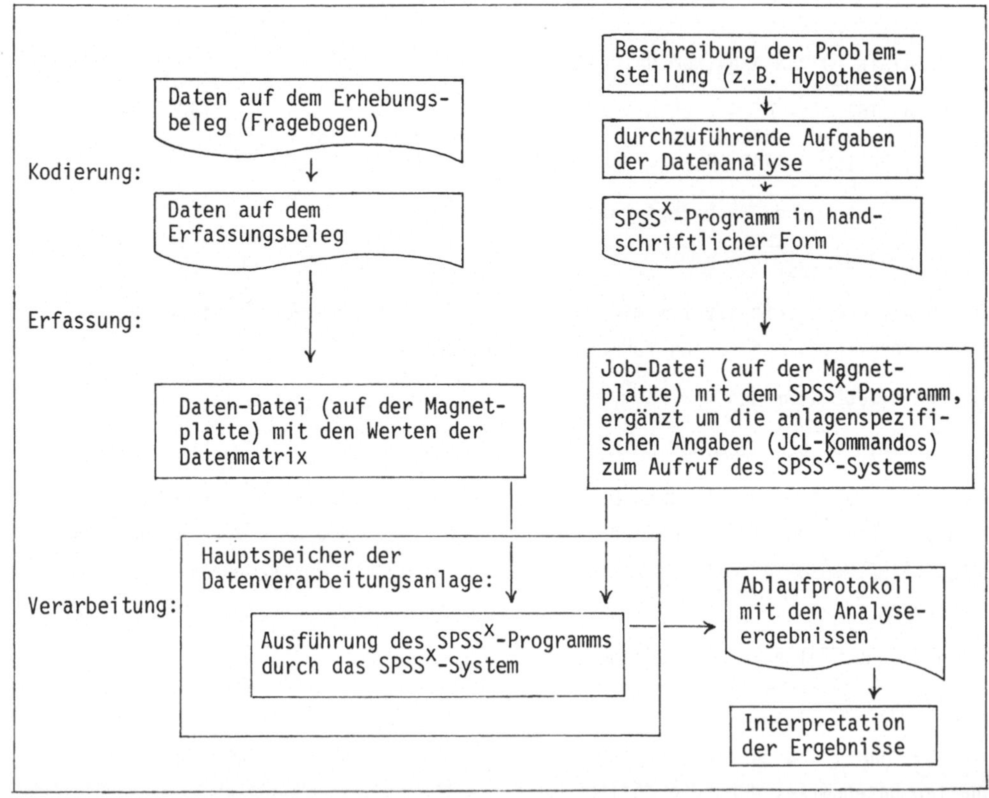

JCL-Kommandos als Anforderungen an das Betriebssystem

Nach der Erfassung der Datenmatrix-Werte in die Magnetplatten-Datei "A2oA.NGO.DATA" und der Programmzeilen unseres SPSS^X-Programms in die Magnetplatten-Datei "A2oA.SPSS.DATA" kann die Verarbeitung der Daten durch den Lauf des SPSS^X-Systems durchgeführt werden. Dazu sind geeignete Anforderungen zu formulieren, welche die Ausführung des SPSS^X-Systems bewirken. Derartige Anforderungen richten sich an das Betriebssystem der Anlage. Sie sind anlagenspezifisch und werden in Form von <u>JCL-Kommandos</u> ("JCL" ist die Abkürzung von "Job Control Language", d.h. Job-Kommando-sprache) angegeben.

Die zur Ausführung unseres SPSS^X-Programms erforderlichen JCL-Kommandos sind zu-sammen mit dem SPSS^X-Programm in die Magnetplatten-Datei "A2oA.SPSS.DATA" einzu-tragen.

Die Gesamtheit der erfaßten JCL-Kommandos und der SPSS^X-Kommandos bezeichnet man als <u>Job</u>, und man nennt daher die Datei mit den Jobzeilen eine <u>Job-Datei</u>.

Unsere Job-Datei "A2oA.SPSS.DATA" muß bei den Datenverarbeitungsanlagen IBM und SIEMENS unter den Betriebssystemen OS/MVS bzw. BS 3000 die folgenden Jobzeilen enthalten (zur Erfassung dieser Jobzeilen s. Anhang A.6):

```
// EXEC SPSSX
//DATAIN DD DSN=A2oA.NGO.DATA,DISP=SHR                 ⌐ Jobzeilen der
//SYSIN DD *                                           | Job-Datei
DATA LIST        FILE = DATAIN /                       | A2oA.SPSS.DATA
                 VARoo6 5 - 6, VARoo7 7, VARo1o 1o, VARo14 14
FREQUENCIES      VARIABLES = VARoo6, VARoo7, VARo1o, VARo14  ⌐
```

Mit dem JCL-Kommando (nähere Angaben s. Anhang A.4)

```
// EXEC SPSSX
```

teilen wir dem Betriebssystem mit, daß das SPSS^X-System in den Hauptspeicher der
Anlage übertragen und zur Ausführung gebracht werden soll.

Das zweite JCL-Kommando der Form

```
//DATAIN DD DSN=A2oA.NGO.DATA,DISP=SHR
```

legt fest, daß dem symbolischen Dateinamen (DD-Namen) DATAIN, der innerhalb des
DATA LIST=Kommandos im Subkommando FILE angegeben ist, die physische Magnetplatten-
Datei "A2oA.NGO.DATA" mit den Werten der Datenmatrix bei der Programmausführung
zuzuordnen ist.

Durch das nachfolgende JCL-Kommando

```
//SYSIN DD *
```

wird bestimmt, daß das SPSS^X-System die im Anschluß an dieses Kommando abgespeicherten Datensätze, d.h. die Zeilen

```
DATA LIST        FILE = DATAIN /
                 VARoo6 5 - 6, VARoo7 7, VARo1o 1o, VARo14 14
FREQUENCIES      VARIABLES = VARoo6, VARoo7, VARo1o, VARo14
```

als Programmzeilen des SPSS^X-Programms erkennen und entsprechend bearbeiten soll.

Die SPSS^X-Kommandos BEGIN DATA und END DATA

Will man die Datensätze mit den Werten der Datenmatrix nicht in eine eigenständige
Datei, sondern in die Job-Datei mit den JCL- und SPSS^X-Kommandos erfassen und von
dort vom SPSS^X-System zur Verarbeitung einlesen lassen, so muß man den folgenden
Job-Aufbau wählen:

```
// EXEC SPSSX                                          ⌐
//SYSIN DD *                                           |
DATA LIST           /                                  |
                    VARoo6 5 - 6, VARoo7 7, VARo1o 1o, VARo14 14   | Jobzeilen der
BEGIN DATA                                             | Job-Datei
                                                       | A2oA.SPSS.DATA
   | Datensätze mit den Werten der Datenmatrix+)       |
                                                       |
END DATA                                               |
FREQUENCIES      VARIABLES = VARoo6, VARoo7, VARo1o, VARo14  ⌐
```

+) Sollen Daten im Zeichenbereich 73 bis 8o eingetragen werden, so ist das
   UNNUMBERED=Kommando einzusetzen (siehe Abschnitt 6.1.1).

Ohne die Angabe des Subkommandos FILE innerhalb des DATA LIST=Kommandos ist standardmäßig festgelegt, daß die Daten nicht aus einer Daten-Datei eingelesen werden sollen, sondern im SPSS^X-Programm innerhalb der Job-Datei als Datensätze integriert sind.

Dabei muß das Kommando <u>BEGIN DATA</u> (Datenanfang) in der Form

> | BEGIN DATA |

unmittelbar vor dem ersten Datensatz mit den Werten der Datenmatrix aufgeführt werden, und das Kommando <u>END DATA</u> (Datenende) in der Form

> | END DATA |

muß unmittelbar dem letzten Datensatz folgen.

Die durch die Kommandos BEGIN DATA und END DATA eingeklammerten Datensätze sind innerhalb des SPSS^X-Programms unmittelbar vor oder aber unmittelbar hinter der ersten Aufgabenstellung für eine Datenanalyse (hier: FREQUENCIES) zu plazieren.

<u>Ausführung des Jobs</u>

Zur Ausführung des Jobs, dessen Jobzeilen in einer Magnetplatten-Datei mit dem Dateinamen "A2oA.SPSS.DATA" eingetragen sind, muß man am Bildschirmarbeitsplatz einen Dialog mit dem Betriebssystem führen, den wir im folgenden beispielhaft für die Anlage SIEMENS 7.88o unter dem Betriebssystem BS 3ooo (installiert am Rechenzentrum der Universität Bremen) für den Benutzer mit der Benutzernummer "A2oA" demonstrieren wollen (ein gleichartiges Vorgehen durch den Einsatz des PFD- oder SPF-Kommandos an den Anlagen SIEMENS bzw. IBM unter den Betriebssystemen BS 3ooo bzw. OS/MVS wird im Anhang A.7 beschrieben):

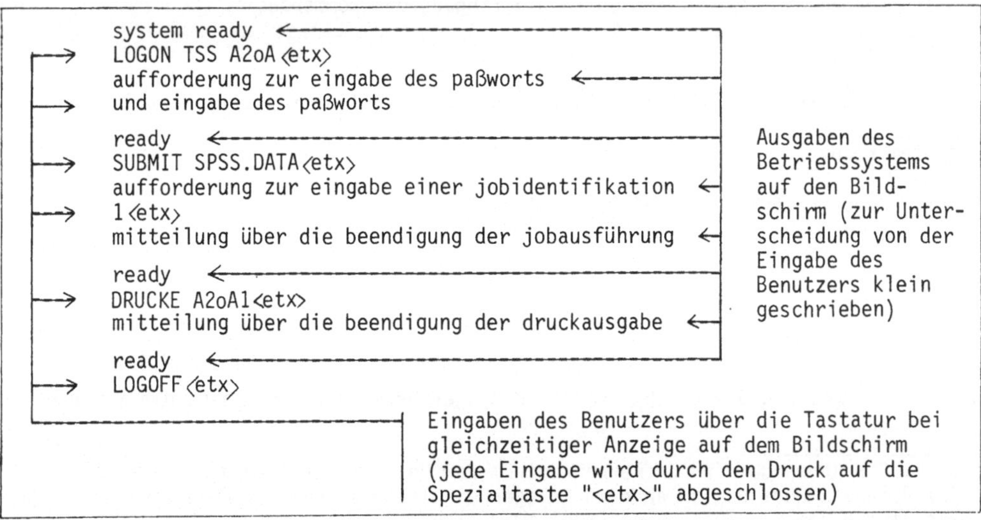

Mit dem Kommando LOGON wird der Dialog mit dem Betriebssystem am Bildschirmarbeitsplatz eröffnet. Nach der Eingabe der Benutzernummer und des für diese Benutzernummer
vereinbarten Paßworts meldet sich das Betriebssystem mit der Ausgabe der Eingabe-
anforderung

> ready

und wartet anschließend auf die Eingabe eines Kommandos.

Da der Inhalt der Datei "A2oA.SPSS.DATA" als Job verarbeitet werden soll, ist das
Kommando

> SUBMIT SPSS.DATA<etx>

einzugeben, woraufhin das Betriebssystem ein einzelnes Zeichen als Jobidentifikation
anfragt.
Wir geben das Zeichen "1" als Kennung in der Form

> 1<etx>

ein.
Nachdem die Mitteilung über das Jobende und daran anschließend die Eingabeauffor-
derung

> ready

auf dem Bildschirm ausgegeben sind, ruft man die Druckausgabe der Verarbeitungs-
ergebnisse - in Form eines Ablaufprotokolls (s.u.) - durch die Eingabe eines (anla-
genspezifischen) Kommandos - etwa des Kommandos DRUCKE[+] - in der Form

> DRUCKE A2oA1<etx>

ab. Anschließend wird der Dialog durch die Eingabe des Kommandos

> LOGOFF<etx>

beendet, woraufhin sich das Betriebssystem durch die Bildschirmausgabe von

> system ready

zur Aufnahme einer neuen Dialogsitzung bereitmeldet.

Ablaufprotokoll

Das <u>Ablaufprotokoll</u>, das man sich am Bildschirmarbeitsplatz auf den Bildschirm
bzw. über einen Drucker als Druckliste ausgeben lassen kann, enthält die Meldungen
des $SPSS^X$-Systems und die Ergebnisse der durchgeführten Datenanalysen, die während

---

+) Das DRUCKE-Kommando wird am Rechenzentrum der Universität Bremen eingesetzt.
   Eine Auskunft über das an anderen Anlagen eingesetzte Druckausgabe-Kommando
   erteilt die jeweils zuständige Programmberatung.

der Ausführung des SPSS^X-Programms vom SPSS^X-System als Protokollzeilen (auf der Magnetplatte) abgespeichert werden.

Wir geben im folgenden den Anfang (beginnend mit der Protokollierung des ersten SPSS^X-Kommandos) und das Ende des Ablaufprotokolls an, das bei der Ausführung unseres o.a. SPSS^X-Programms erzeugt wurde:

```
   1   0          DATA LIST        FILE = DATAIN /
   2   0                           VAR006 5 - 6, VAR007 7, VAR010 10, VAR014 14

THE ABOVE DATA LIST STATEMENT WILL READ   1 RECORDS FROM FILE DATAIN  .

        VARIABLE   REC  START     END        FORMAT  WIDTH  DEC

        VAR006       1     5       6          F         2    0
        VAR007       1     7       7          F         1    0
        VAR010       1    10      10          F         1    0
        VAR014       1    14      14          F         1    0

END OF DATALIST TABLE.


   3   0           FREQUENCIES      VARIABLES = VAR006, VAR007, VAR010, VAR014


THERE ARE   376192 BYTES OF MEMORY AVAILABLE.
THE LARGEST CONTIGUOUS AREA HAS   376192 BYTES.

***** MEMORY ALLOWS A TOTAL OF   17099 VALUES, ACCUMULATED ACROSS ALL VARIABLES.
      THERE ALSO MAY BE UP TO    4275 VALUE LABELS FOR EACH VARIABLE.



30 SEP 85   SPSS-X RELEASE 2.1  FOR IBM OS & MVS                          PAGE   2

12:51:26    RRZ UNIVERSITAET BREMEN          SIEMENS 7.880     BS 3000


VAR006


                                                    VALID      CUM
    VALUE LABEL                VALUE  FREQUENCY  PERCENT  PERCENT  PERCENT

                                 18       1        .4       .4       .4
                                 20       1        .4       .4       .8
                                 22       3       1.2      1.2      2.0



    PRECEDING TASK REQUIRED      0.08 SECONDS CPU TIME;    1.20 SECONDS ELAPSED.


       3 COMMAND LINES READ.
       0 ERRORS DETECTED.
       0 WARNINGS ISSUED.
       0 SECONDS CPU TIME.
       2 SECONDS ELAPSED TIME.
         END OF JOB.
```

Jede Programmzeile des SPSS^X-Programms ist - eingeleitet durch eine laufende Programmzeilen-Nummer - in das Ablaufprotokoll eingetragen.

Unter den beiden ersten Zeilen mit dem DATA LIST=Kommando ist eine Tabelle ausgegeben, welche die Lage der den einzelnen Variablen zugeordneten Zeichenpositionen in den Datensätzen (der über den symbolischen Dateinamen DATAIN zugeordneten Magnetplatten-Datei) widerspiegelt.

In der VARIABLE-Kolumne sind die Namen der im SPSS[X]-file definierten Variablen eingetragen. Durch die Angabe des Zeichens "1" in der dahinterliegenden REC-Kolumne wird beschrieben, daß pro Case ein Datensatz eingelesen wird. Die START- und END-Kolumnen enthalten die Angaben über die jeweilige Anfangs- und Endposition der eingelesenen Werte im Datensatz.
In den FORMAT-, WIDTH- und DEC-Kolumnen wird das intern erzeugte FORTRAN-Format für die Dateneingabe mitgeteilt.

Unter der Tabelle für das DATA LIST=Kommando ist das FREQUENCIES=Kommando als 3. Programmzeile protokolliert. Darunter ist der für die Auswertung zur Verfügung stehende Hauptspeicherbereich und die daraus resultierende maximale Anzahl der verarbeitbaren Variablenwerte und Werteetiketten angegeben.
Darunter folgen die Kopfzeilen der 2. Druckseite, was durch die Angabe "PAGE 2" am rechten Rand des Ablaufprotokolls gekennzeichnet ist. Daran schließt sich die Ausgabe der Häufigkeitstabellen derjenigen Variablen an, die mittels des VARIABLES= Subkommandos innerhalb des FREQUENCIES=Kommandos in die Datenanalyse einbezogen wurden.

Unter der letzten Häufigkeitstabelle wird angegeben, wieviel Zeit zur Ausführung der durch das FREQUENCIES=Kommando abgerufenen Auswertung benötigt wurde - in diesem Fall waren es o.o8 Sekunden für die Ausführung der Rechen-, Vergleichs- und Spei-chertransportbefehle und 1.2o Sekunden Verweilzeit des SPSS[X]-Systems im Hauptspei-cher (zusätzlich zur CPU-Zeit von o.o8 Sekunden die Zeit für die Ausführung der Transportbefehle für Übertragungen vom Hauptspeicher zum Magnetplattenspeicher und umgekehrt).

Den Abschluß des Protokolls, das durch die Angabe des Textes "END OF JOB" beendet wird, bildet eine Statistik über die Anzahl der SPSS[X]-Kommandos ("3 COMMAND LINES READ"), der entdeckten Fehler ("o ERRORS DETECTED"), der erfolgten Warnungen ("o WARNINGS ISSUED") und der verbrauchten Zeit für die Ausführung des gesamten SPSS[X]-Programms ("o SECONDS CPU TIME" und "2 SECONDS ELAPSED TIME").

Enthält das Ablaufprotokoll eines SPSS[X]-Programms in dieser Statistik Angaben zu "ERRORS" bzw. "WARNINGS", so sind im Anschluß an die betreffenden Programmzeilen, in denen Probleme bei der Programmausführung aufgetreten sind, erläuternde Fehler-texte ausgegeben.
Mit Hilfe dieser Meldungen ist das SPSS[X]-Programm zu korrigieren und ganz oder teilweise erneut zur Ausführung zu bringen.

Dabei haben "WARNINGS" insofern keinen Einfluß auf den nachfolgenden Programmab-lauf, als die hinter der bemängelten Programmzeile aufgeführten SPSS[X]-Kommandos

weiter ausgeführt werden, sofern sie korrekt sind. Anders ist dies bei der Aufdeckung eines "ERRORS". In diesem Fall hängt es von der Fehlerart ab, ob die
Programmausführung mit der Bearbeitung des nächsten Kommandos fortgesetzt wird
oder ob nur noch Syntaxprüfungen der restlichen Kommandos vorgenommen werden, weil
eine Ausführung dieser Kommandos nicht mehr sinnvoll erscheint oder sogar ein
Programmabbruch erforderlich ist.

Das SPSS^X-System beendet die Bearbeitung des SPSS^X-Programms auch dann, wenn die
voreingestellte Maximalzahl der erlaubten "WARNINGS" (8o) bzw. der erlaubten
"ERRORS" (4o) überschritten wird. Diese Voreinstellungen können innerhalb eines
SPSS^X-Programms verändert werden.
Dazu ist das Programm durch ein SET=Kommando mit dem MXWARNS= bzw. MXERRS=Subkom-
mando in der Form

SET   MXWARNS = anzahl1 / MXERRS = anzahl2

einzuleiten, etwa durch:

SET   MXWARNS = 4o / MXERRS = 2o

In diesem Fall wird die voreingestellte Anzahl der tolerierbaren "WARNINGS" und
"ERRORS" halbiert.

2.3 Aufbau eines SPSS^X-Programms

Programm-Struktur

Nachdem wir ein erstes SPSS^X-Programm angegeben und dessen Ausführung kennengelernt
haben, wollen wir uns jetzt mit dem grundlegenden Aufbau von SPSS^X-Programmen vertraut machen.

Die Gliederung unseres Beispielprogramms in der Form

DATA LIST	Beschreibung und Aufbau des SPSS^X-files
FREQUENCIES	Aufgabenstellung zur Durchführung von Häufigkeitsauszählungen

ist abgeleitet aus der folgenden allgemeinen Struktur eines SPSS^X-Programms:

Beschreibung und Aufbau des SPSS^X-files	SPSS^X-Programm
eine oder mehrere Aufgabenstellungen zur Durchführung von Datenanalysen	

Zur Demonstration dieses Programmschemas erweitern wir unser erstes Beispielprogramm (vgl. Abschnitt 2.1) in der folgenden Weise:

```
DATA LIST          FILE = DATAIN /
                   VARoo6 5 - 6, VARoo7 7, VARo1o 1o, VARo14 14
VARIABLE LABELS    VARoo6 'UNTERRICHTSSTUNDEN'
                   VARoo7 'HAUSAUFGABEN'
                   VARo1o 'ABSCHALTEN'
                   VARo14 'SCHULLEISTUNG'
VALUE LABELS       VARoo7
                   1 'KEINE HAUSAUFGABEN'
                   2 'WENIGER ALS EINE 1/2 STD.'
                   3 '1/2 - 1 STD.'
                   4 '1 - 2 STD.'
                   5 '2 - 3 STD.'
                   6 '3 - 4 STD.'
                   7 'MEHR ALS 4 STD.'
VALUE LABELS       VARo1o
                   1 'STIMMT'
                   2 'STIMMT NICHT'
VALUE LABELS       VARo14
                   1 'SEHR SCHLECHT'
                   5 'DURCHSCHNITTLICH'
                   9 'SEHR GUT'
MISSING VALUES     VARoo7, VARo1o (o)
FREQUENCIES        VARIABLES = VARoo6, VARoo7, VARo1o, VARo14
```

Beschreibung und Aufbau des SPSS[X]-files

Aufgabenstellung

Ergänzend zu unserem ersten Programm (vgl. Abschnitt 2.1) werden jetzt in die ausgedruckten Häufigkeitstabellen auch die Variablenetiketten (vereinbart durch VARIABLE LABELS, vgl. Abschnitt 3.3) und die Werteetiketten (vereinbart durch VALUE LABELS, vgl. Abschnitt 3.4) eingetragen, und es wird bei den Variablen VARoo7 und VARo1o der Wert o als missing Value (vereinbart durch MISSING VALUES, vgl. Abschnitt 3.5) erkannt und entsprechend verrechnet.

Das SPSS[X]-file wird hier nicht nur durch das Kommando DATA LIST, sondern auch durch die Kommandos VARIABLE LABELS, VALUE LABELS und MISSING VALUES beschrieben. Die Werte der Datenmatrix werden aus einer Magnetplatten-Datei eingelesen, die innerhalb des DATA LIST=Kommandos durch die Angabe im FILE=Subkommando festgelegt wird (die endgültige Zuordnung wird - wie wir wissen - durch ein Betriebssystem-Kommando vorgenommen). Es liegt wiederum nur eine Aufgabenstellung vor, die erneut durch das FREQUENCIES=Kommando spezifiziert wird.

Struktur eines SPSS[X]-Kommandos

Als Beispiele für SPSS[X]-Kommandos haben wir bisher die Kommandos DATA LIST, VARIABLE LABELS, VALUE LABELS, MISSING VALUES, BEGIN DATA, END DATA und FREQUENCIES eingesetzt und dabei in unseren Beispielprogrammen eine bestimmte Konvention der Formulierung von SPSS[X]-Kommandos beachtet.

Grundsätzlich müssen die Angaben für ein SPSS[X]-Kommando in einer oder mehreren Programmzeilen vorgenommen werden, die jeweils aus maximal 8o Zeichen aufgebaut sind.[+)]

+) Durch das Kommando NUMBERED kann dieser Bereich auf den Bereich von Zeichenposition 1 bis zur Zeichenposition 72 eingegrenzt werden (vgl. Abschnitt 6.1.1).

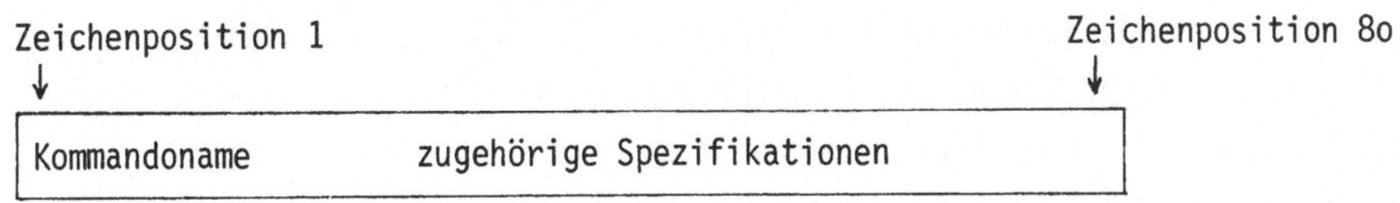

Jedes SPSS^X-Kommando wird durch einen speziellen <u>Kommandonamen</u>, der aus einem oder mehreren Schlüsselwörtern[+] aufgebaut ist, wie z.B. "DATA LIST" oder "FREQUENCIES" eingeleitet. Dieser Kommandoname <u>muß</u> stets an der Zeichenposition 1 einer Programmzeile beginnen. Von dieser Regel darf man nur dann abweichen, wenn man aus Gründen einer besseren Lesbarkeit den Kommandonamen einrücken möchte. In diesem Fall muß die Kommandozeile durch das Zeichen "+", durch das Zeichen "-" oder durch das Zeichen "." an der Zeichenposition 1 eingeleitet werden.

Die zu einem Kommandonamen gehörenden Zusatzangaben - <u>Spezifikationen</u> genannt -, mit Hilfe derer die spezifischen Anforderungen bei der Ausführung eines SPSS^X-Kommandos spezifiziert werden, sind hinter dem Kommandonamen einzutragen. Dabei muß dem Kommandonamen mindestens ein Leerzeichen folgen.

Aus Gründen der besseren Lesbarkeit eines SPSS^X-Programms werden wir die bei früheren Programmversionen des SPSS^X-Systems verbindlich vorgeschriebenen Konventionen für die Angaben der Spezifikationen einhalten und demzufolge diese Angaben innerhalb des Zeilenbereichs von Zeichenposition 16 bis zur Zeichenposition 8o eintragen. In Sonderfällen wie z.B. beim Kommando VARIABLE LABELS, dessen Kommandoname für sich allein schon 15 Zeichenpositionen belegt, können wir mit der Angabe der Spezifikationswerte nicht an der Zeichenposition 16, sondern erst an der Zeichenposition 17 beginnen.

Reicht eine Zeile für die Angabe der Spezifikationswerte nicht aus, so muß man die Eintragungen in nachfolgenden Programmzeilen fortsetzen, wobei die jeweils erste Zeichenposition einer derartigen <u>Fortsetzungszeile</u> ein Leerzeichen enthalten muß.

<u>Struktur des Spezifikationsfelds und Trennzeichen</u>

Generell unterscheidet man die folgenden Arten von möglichen Spezifikationen:
- Namen wie z.B. der Variablenname VARo14,
- Werte wie etwa die Zahlen 1 oder 1.5,
- Schlüsselwörter wie z.B. das Wort VARIABLES,
- Operationszeichen wie das Gleichheitszeichen "=" und
- Etiketten wie etwa der Text 'UNTERRICHTSSTUNDEN'.

Jeweils zwei dieser Elemente müssen durch ein oder mehrere <u>allgemeine Trennzeichen</u> gegeneinander abgegrenzt werden. Die allgemeinen Trennzeichen sind das Leerzeichen (Zwischenraum) und das Komma, wobei anstelle eines Leerzeichens stets ein Komma und umgekehrt für ein Komma stets ein Leerzeichen geschrieben werden darf.

[+] Schlüsselwörter sind Sprachelemente, die innerhalb der einzelnen SPSS^X-Kommandos für das SPSS^X-System eine spezielle Bedeutung haben.

Oftmals muß die Trennung von Spezifikationen auch durch eines der <u>speziellen Trenn-</u><u>zeichen</u> Klammerauf "(", Klammerzu ")", Schrägstrich "/", das Gleichheitszeichen "=" oder das Hochkomma "'" vorgenommen werden. Dies wird durch die Beschreibung der Kommando-Struktur, d.h. durch die <u>Syntax</u> des Kommandos festgelegt, die wir für die von uns eingesetzten SPSS^X-Kommandos in den folgenden Abschnitten kennenlernen.

So haben wir zu Beginn dieses Abschnitts bei der Kodierung des VARIABLE LABELS=Kommandos

```
VARIABLE LABELS VARoo6 'UNTERRICHTSSTUNDEN'
                VARoo7 'HAUSAUFGABEN'
                VARo1o 'ABSCHALTEN'
                VARo14 'SCHULLEISTUNG'
```

das spezielle Trennzeichen Hochkomma verwendet und bei der Angabe des Kommandos

```
DATA LIST        FILE = DATAIN /
                 VARoo6 5 - 6, VARoo7 7, VARo1o 1o, VARo14 14
```

die speziellen Trennzeichen "=" und "/" kodiert.

Sind innerhalb eines SPSS^X-Kommandos keine speziellen Trennzeichen vorgeschrieben, so muß man zur Trennung der einzelnen Spezifikationswerte die allgemeinen Trenn-zeichen Leerzeichen und Komma verwenden.

Grundsätzlich darf man ein SPSS^X-Kommando über mehrere Programmzeilen hinweg auf-schreiben. So hätten wir z.B. für das in unserem o.a. Beispielprogramm angegebene FREQUENCIES=Kommando auch

```
FREQUENCIES     VARIABLES = VARoo6
                            VARoo7
                            VARo1o
                            VARo14
```

kodieren dürfen.

Das oben aufgeführte VARIABLE LABELS=Kommando haben wir in drei, das anschließend angegebene DATA LIST=Kommando in einer und das zuletzt kodierte FREQUENCIES=Kommando in drei Kommandozeilen fortgesetzt.

Bei dieser Fortsetzung dürfen Namen, Werte und Schlüsselwörter niemals (über ein Zeilenende hinweg) getrennt werden. Anders ist dies bei den Etiketten, die man in einer Zeile beginnen und auf nachfolgenden Zeilen fortsetzen kann. Dabei muß jeder in einer Zeile eingetragene Etikettenteil durch ein Hochkomma (') eingeleitet und abgeschlossen werden, und die Trennung ist hinter dem fortzusetzenden Teil oder vor dem fortsetzenden Teil durch das Pluszeichen "+" zu kennzeichnen.

So könnten wir z.B. das o.a. VARIABLE LABELS=Kommando auch so aufschreiben:

```
VARIABLE LABELS VARoo6 'UNTERRICHTSSTUNDEN' VARoo7 'HAUSAUFGABEN' VARo1o 'AB'
              + 'SCHALTEN' VARo14 'SCHULLEISTUNG'
```

3 Vereinbarung und Beschreibung des SPSS^X-files

Nachdem wir im vorigen Kapitel den Aufbau eines SPSS^X-Programms an Beispielen kennengelernt haben, wollen wir in diesem Kapitel wichtige SPSS^X-Kommandos zur Vereinbarung und Beschreibung eines SPSS^X-files erläutern.

3.1 Dateneingabe (DATA LIST)

Bevor die Daten der Datenmatrix, die in einer Magnetplatten-Datei erfaßt sind, vom Datenanalysesystem SPSS^X verarbeitet werden können, müssen sie zunächst als SPSS^X-file im Hauptspeicher der Datenverarbeitungsanlage abgespeichert werden. Die Übertragung der Daten in das SPSS^X-file wird durch das Kommando DATA LIST (Datenliste) beschrieben, das in der folgenden allgemeinen Form (Syntax) zu Beginn eines SPSS^X-Programms anzugeben ist:[+)]

```
DATA LIST        [FILE = ddname] /
                 name1 zpn1 [ - zpn2][name2 zpn3 [ - zpn4]] ...
```

Als Spezifikationswerte für das Kommando DATA LIST sind das Subkommando FILE und daran anschließend - durch das spezielle Trennzeichen "/" abgegrenzt - die konkreten Angaben für die Datenübertragung aufzuführen.

Ohne Angabe des Subkommandos FILE (der Schrägstrich muß trotzdem geschrieben werden) wird davon ausgegangen, daß die Werte der Datenmatrix innerhalb des SPSS^X-Programms in den Programmzeilen eingetragen sind, wobei die erste Datenzeile durch das SPSS^X-Kommando BEGIN DATA eingeleitet und die letzte Datenzeile durch das Kommando END DATA abgeschlossen wird (vgl. Abschnitt 2.2).

Werden die Werte der Datenmatrix aus einer Magnetplatten-Datei eingelesen - dies haben wir für unsere Ausführungen grundsätzlich vorausgesetzt - so muß im FILE=Subkommando hinter dem Gleichheitszeichen "=" ein geeigneter symbolischer Dateiname "ddname" spezifiziert werden.

Bei den Betriebssystemen IBM OS/MVS und SIEMENS BS 3ooo weist dieser symbolische Dateiname als DD-Name über ein zugehöriges JCL-Kommando auf eine Magnetplatten-Datei (vgl. Abschnitt 2.2). Bei anderen Betriebssystemen muß die Zuordnung des symbolischen Dateinamens zu einer Magnetplatten-Datei über das SPSS^X-Kommando FILE HANDLE vorgenommen werden (s. Anhang A.8).

Innerhalb unseres Beispielprogramms im Abschnitt 2.3 haben wir als spezielles DATA LIST=Kommando das Kommando

```
DATA LIST        FILE = DATAIN /
                 VARoo6 5 - 6, VARoo7 7, VARo1o 1o, VARo14 14
```

[+)] Die in sog. Optionalklammern "[" und "]" eingeschlossenen Ausdrücke dürfen angegeben werden oder auch fehlen. Durch die drei Punkte "..." hinter dem Zeichen "]" wird angedeutet, daß der eingeklammerte Ausdruck beliebig oft aufgeführt werden darf. Die Zeichenfolge "zpn" soll das Wort "Zeichenposition" abkürzen und als Platzhalter für eine ganze Zahl fungieren.

kodiert, das sich als der Spezialfall

```
DATA LIST        FILE = ddname /
                 name1 zpn1 - zpn2, name2 zpn3, name3 zpn4, name4 zpn5
```

aus der o.a. allgemeinen Form des DATA LIST=Kommandos ableitet.

Innerhalb des FILE=Subkommandos haben wir - wie grundsätzlich verabredet - den symbolischen Dateinamen "DATAIN" aufgeführt, der über ein JCL-Kommando mit einer Magnetplatten-Datei verknüpft ist, in der die Werte unserer Datenmatrix abgespeichert sind.

Die Platzhalter "name1" bis "name4" haben wir durch die Namen VARoo6, VARoo7, VARo1o und VARo14 ersetzt. Hinter dem Namen VARoo6 ist ein Zeichenbereich der Form "zpn1 - zpn2" angegeben, indem für "zpn1" und "zpn2" die konkreten Werte 5 und 6 eingetragen sind, und hinter den Namen VARoo7, VARo1o und VARo14 sind die Platzhalter "zpn3", "zpn4" und "zpn5" für die jeweiligen Zeichenpositionen durch die konkreten Positionswerte 7, 1o und 14 ersetzt.

<u>Variablennamen</u>

Allgemein dürfen die Namen, die für die Platzhalter "name1", "name2" usw. eingetragen werden können, aus bis zu acht Zeichen langen Kombinationen aus Buchstaben, Ziffern und dem Unterstreichungszeichen "_" bestehen. Grundsätzlich muß ein derartiger Name mit einem Buchstaben eingeleitet werden.[+)]

Anstelle der von uns gewählten Namen VARoo6, VARoo7, VARo1o und VARo14 hätten wir beispielsweise auch die Namen STDZAHL, HAUSAUFG, ABSCHALT und LEISTUNG angeben können.

Jeder im DATA LIST=Kommando aufgeführte Name bezeichnet eine Variable, d.h. eine Kolumne des SPSS[X]-files (vgl. 2.1), so daß wir im folgenden stets von einem Variablennamen sprechen wollen.

Werden in die Variablen bei der Dateneingabe numerische Werte (Zahlen) übertragen - so wie es bei unserer Untersuchung der Fall ist - so spricht man von <u>numerischen</u> Variablen.

Der erste im DATA LIST=Kommando angegebene Variablenname bezeichnet die erste Variable des SPSS[X]-files, der zweite Variablenname die zweite Variable usw., so daß jedes SPSS[X]-file die folgende Struktur besitzt:

+) Die folgenden Schlüsselwörter haben eine feststehende Bedeutung für das SPSS[X]-System und dürfen daher nicht verwendet werden:
   ALL, AND, BY, EQ, GE, GT, LE, LT, NE, NOT, OR, THRU, TO und WITH.

SPSS^X-file		
name1	name2	. . .
Werte der	Werte der	
Variablen	Variablen	
name1	name2	. . .

1. Variable   2. Variable

(Zeilenbeschriftung links: 1. Case, 2. Case, ⋮, letzter Case)

Durch das Kommando DATA LIST werden folglich die Anzahl, die Reihenfolge und die Namen der Variablen des SPSS^X-files vereinbart.

Eingabe ganzzahliger Werte

Welche Daten in welche Variablen übertragen werden sollen, wird durch die Angabe der Variablennamen und der Zeichenbereiche bzw. der einzelnen Zeichenpositionen im DATA LIST=Kommando in der Form

```
name zpn1 [- zpn2]
```

beschrieben. Will man hinter dem Variablennamen "name" keinen Zeichenbereich, sondern nur eine einzige Zeichenposition angeben, so kodiert man

```
name zpn1
```

und legt damit fest, daß der Inhalt der Zeichenposition "zpn1" als Wert der Variablen "name" übernommen werden soll.

Sind die Werte im Bereich von Zeichenposition "zpn1" bis "zpn2" erfaßt, so muß man

```
name  zpn1 - zpn2
```

angeben.

Folglich wird durch das DATA LIST=Kommando

```
DATA LIST      FILE = DATAIN /
               VARoo6 5 - 6, VARoo7 7, VARo1o 1o, VARo14 14 _
```

insgesamt festgelegt, daß der Variablen VARoo6 die Werte zugewiesen werden, die in den Zeichenpositionen 5 und 6 eingetragen sind. Die Werte in den Zeichenpositionen 7, 1o und 14 werden den Variablen VARoo7, VARo1o und VARo14 - in dieser Reihenfolge - zugeordnet.

Eingabe von Leerzeichen

Sind an einer Zeichenposition oder in einem Zeichenbereich Leerzeichen eingetragen, so werden diese Zeichen bei der Zuweisung an numerische Variablen dann als o interpretiert, wenn vor dem DATA LIST=Kommando das <u>SET=Kommando</u> mit dem <u>BLANKS=Subkommando</u>

in der Form

```
SET              BLANKS = o
```

angegeben wurde. Ohne dieses SET=Kommando wird dem betreffenden Case für die jeweilige Variable der system-missing Value SYSMIS (s. Abschnitt 3.5) zugeordnet, falls
der gesamte Zeichenbereich aus Leerzeichen besteht oder aber der einzulesende Wert
nicht rechtsbündig im Zeichenbereich erfaßt wurde.

Variablenliste

Sind die zu übertragenden Werte in gleichlangen und benachbarten Zeichenbereichen eingetragen, so darf man abkürzend den Gesamtbereich und davor die Liste der zu verein-
barenden Variablennamen in der Form

```
name1 [ name2 ] ... spn1 - spn2
```

wie z.B.

```
VARoo1, VARoo2 1 - 2
```

angeben.

Im folgenden nennen wir eine derartige Reihung von Variablennamen eine Variablenliste,
und wir schreiben abkürzend: [+)]

```
variablenliste spn1 - spn2
```

So können wir etwa durch das Kommando

```
DATA LIST        FILE = DATAIN /
                 VARoo1, VARoo2 1 - 2, VARoo6 5 - 6, VARo18, VARo19, VARo2o,
                 VARo21, VARo22, VARo23, VARo24, VARo25, VARo26, VARo27,
                 VARo28, VARo29, VARo3o, VARo31, VARo32 18 - 32
```

ein SPSS^X-file mit achtzehn Variablen aufbauen, wobei die Zuordnung so erfolgt:

Variablennamen:	VARoo1	VARoo2	VARoo6	VARo18	VARo19		VARo31	VARo32
Zeichenpositionen:	1	2	5 - 6	18	19	. . .	31	32

Inklusive Variablenlisten

Die Angaben im Spezifikationsfeld dieses DATA LIST=Kommandos kann man durch

```
DATA LIST        FILE = DATAIN /
                 VARoo1, VARoo2 1 - 2, VARoo6 5 - 6, VARo18 TO VARo32 18 - 32
```

abkürzen, indem man eine inklusive Variablenliste der Form

```
name1 TO name2
```

+) Als Spezialfall darf eine Variablenliste auch nur aus einem einzigen Variablennamen bestehen.

wie etwa

~~~
| VARo18 TO VARo32 |
~~~

verwendet.

Eine inklusive Variablenliste hat die Eigenschaft, daß der Anfang des ersten Variablennamens "name1" nur aus Buchstaben und das Ende nur aus Ziffern bestehen darf. Der hinter dem Schlüsselwort TO angegebene Variablenname "name2" muß mit derselben Buchstabenfolge beginnen und wieder mit einer Ziffernfolge enden, deren numerischer Wert größer als derjenige Wert der Ziffernfolge im Variablennamen "name1" ist.
Von den durch eine derartige inklusive Variablenliste vereinbarten Variablen erhält die erste Variable den Namen "name1" und die letzte den Namen "name2". Alle anderen tragen Variablennamen, welche mit der (charakteristischen) Buchstabenfolge beginnen und mit einer Ziffernfolge enden, deren numerischer Wert zwischen den festgelegten Anfangs- und Endwerten liegt.
Die Ziffernfolgen von Anfangs- und Endwert brauchen nicht stets die gleiche Länge zu besitzen.

So ist es z.B. erlaubt, die Variablen ITEM9, ITEM1o, ITEM11 und ITEM12 mit Hilfe der inklusiven Variablenliste

~~~
| ITEM9 TO ITEM12 |
~~~

zu definieren.

Grundsätzlich dürfen alle Variablennamen nur einmal im Kommando DATA LIST aufgeführt werden, unabhängig davon, ob sie explizit oder durch eine inklusive Variablenliste implizit vereinbart sind.

Eingabe nicht ganzzahliger Werte

Ist die Ziffernfolge eines Zeichenbereichs als nicht ganzzahliger Wert zu interpretieren, so muß man im DATA LIST=Kommando eine entsprechende Angabe machen. Dazu muß man festlegen, wie viele der am weitesten rechts kodierten Ziffern des Zeichenbereichs als Nachkommastellen aufgefaßt werden sollen. Bezeichnet man diese Anzahl durch den Platzhalter "dezzahl", so ist diese Vereinbarung in der Form

~~~
| variablenliste zpn1 [ - zpn2 ] ( dezzahl ) |
~~~

vorzunehmen.[+)]

Wäre etwa das wöchentliche Taschengeld erhoben und in den Zeichenpositionen 61 bis 65 so eingetragen worden, daß die beiden letzten Ziffern die Nachkommastellen darstellen, so müßte dies durch die Kodierung von

~~~
| TASCHENG 61 - 65 ( 2 ) |
~~~

+) Ist ein nicht ganzzahliger Wert mit Dezimalpunkt im Zeichenbereich erfaßt worden, so braucht die Nachkommastellenzahl nicht angegeben zu werden, da die erforderliche Interpretation automatisch erfolgt.

beschrieben werden. Dann würde etwa für die im Zeichenbereich 61 - 65 eingetragene Ziffernfolge "oo75o" die Zahl 7.5o als Wert interpretiert und in die Variable TASCHENG eingetragen werden.

<u>Mehrere Datensätze pro Case</u>

Bei unserer Untersuchung (vgl. Abschnitt 1.4) reicht ein Datensatz aus, um die Werte eines Cases zu erfassen.

In vielen Fällen benötigt man jedoch mehr als 8o Zeichenpositionen, um die Merkmalsausprägungen eines Cases kodieren zu können. In dieser Situation muß man mit <u>Folgesätzen</u> arbeiten. Dazu ist in jedem Datensatz neben einer Identifikationsnummer für den Case auch eine entsprechende Satznummer einzutragen, damit man nach dem Einlesen der Daten überprüfen kann, ob für jeden Case alle Folgesätze in der richtigen Reihenfolge bereitgestellt waren.

Wieviele Datensätze pro Case eingelesen werden sollen, muß man im Kommando DATA LIST hinter dem Subkommando FILE durch das <u>Subkommando RECORDS</u> in der Form

```
RECORDS = anzahl
```

kodieren, und die Angaben zur Plazierung der Daten im m-ten Datensatz sind durch die Eintragung[+)]

```
/ m
```

einzuleiten, so daß sich als <u>allgemeine Form des DATA LIST=Kommandos</u> das folgende Schema ergibt:[++)]

```
DATA LIST      [FILE = ddname][ RECORDS = anzahl] /
               [ m1] variablenliste1 zpn1 [- zpn2][( dezzahl1 )]
                     [variablenliste2 zpn3 [- zpn4][( dezzahl2 )]]...
               [/m2  variablenliste3 zpn5 [- zpn6][( dezzahl3 )]
                     [variablenliste4 zpn7 [- zpn8][( dezzahl4 )]]]...]...
```

Alle Angaben für die Übertragung der Werte eines Datensatzes müssen vor denen des darauffolgenden Satzes gemacht werden, so daß man die Ablage der Daten im 1. Satz eines Cases zuerst beschreiben muß, die Ablage im 2. Satz daran anschließend usw.

Nach dieser Regel entspricht das DATA LIST=Kommando in unseren früheren Beispielprogrammen (vgl. die Abschnitte 2.1 und 2.3) der folgenden ausführlichen Formulierung:

```
DATA LIST      FILE = DATAIN, RECORDS = 1 /
               1 VARoo6 5 - 6, VARoo7 7, VARo1o 1o, VARo14 14
```

+) Das Zeichen "m" fungiert als Platzhalter für eine ganze Zahl, die angibt, um den wievielten Datensatz es sich handelt.

++) Werden pro Case mehrere Datensätze eingelesen, so muß die Gesamtzahl der Sätze ohne Rest durch die Anzahl der Cases teilbar sein, da sonst die Dateneingabe mit einer Fehlermeldung abgebrochen wird.
"m1" und "m2" sind Platzhalter für ganze Zahlen.

Alphanumerische Variable und alphanumerische Werte

Bislang haben wir die Dateneingabe von numerischen Werten beschrieben.
Mit dem SPSS^X-System kann man auch alphanumerische Werte, d.h. Texte, in Variablen
übertragen. Dazu muß im DATA LIST=Kommando hinter der zugehörigen Längenangabe für
den Zeichenbereich die Markierungsangabe "(A)" eingetragen werden.

Nach dem Einlesen alphanumerischer Werte darf man natürlich mit diesen Werten keine
numerischen Berechnungen durchführen, indem man etwa eine Summe bildet. Allerdings
ist es z.B. sinnvoll, die Häufigkeitsverteilung einer derartigen alphanumerischen
Variablen - auch Stringvariable genannt - ermitteln zu lassen.

Hätten wir etwa das Merkmal "Geschlecht" (Item 2 des Fragebogens, vgl. 1.2 und 1.4)
nicht mit den numerischen Werten 1 und 2 sondern mit den alphanumerischen Werten "M"
(für "männlich") und "W" (für "weiblich") verschlüsselt, so müßten wir

```
DATA LIST        FILE = DATAIN /
                 VARoo1 1, VARoo2 2 ( A )
```

kodieren, falls wir Häufigkeitsauszählungen für die Merkmale "Jahrgangsstufe" (Item 1)
und "Geschlecht" (Item 2) abrufen wollten.

Anstelle dieses DATA LIST=Kommandos ist die Kodierung von

```
DATA LIST        FILE = DATAIN /
                 VARoo1, VARoo2 1 - 2 ( A )
```

nicht sinnvoll, da sich die Markierungsangabe "(A)" jetzt auch auf die Variable
VARoo1 bezieht, so daß VARoo1 - unbeabsichtigt - ebenfalls als alphanumerische
Variable vereinbart wird.

3.2 Benennung des SPSS^X-files (FILE LABEL)

Zur Dokumentation der Druckausgabe kann man für das SPSS^X-file eine geeignete
Bezeichnung durch das Kommando FILE LABEL (Dateietikett) in der Form

```
FILE LABEL       etikett
```

festlegen. Dabei darf man ein maximal 6o Zeichen langes Etikett (label) als Spezifikationswert aufführen, das im SPSS^X-file abgespeichert und bei der Druckausgabe
protokolliert wird.

Wollen wir etwa unserem SPSS^X-file das Etikett "NEUGESTALTETE GYMNASIALE OBERSTUFE"
zuordnen, so müssen wir unser SPSS^X-Programm folgendermaßen formulieren:

```
FILE LABEL       NEUGESTALTETE GYMNASIALE OBERSTUFE
DATA LIST        FILE = DATAIN /
                 VARoo6 5 - 6, VARoo7 7, VARo1o 1o, VARo14 14
FREQUENCIES      VARIABLES = VARoo6, VARoo7, VARo1o, VARo14
```

3.3 Etikettierung von Variablen (VARIABLE LABELS)

In unserem Beispielprogramm (vgl. Abschnitt 2.1) haben wir durch das Kommando
DATA LIST die Variablen unseres SPSS^X-files durch die inhaltlich nichtssagenden
Namen VARoo6, VARoo7, VARo1o und VARo14 vereinbart. Die in diesen Namen angegebenen Nummern beschreiben dabei entweder die einzige bzw. die letzte Zeichenposition
des Zeichenbereichs, in dem die jeweiligen Werte in den Datensätzen abgespeichert
sind. Diese Bezeichnung erleichtert zwar die Vereinbarung des SPSS^X-files, erschwert
jedoch die Lesbarkeit der Druckausgabe, weil man i. allg. immer wieder im Kodeplan (vgl. Abschnitt 1.4) nachschlagen muß, um sich über die Korrespondenz zwischen
Merkmal und Variablenname zu informieren.

Die Lesbarkeit der Druckausgabe kann man durch den Einsatz des Kommandos
VARIABLE LABELS (Variablenetiketten) verbessern, das in der folgenden Form
angegeben werden muß:

```
VARIABLE LABELS   variablenname1 'etikett1' [ variablenname2 'etikett2' ] ...
```

Dadurch kann man jedem Variablennamen ein maximal 4o Zeichen langes Etikett zuordnen, das im SPSS^X-file abgespeichert und bei der Auswertung zusammen mit dem
Variablennamen ins Ablaufprotokoll eingetragen wird.

Z.B. haben wir in unserem zweiten Beispielprogramm (vgl. Abschnitt 2.3) die folgende Etikettierung durchgeführt:

```
VARIABLE LABELS VARoo6 'UNTERRICHTSSTUNDEN'
                VARoo7 'HAUSAUFGABEN'
                VARo1o 'ABSCHALTEN'
                VARo14 'SCHULLEISTUNG'
```

Anstelle dieses einen Kommandos hätten wir die Zuordnungen auch durch z.B. vier
VARIABLE LABELS=Kommandos in der Form

```
VARIABLE LABELS VARoo6 'UNTERRICHTSSTUNDEN'
VARIABLE LABELS VARoo7 'HAUSAUFGABEN'
VARIABLE LABELS VARo1o 'ABSCHALTEN'
VARIABLE LABELS VARo14 'SCHULLEISTUNG'
```

vornehmen können.

3.4 Etikettierung von Werten (VALUE LABELS, ADD VALUE LABELS)

Nicht nur bei der Ausgabe von Variablennamen sondern auch bei der Protokollierung von
Werten (s. die vom FREQUENCIES=Kommando erzeugte Druckausgabe) ist es wichtig, die
Lesbarkeit der Ausgabeinformationen zu verbessern. Die durch den Kodeplan erzwungene
Umwandlung der meist "sprechenden" Merkmalsausprägungen des Fragebogens in i. allg.
nichtssagende numerische Werte sollte bei der Druckausgabe wieder rückgängig gemacht
werden können, indem nicht die Werte sondern gewisse diesen Werten zugeordnete Texte

ausgegeben werden. Diese Forderung wird vom SPSS[X]-System durch das Kommando
<u>VALUE LABELS</u> (Werteetiketten) in der Form

```
VALUE LABELS     variablenliste1 wert1 'etikett1' [wert2 'etikett2'] ...
                 [/ variablenliste2 wert3 'etikett3' [wert4 'etikett4'] ...] ...
```

unterstützt. Dabei kann jede Variablenliste aus einer oder mehreren Variablen
bestehen, die gegebenenfalls durch reflexive Variablenlisten vereinbart sind.

Dabei versteht man unter einer <u>reflexiven Variablenliste</u> eine Angabe der Form

```
name1 TO name2
```

mit dem Schlüsselwort <u>TO</u> und den Variablennamen "name1" und "name2". Durch diese
Schreibweise werden abkürzend alle Variablen benannt, die im SPSS[X]-file zwischen
den Variablen "name1" und "name2" abgespeichert sind.

Als Abkürzung für die Angabe der reflexiven Variablenliste aller im SPSS[X]-file
abgespeicherten Variablen darf man das Schlüsselwort <u>ALL</u> benutzen.[+)]

Die innerhalb eines VALUE LABELS=Kommandos hinter einer Variablenliste aufgeführten Eintragungen der Form[++)]

```
wert1 'etikett1' [wert2 'etikett2'] ...
```

gelten für alle in der Variablenliste explizit oder implizit enthaltenen Variablen.

Jedes Werteetikett darf aus maximal 2o Zeichen bestehen. Es wird zusammen mit dem
davor angegebenen Wert im SPSS[X]-file abgespeichert und bei der Druckausgabe zusammen
mit oder stellvertretend für diesen Wert protokolliert.

Für jede Variablenliste dürfen beliebig viele Zuordnungen getroffen werden, und
die Vereinbarungen für verschiedene Variablenlisten müssen durch das spezielle
Trennzeichen "/" voneinander abgegrenzt werden.

In unserem Beispielprogramm (vgl. Abschnitt 2.3) haben wir die Etiketten für die
Werte der Variablen VARoo7, VARo1o und VARo14 durch die folgenden Kommandos vereinbart:[+++)]

+) Werden im Anschluß an ein Kommando mit dem Schlüsselwort ALL neue Variablen
   zum SPSS[X]-file hinzugefügt (etwa durch das COMPUTE=Kommando, vgl. Abschnitt 3.6),
   so gelten die getroffenen Vereinbarungen nicht für diese neuen, sondern nur für
   die Variablen, die schon im SPSS[X]-file enthalten waren.
++) Alphanumerische Werte müssen durch Hochkommata (') eingeschlossen sein.
+++) Da die numerischen Werte von VARoo6 die Stundenzahlen selbst darstellen, erüb-
   rigt sich für VARoo6 eine Vereinbarung durch das Kommando VALUE LABELS.

```
VALUE LABELS    VARoo7
                1 'KEINE HAUSAUFGABEN'
                2 'WENIGER ALS 1/2 STD.'
                3 '1/2 - 1 STD.'
                4 '1 - 2 STD.'
                5 '2 - 3 STD.'
                6 '3 - 4 STD.'
                7 'MEHR ALS 4 STD.'
VALUE LABELS    VARo1o
                1 'STIMMT'
                2 'STIMMT NICHT'
VALUE LABELS    VARo14
                1 'SEHR SCHLECHT'
                5 'DURCHSCHNITTLICH'
                9 'SEHR GUT'
```

Diese drei VALUE LABELS=Kommandos hätten wir auch in der Form

```
VALUE LABELS    VARoo7 1 'KEINE HAUSAUFGABEN' 2 'WENIGER ALS 1/2 STD.' 3 '1/2 - 1 '
                + 'STD.' 4 '1 - 2 STD.' 5 '2 - 3 STD.' 6 '3 - 4 STD.' 7 'MEHR'
                + ' ALS 4 STD.' / VARo1o 1 'STIMMT' 2 'STIMMT NICHT' / VARo14
                1 'SEHR SCHLECHT' 5 'DURCHSCHNITTLICH' 9 'SEHR GUT'
```

zusammenfassen können - mit dem Nachteil der Unübersichtlichkeit.

Wird für eine Variable in einem SPSS^X-Programm mehr als ein VALUE LABELS=Kommando
angegeben, so überschreibt jedes derartige Kommando <u>alle</u> im vorausgehenden Kommando
vorgenommenen Angaben über die Zuordnung der Werte zu den Werteetiketten.

Sollen gegenüber einer Erstdefinition nur einzelne Werteetiketten verändert werden
(etwa weil einige Variablenwerte zu einem neuen Wert zusammengefaßt wurden), so
braucht man sämtliche anderen bereits vereinbarten Etiketten nicht erneut aufzuführen, sofern man für die Veränderung anstelle des VALUE LABELS=Kommandos das
Kommando <u>ADD VALUE LABELS</u> (füge Werteetiketten hinzu) in der Form

```
ADD VALUE LABELS  variablenliste1 wert1 'etikett1'[wert2 'etikett2'] ...
                  [/ variablenliste2 wert3 'etikett3'[wert4 'etikett4'] ...] ...
```

verwendet. Das ADD VALUE LABELS=Kommando darf auch anstelle des VALUE LABELS=Kom-
mandos zur erstmaligen Vereinbarung von Werteetiketten eingesetzt werden.

3.5 Vereinbarung von missing Values (MISSING VALUES)

Für unseren Fragebogen haben wir festgelegt, daß für eine nicht beantwortete Frage
der Wert o kodiert wird (vgl. 1.4). Sollen bei einer Auswertung diejenigen Cases,
für welche die zu analysierenden Variablen diesen gesonderten Wert besitzen, nicht
berücksichtigt werden, so muß dieser Wert als <u>missing Value</u> ausgewiesen werden. Dazu
sind entsprechende Angaben in einem <u>MISSING VALUES=Kommando</u> in der Form

```
MISSING VALUES variablenliste1 ( werteliste1 )[/ variablenliste2 ( werteliste2 )]...
```

zu machen.[+)]

Jede Variablenliste kann aus einer oder mehreren Variablen bestehen, die gegebenenfalls in Form reflexiver Variablenlisten vereinbart sind.[++)] Die in einer Werteliste
enthaltenen Angaben - eingeklammert durch "(" und ")" - legen die missing Values für
alle in der vorausgehenden Variablenliste explizit oder implizit aufgeführten Variablen fest.

Will man in einem MISSING VALUES=Kommando derartige Vereinbarungen für mehrere
Variablenlisten treffen, so muß man sie durch den Schrägstrich "/" voneinander trennen.

In unserem SPSS^X-Programm (vgl. Abschnitt 2.3) haben wir durch die Angabe von

```
MISSING VALUES VARoo7, VARo1o (o)
```

festgelegt, daß der Wert o bei den Variablen VARoo7 und VARo1o in den nachfolgenden
Datenanalysen als missing Value behandelt wird.

Allgemein dürfen in einer Werteliste nicht nur ein sondern bis zu drei Werte eingetragen sein, so daß man in bestimmten Fällen z.B. die Werte für die Antwortkategorien
"keine Antwort", "weiß nicht" und "trifft nicht zu" allesamt als missing Values deklarieren kann. Damit sind Angaben der Form

```
( wert )  bzw.  ( wert1, wert2 )  bzw.  ( wert1, wert2, wert3 )
```

als Eintragung hinter einer Variablenliste möglich.[+++)]

Das Schlüsselwort THRU

In vielen Fällen - etwa beim Messen quantitativer Variablen - ist es u.U. erforderlich,
ein gesamtes Werteintervall von einer Auswertung auszuschließen, so daß nicht nur einzelne Werte sondern alle möglichen Werte zwischen etwa "wert1" und "wert2" (mit Einschluß dieser beiden Werte) als missing Values zu deklarieren sind. Diese Situation
muß durch die Angabe von

```
( wert1 THRU wert2 )
```

mit Hilfe des Schlüsselwortes THRU gekennzeichnet werden.
Neben einem Werteintervall darf man noch einen weiteren Wert in der Form

```
( wert1 THRU wert2, wert3 )
```

als missing Value vereinbaren.

+) Die Anzahl der Cases mit derartigen missing Values wird in der Druckausgabe für
   jede Auswertung gesondert ausgewiesen.
++) Alle aufgeführten Variablen müssen Bestandteil des SPSS^X-files sein. Gibt man anstelle einer Variablenliste das Schlüsselwort ALL an, so werden die Festlegungen
   nur für die Variablen getroffen, die durch Kommandos, welche vor dem MISSING
   VALUES=Kommando angegeben sind, als Variablen des SPSS^{X}files vereinbart wurden.
+++) Alphanumerische Werte müssen durch Hochkommata (') eingeschlossen werden und
   dürfen maximal 8 Zeichen enthalten.

Die Schlüsselwörter LOWEST und HIGHEST

Will man bei einer Auswertung alle Werte ausschließen, die kleiner oder gleich "wert2" sind, so muß man die Untergrenze durch das Schlüsselwort LOWEST in der Form

```
( LOWEST THRU wert2 )
```

kodieren, und durch die Angabe

```
( wert1 THRU HIGHEST )
```

wird das Intervall aller derjenigen Werte beschrieben, welche größer oder gleich "wert1" sind, indem die Obergrenze durch das Schlüsselwort HIGHEST gekennzeichnet wird·

So könnte man z.B. durch das Kommando

```
MISSING VALUES VARoo6 ( LOWEST THRU 28 )
```

festlegen, daß alle Werte des Merkmals "Schulstunden" (VARoo6), welche kleiner als 29 sind, als missing Values behandelt werden sollen.

Die beiden aufgeführten MISSING VALUES=Kommandos

```
MISSING VALUES VARoo7, VARo1o ( o )
```

und

```
MISSING VALUES VARoo6 ( LOWEST THRU 28 )
```

kann man auch zu einem MISSING VALUES=Kommando in der Form

```
MISSING VALUES VARoo7, VARo1o ( o ) / VARoo6 ( LOWEST THRU 28 )
```

zusammenfassen.

Das Aufheben von missing Values

Jede Festlegung von missing Values kann zu einem späteren Zeitpunkt - vor einer entsprechenden Aufgabenstellung - durch ein weiteres MISSING VALUES=Kommando verändert oder durch die Angabe der leeren Werteliste "()" auch wieder gänzlich aufgehoben werden.

Wir betonen an dieser Stelle nochmals, daß man möglichst für alle Variablen dieselben Werte als missing Values auswählen sollte. Dies erleichtert die Formulierung der Aufgabenstellungen und die Interpretation der Analyseergebnisse.

Der system-missing Value SYSMIS

Neben der benutzerseitigen Festlegung eines missing Values mit Hilfe des Kommandos MISSING VALUE besteht·die Möglichkeit, daß ein Case auch systemseitig von einer Auswertung ausgeschlossen wird. Dies ist dann der Fall, wenn der zugehörige Variablenwert mit dem systemseitigen missing Value SYSMIS - im folgenden zur Abkürzung "system-missing Value" genannt - übereinstimmt. Dabei ist SYSMIS ein Schlüsselwort, das wir im folgenden stets stellvertretend für den konkreten vom SPSS[X]-System benutzten internen Wert - den der Anwender nicht zu kennen braucht - verwenden werden.

Der Wert SYSMIS wird einem Case in den folgenden Sonderfällen zugewiesen:
- falls bei der Dateneingabe der für eine numerische Variable eingelesene Wert ein nicht erlaubtes Zeichen enthält (z.B. einen Buchstaben),
- falls bei der Dateneingabe für eine numerische Variable der gesamte Zeichenbereich mit dem einzulesenden Wert nur aus Leerzeichen besteht bzw. der einzulesende Wert nicht rechtsbündig im Zeichenbereich eingetragen ist oder
- falls bei der Konstruktion einer neuen Variablen (s. Abschnitt 3.6) ein Variablenwert nicht gebildet werden kann (etwa bei der Division durch Null) oder aber falls ein zu verrechnender Variablenwert ungültig ist (es handelt sich um einen benutzerseitig festgelegten missing Value oder um den system-missing Value SYSMIS) und die Verrechnungsvorschrift in dieser Situation keinen Wert ermitteln kann.

Im Fall der Dateneingabe mit unerlaubten Leerzeichen (im einzulesenden Zeichenbereich des Datensatzes mit den Werten der Datenmatrix) kann man die Zuweisung des system-missing Values SYSMIS dadurch verhindern, daß man im SPSS[X]-Programm vor dem DATA LIST=Kommando ein SET=Kommando mit dem BLANKS=Subkommando in der Form

```
SET             BLANKS = wert
```

angibt, so daß in der beschriebenen Ausnahmesituation anstelle von SYSMIS der im Subkommando BLANKS angegebene numerische Wert, etwa durch

```
SET             BLANKS = o
```

der Wert o zugewiesen wird.

Grundsätzlich wird bei der Durchführung einer Aufgabenstellung ein Case, für den bei einer in die Datenanalyse einbezogenen Variablen der system-missing Value SYSMIS zugeordnet ist, von der Auswertung ausgeschlossen.
Allerdings wird ein derartiger Case bei bestimmten Aufgabenstellungen (z.B. bei einer Häufigkeitsauszählung) in der Ergebnistabelle aufgeführt, indem der system-missing Value SYSMIS als Dezimalpunkt "." protokolliert wird.

Soll einem Case während des Programmlaufs anstelle des ihm zugewiesenen system-missing Values SYSMIS ein anderer Wert zugeordnet werden, so ist ein geeignetes RECODE=Kommando (vgl. die Erläuterung im Abschnitt 6.2.2) innerhalb des SPSS[X]-Programms aufzuführen.

3.6 Ergänzung und Veränderung des SPSS[X]-files (COMPUTE, RECODE, TEMPORARY)

Wollen wir im Hinblick auf spätere Analysen - wie z.B. die Untersuchung, ob zwischen den Merkmalen "Schulleistung" und "Lehrerurteil" ein statistischer Zusammenhang besteht - aus der Variablen VARo14 ("Schulleistung") eine neue Variable VARo14R konstruieren, bei der die alten Werte von VARo14 gemäß der Vorschrift

```
| 1  2  3 | 4  5  6 | 7  8  9  :  alte Werte
|    1    |    2    |    3     :  neue Werte
```

klassifiziert werden, so können wir die beiden folgenden Kommandos kodieren:

```
COMPUTE        VARo14R = VARo14
RECODE         VARo14R ( 1, 2, 3 = 1 ), ( 4, 5, 6 = 2 ), ( 7, 8, 9 = 3 )
```

COMPUTE

Durch das Kommando COMPUTE (berechne) wird eine neue Variable namens VARo14R im SPSS[X]-file - hinter allen vorhandenen Variablen - eingetragen und caseweise mit den Werten von VARo14 gefüllt. VARo14 wird dabei nicht verändert.

Allgemein kann man mit dem COMPUTE=Kommando eine neue Variable einrichten oder aber die Werte einer bereits vorhandenen Variablen verändern. In beiden Fällen muß der Name der betreffenden Variablen auf der linken Seite des Gleichheitszeichens "=" kodiert werden. Wie die Variablenwerte, die den Cases zugeordnet werden sollen, zu berechnen sind, wird durch den rechts vom Gleichheitszeichen "=" angegebenen Ausdruck beschrieben (weitere Angaben s. 6.2.1).

In unserem Fall wird für jeden Case der Variablenwert von VARo14 ermittelt und unverändert als Wert der Variablen VARo14R in das SPSS[X]-file eingetragen. Mit der Namenswahl der neuen Variablen kennzeichnen wir, daß VARo14R aus VARo14 durch eine Rekodierung ("R") mit dem Kommando RECODE (verändere) hervorgeht.[+]

RECODE

Wie die Rekodierung von VARo14R, d.h. die Veränderung der ursprünglichen Werte im einzelnen durchgeführt werden soll, geben wir in einem RECODE=Kommando an, indem wir hinter dem Namen der zu verändernden Variablen die einzelnen Vorschriften für die Modifikationen aufführen.

Bei der Ausführung des RECODE=Kommandos überprüft das SPSS[X]-System diese Angaben für jeden einzelnen Case. Dabei werden die durch die Klammern "(" und ")" begrenzten Vorschriften stets von links nach rechts untersucht.

Im o.a. RECODE=Kommando legt die erste Vorschrift

```
( 1, 2, 3 = 1 )
```

fest, daß die alten Werte 1, 2 und 3 in den neuen Wert 1 umgeändert werden sollen. Ist der Wert des gerade untersuchten Cases weder 1, 2 oder 3, so wird als nächstes

---

+) Für Auswertungen mit VARo14R sind gegebenenfalls geeignete VARIABLE LABELS= und VALUE LABELS= bzw. ADD VALUE LABELS=Kommandos anzugeben.

die Angabe

```
( 4, 5, 6 = 2 )
```

überprüft. Hierdurch ist bestimmt, daß die ursprünglichen Werte 4, 5 und 6 in den
neuen Wert 2 umzuwandeln sind.

Trifft diese Vorschrift für den gerade untersuchten Case zu, so ist der neue Wert
bestimmt, und es wird für den nächsten Case wieder mit der Überprüfung der ersten
Vorschrift begonnen. Anderenfalls wird die letzte Angabe

```
( 7, 8, 9 = 3 )
```

untersucht und entsprechend verfahren. Trifft auch diese Rekodierungsvorschrift nicht
zu, so bleibt der ursprüngliche Wert von VARo14R unverändert.

Das Schlüsselwort ELSE

Anders ist es z.B. bei der Kodierung von

```
RECODE        VARo14R ( o = o ), ( 1, 2, 3 = 1 ), ( 4, 5, 6 = 2 ), ( ELSE = 3 )
```

In diesem Fall bewirkt das Schlüsselwort ELSE (sonst), daß jeder alte Wert dann durch
den neuen Wert 3 überschrieben wird, falls keine der drei vorausgehenden Rekodierungsvorschriften ausgeführt werden kann.

Allgemein kann man mit dem RECODE=Kommando die Werte einer Variablen abändern. Die
entsprechenden Rekodierungsvorschriften werden hinter dem Variablennamen angegeben.
Jede Vorschrift hat die Form

```
( werteliste = wert-neu )
```

und besagt, daß jeder in der Werteliste enthaltene Wert durch "wert-neu" zu ersetzen
ist. Trifft eine Rekodierungsvorschrift für einen alten Wert zu, so werden alle weiteren Rekodierungsvorschriften ignoriert.

So darf man z.B. anstelle von

```
RECODE        VARo14R ( 1, 2, 3 = 1 ), ( 4, 5, 6 = 2 ), ( 7, 8, 9 = 3 )
```

auch

```
RECODE        VARo14R ( 7, 8, 9 = 3 ), ( 1, 2, 3 = 1 ), ( 4, 5, 6 = 2 )
```

schreiben. Einem alten Wert 9 etwa wird nämlich durch die erste Vorschrift des letzten
RECODE=Kommandos die 3 als neuer Wert zugeordnet. Da die nachfolgenden Rekodierungsvorschriften ignoriert werden, wird dieser Wert nicht mehr durch den Wert 1 ersetzt,
was gemäß der zweiten Vorschrift zu geschehen hätte.

Die Schlüsselwörter THRU, LOWEST und HIGHEST

Als weitere Form dieses RECODE=Kommandos ist z.B. auch die Kodierung von

```
RECODE        VARo14R ( 1 THRU 3 = 1), ( 4 THRU 6 = 2 ), ( 7 THRU 9 = 3 )
```

möglich, da zusammenhängende Bereiche von Werten, die rekodiert werden sollen, durch das Schlüsselwort THRU - kodiert zwischen Anfangs- und Endpunkt - beschrieben werden können.

Darüberhinaus kann man den kleinsten Variablenwert durch das Schlüsselwort LOWEST und den größten Wert durch HIGHEST benennen, so daß wir auch

```
RECODE          VARo14R ( LOWEST THRU 3 = 1 ),( 4 THRU 6 = 2 ),( 7 THRU HIGHEST = 3 )
```

kodieren dürfen.

Rekodierung alphanumerischer Variablen

Allgemein darf man die Werte alphanumerischer Variablen in entsprechende Werte numerischer Variablen rekodieren und umgekehrt auch numerische in alphanumerische Werte umwandeln. Dabei müssen alphanumerische Werte stets in Hochkommata (') eingeschlossen werden. Falls eine zu rekodierende Variable alphanumerisch ist und nur Ziffernzeichen enthält, kann die Umwandlung der alphanumerischen Werte in die numerischen Werte abkürzend mit Hilfe des Schlüsselworts CONVERT (wandle um) beschrieben werden. Dazu ist eine Sonderform des RECODE=Kommandos in der Form

```
RECODE          variablenname1  ( CONVERT ) INTO variablenname2
```

einzusetzen. Bei der Ausführung dieses Kommandos werden die Zeichen "o", "1",...,"9" der alphanumerischen Variablen "variablenname1" in die zugeordneten Ziffern der numerischen Variablen "variablenname2" umgeformt. Zusätzlich darf in der Zeichenfolge auch ein Dezimalpunkt und vor der ersten signifikanten Ziffer auch ein Vorzeichen eingetragen sein.[+] Ist "variablenname2" noch nicht im SPSS^X-file enthalten, so wird das SPSS^X-file durch diese Variable ergänzt.

Weitere Anwendungen des RECODE=Kommandos mit dem Schlüsselwort INTO geben wir im Abschnitt 6.2.2 an.

Permanente und temporäre Modifikationen

Wir haben gelernt, daß man mit den Kommandos COMPUTE und RECODE in der oben beschriebenen Weise den Inhalt des SPSS^X-files verändern kann.

Derartige Modifikationen gelten entweder permanent (langfristig) bis zum Ende des SPSS^X-Programms oder aber nur temporär (kurzfristig) für die jeweils direkt folgende Aufgabenstellung, so daß sich anschließend das SPSS^X-file wieder im ursprünglichen Zustand befindet.

[+] Enthält die alphanumerische Variable ein Zeichen, das kein Ziffernzeichen ist, oder nehmen Vorzeichen bzw. Dezimalpunkt unerlaubte Positionen ein, so ist der zugeordnete Wert gleich dem system-missing Value SYSMIS.

Will man eine Modifikation nur temporär durchführen, so muß dem jeweiligen Kommando das Kommando <u>TEMPORARY</u> (vorübergehend) in der Form

```
TEMPORARY
```

vorausgehen. Vor einer Aufgabenstellung müssen zunächst die permanenten und daran anschließend die temporären Modifikationen - getrennt durch das TEMPORARY=Kommando - im SPSS^X-Programm eingetragen werden.

Temporäre Modifikationen müssen immer direkt vor der Aufgabenstellung vorgenommen werden, für die sie gelten sollen. Änderungen derselben Variablen wirken stets kumulativ, d.h. jede neue Veränderung orientiert sich an den Variablenwerten, die durch zuvor durchgeführte Modifikationen zugeordnet wurden.

So wird z.B. bei der Ausführung des Programms

```
DATA LIST        FILE = DATAIN /
                 VARo14 14
COMPUTE          VARo14R = VARo14
RECODE           VARo14R ( 1, 2 = 1 ), ( 3, 4 = 2 ), ( 5 = 3 ), ( 6, 7 = 4 ),
                         ( 8, 9 = 5 )
TEMPORARY
COMPUTE          VARo14R1 = VARo14R
RECODE           VARo14R1 ( 1, 2 = 1 ), ( 3 = 2 ), ( 4, 5 = 3 )
FREQUENCIES      VARIABLES = VARo14R, VARo14R1
TEMPORARY
RECODE           VARo14 ( 1 THRU 4 = 1 ), ( 5 = 2 ), ( 6 THRU 9 = 3 )
FREQUENCIES      VARIABLES = VARo14
TEMPORARY
RECODE           VARo14 ( 1, 2 = 1 ), ( 3, 4 = 2 ), ( 5 = 3 ), ( 6, 7 = 4 ),
                        ( 8, 9 = 5 )
FREQUENCIES      VARIABLES = VARo14
```

- die Variable VARo14 nicht permanent sondern zweimal temporär vor den beiden letzten FREQUENCIES=Kommandos modifiziert,
- das SPSS^X-file durch VARo14R permanent und durch VARo14R1 temporär vor der ersten Aufgabenstellung verändert und
- die Rekodierung von VARo14R1 auf der Basis der rekodierten Werte von VARo14R durchgeführt.

Die vor der letzten Aufgabenstellung temporär erzeugte Variable VARo14 stimmt mit der Variablen VARo14R und die vor der zweiten Aufgabenstellung temporär erzeugte Variable VARo14 stimmt mit der vor der ersten Aufgabenstellung temporär erzeugten Variablen VARo14R1 überein.

Die Häufigkeitsverteilungen der Variablen VARo14 (mit den eingelesenen Werten), VARo14R und VARo14R1 stellen wir graphisch durch die folgenden <u>Histogramme</u> dar:[+]

[+] Diese Zeichnungen wurden mit dem Graphik-System SPSS GRAPHICS erstellt.

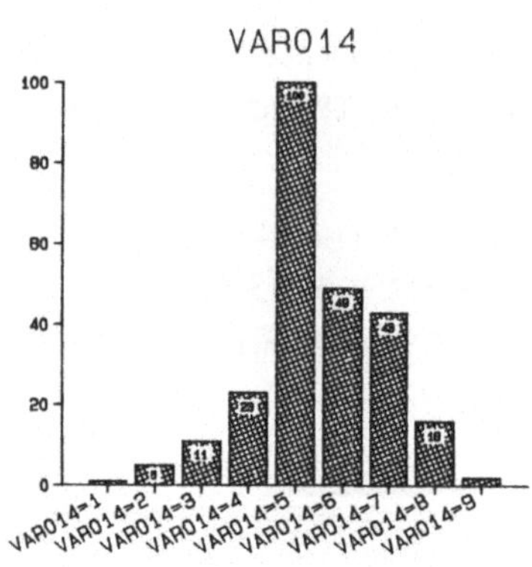

VARO14

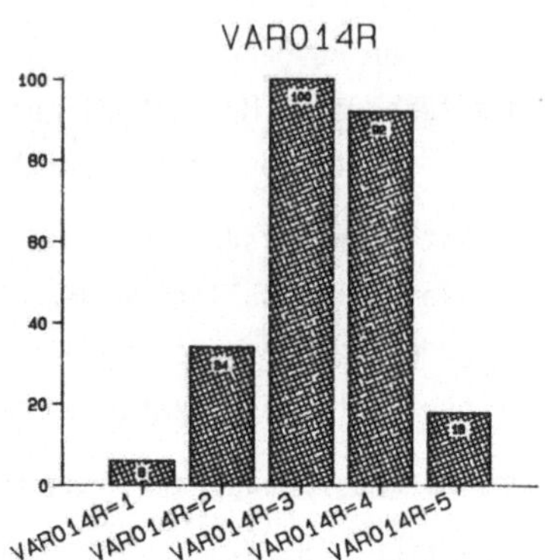

VARO14R

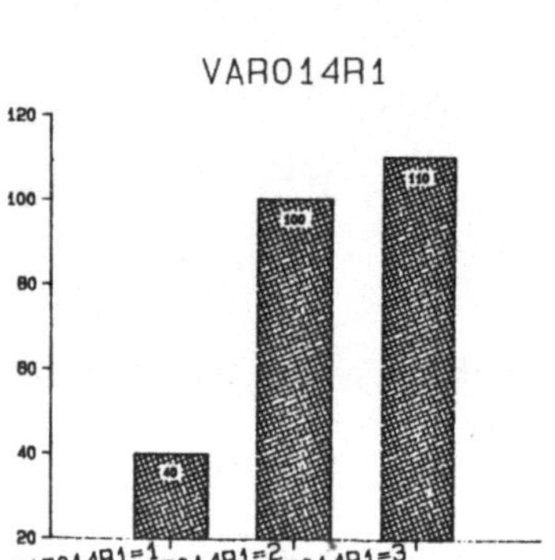

VARO14R1

Es zeigt sich, daß die durchgeführte Rekodierung in drei Klassen - beschrieben durch
die Werte von VARo14R1 - eine verzerrte Darstellung von VARo14 wiedergibt (diese Klas-
seneinteilung ist auch sachlogisch nicht be-
gründbar). Dagegen ist die Bildung von fünf
Klassen - beschrieben durch VARo14R - u.U.
vertretbar, obwohl die Verteilung von VARo14
nicht symmetrisch ist.

3.7 Überprüfung der Eingabedaten (SELECT IF, LIST)

Leider kann man in der Regel nicht davon ausgehen, daß die in den Datensätzen der
Magnetplatten-Datei erfaßten Werte unserer Datenmatrix alle korrekt sind, da Erfas-
sungsfehler nicht auszuschließen sind. Deshalb muß man vor Beginn der eigentlichen
Datenanalysen zunächst eine Datenprüfung durchführen.

Eingabefehler

Bei der Dateneingabe kontrolliert das SPSS[X]-System standardmäßig, ob die in numerische Variablen zu übertragenden Werte auch tatsächlich nur aus Ziffern bestehen.[+]

+) Ferner darf ein einleitendes Vorzeichen und u.U. auch ein Dezimalpunkt im zugehörigen Zeilenbereich des Datensatzes eingetragen sein.

Ist etwa versehentlich für den 3. Case in der Zeichenposition 14 der Buchstabe "A" erfaßt worden, so wird dies bei der Dateneingabe vom $SPSS^X$-System durch die folgende im Ablaufprotokoll eingetragene Fehlermeldung angezeigt:

```
>WARNING   652
>AN INVALID NUMERIC FIELD HAS BEEN FOUND.  THE RESULT HAS BEEN SET TO THE
>SYSTEM-MISSING VALUE.
COMMAND LINE:     1  CURRENT CASE:       3  CURRENT SPLITFILE GROUP:   1
FIELD CONTENTS: 'A'
RECORD NUMBER:    3  STARTING COLUMN:   14  RECORD LENGTH:    80
```

In diesem Fall muß man im Fragebogen, dessen Identifikationsnummer in den letzten drei Zeichenpositionen des dritten Datensatzes enthalten ist, die Kodierung der Ausprägung von Item 14 ("Schulleistung") überprüfen und eine entsprechende Korrektur vornehmen.

Werden derartige Eingabefehler nicht festgestellt, so sollte man als nächstes die vom $SPSS^X$-System ausgedruckte Anzahl der eingelesenen Cases mit der erwarteten Anzahl vergleichen. Stimmen diese beiden Größen nicht überein, so sind die Fragebogennummern, die bei unserem Beispiel im Zeichenbereich 78 - 8o in jedem Datensatz eingetragen sind, zu überprüfen. Dazu lassen wir uns eine Häufigkeitstabelle durch das Programm

```
DATA LIST       FILE = DATAIN /
                VARo8o 78 - 8o
FREQUENCIES     VARIABLES = VARo8o
```

ausdrucken, mit deren Hilfe wir ermitteln können, ob z.B. die Angaben zu einem Case fehlen oder u.U. mehrfach erfaßt wurden.

Überprüfung von Werten

Sind die Anzahl und die Identifikationsnummern der Cases korrekt, so sollte man sich zunächst die Häufigkeitsverteilungen aller zu analysierenden Variablen ausgeben lassen.[+] Dadurch kann man feststellen, ob etwa infolge von Kodier- oder Erfassungsfehlern unzulässige Werte auftreten. Sollte dies der Fall sein, so muß man sich die zugehörigen Identifikationsnummern der betreffenden Cases ausdrucken lassen.

Nehmen wir z.B. an, daß wir für VARoo7 dreimal den unzulässigen Wert 9 und für VARo14 zweimal den unzulässigen Wert o festgestellt hätten. Dann könnten wir uns die betreffenden Fragebogennummern und die relative Lage der gesuchten Cases im $SPSS^X$-file etwa so ausgeben lassen:

+) Hier sollte man beim FREQUENCIES=Kommando das Subkommando FORMAT durch die Angabe von "FORMAT = CONDENSE" (vgl. Abschnitt 4.1.2) zur Verdichtung der Druckausgabe verwenden. Ferner sollte vor dem FREQUENCIES=Kommando der automatische Seitenvorschub bei der Druckausgabe des Ablaufprotokolls durch die Kodierung des SET=Kommandos mit dem Subkommando LENGTH durch die Angabe von "LENGTH = NONE" (vgl. Abschnitt 6.6.1) zur Einsparung von Druckpapier aufgehoben werden.

```
DATA LIST        FILE = DATAIN /
                 VARoo7 7, VARo14 14, VARo8o 78 - 8o
TEMPORARY
SELECT IF        ( VARoo7 = 9 )
LIST             VARIABLES = VARoo7, VARo8o / CASES = 3 / FORMAT = NUMBERED
TEMPORARY
SELECT IF        ( VARo14 = o )
LIST             VARIABLES = VARo14, VARo8o / CASES = 2 / FORMAT = NUMBERED
```

Zum Verständnis dieses SPSS^X-Programms müssen wir die Kommandos SELECT IF und LIST
kennenlernen.

SELECT IF

Durch den Einsatz des Kommandos SELECT IF (wähle aus, falls) bestimmen wir diejenigen Cases, die in die durch das FREQUENCIES=Kommando abgerufene Häufigkeitsauszählung einbezogen werden sollen. So wird durch die Angabe von

```
SELECT IF        ( VARoo7 = 9 )
```

festgelegt, daß nur diejenigen Cases für die (nachfolgende) Auswertung zu berücksichtigen sind, für die VARoo7 den Wert 9 besitzt. Dagegen werden durch das Kommando

```
SELECT IF        ( VARo14 = o )
```

diejenigen Cases herausgefiltert, für die VARo14 den Wert o hat.

Die beiden SELECT IF=Kommandos haben wir in dem o.a. Programm mit Hilfe des Kommandos TEMPORARY (dies geht jedem SELECT IF=Kommando unmittelbar voraus) so kodiert,
daß jede dieser Auswahlen nur temporär, d.h. für die unmittelbar folgende Aufgabenstellung gilt.
Diese Aufgabenstellungen werden durch das LIST=Kommando (s.u.) formuliert. Dabei
wird durch die innerhalb dieses Kommandos aufgeführten Subkommandos mit den Namen
VARIABLES, CASES und FORMAT festgelegt, daß die Werte der Variablen VARoo7 und
VARo8o bzw. VARo14 und VARo8o für die ersten drei (CASES = 3) bzw. ersten zwei
Cases (CASES = 2), d.h. für alle zur Auswertung zugelassenen Cases, protokolliert
werden sollen. Über die ins Ablaufprotokoll ausgegebenen Werte können wir auf die
zugehörigen Fragebögen zugreifen und anschließend die erforderlichen Korrekturen
für die Variablenwerte von VARoo7 und VARo14 innerhalb der Magnetplatten-Datei mit
den Werten der Datenmatrix (durch den Einsatz eines Editierprogramms) vornehmen.

Allgemein kann man durch das Kommando SELECT IF Cases mit bestimmten Eigenschaften
für eine Datenanalyse auswählen (genauere Angabe s. Abschnitt 6.4.1), wobei man vor
dem SELECT IF=Kommando das Kommando TEMPORARY kodieren muß, wenn die Auswahl nur
temporär für allein die unmittelbar folgende Aufgabenstellung gültig sein soll.

Wirken mehrere SELECT IF=Kommandos gleichzeitig,

- entweder mehrere temporäre oder

- mehrere permanente oder

- sowohl permanente als auch temporäre,

so werden für die betreffende Auswertung diejenigen Cases herausgefiltert und in

die Datenanalyse einbezogen, deren Variablenwerte <u>sämtliche</u> aufgeführten Eigenschaf-

ten besitzen.

Deshalb führt z.B. die Kodierung von

```
DATA LIST        FILE = DATAIN /
                 VARoo7 7, VARo14 14, VARo80 78 - 80
SELECT IF        ( VARoo7 = 9 )
SELECT IF        ( VARo14 = o )
LIST             VARIABLES = VARoo7, VARo14, VARo80 / CASES = 5 /
                 FORMAT = NUMBERED
```

nicht zum Erfolg, da für mindestens einen der gesuchten Cases nicht gleichzeitig

der Wert von VARoo7 gleich 9 und der Wert von VARo14 gleich o sein kann.

Faßt man allerdings die beiden SELECT IF=Kommandos in der Form

```
SELECT IF        ( VARoo7 = 9 OR VARo14 = o )
```

zusammen, so werden die gesuchten Cases herausgefiltert, weil sie dadurch ausge-

zeichnet sind, daß sie entweder für VARoo7 den Wert 9 oder (OR) für VARo14 den Wert

o besitzen. Dabei haben wir von der Möglichkeit Gebrauch gemacht, daß man die beiden

Vergleichsbedingungen "VARoo7 = 9" und "VARo14 = o" durch den logischen Operator

<u>OR</u> (oder) verbinden darf.

Allgemein kann man mehrere <u>Vergleichsbedingungen</u> durch die logischen Operatoren <u>OR</u>,[+)]

<u>AND</u> (und) und <u>NOT</u> (nicht) verknüpfen, und bei jeder einzelnen Vergleichsbedingung

darf man neben der Gleichheitsabfrage "="[++)] als weitere <u>Vergleichsoperatoren</u> die

folgenden Schlüsselwörter verwenden:

- <u>GT</u> für "größer als" (<u>g</u>reater <u>t</u>han),

- <u>LT</u> für "kleiner als" (<u>l</u>ess <u>t</u>han),

- <u>NE</u> für "ungleich" (<u>n</u>ot <u>e</u>qual),

- <u>GE</u> für "größer oder gleich" (<u>g</u>reater or <u>e</u>qual) und

- <u>LE</u> für "kleiner oder gleich" (<u>l</u>ess or <u>e</u>qual).

So kann man z.B. durch das Kommando

```
SELECT IF        ( NOT ( VARo14 GE 1 AND VARo14 LE 9 ) )
```

alle diejenigen Cases auswählen, für welche die Werte der Variablen VARo14 nicht

zwischen 1 und 9 liegen, d.h. alle fehlerhaft kodierten Werte. Diese Auswahl kann

---

+) Anstelle von "OR" darf das Zeichen "|" und anstelle von "AND" das Zeichen "&"
   angegeben werden.
++) Anstelle von "=" darf man auch "EQ" (<u>eq</u>ual) schreiben.

man auch durch die folgende äquivalente Angabe erreichen:

```
SELECT IF         ( VARo14 LT 1 OR VARo14 GT 9 )
```

Wollen wir etwa die Fragebogennummern aller Schülerinnen der Jahrgangsstufe 13 ausdrucken lassen, so schreiben wir

```
SELECT IF         ( VARoo1 = 3 AND VARoo2 = 2 )
```

oder die beiden dazu äquivalenten Kommandos:

```
SELECT IF         ( VARoo1 = 3 )
SELECT IF         ( VARoo2 = 2 )
```

So können wir z.B. durch das Programm

```
DATA LIST         FILE = DATAIN /
                  VARoo1, VARoo2 1 - 2, VARo8o 78 - 8o
SELECT IF         ( VARoo1 = 3 AND VARoo2 = 2 )
LIST              VARIABLES = VARo8o / CASES = 25
```

die Protokollierung der Fragebogennummern für die 25 Schülerinnen der Jahrgangsstufe 13 abrufen.

LIST

Wir haben in den o.a. Beispielprogrammen das LIST=Kommando zum Ausdrucken von
Variablenwerten gemäß der folgenden Syntax verwendet:

```
LIST          [VARIABLES = variablenliste]
              [ / CASES = [FROM anfangswert TO  { endwert }  ]
                                                {   EOF   }
                          [BY schrittweite] ]
              [ / FORMAT = NUMBERED ]
```

Bei der Ausführung des LIST=Kommandos werden für jeden Case die Werte derjenigen
Variablen protokolliert, deren Namen explizit oder implizit (durch eine reflexive
Variablenliste mit dem Schlüsselwort TO) in der innerhalb des Subkommmandos
VARIABLES kodierten Variablenliste enthalten sind.
Ohne die Aufführung des VARIABLES=Subkommandos werden die Werte sämtlicher Variab-
len des SPSS^X-files ausgegeben.[+]

Durch das Subkommando CASES wird die Anzahl der Cases festgelegt, für die Variablenwerte ins Ablaufprotokoll eingetragen werden sollen. Ohne explizite Angabe von
"anfangswert" bzw. "schrittweite" ist der Wert 1 für beide Größen voreingestellt.
Die Eintragung "TO endwert" darf durch die Angabe "endwert" abgekürzt werden, so
daß etwa anstelle des Subkommandos

[+] Die Ausgabe sämtlicher Variablenwerte mit dem LIST=Kommando ist in der Regel zu
    papieraufwendig. Für einen derartigen Ausdruck sollte man das REPORT=Kommando
    (vgl. Abschnitt 4.4) oder das PRINT=Kommando (vgl. Abschnitt 6.7.1) einsetzen.

CASES = FROM 1 TO 25 BY 1

die Kurzform

CASES = 25

geschrieben werden darf.

Verzichtet man auf die Angabe des CASES=Subkommandos, so werden die Werte aller Cases ausgegeben.

Sofern das FORMAT=Subkommando mit dem Spezifikationswert NUMBERED angegeben ist, wird für jeden protokollierten Variablenwert zusätzlich die Positionsnummer des zugehörigen Cases, d.h. als wievielter Case er ins $SPSS^X$-file eingetragen wurde, ausgegeben.

Überprüfung der Satzfolge

Neben den oben skizzierten Tätigkeiten im Rahmen der Datenprüfung muß man darüberhinaus in den Fällen, in denen mehrere Datensätze pro Case in der Magnetplatten-Datei mit den Werten der Datenmatrix eingetragen sind, auch kontrollieren, ob bei der Dateneingabe die Reihenfolge der Datensätze korrekt ist.

Hat man etwa pro Case drei Datensätze eingerichtet und dabei die Identifikationsnummer in jedem Satz in den Zeichenpositionen 1 - 3 erfaßt und die jeweilige Satzart in der vierten Zeichenposition durch eine der Zahlen 1, 2 und 3 markiert, so kann man z.B. durch das folgende $SPSS^X$-Programm Erfassungsfehler bei den Werten der Satzart bzw. Reihenfolgefehler bzgl. der Abspeicherung der Datensätze in der Magnetplatten-Datei feststellen:[+)]

```
DATA LIST       FILE = DATAIN, RECORDS = 3 /
                1 VAR1o3 1 - 3, VAR1o4 4
                / 2 VAR2o3 1 - 3, VAR2o4 4
                / 3 VAR3o3 1 - 3, VAR3o4 4
SELECT IF       ( ( NOT ( VAR1o3 = VAR2o3 AND VAR2o3 = VAR3o3 ) )
                OR ( VAR1o4 NE 1 )
                OR ( VAR2o4 NE 2 )
                OR ( VAR3o4 NE 3 ) )
LIST
```

Durch das SELECT IF=Kommando werden alle die Cases herausgefiltert, bei denen die Identifikationsnummern in den jeweils ersten drei Zeichenpositionen dreier aufeinanderfolgender Datensätze nicht übereinstimmen bzw. bei denen in der 4. Zeichenposition nicht die erwartete Satznummer eingetragen ist.

+) Bei den Variablennamen dokumentieren wir die Satzart (Satznummer) durch die jeweils erste Ziffer, und durch die folgenden Ziffern kennzeichnen wir das Ende des Zeichenbereichs, in dem die Identifikationsnummer erfaßt ist.

Da das Kommando LIST ohne Spezifikationswerte kodiert ist, werden für alle herausgefilterten Cases die Werte der Variablen VAR1o3, VAR1o4, VAR2o3, VAR2o4, VAR3o3 und VAR3o4 protokolliert. Diese Druckausgabe reicht i.a. aus, um eine falsche Reihenfolge der Datensätze korrigieren zu können.

Bei richtiger Reihenfolge der Datensätze und korrekter Kodierung der Satznummern werden bei der Ausführung des LIST=Kommandos keine Eintragungen ins Ablaufprotokoll vorgenommen.

<u>Überprüfung der Konsistenz</u>

Bislang haben sich unsere Darstellungen auf die Überprüfung der Identifikationsnummern, der Satzart (bei mehreren Datensätzen pro Case) und der zulässigen Werte der einzelnen Variablen beschränkt. Wegen der Vielzahl weiterer Fehlermöglichkeiten bei der Datenerfassung sollte man möglichst auch <u>Konsistenzüberprüfungen</u> durchführen. Dabei muß man die vorhandene Kenntnis über mögliche Konstellationen von bestimmten Variablenwerten einsetzen.

Wissen wir z.B., daß die Schüler der 12. Jahrgangsstufe immer mehr als 22 Unterrichtsstunden gehabt haben, so überprüfen wir die Konsistenz der Antworten durch das folgende SPSS^X-Programm:

```
DATA LIST        FILE = DATAIN /
                 VARoo1, VARoo2 1 - 2, VARoo6 5 - 6, VARo8o 78 - 8o
TEMPORARY
SELECT IF        ( VARoo1 = 2 AND VARoo2 = 1 AND VARoo6 LE 22 )
LIST             VARIABLES = VARoo6, VARo8o / CASES = 5o
```

Wollen wir zusätzlich feststellen, ob es Schülerinnen der Jahrgangsstufe 13 gibt, die mehr als 38 Unterrichtsstunden angegeben haben - was auch nicht sein darf -, so können wir dieses SPSS^X-Programm durch die folgenden Kommandos ergänzen:

```
TEMPORARY
SELECT IF        ( VARoo1 = 3 AND VARoo2 = 2 AND VARoo6 GT 38 )
LIST             VARIABLES = VARoo6, VARo8o / CASES = 25
```

Selbstverständlich darf man in dieser Situation die beiden Aufgabenstellungen nicht zusammenfassen, indem man etwa die beiden SELECT IF=Kommandos untereinander vor dem LIST=Kommando aufführt, da sich die Bedingungen "VARoo1 = 2" und "VARoo1 = 3" ausschließen und daher grundsätzlich kein Case herausgefiltert werden würde.

Anders ist dies, falls man etwa das folgende Programm kodieren würde:

```
DATA LIST        FILE = DATAIN /
                 VARoo1, VARoo2 1 - 2, VARoo6 5 - 6, VARo8o 78 - 8o
SELECT IF        ( ( VARoo1 = 2 AND VARoo2 = 1 AND VARoo6 LE 22 ) OR
                 ( VARoo1 = 3 AND VARoo2 = 2 AND VARoo6 GT 38 ) )
LIST             VARIABLES = VARoo6, VARo8o / CASES = 75
```

4 Beschreibung von Merkmalen

4.1 Die Kommandos FREQUENCIES und CONDESCRIPTIVE

4.1.1 Ausgabe von Häufigkeitsverteilungen (FREQUENCIES)

Bei der Auswertung einer empirischen Untersuchung steht zunächst die Beschreibung der
Merkmale im Vordergrund. Allein durch das Anschauen der einzelnen Merkmalsausprägungen kann man sich in der Regel keinen Eindruck von der Häufigkeitsverteilung eines
Merkmals machen, zumal die Cases i. allg. nicht nach den Ausprägungen geordnet sind.
Deshalb geht man zu einer tabellarischen Darstellung über. Bei kontinuierlichen Merkmalen (vgl. 1.5) und bei diskreten Merkmalen, bei denen die Anzahl der Merkmalsausprägungen sehr groß ist, muß man die Ausprägungen zuvor geeignet klassifizieren, d.h.
in Klassen zusammenfassen.

Zur Durchführung einer Häufigkeitsauszählung muß man das Kommando FREQUENCIES (·s. 2.1)
in der folgenden Form kodieren:

```
FREQUENCIES      VARIABLES = variablenliste
```

Die Variablenliste kann aus einer oder mehreren Variablen bestehen[+], die gegebenenfalls in Form reflexiver Variablenlisten (vgl. 3.1) der Form "variablenname1 TO
variablenname2" vereinbart sind. Für alle explizit oder implizit aufgeführten Variablen wird eine Häufigkeitsverteilung ausgedruckt. Dabei werden neben den Variablenwerten die absoluten, die relativen, die angepaßten relativen und die kumulierten angepaßten relativen Häufigkeiten ausgegeben (vgl. S. 2of). In diese Auswertung werden
standardmäßig alle diejenigen Cases einbezogen, deren Werte für die betreffende
Variable nicht als missing Values vereinbart sind.

Stellvertretend für die Items unseres Fragebogens wollen wir im folgenden die Häufigkeitsverteilungen der Merkmale "Unterrichtsstunden" (VARoo6), "Abschalten" (VARo1o)
und "Schulleistung" (VARo14) beschreiben (vgl. 1.2 und 2.1). Wir lesen die Daten
unserer Datenmatrix aus der Magnetplatten-Datei A2oA.NGO.DATA ein und kodieren
somit das folgende SPSS[X]-Programm:

```
DATA LIST          FILE = DATAIN /
                   VARoo6 5 - 6, VARo1o 1o, VARo14 14
VARIABLE LABELS    VARoo6 'UNTERRICHTSSTUNDEN'
                   VARo1o 'ABSCHALTEN'
                   VARo14 'SCHULLEISTUNG'
VALUE LABELS       VARo1o
                   1 'STIMMT'
                   2 'STIMMT NICHT'
VALUE LABELS       VARo14
                   1 'SEHR SCHLECHT'
                   5 'DURCHSCHNITTLICH'
                   9 'SEHR GUT'
MISSING VALUES     VARo1o ( o )
FREQUENCIES        VARIABLES = VARoo6, VARo1o, VARo14
```

+) Es dürfen auch die Namen von alphanumerischen Variablen kodiert werden, sofern
   die Variablenwerte aus maximal 8 Zeichen bestehen.

Da wir jetzt die in der Datenmatrix enthaltenen Werte des Merkmals "Hausaufgaben"
im Gegensatz zu unserem früheren Beispielprogramm (vgl. 2.1 und 2.3) nicht mehr auswerten wollen, brauchen wir diese Daten auch nicht mehr in das SPSS^X-file zu übertragen, so daß wir nun auf die Vereinbarung der Variablen VARoo7 im DATA LIST=Kommando
und die zugehörigen Eintragungen in den Kommandos MISSING VALUES, VARIABLE LABELS
und VALUE LABELS verzichten können.

Durch die Ausführung des SPSS^X-Programms erhalten wir die Häufigkeitstabellen der drei
Variablen VARoo6, VARo1o und VARo14 ausgedruckt, deren standardmäßige Form wir uns am
Beispiel von VARo14 und VARo1o noch einmal verdeutlichen wollen (vgl. 2.1).

Wir betrachten zunächst die vom SPSS^X-System ausgegebene Tabelle der Häufigkeitsverteilung von VARo14.[+)]

```
VARO14      SCHULLEISTUNG


                                                          VALID      CUM
     VALUE LABEL              VALUE  FREQUENCY  PERCENT   PERCENT   PERCENT

SEHR SCHLECHT                   1        1         .4        .4        .4
                                2        5        2.0       2.0       2.4
                                3       11        4.4       4.4       6.8
                                4       23        9.2       9.2      16.0
DURCHSCHNITTLICH                5      100       40.0      40.0      56.0
                                6       49       19.6      19.6      75.6
                                7       43       17.2      17.2      92.8
                                8       16        6.4       6.4      99.2
SEHR GUT                        9        2         .8        .8     100.0
                                      -------   -------   -------
                      TOTAL            250      100.0     100.0

VALID CASES       250      MISSING CASES      0
```

Die Eintragungen in der VALUE-Kolumne sind aufsteigend nach den Variablenwerten geordnet. Z.B. haben 1oo Cases, d.h. 4o% aller Cases, als Ausprägung von VARo14 den Wert
5 mit dem Werteetikett "DURCHSCHNITTLICH". Da VARo14 keine als missing Values vereinbarten Werte besitzt, stimmen die Kolumnen der angepaßten relativen Häufigkeiten und
der relativen Häufigkeiten überein. Somit sagt dann z.B. die kumulierte relative Häufigkeit von 56.o aus, daß 56% aller Cases einen Wert haben, welcher kleiner oder
gleich der Zahl 5 ist.

In dem folgenden Ausdruck der Häufigkeitsverteilung von VARo1o werden 4 Cases, d.h.
1.6% mit dem als missing Value vereinbarten Wert o ausgewiesen.[++)] Dadurch unter-

---

+) Die Prozentwerte werden stets mit einer Nachkommastelle ausgegeben.
++) Die Werte, die als missing Values gekennzeichnet sind, werden stets am Tabellenende protokolliert.

scheiden sich die Werte der angepaßten relativen Häufigkeiten von denen der relativen
Häufigkeiten.

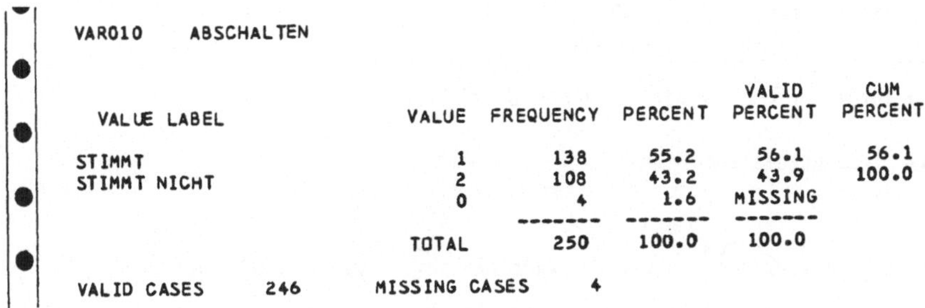

```
VAR010     ABSCHALTEN


                                                     VALID     CUM
   VALUE LABEL              VALUE  FREQUENCY  PERCENT PERCENT  PERCENT

STIMMT                        1      138       55.2    56.1     56.1
STIMMT NICHT                  2      108       43.2    43.9    100.0
                             0        4        1.6   MISSING
                                   -------   -------  -------
                           TOTAL    250      100.0    100.0

VALID CASES      246     MISSING CASES      4
```

4.1.2 Steuerung der Druckausgabe (FORMAT, MISSING)

Will man die oben abgebildete Standardform der Druckausgabe einer Häufigkeitsverteilung abändern, so muß man das Subkommando FORMAT (Formatierung) innerhalb des
FREQUENCIES=Kommandos angeben und dort geeignete Schlüsselwörter als Spezifikationswerte eintragen.

Z.B. fordern wir mit dem Kommando

```
FREQUENCIES     VARIABLES = VARoo6, VARolo, VARo14 /
                FORMAT = CONDENSE
```

durch das FORMAT=Subkommando mit dem Schlüsselwort CONDENSE in der Form

```
FORMAT = CONDENSE
```

eine verdichtete Ausgabe von Häufigkeitstabellen an, so daß wir etwa für VARoo6 das
folgende Druckbild erhalten:

```
VAR006     UNTERRICHTSSTUNDEN


                    CUM                      CUM                      CUM
   VALUE  FREQ PCT  PCT    VALUE  FREQ PCT  PCT    VALUE  FREQ PCT  PCT

    18     1    0    0      29     2    1    7      36     56   22   89
    20     1    0    1      30     16   6   13      37     7    3   92
    22     3    1    2      31     10   4   17      38     7    3   95
    23     5    2    4      32     15   6   23      39     9    4   98
    24     2    1    5      33     61  24   48      40     3    1  100
    26     1    0    5      34     22   9   56      42     1    0  100
    27     2    1    6      35     26  10   67

VALID CASES      250     MISSING CASES      0
```

Wollen wir die (zeilenweisen) Eintragungen in dieser Tabelle absteigend nach den
Häufigkeiten ausgeben lassen, so müssen wir innerhalb des FORMAT=Subkommandos zu-

sätzlich das Schlüsselwort <u>DFREQ</u> eintragen. Somit erhalten wir durch die Ausführung
des Kommandos

```
FREQUENCIES      VARIABLES = VARoo6, VARolo, VARo14 /
                 FORMAT = CONDENSE, DFREQ
```

z.B. für die Variable VARo14 die folgende Druckausgabe:

```
VARO14      SCHULLE ISTUNG


               CUM                        CUM                        CUM
   VALUE   FREQ PCT PCT     VALUE    FREQ PCT PCT    VALUE  . FREQ PCT PCT
       5    100  40  40         4      23   9  86        2      5   2  99
       6     49  20  60         8      16   6  92        9      2   1 100
       7     43  17  77         3      11   4  97        1      1   0 100

   VALID CASES      250      MISSING CASES      0
```

Soll jede Häufigkeitstabelle mit Beginn einer neuen Druckseite und hinter der letzten
Tabelle ein Inhaltsverzeichnis ausgedruckt werden, in dem für jede Variable die Seitenzahl der zugehörigen Druckausgabe protokolliert ist,[+) so müssen wir die Schlüsselwörter <u>NEWPAGE</u> und <u>INDEX</u> innerhalb des Subkommandos <u>FORMAT</u> in der Form

```
FREQUENCIES      VARIABLES = VARoo6, VARolo, VARo14 /
                 FORMAT = NEWPAGE, INDEX
```

angeben. Dann endet die Druckausgabe aller Häufigkeitstabellen mit der Eintragung:

```
POSITIONAL INDEX

   VARIABLE  PAGE    VARIABLE  PAGE    VARIABLE  PAGE    VARIABLE  PAGE

   VAROO6      8     VARO1O      9     VARO14     10

ALPHABETIC INDEX

   VARIABLE  PAGE    VARIABLE  PAGE    VARIABLE  PAGE    VARIABLE  PAGE

   VAROO6      8     VARO1O      9     VARO14     10
```

Allgemein kann man die Auswertung, die mit dem Kommando FREQUENCIES abgerufen wird,
und die Form der Druckausgabe durch geeignete Angaben in den Subkommandos <u>FORMAT</u>
und <u>MISSING</u> bestimmen. Dabei können durch diese Subkommandos, die innerhalb des
FREQUENCIES=Kommandos in der Form

+) Dies ist i. allg. nur sinnvoll, wenn sehr viele Variablennamen hinter dem
   Schlüsselwort VARIABLES im FREQUENCIES=Kommando aufgeführt sind.

```
FREQUENCIES       VARIABLES = variablenliste
                  [ / MISSING = INCLUDE ]
                  [ / FORMAT = [ NOLABELS ]
                     [ { CONDENSE } ] [ { NOTABLE  } ] [ INDEX ]
                     [ { ONEPAGE  } ] [ { LIMIT(n) } ]
                       { DVALUE }
                     [ { DFREQ  } ] [ DOUBLE ] [ NEWPAGE ] ]
                       { AFREQ  }
```

kodiert werden müssen, die folgenden Leistungen über die Angabe der aufgeführten
Schlüsselwörter abgerufen werden:

MISSING = INCLUDE	: Einschluß von missing Values, d.h. die durch ein MISSING VALUES=Kommando vereinbarten Variablenwerte werden in die Auswertung einbezogen
FORMAT = NOLABELS	: durch VALUE LABELS vereinbarte Werteetiketten werden nicht ausgegeben
CONDENSE	: die Tabellen werden in verdichteter Form ausgedruckt (Papierersparnis!), wobei die Prozentsätze nach einer Rundung ganzzahlig ausgegeben werden
ONEPAGE	: die Druckausgabe erfolgt nur für diejenigen Tabellen verdichtet, für die in der Standardform mehr als eine Druckseite benötigt würde
NOTABLE	: es wird nur die Anzahl der gültigen Cases protokolliert
LIMIT(n)	: die Druckausgabe erfolgt nur für diejenigen Tabellen, die höchstens "n" Merkmalsausprägungen enthalten
INDEX	: hinter den Tabellen wird ein Inhaltsverzeichnis ausgedruckt, in dem für jede Variable die Seitenzahl der zugehörigen Druckausgabe protokolliert ist
DVALUE	: die Einträge in der Tabelle sind absteigend nach Variablenwerten geordnet
DFREQ	: die Einträge in der Tabelle sind absteigend nach den Häufigkeiten der Variablenwerte geordnet
AFREQ	: die Einträge in der Tabelle sind aufsteigend nach den Häufigkeiten der Variablenwerte geordnet
DOUBLE	: im Anschluß an die Ausgabe einer Tabellenzeile wird eine Leerzeile erzeugt
NEWPAGE	: jede Tabelle wird mit Beginn einer neuen Druckseite ausgegeben

4.1.3 Ausgabe von Histogrammen (HISTOGRAM)

Neben der tabellarischen Druckausgabe kann die Häufigkeitsverteilung einer Variablen auch graphisch als Histogramm dargestellt werden. Dazu muß das Subkommando
HISTOGRAM innerhalb des Kommandos FREQUENCIES in der Form

```
HISTOGRAM = [MINIMUM ( wert1 )][MAXIMUM ( wert2 )]
           [{FREQ ( wert3 )          }][INCREMENT ( wert5 )][NORMAL]
           [{PERCENT [( wert4 )]}]
```

angegeben werden, wobei die aufgeführten Schlüsselwörter die folgende Bedeutung
besitzen:

MINIMUM (wert1)	: Ausschluß von Werten, die kleiner sind als "wert1"
MAXIMUM (wert2)	: Ausschluß von Werten, die größer sind als "wert2"
FREQ (wert3)	: die Ordinatenachse, die standardmäßig mit den Häufig-keiten beschriftet ist, wird skaliert auf der Basis des Werts "wert3", der größer oder gleich der größten abso-luten Häufigkeit sein muß
PERCENT [(wert4)]	: entgegen dem Standardfall wird die Ordinatenachse mit Prozentwerten beschriftet; bei der Angabe von "(wert4)" wird die Achse auf der Basis von "wert4" skaliert, wobei dieser Wert größer oder gleich dem größten Prozentsatz sein muß
INCREMENT (wert5)	: die standardmäßig vorgenommene Klasseneinteilung von maximal 21 Klassen wird aufgehoben, wobei die aktuelle Klassenbreite durch den Wert "wert5" bestimmt wird
NORMAL	: zusammen mit dem Histogramm wird (zum Vergleich) die zugehörige Häufigkeitsverteilung unter der Annahme der Normalverteilung ausgegeben.[+]

Wollen wir etwa neben der Ausgabe der Häufigkeitstabelle die Verteilung der Variablen VARo14 durch ein Histogramm graphisch darstellen und dabei zum Vergleich die
zugehörige Normalverteilung - dies ist die theoretische Verteilung einer normalverteilten Zufallsvariablen, wobei die Kenndaten Mittelwert und Standardabweichung
aus den beobachteten Werten von VARo14 ermittelt werden - ausgeben, so kodieren
wir das Kommando

```
FREQUENCIES      VARIABLES = VARo14 /
                 HISTOGRAM = NORMAL
```

mit dem Ergebnis:

[+] Eine Normalverteilung - auch Gauß'sche Glockenkurve genannt - ist eine kontinuierliche, eingipflige, symmetrische theoretische Verteilung, bei der ungefähr 95%
aller Ausprägungen innerhalb des Bereichs von $\pm$ 2 Standardabweichungen und etwa
66% innerhalb von $\pm$ 1 Standardabweichung vom arithmetischen Mittel entfernt sind.

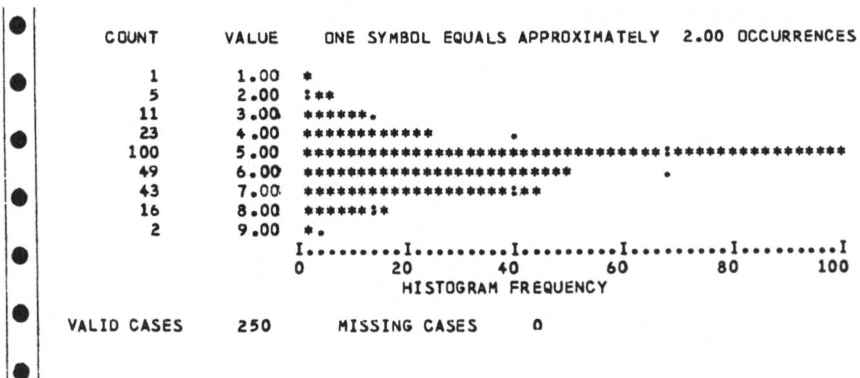

4.1.4 Ausgabe von Balkendiagrammen (BARCHART)

Als weitere mögliche graphische Darstellungsform für eine Verteilung kann
mit Hilfe des Subkommandos <u>BARCHART</u> in der Form

```
BARCHART = [MINIMUM ( wert1 )] [MAXIMUM ( wert2 )]
           ⌈ {FREQ ( wert3 )          } ⌉
           ⌊ {PERCENT [( wert4 )]} ⌋
```

ein Balkendiagramm abgerufen werden, wobei die aufgeführten Schlüsselwörter die
folgende Bedeutung haben:

MINIMUM (wert1)	: Ausschluß von Werten, die kleiner sind als "wert1"
MAXIMUM (wert2)	: Ausschluß von Werten, die größer sind als "wert2"
FREQ (wert3)	: die Ordinatenachse, die standardmäßig mit den Häufigkeiten beschriftet ist, wird skaliert auf der Basis des Werts "wert3", der größer oder gleich der größten absoluten Häufigkeit sein muß
PERCENT [(wert4)]	: entgegen dem Standardfall wird die Ordinatenachse mit Prozentwerten beschriftet; bei der Angabe von "(wert4)" wird die Achse auf der Basis von "wert4" skaliert, wobei dieser Wert größer oder gleich dem größten Prozentsatz sein muß.

So fordern wir z.B. durch das Kommando

```
FREQUENCIES       VARIABLES = VARo14 /
                  FORMAT = NOTABLE /
                  BARCHART = FREQ ( 1oo )
```

ein Balkendiagramm (ohne die Ausgabe einer Häufigkeitstabelle) für VARo14 an,
wobei die Skalierung der Ordinatenachse auf der Basis des Werts loo vorgenommen
wird mit dem Ergebnis:

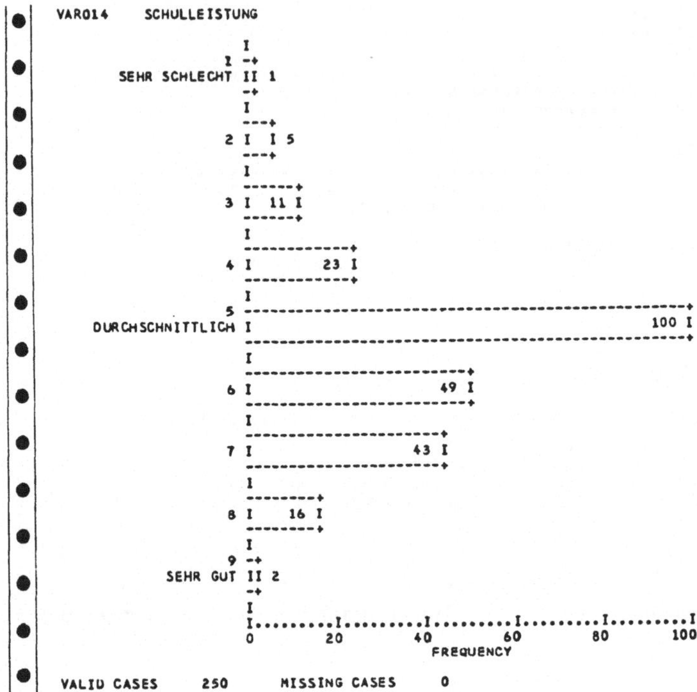

4.1.5 Berechnung von Statistiken

I. allg. ist man nicht nur an den Häufigkeitstabellen der Merkmale interessiert, sondern man möchte die Verteilungen auch durch geeignete Maßzahlen, d.h. Statistiken
beschreiben. Dadurch nimmt man bewußt einen Informationsverlust hin, um die Verlaufsform (Gestalt) einer Verteilung durch z.B. die Maßzahlen der zentralen Tendenz und
der Variabilität, d.h. der Unterschiedlichkeit der Cases zu charakterisieren.
Zudem sind Statistiken im Gegensatz zu den tabellarischen Darstellungen besser geeignet, um etwa mehrere Verteilungen im Hinblick auf spezielle Eigenschaften zu vergleichen.

4.1.5.1 Die Subkommandos PERCENTILES und NTILES

Interessiert man sich für die kumulierte Häufigkeitsverteilung eines Merkmals und
möchte man etwa wissen, an welcher Stelle ein vorgegebener Prozentsatz (zwischen
o% und loo%) erreicht wird, so kann man diese Information über geeignete Angaben
im Subkommando PERCENTILES abrufen, das die folgende Form besitzt:

```
PERCENTILES = p1 [ p2 ] ...
```

Zu jedem hinter dem Gleichheitszeichen aufgeführten Prozentwert (größer als o und kleiner als 1oo) wird der zugehörige _Percentilswert_ (auch Quantilswert genannt) ermittelt und ins Ablaufprotokoll ausgegeben.

Dabei handelt es sich bei einem Percentilswert von p% um denjenigen Wert, unterhalb dem p% aller beobachteten Merkmalsausprägungen liegen.

So teilt etwa der Percentilswert von 5o% (dies ist der Median, s.u.) die Verteilung in zwei Teile, wobei in jedem Teil 5o% der beobachteten Werte enthalten sind.

Z.B. ergibt sich durch die Ausführung des Kommandos

```
FREQUENCIES      VARIABLES = VARo14 /
                 PERCENTILES = 5o
```

die Druckausgabe:

```
PERCENTILE     VALUE
  50.00        5.000
VALID CASES     250      MISSING CASES      0
```

so daß der 5o%-Percentilswert (= Median) als der Wert 5 ermittelt wird.

Zum gleichen Resultat gelangen wir auch durch das Kommando

```
FREQUENCIES      VARIABLES = VARo14 /
                 NTILES = 2
```

da eine Percentil-Angabe durch das Subkommando PERCENTILES bei gleichmäßiger Unterteilung des Bereichs von o% bis 1oo% in "n" gleiche Teile abgekürzt werden kann durch die Angabe eines _NTILES=Subkommandos_ in der Form:

```
NTILES = n
```

So kürzt etwa das NTILES=Subkommando

```
NTILES = 4
```

die Angabe

```
PERCENTILES = 25, 5o, 75
```

ab, wobei die Ausführung des Kommandos

```
FREQUENCIES      VARIABLES = VARo14 /
                 NTILES = 4
```

zu folgendem Ergebnis führt:

```
PERCENTILE    VALUE      PERCENTILE    VALUE      PERCENTILE    VALUE
  25.00       5.000        50.00       5.000        75.00       6.000
VALID CASES    250      MISSING CASES      0
```

4.1.5.2 Das Subkommando STATISTICS

Maße der zentralen Tendenz

Um den typischen, den zentralen oder durchschnittlichen Wert einer Verteilung zu beschreiben, benutzt man die Maße der zentralen Tendenz.[+)]

Bei nominalskalierten Merkmalen ermittelt man hierfür den Modus (mode), d.h. den Wert mit der größten Häufigkeit, welcher auch Modalwert genannt wird.
Gibt es mehrere Modi,[++)] die nicht benachbart sind, so ist die Verteilung des Merkmals mehrgipflig.

Für ordinalskalierte Merkmale berechnet man als Maß für die zentrale Tendenz den Median (median), welcher auch Zentralwert genannt wird. Diese Größe charakterisiert einen "mittleren Wert" in folgendem Sinn:
Man ordnet die N erhobenen Werte gemäß der zugrundegelegten Ordnungsbeziehung und legt
- bei ungerader Anzahl - diesen Wert an der Stelle $(N + 1) / 2$ fest. Bei gerader Anzahl N ermittelt man die beiden mittleren Werte an den Stellen $N / 2$ und $N / 2 + 1$, summiert diese und teilt die Summe durch 2 (dieses Ergebnis ist u.U. gar keine mögliche Merkmalsausprägung). Gemäß dieser Berechnungen sind mindestens 5o% der erhobenen Werte kleiner oder gleich und mindestens 5o% größer oder gleich dem Median.

Man kann die Werte der beiden Statistiken Modus und Median direkt aus der Tabelle der Häufigkeitsverteilung ablesen. So hat z.B. VARo1o als Modus den Wert 1 und VARo14 den Modus 5 (s. S. 58f). Aus der Kolumne der kumulierten angepaßten relativen Häufigkeiter lesen wir bei VARoo6 den Median 34 (s. S. 59) und bei VARo14 den Wert 5 ab (s. S. 58).

Für intervallskalierte Merkmale ermittelt man als Maß für die zentrale Tendenz i. allç das arithmetische Mittel (mean), welches als Summe aller Werte, geteilt durch die Anzahl der Cases, bestimmt ist. Dabei muß man beachten, daß alle Merkmalsausprägungen
- auch die evtl. vorhandenen statistischen Ausreißer - gleichgewichtig in die Berechnung mit eingehen, so daß es u.U. zu gravierenden Verfälschungen kommen kann. Vorsicht ist auch geboten, falls die Verteilung mehrgipflig oder ausgeprägt asymmetrisch ist. In diesen Fällen sollte man eher den Median zur Beschreibung der zentralen Tendenz benutzen.

Will man sich die Statistiken Modus, Median und arithmetisches Mittel automatisch vom SPSS[X]-System berechnen lassen, so muß man das Subkommando STATISTICS innerhalb des Kommandos FREQUENCIES in der folgenden Form kodieren:

+) Eine derartige Maßzahl ist auch eine gute Schätzung für den Wert eines zufällig ausgewählten Cases.
++) Das SPSS[X]-System gibt bei mehreren Modi nur den kleinsten Wert aus.

```
FREQUENCIES      VARIABLES = variablenliste /
                 STATISTICS = schlüsselwort1 [schlüsselwort2]...
```

Jeder Statistik, die vom SPSS^X-System errechnet werden kann, ist ein spezielles
Schlüsselwort zugeordnet. Die Statistiken für die zentrale Tendez kann man durch
die folgenden Schlüsselwörter abrufen:

Schlüsselwort	Statistik für die zentrale Tendenz
MEAN	arithmetisches Mittel
MEDIAN	Median
MODE	Modus

Wollen wir uns für das intervallskalierte Merkmal "Unterrichtsstunden" (VARoo6)
diese drei Statistiken ausdrucken lassen, so kodieren wir

```
FREQUENCIES      VARIABLES = VARoo6 /
                 FORMAT = NOTABLE /
                 STATISTICS = MEAN, MEDIAN, MODE
```

und erhalten als Ergebnis:

```
VAROO6     UNTERRICHTSSTUNDEN

MEAN       33.600     MEDIAN     34.000     MODE       33.000

VALID CASES     250     MISSING CASES     0
```

Diese Werte weichen nur wenig voneinander ab[+)] und charakterisieren die Verteilung
von VARoo6 in dem Sinn: die zentrale Tendenz liegt bei etwa 33 Unterrichtsstunden.

<u>Maße der Variabilität</u>

Will man Aussagen über die <u>Homogenität</u> (Gleichartigkeit) bzw. <u>Heterogenität</u> (Unter-
schiedlichkeit) der Merkmalsträger machen, so muß man die Variabilität, d.h. die
Unterschiedlichkeit der Cases im Hinblick auf ihre Merkmalsausprägungen durch geeig-
nete Maßzahlen beschreiben. Dazu kann man sich durch das SPSS^X-System die folgenden
Statistiken berechnen lassen, wobei man die zugehörigen Schlüsselwörter in einem
STATISTICS=Subkommando innerhalb eines FREQUENCIES=Kommandos geeignet angeben muß:

Schlüsselwort	Statistik für die Variabilität
STDDEV	Standardabweichung
VARIANCE	Varianz
RANGE	Spannweite
MINIMUM	minimaler Wert
MAXIMUM	maximaler Wert

+) Bei einer theoretischen Verteilung impliziert die Gleichheit von Modus, Median
   und arithmetischem Mittel, daß diese Verteilung eingipflig (unimodal) und symmetrisch ist. Eingipfligkeit und z.B. Rechtsschiefe werden dagegen durch die
   Gültigkeit der Beziehung " Modus < Median < arithmetisches Mittel " angezeigt.

Für nominalskalierte Merkmale kann die Variabilität nur durch die Anzahl der möglichen verschiedenen Merkmalsausprägungen beschrieben werden.

Als geeignete Statistiken für ordinalskalierte Merkmale kann man den minimalen Wert (minimum), den maximalen Wert (maximum) und die Spannweite (range) als Differenz dieser beiden Werte berechnen lassen.[+)]
Als weitere Statistik läßt sich aus der tabellarischen Häufigkeitsverteilung der sog. Quartilsabstand (quartil deviation) ermitteln. Dieser Wert errechnet sich als Differenz des 3. Quartils (d.h. oberhalb dieses Wertes liegen 25% der Ausprägungen) und des 1. Quartils (d.h. unterhalb dieses Wertes liegen 25% der Ausprägungen). Diese Größe hat den Vorteil, daß ihr Wert nicht von den Extremwerten der Verteilung beeinflußt wird.

So kann man z.B. für die Variable VARoo6 aus der Tabelle der Häufigkeitsverteilung (s. S. 59) die Variabilitätsmaße

    minimaler Wert = 18, maximaler Wert = 42, Spannweite = 42 - 18 = 24 und

    Quartilsabstand = 36 - 33 = 3

direkt ermitteln bzw. für die ersten drei Statistiken durch die Ausführung von

```
FREQUENCIES       VARIABLES = VARoo6 /
                  FORMAT = NOTABLE /
                  STATISTICS = MINIMUM, MAXIMUM, RANGE
```

ausdrucken lassen.

Für intervallskalierte Merkmale beschreibt man die Variabilität in der Regel durch die Varianz (variance). Zur Berechnung dieses Wertes werden die quadrierten Abweichungen der einzelnen Ausprägungen vom arithmetischen Mittel über alle Cases summiert und anschließend durch die um 1 verminderte Anzahl der Cases geteilt. Dadurch wird die durchschnittliche Abweichung der Werte vom arithmetischen Mittel beschrieben. Dieser Wert läßt sich auch als Prognosefehler auffassen, falls man das arithmetische Mittel zur Vorhersage eines zufällig ausgewählten Cases verwendet.

In vielen Fällen beschreibt man die Variabilität auch durch die Standardabweichung (standard deviation), welche auch Streuung genannt wird. Diese Größe ist als die positive Quadratwurzel aus der Varianz definiert. Durch die Angabe dieser Statistik kann man die Unterschiedlichkeit der Merkmalsträger in der Maßeinheit des Merkmals (und nicht in deren Quadrat) mitteilen.

So erhalten wir durch die Kodierung des Kommandos

+) Streng genommen darf die Differenzbildung nur bei Intervallskalen vorgenommen werden.

```
FREQUENCIES       VARIABLES = VARoo6 /
                  FORMAT = NOTABLE /
                  STATISTICS = STDDEV, VARIANCE
```

die folgenden Werte ausgedruckt:

```
VAR006    UNTERRICHTSSTUNDEN


STD DEV        3.557      VARIANCE      12.651


VALID CASES    250        MISSING CASES      0
```

Die Ausprägungen von VARoo6 streuen also durchschnittlich um 3.6 Stunden um das arithmetische Mittel von 33.6 Stunden, d.h. die Werte aller Cases sind relativ eng um den
Wert der zentralen Tendenz angeordnet.

Mit dem Kommando

```
FREQUENCIES       VARIABLES = VARo14 /
                  FORMAT = NOTABLE /
                  STATISTICS = MEAN, MEDIAN, MODE, RANGE,
                               MINIMUM, MAXIMUM
```

erhalten wir für die Variable VARo14 ("Schulleistung") die folgenden Statistiken[+)]
ausgedruckt:

```
VAR014    SCHULLEISTUNG


MEAN       5.508    MEDIAN    5.000    MODE      5.000
RANGE      8.000    MINIMUM   1.000    MAXIMUM   9.000


VALID CASES    250    MISSING CASES    0
```

Aus der Häufigkeitsverteilung von VARo14 (s. Abschnitt 4.1.1) ermitteln wir zusätzlich als Quartilsabstand den Wert 1 (= 6 - 5). Diese Werte decken sich mit
den Einsichten aus dem Histogramm von VARo14 (vgl. Abschnitt 4.1.3), d.h. die Verteilung ist fast symmetrisch, die zentrale Tendenz liegt beim Wert 5, und die
Variabilität ist sehr gering.

Maße der Wölbung und der Schiefe

Zusätzlich zu den Statistiken, welche die zentrale Tendenz und die Variabilität beschreiben, können noch die folgenden Statistiken bei der Ausführung des Kommandos
FREQUENCIES abgerufen werden:

+) Wir berechnen das arithmetische Mittel als Näherungswert für die zentrale Tendenz,
   da das Merkmal "Schulleistung" nicht intervallskaliert ist (vgl. 1.5).

Schlüsselwort	Statistik
SUM	Summe aller Werte
SKEWNESS	Schiefe
SESKEW	Standardabweichung der Schätzfunktion für die Schiefe
KURTOSIS	Wölbung
SEKURT	Standardabweichung der Schätzfunktion für die Wölbung
SEMEAN	Standardfehler (der Schätzung)

Grundsätzlich sollte man diese Statistiken nur für intervallskalierte Merkmale berechnen lassen.

Durch die Angabe des Schlüsselworts SUM im Subkommando STATISTICS kann man sich die Summe aller Merkmalsausprägungen für ein Merkmal protokollieren lassen.

Durch die Ermittlung der Maße für die Wölbung und die Schiefe kann man sich die Verlaufsform der Verteilung im Hinblick auf eine Normalverteilung beschreiben lassen.

Das Maß der <u>Schiefe</u> (skewness) [+)] legt dabei fest, in wieweit die Verteilung von einer symmetrischen Verteilung abweicht. Symmetrie liegt beim Wert o vor, Rechtsschiefe bei einem positiven und Linksschiefe bei einem negativen Wert.

Ist eine Verteilung genauso gewölbt wie eine Normalverteilung, so erhält man als Maßzahl für die <u>Wölbung</u> (kurtosis) [++)] - auch Exzeß genannt - den Wert o. Bei einem positiven Wert ist die Verteilung zentrierter als eine entsprechende Normalverteilung mit gleichem Mittelwert und gleicher Varianz, und bei einem negativen Wert verläuft die Verteilungskurve vergleichsweise flacher.

So ermitteln wir durch die Kodierung des Kommandos

```
FREQUENCIES    VARIABLES = VARoo6 /
               FORMAT = NOTABLE /
               STATISTICS = KURTOSIS, SKEWNESS
```

die folgenden Werte:

```
    VAROO6      UNTERRICHTSSTUNDEN


    KURTOSIS       3.707      SKEWNESS      -1.476


    VALID CASES     250      MISSING CASES      0
```

+) Das Maß der Schiefe ist dadurch bestimmt, daß die Differenzen zwischen den Ausprägungen x_i und dem arithmetischen Mittel $\overline{x}$ durch die Standardabweichung s geteilt, in die 3. Potenz erhoben und nach der Summation über alle derartigen Größen durch die Anzahl n der Cases geteilt werden, in Formeln:

$$(1/n) * \sum_{i=1}^{n} ((x_i - \overline{x}) / s)^3.$$

++) Die Wölbung errechnet sich zu: $(1/n) * \sum_{i=1}^{n} ((x_i - \overline{x}) / s)^4 - 3$

und beschreiben dadurch, daß die Verteilung des Merkmals "Unterrichtsstunden" (VARoo6) leicht linksschief und zentrierter als eine entsprechende Normalverteilung ist.

Zur Beurteilung, ob die beobachtete Linksschiefe in der Grundgesamtheit, aus der die Merkmalsträger als Stichprobe ermittelt wurden, statistisch bedeutsam (signifikant) ist, kann man sich die Standardabweichung der zugehörigen Schätzfunktion durch die Angabe des Schlüsselworts SESKEW im STATISTICS=Subkommando ausgeben lassen.

Gleichfalls kann man das Schlüsselwort SEKURT im STATISTICS=Subkommando angeben, um eine Aussage über die statistische Bedeutsamkeit (Signifikanz) des beobachteten Ergebnisses zu erhalten, d.h. ob die beobachtete Verteilung zentrierter als eine entsprechende Normalverteilung ist.

Maß für die Schätzgüte

Betrachtet man die Gesamtheit der Cases als Zufallsstichprobe, und berechnet man das arithmetische Mittel als Schätzung für die zentrale Tendenz (Erwartungswert) in der Grundgesamtheit, so ist der Standardfehler (standard error) ein Maß für die Güte dieser Schätzung. Der Standardfehler berechnet sich als Quotient aus der Standardabweichung und der aus der Anzahl der Cases gezogenen positiven Quadratwurzel. Er wird in erster Linie zur Bestimmung von Konfidenzintervallen benutzt.

So ermittelt man z.B. ein 95%-Konfidenzintervall für die zentrale Tendenz als dasjenige Intervall, welches das arithmetische Mittel als Mittelpunkt enthält und dessen halbe Breite der Größe entspricht, die sich aus der Multiplikation des Standardfehlers mit dem Faktor 1.96 ergibt.

So erhalten wir für die Variable VARoo6 durch die Kommandos

```
FREQUENCIES     GENERAL = VARoo6
                FORMAT = NOTABLE /
                STATISTICS = MEAN, SEMEAN
```

als arithmetisches Mittel und Standardfehler die folgenden Werte ausgedruckt:

```
VAROO6      UNTERRICHTSSTUNDEN

MEAN            33.600        STD ERR         .225

VALID CASES      250        MISSING CASES      0
```

Dadurch ergibt sich als 95%-Konfidenzintervall das Intervall

$[33.6 - 1.96 * o.225, 33.6 + 1.96 * o.225]$, d.h. $[33.2, 34.o]$

welches wir wie folgt interpretieren können:

Bei wiederholter Stichprobenziehung und entsprechend ermittelten Konfidenzintervallen, von denen das soeben berechnete eines ist, enthalten 95% der so bestimmten Intervalle den unbekannten Erwartungswert der Grundgesamtheit. Unser 95%-Konfidenzintervall ist somit eine gute Schätzung für die Lage der zentralen Tendenz in der Grundgesamtheit.

Zusammenfassung

Wir geben abschließend eine Übersicht über die innerhalb eines STATISTICS=Subkommandos möglichen Schlüsselwörter durch die zugehörige Syntaxdarstellung:

```
STATISTICS = [MEAN] [MEDIAN] [MODE]
             [STDDEV] [VARIANCE]
             [RANGE] [MINIMUM] [MAXIMUM]
             [SUM]
             [SKEWNESS] [SESKEW] [KURTOSIS] [SEKURT] [SEMEAN]
```

Wird hinter dem Gleichheitszeichen kein Schlüsselwort angegeben, so werden die Werte der Kenngrößen arithmetisches Mittel (MEAN), Standardabweichung (STDDEV), minimaler Wert (MINIMUM) und maximaler Wert (MAXIMUM) berechnet und im Ablaufprotokoll eingetragen.

4.1.6 Berechnung von Statistiken für kontinuierliche Merkmale (CONDESCRIPTIVE)

Bei kontinuierlichen Merkmalen ist eine Ausgabe von Häufigkeitstabellen durch das Kommando FREQUENCIES in der Regel nicht sinnvoll. In diesem Fall beschreibt man die Häufigkeitsverteilungen besser durch geeignete Statistiken wie etwa das arithmetische Mittel, die Varianz, die Schiefe und die Wölbung. Zum Abruf derartiger Statistiken muß man das Kommando CONDESCRIPTIVE (als Abk. für: continous descriptive statistics) in der folgenden Form kodieren: [+]

```
CONDESCRIPTIVE variablenliste
OPTIONS         kennzahl1 [kennzahl2]...]
STATISTICS      kennzahl3 [kennzahl4]...
```

Für alle in der Variablenliste explizit oder implizit (durch reflexive Variablenlisten) aufgeführten Variablen kann man durch die Angabe von entsprechenden Kennzahlen im STATISTICS=Kommando (dies ist kein Subkommando sondern ein eigenständiges SPSS[X]-Kommando) die folgenden Statistiken berechnen und ausgeben lassen: [++]

+) Anstelle des Kommandonamens "CONDESCRIPTIVE" darf das Wort "DESCRIPTIVES"
   kodiert werden.
++) Es dürfen keine alphanumerischen Variablen angegeben werden. Alle aufgeführten
    numerischen Variablen sollten intervallskaliert sein.

Kennzahl	Statistiken
1	arithmetisches Mittel
2	Standardfehler
5	Standardabweichung
6	Varianz
7	Wölbung
8	Schiefe
9	Spannweite
1o	minimaler Wert
11	maximaler Wert
12,	Summe aller Werte
13	Statistiken der Kennzahlen 1, 5, 1o und 11

Mit Ausnahme der Kennzahlen für den Median und den Modus (die konzeptionell inner-
halb des CONDESCRIPTIVE=Kommandos nicht sinnvoll sind) enthält die Tabelle alle
Angaben, die auch durch das FREQUENCIES=Kommando mit Hilfe des dortigen STATISTICS=
Subkommandos gemacht werden können.

Wollen wir z.B. für die Variable VARoo6 ("Unterrichtsstunden") das arithmetische
Mittel, die Standardabweichung und die Summe aller Werte ausgeben lassen, so spezifizieren wir die erforderlichen Kennzahlen im Kommando STATISTICS im Anschluß
an das CONDESCRIPTIVE=Kommando in der Form

```
CONDESCRIPTIVE VARoo6
STATISTICS      1, 5, 12
```

und erhalten dadurch das Ergebnis:

```
NUMBER OF VALID OBSERVATIONS (LISTWISE) =      250.00

VARIABLE       MEAN     STD DEV        SUM VALID N   LABEL

VAR006        33.600     3.557     8400.000    250   UNTERRICHTSSTUNDEN
```

Die Steuerung der Druckausgabe kann analog zum Subkommando FORMAT innerhalb des
FREQUENCIES=Kommandos durch ein gesondertes OPTIONS=Kommando, das im Anschluß an
das CONDESCRIPTIVE=Kommando aufzuführen ist, formuliert werden. Dabei kann man die
Standardform der Druckausgabe und die Berechnungsvorschrift für die Statistiken
durch die Angabe der folgenden Kennzahlen verändern:

> 1 : Einschluß von missing Values, d.h. alle durch ein vorausgehendes MISSING
>   VALUES=Kommando als missing Values vereinbarten Werte werden in die
>   Datenanalyse mit einbezogen,
> 2 : durch das Kommando VARIABLE LABELS vereinbarte Variablenetiketten werden
>   nicht ausgegeben,
> 4 : hinter den zuletzt ausgegebenen Statistiken wird ein Inhaltsverzeichnis
>   ausgedruckt, in dem für jede Variable die Seitenzahl der zugehörigen
>   Druckausgabe protokolliert ist (dies ist in der Regel nur sinnvoll, wenn
>   sehr viele Variablen im CONDESCRIPTIVE=Kommando aufgeführt sind),
> 5 : es erfolgt ein listenweiser Ausschluß von Cases, d.h. in die Auswertung
>   werden nur diejenigen Cases einbezogen, die für sämtliche innerhalb des
>   CONDESCRIPTIVE=Kommandos aufgeführten Variablen einen gültigen Wert haben
>   - in keiner Variablen darf somit ein durch ein MISSING VALUES=Kommando
>   vereinbarter missing Value oder aber der system-missing Value SYSMIS auf-
>   treten,
> 6 : für jede Variable erfolgt die Ausgabe der abgerufenen Statistiken getrennt
>   und
> 7 : pro Druckzeile werden maximal 8o Zeichen ausgegeben.

Standardisierung

Sollen einzelne Merkmalsträger oder verschiedene Merkmale, bei denen sich die
Meßeinheiten unterscheiden, miteinander verglichen werden, so kann man eine
Standardisierung vornehmen und die standardisierten Variablenwerte, die sog.
z-scores, unter einem geeigneten Variablennamen in das $SPSS^X$-file eintragen lassen.

Bei dieser Standardisierung wird von jedem Wert das arithmetische Mittel aller
Werte subtrahiert und diese Differenz durch die Standardabweichung geteilt. Die
Berechnung dieser z-scores wird durch die Kennzahl 3 innerhalb des OPTIONS=Kom-
mandos abgerufen:

> 3 : die standardisierten Werte werden errechnet und in eine Variable als
>   Variablenwerte eingetragen, deren Variablennamen durch das Vorsetzen
>   des Zeichens "Z" aus dem alten Variablennamen (höchstens 7 Zeichen!)
>   gebildet wird.

Der Vorteil der Standardisierung besteht vor allem darin, daß zunächst unterschiedliche Verteilungen nach der Transformation gleiche Verteilungskennwerte bzgl. der
zentralen Tendenz und der Variabilität haben, da das arithmetische Mittel sich zu
o und die Standardabweichung sich zu 1 errechnet.

Als Alternative zur Kodierung des OPTIONS=Kommandos mit der Kennzahl 3, bei der
alle Variablen standardisiert werden und die Variablennamen für die Variablen mit
den standardisierten Werten durch die ursprünglichen Namen mit einleitendem Buchstaben "Z" gebildet werden, gibt es eine weitere Möglichkeit zum Abruf der Standardisierung. Dabei werden diejenigen Variablen, für die eine Standardisierung
durchgeführt werden soll, innerhalb der hinter dem Kommandonamen CONDESCRIPTIVE
aufgeführten Variablenliste dadurch markiert, daß ihnen ein in Klammern einge-
schlossener Variablenname folgt, der zur Benennung der zugehörigen Variablen mit
den standardisierten Werten dienen soll.

So können wir z.B. einen Index namens INDEX für die gesamte Selbsteinschätzung von
Leistung und Begabung durch Summenbildung aus den standardisierten Werten der
Variablen VARo14, VARo16 und VARo17 konstruieren[+)] und dessen Kennwerte in der
folgenden Weise abrufen:

```
DATA LIST        FILE = DATAIN /
                 VARo14 14, VARo16, VARo17 16 - 17
CONDESCRIPTIVE VARo14 ( ZVARo14 ), VARo16 ( ZVARo16 ), VARo17 ( ZVARo17 )
COMPUTE          INDEX = ZVARo14 + ZVARo16 + ZVARo17
CONDESCRIPTIVE INDEX
STATISTICS       1, 6
```

Aus der Ausführung des ersten CONDESCRIPTIVE=Kommandos resultiert die Druckausgabe

```
NUMBER OF VALID OBSERVATIONS (LISTWISE) =         250.00

VARIABLE        MEAN       STD DEV      MINIMUM    MAXIMUM VALID N    LABEL

VARO14          5.508      1.360           1            9       250
VARO16          6.268      1.237           3            9       250
VARO17          5.652      1.366           1            9       250
```

und das zweite CONDESCRIPTIVE=Kommando liefert den folgenden Eintrag im Ablaufprotokoll:

```
NUMBER OF VALID OBSERVATIONS (LISTWISE) =         250.00

VARIABLE        MEAN       VARIANCE VALID N    LABEL

INDEX           .000       6.106       250
```

Zum gleichen Resultat führt das folgende bzgl. des ersten CONDESCRIPTIVE=Kommandos
veränderte Programm:

```
DATA LIST        FILE = DATAIN /
                 VARo14 14, VARo16, VARo17 16 - 17
CONDESCRIPTIVE VARo14 TO VARo17
OPTIONS          3
COMPUTE          INDEX = ZVARo14 + ZVARo16 + ZVARo17
CONDESCRIPTIVE INDEX
STATISTICS       1, 6
```

+) Dies ist natürlich inhaltlich äußerst fragwürdig (vgl. auch Abschnitt 1.5) und
   soll hier nur zur Demonstration der Standardisierung dargestellt werden.

4.2 Die Subfile-Struktur (SPLIT FILE)

Will man die Auswertung von Variablen wie z.B. die Bestimmung von Häufigkeitsverteilungen auf bestimmte Gruppierungen der Cases einschränken, so kann man das
SPSS^X-file mit Hilfe des Kommandos SPLIT FILE (gliedere die Datei) geeignet strukturieren.

Wollen wir etwa unsere Cases nach den Jahrgangsstufen zusammenfassen und dazu das
SPSS^X-file in drei Subfiles aufteilen, so können wir dies durch die Kommandos

```
DATA LIST        FILE = DATAIN /
                 VARoo1 1, VARo14 14, VARo16, VARo17 16 - 17
SPLIT FILE       BY VARoo1
```

erreichen. Dadurch werden die Werte der Variablen VARoo1, VARo14, VARo16 und
VARo17 eingelesen und das SPSS^X-file wie folgt strukturiert:

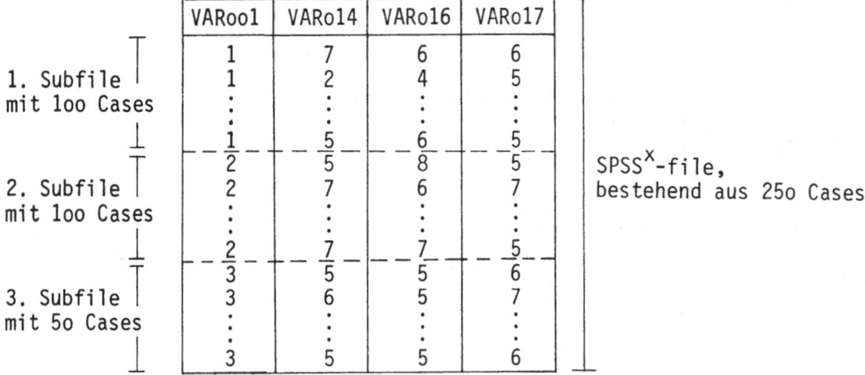

Die ersten 1oo Cases sind zu einem ersten Subfile, die zweiten 1oo Cases zu einem
zweiten Subfile und die restlichen 5o Cases zu einem dritten Subfile gruppiert.
Diese Gliederung ist natürlich nur dann sinnvoll, wenn die Cases bei der Dateneingabe nach den Jahrgangsstufen 11, 12 und 13 (in dieser Reihenfolge) geordnet sind.[+]

SPLIT FILE

Soll für die Auswertung das SPSS^X-file in Subfiles gegliedert werden, so ist die
gewünschte Subfile-Struktur durch das Kommando SPLIT FILE in der folgenden Form
festzulegen:

```
SPLIT FILE       BY variablenname1 [variablenname2]...
```

Bei der Angabe nur einer Variablen hinter dem Schlüsselwort BY (die Werte dieser
Variablen müssen aufsteigend oder absteigend sortiert vorliegen), werden die ersten
Cases des SPSS^X-files, die zum ersten Variablenwert gehören, zum ersten Subfile
zusammengefaßt. Die zum zweiten Variablenwert gehörenden Cases werden zum zweiten

---

[+] Wie man eine derartige Subfile-Struktur erzeugen kann, falls die Eingabedaten
nicht so sortiert sind, lernen wir im Abschnitt 4.3 kennen.

Subfile zusammengefaßt usw.

Sind mehrere Variablen hinter dem Schlüsselwort BY angegeben, so müssen die Werte
der zweiten Variablen innerhalb jedes Werts der ersten Variablen auf- bzw. absteigend sortiert vorliegen, die Werte der dritten Variablen innerhalb jeder Wertekombination von erster und zweiter Variablen auf- bzw. absteigend sortiert sein
usw. Jede aus dieser Gliederung resultierende Wertekombination bestimmt die Cases,
die zu jeweils einem Subfile zusammengefaßt werden.

Bei der Anwendung des SPLIT FILE=Kommandos sollte man stets abprüfen, ob sich die
Datensätze mit den Werten der Datenmatrix auch tatsächlich in der richtigen Reihenfolge befinden.

Da wir in dem o.a. Beispiel die Cases nach den Jahrgangsstufen gliedern wollen,
müssen wir uns folglich davon überzeugen, daß die Variable VARoo1 im ersten Subfile
den Wert 1 und in den beiden anderen Subfiles die Werte 2 und 3 besitzt. Dies können wir z.B. dadurch überprüfen, daß wir unter Anwendung des Kommandos FREQUENCIES
die entsprechenden Häufigkeiten von VARoo1 durch das folgende SPSS^X-Programm ausdrucken lassen:

```
DATA LIST        FILE = DATAIN /
                 VARoo1 1
SPLIT FILE       BY VARoo1
FREQUENCIES      VARIABLES = VARoo1
```

Hierdurch werden drei Häufigkeitsverteilungen von VARoo1 ausgegeben - für jedes
der drei Subfiles eine - und wir können uns davon überzeugen, daß VARoo1 in jedem
dieser Subfiles nur den charakteristischen Indikatorwert für die jeweilige Jahrgangsstufe besitzt.

Wollen wir - nach Jahrgangsstufen getrennt - eine Häufigkeitsauszählung für die
Variablen VARo14 ("Schulleistung"), VARo16 ("Begabung") und VARo17 ("Lehrerurteil")
ermitteln, so können wir das folgende SPSS^X-Programm ausführen lassen:

```
DATA LIST        FILE = DATAIN /
                 VARoo1 1, VARo14 14, VARo16, VARo17 16 - 17
SPLIT FILE       BY VARoo1
FREQUENCIES      VARIABLES = VARo14 TO VARo17 /
                 STATISTICS = MEAN, MEDIAN, MODE,
                              RANGE, MINIMUM, MAXIMUM /
                 NTILES = 4
```

Mit dem Subkommando STATISTICS innerhalb des FREQUENCIES=Kommandos rufen wir für
die Variablen VARo14, VARo16 und VARo17 die Ausgabe der Statistiken arithmetisches
Mittel, Median, Modus, Spannweite, minimaler und maximaler Wert ab.[+]

+) Wir berechnen das arithmetische Mittel als Näherungswert für die zentrale Tendenz,
   da das Merkmal "Schulleistung" nicht intervallskaliert ist (vgl. Abschnitt 1.5).

Für VARo14 erhalten wir die Ergebnisse durch die folgenden Druckausgaben

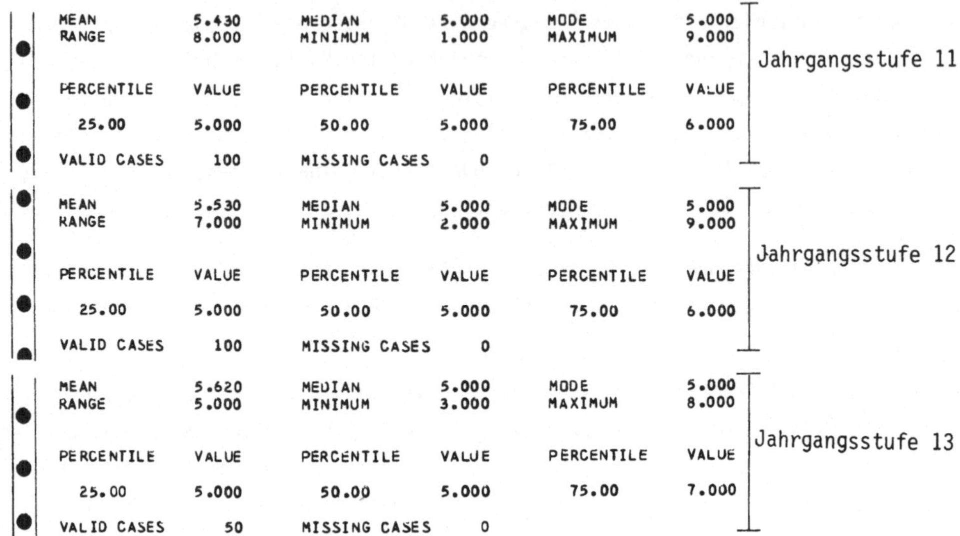

die wir in der folgenden Weise tabellarisch zusammenfassen:

Statistik	Jahrgangsstufe		
	11	12	13
arithmetisches Mittel	5.43	5.53	5.62
Median	5	5	5
Modus	5	5	5
Spannweite	8	7	5
minimaler Wert	1	2	3
maximaler Wert	9	9	8
Quartilsabstand	1	1	2

Diese Werte geben einen Einblick, in wieweit die Verteilung von VARo14 durch die
jeweilige Jahrgangsstufe beeinflußt wird. Bzgl. der zentralen Tendenz und der
Variabilität gibt es keine stärkeren Unterschiede (das arithmetische Mittel wächst
geringfügig mit den Jahrgangsstufen).

Wollen wir zusätzlich eine gemeinsame Auswertung der Jahrgangsstufen 11 und 12
durchführen, so müssen wir unser SPSS[X]-Programm durch die folgenden Kommandos ergänzen:

```
TEMPORARY
RECODE          VARoo1 ( 1, 2 = 1 )
SELECT IF       ( VARoo1 = 1 )
FREQUENCIES     VARIABLES = VARo14, VARo16, VARo17 /
                STATISTICS = MEAN, MEDIAN, MODE,
                             RANGE, MINIMUM, MAXIMUM /
                NTILES = 4
```

Bzgl. der Gültigkeit einer durch ein SPLIT FILE=Kommando durchgeführten Subfile-
Strukturierung ist folgendes zu beachten:

- Jedes SPLIT FILE=Kommando wirkt bis zum nächsten SPLIT FILE=Kommando, und

- eine Subfile-Gliederung wird durch die Ausführung des folgenden Kommandos aufgehoben:

```
SPLIT FILE      OFF
```

Als Anwendung für die Gliederung des $SPSS^X$-files in Subfiles, die über mehr als
eine Variable bestimmt wird, geben wir das folgende Beispiel an:

Sind etwa unsere Datensätze mit den Werten der Datenmatrix gemäß der Abfolge

```
Schüler der Jahrgangsstufe 11
Schülerinnen der Jahrgangsstufe 11
Schüler der Jahrgangsstufe 12
Schülerinnen der Jahrgangsstufe 12
Schüler der Jahrgangsstufe 13
Schülerinnen der Jahrgangsstufe 13
```

geordnet, so rufen wir durch das $SPSS^X$-Programm

```
DATA LIST       FILE = DATAIN /
                VARoo1, VARoo2 1 - 2, VARo14 14, VARo16, VARo17 16 - 17
SPLIT FILE      BY VARoo1, VARoo2
FREQUENCIES     VARIABLES = VARoo1, VARoo2                (+)
FREQUENCIES     VARIABLES = VARo14, VARo16, VARo17        (++)
SPLIT FILE      BY VARoo1
FREQUENCIES     VARIABLES = VARo14, VARo16, VARo17        (+++)
```

die folgenden Leistungen ab:

Durch (+) überprüfen wir, ob unsere Daten bei der Eingabe in der richtigen Reihenfolge bereitgestellt werden (u.a. dürfen VARoo1 und VARoo2 in jedem Subfile nur
jeweils eine Ausprägung besitzen). Durch (++) ermitteln wir für jedes der sechs
Subfiles die Häufigkeitsverteilungen der drei Variablen VARo14, VARo16 und VARo17,
da das vor (+) angegebene SPLIT FILE=Kommando auch für diese Auswertung wirksam
ist. Durch (+++) werten wir die drei Variablen getrennt nach einzelnen Jahrgangsstufen aus.

4.3 Sortieren des $SPSS^X$-files (SORT CASES)

Die Vereinbarung einer Subfile-Struktur mit dem Kommando SPLIT FILE setzt voraus,
daß die Cases bei der Dateneingabe geeignet gruppiert sind. Ist diese Voraussetzung
nicht erfüllt, so kann man die Cases mit Hilfe des Kommandos <u>SORT CASES</u> (sortiere
die Cases) geeignet sortieren und das $SPSS^X$-file anschließend durch das SPLIT FILE=
Kommando in Subfiles gliedern.

So legen wir z.B. durch die Kommandos

```
SORT CASES      BY VARoo1 ( A )
SPLIT FILE      BY VARoo1
```

fest, daß die Cases unseres SPSS^X-files nach Jahrgangsstufen gemäß der Werte von
VARoo1 (dies sind 1, 2 und 3) geordnet werden sollen. Die Angabe von "(A)" hinter der Sortiervariablen VARoo1 besagt, daß die Werte der Cases aufsteigend
(ascending) zu sortieren sind.
Anschließend werden - dies ist durch die Kodierung des SPLIT FILE=Kommandos festgelegt - diejenigen Cases, für die VARoo1 den kleinsten Wert (das ist der Wert 1)
besitzt, zu einem ersten Subfile zusammengefaßt, und das zweite und dritte Subfile
besteht aus denjenigen Cases, für die VARoo1 die Werte 2 bzw. 3 annimmt.

Wollen wir z.B. die Subfile-Struktur

```
Schüler der Jahrgangsstufe 11
Schülerinnen der Jahrgangsstufe 11
Schüler der Jahrgangsstufe 12
Schülerinnen der Jahrgangsstufe 12
Schüler der Jahrgangsstufe 13
Schülerinnen der Jahrgangsstufe 13
```

erzeugen, so müssen wir die Cases nach dem Schema

```
Cases mit: VARoo1 = 1 und VARoo2 = 1
Cases mit: VARoo1 = 1 und VARoo2 = 2
Cases mit: VARoo1 = 2 und VARoo2 = 1      SPSS^X-file
Cases mit: VARoo1 = 2 und VARoo2 = 2
Cases mit: VARoo1 = 3 und VARoo2 = 1
Cases mit: VARoo1 = 3 und VARoo2 = 2
```

gruppieren. Hier wird die Struktur durch die Wertekombination zweier Variablen bestimmt. Wir müssen die Cases daher zunächst nach den Werten von VARoo1 sortieren und
anschließend innerhalb der daraus resultierenden drei Gruppierungen nach den Werten
von VARoo2 ordnen.

Wollen wir ferner für die folgenden Auswertungen diese sechs Subfiles zugrunde-
legen, so müssen wir die folgenden Kommandos kodieren:

```
SORT CASES      BY VARoo1 ( A ), VARoo2 ( A )
SPLIT FILE      BY VARoo1, VARoo2
```

Wir geben hinter dem Schlüsselwort BY zunächst den Namen VARoo1 an, da nach den
Werten von VARoo1 zuerst sortiert werden soll. Erst anschließend wird - hinter dem
Namen VARoo1 ist der Name VARoo2 angegeben - innerhalb der Gruppen gleicher Variab-
lenwerte von VARoo1 nach den Variablenwerten von VARoo2 sortiert.

So können wir durch die Angabe von

```
SORT CASES      BY VARoo1 ( A ), VARoo2 ( A )
SPLIT FILE      BY VARoo1, VARoo2
FREQUENCIES     VARIABLES = VARo14, VARo16, VARo17
```

für jedes der sechs Subfiles die Häufigkeitsverteilungen der Variablen VARo14,
VARo16 und VARo17 ausdrucken lassen. Sollen diese Auswertungen zusätzlich noch
geschlechtsspezifisch erfolgen, so müssen wir das SPSS^X-file nach den Werten von
VARoo2 ("Geschlecht") sortieren und den o.a. Kommandos die Angaben

```
SORT CASES      BY VARoo2 ( A )
SPLIT FILE      BY VARoo2
FREQUENCIES     VARIABLES = VARo14, VARo16, VARo17
```

hinzufügen.

Wollen wir jedoch bei der Ermittlung der Häufigkeitsverteilungen die Zusammenfassung
der Cases auf der Basis der Subfile-Gliederung

1. Subfile ⟶	Schülerinnen der Jahrgangsstufe 11	
2. Subfile ⟶	Schülerinnen der Jahrgangsstufe 12	
3. Subfile ⟶	Schülerinnen der Jahrgangsstufe 13	SPSS^X-file
4. Subfile ⟶	Schüler der Jahrgangsstufe 11	
5. Subfile ⟶	Schüler der Jahrgangsstufe 12	
6. Subfile ⟶	Schüler der Jahrgangsstufe 13	

vornehmen lassen, so müssen wir dem Kommando

```
FREQUENCIES     VARIABLES = VARo14, VARo16, VARo17
```

die Kommandos

```
SORT CASES      BY VARoo2 ( D ), VARoo1 ( A )
SPLIT FILE      BY VARoo2, VARoo1
```

voranstellen. Jetzt werden die Cases zuerst nach den Werten von VARoo2 absteigend
(descending) - gekennzeichnet durch die Eintragung von "(D)" im Anschluß an den
Variablennamen VARoo2 - und daran anschließend nach den Werten von VARoo1 aufsteigend sortiert, und die daraus resultierende Gruppierung wird durch das SPLIT FILE=
Kommando für die nachfolgenden Auswertungen verbindlich vorgeschrieben.

Allgemein muß man das Kommando SORT CASES in der folgenden Form angeben:[+)]

```
SORT CASES      BY sortiervariable1 ( { A / D } ) [ sortiervariable2 ( { A / D } ) ] ...
```

Die Cases werden zunächst nach den Werten der zuerst aufgeführten Sortiervariablen
geordnet. Sind weitere Sortiervariablen angegeben, so werden die Cases anschließend
innerhalb jeder Gruppierung gleicher Werte nach den Variablenwerten der zweiten
Sortiervariablen geordnet usw. Dabei wird eine aufsteigende Sortierung durch die
Angabe von "(A)" und eine absteigende Sortierung durch den Indikator "(D)"

+) Direkt vor dem SORT CASES=Kommando dürfen keine temporären Variablen vereinbart
   sein.

festgelegt. Auf die explizite Angabe der Sortierschlüssel in der Form "(A)"
bzw. "(D)" kann man auch verzichten, da sich ein Sortierschlüssel stets auf alle
vorher aufgeführten Sortiervariablen bezieht. Ist in einem SORT CASES=Kommando
überhaupt kein Sortierschlüssel angegeben, so wird stets aufsteigend sortiert.

Eine Sortierung mit dem SORT CASES=Kommando ist z.B. dann unerläßlich, falls wir
für ein SPSS[X]-file, dessen Cases nicht geordnet sind, eine Auswertung mit dem
Kommando REPORT (vgl. Abschnitt 4.4) vornehmen wollen.

4.4 Erzeugung eines Reports (REPORT)

4.4.1 Aufgabenstellung

Wir stellen uns die Aufgabe, für jede Jahrgangsstufe die Anzahl der gültigen Cases und
die Modi der Variablen VARo14 ("Schulleistung"), VARo16 ("Begabung") und VARo17
("Lehrerurteil") zu tabellieren. Nach unserer bisherigen Kenntnis ist dies durch das
folgende SPSS[X]-Programm leistbar:[+)]

```
DATA LIST       FILE = DATAIN /
                VARoo1 1, VARo14 14, VARo16, VARo17 16 - 17
SPLIT FILE      BY VARoo1
FREQUENCIES     VARIABLES = VARo14, VARo16, VARo17 /
                FORMAT = NOTABLE /
                STATISTICS = MODE
```

Durch dieses Programm erfolgt für jede Jahrgangsstufe und für jede Variable eine eigenständige Druckausgabe der angeforderten Statistiken, so daß insgesamt 9 Tabellen ausgegeben werden.

Oftmals ist es allerdings wünschenswert, die abgerufenen Informationen in Form einer
einzigen Tabelle zu erhalten. Durch diese komprimierte Darstellung wird nicht nur
Druckpapier eingespart, sondern vor allem auch die Übersichtlichkeit der Ergebnis-
präsentation verbessert. In diesem Zusammenhang ist es von Vorteil, wenn eine derartige
Tabelle nicht fest formatiert ist, sondern flexibel gestaltet werden kann.

Im folgenden wollen wir lernen, wie man vom SPSS[X]-System eine derartige kompakte
Tabellierung von Statistiken in Form eines Reports (Berichts) abrufen kann und wie
man dazu das SPSS[X]-Kommando REPORT mit seinen erforderlichen (obligaten) Subkommandos
- VARIABLES, BREAK und SUMMARY

und den u.U. nützlichen aber nicht unbedingt erforderlichen (optionalen) Subkommandos
- FORMAT, MISSING, LTITLE, CTITLE, RTITLE, LFOOTNOTE, CFOOTNOTE und RFOOTNOTE
kodieren muß.

+) Dabei wird vorausgesetzt, daß die in einer Magnetplatten-Datei abgespeicherten
   Daten bei der Eingabe in das SPSS[X]-file in der geforderten Reihenfolge gruppiert
   sind (vgl. Abschnitt 4.2).

4.4.2 Break- und Kolumnen-Variablen

Durch die Werte von VARoo1 ist die Gruppe der Befragten in folgender Weise gegliedert:

Gesamtgruppe	Teilgruppen	charakterisiert durch
	Jahrgangsstufe 11	VARoo1 = 1
NGO-Schüler	Jahrgangsstufe 12	VARoo1 = 2
	Jahrgangsstufe 13	VARoo1 = 3

Jede Teilgruppe ist durch die zugehörige Ausprägung der Variablen VARoo1 bestimmt. Wir setzen voraus, daß unser SPSS^X-file nach den Werten der Variablen VARoo1 geordnet ist,[+) wobei auf die Cases mit "VARoo1 = 1" diejenigen mit "VARoo1 = 2" und dann diejenigen mit "VARoo1 = 3" folgen. Ein <u>Teilgruppenwechsel</u> (break) wird somit charakterisiert durch die Änderung der Ausprägungen der Variablen VARoo1 von 1 auf 2 und von 2 auf 3. Im Hinblick auf diese Eigenschaften bezeichnen wir VARoo1 daher als Break-Variable.

Allgemein verstehen wir unter einer <u>Break-Variablen</u> einen Indikator für eine Einteilung einer Gesamtgruppe in Teilgruppen, wobei die Cases jeder Teilgruppe direkt hintereinander im SPSS^X-file abgespeichert sein müssen.

Unsere Aufgabe besteht somit darin, in einem Report für jeden Wert der Break-Variablen VARoo1 die angeforderten <u>Statistik-Informationen</u>, d.h. die Anzahl der gültigen Cases und die Modi für die Variablen VARo14, VARo16 und VARo17 auszudrucken.

Als Lösung dieser Aufgabenstellung können wir uns durch den Aufruf des Kommandos REPORT z.B. den folgenden Report vom SPSS^X-System ausgeben lassen:

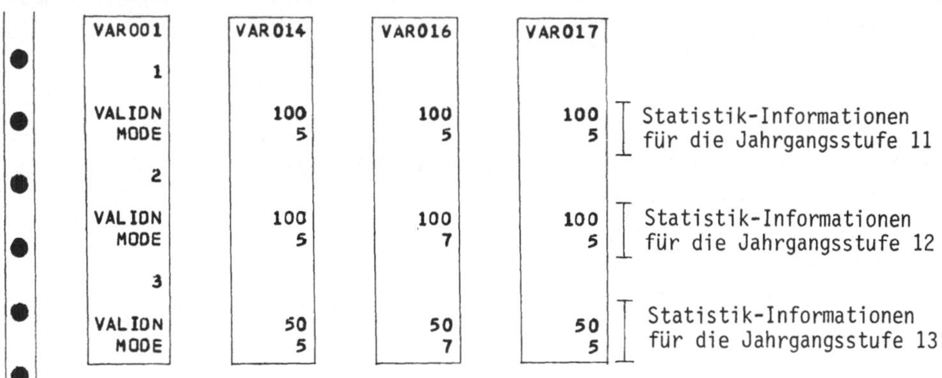

+) Liegt diese Ordnung nicht vor, so muß das SPSS^{X}file mit Hilfe des SORT CASES= Kommandos sortiert werden (vgl. 4.3).

Dieser Report gliedert sich in vier <u>Kolumnen</u> (Tabellenspalten). In der ersten Kolumne, die durch den Namen der Break-Variablen VARoo1 überschrieben ist, sind die Werte von VARoo1 aufgeführt, welche die drei Teilgruppen spezifizieren. Die weiteren drei Kolumnen sind durch die Namen der Variablen überschrieben, für welche die angeforderten Statistik-Informationen protokolliert werden sollen.

Allgemein wollen wir unter einer <u>Kolumnen-Variablen</u> eine Variable des $SPSS^X$-files verstehen, für welche Statistik-Informationen in einem Report ausgegeben werden sollen.

Unser Report enthält folglich neben der Kolumne der Break-Variablen die Ausgaben für die drei Kolumnen-Variablen VARo14, VARo16 und VARo17. Während diese Kolumnen-Variabler die Tabellenspalten des Reports festlegen, wird die Zeilenstruktur durch die Werte der Break-Variablen bestimmt. Für jede Teilgruppe sind nämlich die abgerufenen Statistik-Informationen nebeneinander in ihren jeweiligen Kolumnen ausgegeben. Dabei werden die einzelnen Zeilen durch die zugehörigen Schlüsselwörter <u>VALIDN</u> (für die Anzahl der gültigen Cases) und <u>MODE</u> (für die Modi) charakterisiert.
So entnehmen wir dem Report, daß in allen Teilgruppen (Jahrgangsstufen) jeweils alle Schüler, d.h. 1oo bzw. 5o auf die Items "Schulleistung" (VARo14), "Begabung" (VARo16) und "Lehrerurteil" (VARo17) eine gültige Antwort gegeben haben.
Bei den Variablen VARo14 und VARo17 gibt es im Hinblick auf die jeweils häufigste Antwort keine jahrgangsstufenspezifischen Unterschiede. Dagegen differieren die Jahrgangsstufen beim Item VARo16, wobei die Jahrgangsstufen 12 und 13 mit dem Wert 7 einen höheren Wert als die Jahrgangsstufe 11 ausweisen.

Im folgenden wollen wir lernen, wie wir den o.a. Report-Ausdruck mit Hilfe des Kommandos REPORT abrufen können. Dabei werden wir feststellen, daß wir neben der Vereinbarung der Break- und Kolumnen-Variablen nur noch die gewünschten Statistik-Informationer geeignet angeben müssen.

4.4.3 Lösung der Aufgabenstellung

Die Anzahl und die Reihenfolge der Kolumnen des Reports bestimmen wir durch das Subkommando <u>VARIABLES</u> in der Form:[+)]

> VARIABLES = VARo14, VARo16, VARo17 /

Dadurch sind drei Kolumnen festgelegt, in welche die Statistik-Informationen von VARo14, VARo16 und VARo17 (in dieser Reihenfolge) eingetragen werden sollen. Durch die Angabe des <u>BREAK=Subkommandos</u> in der Form

> BREAK = VARoo1 /

spezifizieren wir unsere Break-Variable VARoo1, nach deren Werten unser $SPSS^X$-file

---

+) Wir setzen voraus, daß VARoo1, VARo14, VARo16 und VARo17 im $SPSS^X$-file vorliegen.

sortiert ist. Mit der Kodierung der beiden <u>SUMMARY=Subkommandos</u>

```
SUMMARY = VALIDN /
SUMMARY = MODE ( 1, 9 )
```

legen wir fest, daß für alle drei Kolumnen-Variablen die gewünschten Statistik-Informationen - gekennzeichnet durch die Schlüsselwörter VALIDN (Anzahl der gültigen Cases) und MODE (Modi) - in den jeweiligen Kolumnen untereinander auszudrucken sind.

Fassen wir diese einzelnen Subkommandos zu einem REPORT=Kommando zusammen und lassen wir das SPSS^X-Programm[+)]

```
DATA LIST      FILE = DATAIN /
               VARoo1 1, VARo14 14, VARo16, VARo17 16 - 17
SORT CASES     BY VARoo1 ( A )
REPORT         VARIABLES = VARo14, VARo16, VARo17 /
               BREAK = VARoo1 /
               SUMMARY = VALIDN /
               SUMMARY = MODE ( 1, 9 )
```

ausführen, so erhalten wir als Ergebnis den Report-Ausdruck im Abschnitt 4.4.2.

Bevor wir die Möglichkeiten des REPORT=Kommandos im einzelnen kennenlernen, wollen wir zunächst die grundsätzliche Gliederung eines Report-Ausdrucks beschreiben.

<u>4.4.4 Report-Struktur bei einer Break-Variablen</u>

Für den Fall nur einer Break-Variablen[++)] entnehmen wir aus der Abbildung im Abschnitt 4.4.2 die auf der nächsten Seite abgebildete allgemeine Report-Struktur.

Mit den in dieser Abbildung angegebenen Schlüsselwörtern CHDSPACE, BRKSPACE, LIST, SUMSPACE, SKIP und TOTAL läßt sich das Layout des Reports gestalten. So kann man mit
- CHDSPACE, BRKSPACE, SUMSPACE und SKIP
die Anzahl der gewünschten Trennzeilen einstellen (siehe Subkommandos FORMAT und BREAK in den Abschnitten 4.4.8 und 4.4.9) und über die Kodierung von
- LIST
(im Subkommando FORMAT, vgl. Abschnitt 4.4.11) den zusätzlichen Ausdruck der einzelnen Werte der Kolumnen-Variablen abrufen. Sollen die angeforderten Statistik-Informationen zusätzlich auch für die Gesamtgruppe berechnet und am Ende des Reports plaziert werden, so ist dies durch die Angabe von
- TOTAL
zu spezifizieren (s. Subkommando BREAK im Abschnitt 4.4.11).
Ferner besteht die Möglichkeit, die Ausgaben des Reports für jede Teilgruppe auf einer neuen Druckseite beginnen zu lassen. Dazu muß man (im Subkommando BREAK, vgl.

+) Durch die Angabe von "MODE (1, 9)" wird festgelegt, daß der gesamte Wertebereich von 1 bis 9 in die Auswertung einbezogen werden soll.
++) Die Teilgruppen-Definition darf auch durch mehrere Break-Variablen erfolgen (vgl. die Ausführungen im Abschnitt 4.4.13).

Kolumnenüberschrift für die Werte der Break-Variablen	Überschrift der ersten Kolumne	Überschrift der zweiten Kolumne		Überschrift der letzten Kolumne
	CHDSPACE			
1. Wert der Break-Variablen				
	BRKSPACE			
	Bereich für die Kolumnen-Variablenwerte, falls im Subkommando FORMAT das Schlüsselwort LIST kodiert ist, wobei der Abstand zur nachfolgenden Summary-Ausgabe durch SUMSPACE festgelegt wird (s. 4.4.11)			
	Summary-Ausgaben für den 1. Wert der Break-Variablen			
	SKIP			
2. Wert der Break-Variablen				
	BRKSPACE			
	Bereich für die Kolumnen-Variablenwerte, falls im Subkommando FORMAT das Schlüsselwort LIST kodiert ist, wobei der Abstand zur nachfolgenden Summary-Ausgabe durch SUMSPACE festgelegt wird (s. 4.4.11)			
	Summary-Ausgaben für den 2. Wert der Break-Variablen			
	SKIP			
⋮				
letzter Wert der Break-Variablen				
	BRKSPACE			
	Bereich für die Kolumnen-Variablenwerte, falls im Subkommando FORMAT das Schlüsselwort LIST kodiert ist, wobei der Abstand zur nachfolgenden Summary-Ausgabe durch SUMSPACE festgelegt wird (s. 4.4.11)			
	Summary-Ausgaben für den letzten Wert der Break-Variablen			
	Summary-Ausgaben für die Gesamtgruppe, falls das Schlüsselwort TOTAL im Subkommando BREAK kodiert ist (vgl. 4.4.11)			

Abschnitt 4.4.8)

das Schlüsselwort

- PAGE

geeignet angeben.

Die o.a. Schlüsselwörter, auf deren genaue Bedeutung wir an dieser Stelle nicht weiter eingehen, vermitteln uns einen Eindruck davon, wie flexibel man die Druckausgabe für einen Report steuern kann.

Bevor wir die erforderlichen Detailinformationen kennenlernen, geben wir zunächst die allgemeine Form des REPORT=Kommandos an.

4.4.5 Das Kommando REPORT

Will man sich vom SPSS^X-System Statistik-Informationen flexibel und kompakt in Form
eines Reports tabellieren lassen, so muß man das Kommando REPORT (Bericht) in der
folgenden Form kodieren:

```
REPORT       [ FORMAT = layout-spezifikation /]
               VARIABLES = kolumnen-variablen-spezifikation /
             [ MISSING = auswertungsart /]
             [ LTITLE = text1 /]
             [ CTITLE = text2 /]
             [ RTITLE = text3 /]
             [ LFOOTNOTE = text4 /]
             [ CFOOTNOTE = text5 /]
             [ RFOOTNOTE = text6 /]
               BREAK = break-variablen-spezifikation /
               SUMMARY = summary-angaben-1
             [ / SUMMARY = summary-angaben-2]...
```

Dabei müssen die einzelnen Subkommandos in dieser Reihenfolge angegeben und je zwei
Subkommandos durch das Trennzeichen "/" voneinander abgegrenzt werden. Im Normalfall
braucht man nur die drei obligaten Subkommandos VARIABLES, BREAK und SUMMARY (in
dieser Reihenfolge) zu kodieren.

Will man auf die standardmäßige Form des Layouts einwirken, so ist das Subkommando
FORMAT mit geeigneten Spezifikationswerten aufzuführen (vgl. Abschnitt 4.4.9).
Sollen z.B. bei der Berechnung der Statistik-Informationen diejenigen Cases, die
als missing Values vereinbarte Werte besitzen, speziell behandelt werden, so muß
man dies durch das optionale Subkommando MISSING festlegen (s. Abschnitt 4.4.12).
Will man etwa am Anfang bzw. am Ende des Reports geeignete Informationen in Kopf-
bzw. Fußzeilenbereichen eintragen lassen, so muß dies mit Hilfe der optionalen Subkommandos LTITLE, CTITLE, RTITLE, LFOOTNOTE, CFOOTNOTE und RFOOTNOTE beschrieben
werden (vgl. Abschnitt 4.4.1o).

Zum Abruf dieser zusätzlichen Leistungen muß man die erforderlichen Angaben zwischen
den Subkommandos VARIABLES und BREAK kodieren, wobei das Subkommando MISSING dem Subkommando VARIABLES unmittelbar folgen muß.

Wir werden im folgenden zunächst die obligaten und daran anschließend die optionalen
Subkommandos kennenlernen. Als erstes wollen wir uns darüber informieren, welche
Statistik-Informationen man abrufen und in den Kolumnen eines Reports geeignet aus-
drucken lassen kann.

4.4.6 Abrufen von Statistik-Informationen (SUMMARY)

4.4.6.1 Einfache Statistiken

Wir setzen voraus, daß die Variablen VARoo1, VARoo7, VARo1o und VARo14 aus unserer Untersuchung im SPSS^X-file enthalten sind, und wir beziehen uns stets auf das folgende Syntax-Gerüst des REPORT=Kommandos:

```
REPORT        VARIABLES = VARoo7, VARo1o, VARo14 /
              BREAK = VARoo1 /
              SUMMARY = summary-angabe-1
              [/ SUMMARY = summary-angabe-2] ...
```

d.h. wir vereinbaren VARoo7, VARo1o und VARo14 als Kolumnen- und VARoo1 als Break-Variable.

Welche Statistik-Informationen in den einzelnen Kolumnen des Reports als Summary-Ausgaben gedruckt werden sollen, muß man im Subkommando SUMMARY in der folgenden Form - wir beschränken uns zunächst auf den einfachsten Fall - als sog. Summary-Angabe festlegen:[+]

```
SUMMARY = statistik ( kolumnen-variable1 [kolumnen-variable2] ... )
```

Dabei darf man für den Platzhalter "statistik" eines der Schlüsselwörter aus der folgenden Tabelle einsetzen:

Schlüsselwort	für Report abgerufene Statistik-Informationen
VALIDN	Anzahl der gültigen Cases
VARIANCE	Varianz
SUM	Summe
MEAN	arithmetisches Mittel
STDEV	Standardabweichung
MIN	minimaler Wert
MAX	maximaler Wert
SKEWNESS	Schiefe
KURTOSIS	Wölbung
PCGT(n)	Prozentsatz der Cases, deren Werte größer als n sind
PCLT(n)	Prozentsatz der Cases, deren Werte kleiner als n sind
PCIN(n_1,n_2)	Prozentsatz der Cases, deren Werte nicht größer als n_2 und nicht kleiner als n_1 sind
ABFREQ(min,max)	absolute Häufigkeiten der Werte zwischen min und max [++]
RELFREQ(min,max)	relative Häufigkeiten der Werte zwischen min und max [++]
MEDIAN(min,max)	Median der Werte zwischen min und max
MODE(min,max)	Modus der Werte zwischen min und max [++]

[+] Bei der Angabe der Kolumnen-Variablen darf das Schlüsselwort TO nicht kodiert sein.
[++] Bei der Ausgabe nicht-ganzzahliger Werte werden die Nachkommastellen abgeschnitten.

Jedes in dieser Tabelle aufgeführte Schlüsselwort bezeichnet eine einfache Statistik
- im Gegensatz zu den zusammengesetzten Statistiken, die wir im Abschnitt 4.4.6.2
beschreiben.

Kodierung einer Summary-Angabe

Die jeweils abgerufene Statistik wird für jede in der Summary-Angabe kodierte Kolumnen-Variable berechnet und in der jeweiligen Kolumne ausgegeben.[+] Sind mehrere
Kolumnen-Variablen aufgeführt, so werden die Statistik-Informationen nebeneinander
in derselben Zeile bzw. in demselben Zeilenbereich ausgedruckt.

Wollen wir z.B. für die Variablen VARoo7 und VARo14 die Anzahl der gültigen Cases
ermitteln lassen, so müssen wir das SUMMARY=Subkommando so angeben:

```
SUMMARY = VALIDN ( VARoo7, VARo14 )
```

Rufen wir eine aufsteigende Sortierung der Cases nach den Werten von VARoo1 und eine
anschließende Report-Ausgabe durch die Kommandos

```
SORT CASES      BY VARoo1 ( A )
REPORT          VARIABLES = VARoo7, VARo1o, VARo14 /
                BREAK = VARoo1 /
                SUMMARY = VALIDN ( VARoo7, VARo14 )
```

ab, so erhalten wir für die erste Teilgruppe - d.h. für die Cases, für welche die
Break-Variable VARoo1 den Wert 1 hat - am Anfang des Reports die folgende Ausgabe:

```
      VAR001      VAR007      VARO10      VARO14

        1

      VALIDN        99                    100
```

Wollen wir die Ausgabe über die Anzahl der gültigen Cases für alle drei Kolumnen-
Variablen erhalten, so schreiben wir:

```
SUMMARY = VALIDN ( VARoo7, VARo1o, VARo14 )
```

Allgemein darf man dann im Subkommando SUMMARY auf die Angabe der Kolumnen-Variablen
verzichten, falls die geforderten Statistiken für alle Kolumnen-Variablen (welche im
Subkommando VARIABLES vereinbart sind) berechnet werden sollen.

Wir können folglich das obige SUMMARY=Subkommando so abkürzen:

```
SUMMARY = VALIDN
```

[+] Kann eine Statistik nicht berechnet werden, weil z.B. missing Values existieren
    oder weil eine unerlaubte Operation ausgeführt werden soll, so wird das Zeichen
    "." protokolliert.

Mit dieser Möglichkeit, Schreibarbeit einsparen zu können, sollte man jedoch sehr vorsichtig umgehen. So ist z.B. die Anforderung

```
SUMMARY = ABFREQ ( 1, 7 )
```

nicht besonders sinnvoll, weil dadurch für jede Kolumnen-Variable die absoluten Häufigkeiten der (ganzzahligen) Werte zwischen 1 und 7 (mit Einschluß von 1 und 7) ermittelt und nebeneinander in den jeweiligen Kolumnen angelistet würden. Dies ist sinnlos, weil nur die Variable VARoo7 Werte zwischen 1 und 7 besitzt (VARolo hat nur die Werte 1 und 2, und VARo14 kann Werte zwischen 1 und 9 annehmen).

Als Ausweg bleibt in diesem Fall nur, daß die jeweiligen absoluten Häufigkeiten der Variablen nicht nebeneinander sondern - in den jeweiligen Kolumnen - untereinander gedruckt werden.

Dies ist möglich, falls wir die einzelnen Summary-Angaben
- "ABFREQ (1, 7) (VARoo7)", "ABFREQ (1, 2) (VARolo)"
  und "ABFREQ (1, 9) (VARo14)"
in drei aufeinanderfolgenden SUMMARY=Subkommandos der Form

```
SUMMARY = ABFREQ ( 1, 7 ) ( VARoo7 ) /
SUMMARY = ABFREQ ( 1, 2 ) ( VARolo ) /
SUMMARY = ABFREQ ( 1, 9 ) ( VARo14 )
```

eintragen mit dem Ergebnis (für die erste Teilgruppe mit "VARoo1 = 1"):

```
        VAR001      VAR007      VAR010      VAR014

           1


        ABFREQ

        TOT FREQ       99
             1          3
             2         10
             3         40
             4         34
             5          7
             6          3
             7          2


        ABFREQ

        TOT FREQ                   97
             1                     57
             2                     40


        ABFREQ

        TOT FREQ                               100
             1                                   1
             2                                   2
             3                                   6
             4                                   8
             5                                  40
             6                                  21
             7                                  15
             8                                   6
             9                                   1
```

In der Regel wird man in einem Report nicht für alle Kolumnen-Variablen die gleichen
Statistiken berechnen lassen wollen, sondern z.B. für die Kolumnen-Variablen VARoo7
und VARo14 die Anzahl der gültigen Cases (VALIDN) und für die Variablen VARoo7 und
VARo1o die jeweiligen Modi (MODE).

Diese Leistung wird erbracht, falls die einzelnen Summary-Angaben

```
VALIDN ( VARoo7, VARo14 )
```

und

```
MODE ( 1, 7 ) ( VARoo7, VARo1o )   +)
```

in zwei untereinander aufgeführten SUMMARY-Subkommandos der Form

```
SUMMARY = VALIDN ( VARoo7, VARo14 ) /
SUMMARY = MODE ( 1, 7 ) ( VARoo7, VARo1o )
```

eingetragen werden, so daß wir insgesamt kodieren:

```
SORT CASES     BY VARoo1 ( A )
REPORT         VARIABLES = VARoo7, VARo1o, VARo14 /
               BREAK = VARoo1 /
               SUMMARY = VALIDN ( VARoo7, VARo14 ) /
               SUMMARY = MODE ( 1, 7 ) ( VARoo7, VARo1o )
```

Dadurch werden - das SUMMARY=Subkommando mit dem Schlüsselwort VALIDN ist zuerst
aufgeführt - zunächst für VARoo7 und VARo14 die jeweilige Anzahl der gültigen Cases
ermittelt und in den zu VARoo7 und VARo14 gehörigen Kolumnen in der ersten Zeile
der Summary-Ausgaben eingetragen. In der nächsten Zeile werden - abgerufen durch
die Angabe von "MODE" im zweiten SUMMARY=Subkommando - die Modi von VARoo7 und
VARo1o in den zugehörigen Kolumnen ausgedruckt.

Für die erste Teilgruppe, d.h. für die Cases mit "VARoo1 = 1" erhalten wir zu Beginn
des Reports die folgende Druckausgabe:

```
   |  VAR001      VAR007      VAR010      VAR014
  ●│     1
   |
   │  VALIDN        99                      100
  ●│  MODE           3           1
   |
```

Soll in einer Zeile immer nur ein Modus-Wert ausgedruckt werden, so kodieren wir: ++)

```
SUMMARY = VALIDN ( VARoo7, VARo14 ) /
SUMMARY = MODE ( 1, 7 ) ( VARoo7 ) /
SUMMARY = MODE ( 1, 2 ) ( VARo1o )
```

Hierdurch werden die folgenden Zeilen protokolliert (VARoo1 = 1):

+) Da der angegebene Wertebereich die Wertebereiche aller Variablen überdecken muß,
   reicht die Angabe von "(1,7)" aus, weil VARoo7 Werte zwischen 1 und 7 und VARo1o
   Werte zwischen 1 und 2 annehmen kann.
++) Hier wird für "MODE" der Wertebereich jeder einzelnen Vraiablen spezifiziert.

```
   VAR001      VAR007      VAR010      VAR014

      1

   VALIDN        99                      100
   MODE           3
   MODE                        1
```

Berücksichtigen wir jetzt für die Ermittlung der gültigen Cases alle Kolumnen-Variablen und kodieren wir folglich

```
SUMMARY = VALIDN /
SUMMARY = MODE ( 1, 7 ) ( VARoo7 ) /
SUMMARY = MODE ( 1, 2 ) ( VARo1o ) /
SUMMARY = MODE ( 1, 9 ) ( VARo14 )
```

so formulieren wir hierdurch (für jede durch das zugehörige Subkommando BREAK festgelegte Teilgruppe) die folgenden Anforderungen:

Zunächst soll - das Schlüsselwort VALIDN ist zuerst aufgeführt - für alle drei Kolumnen-Variablen die jeweilige Anzahl der gültigen Cases ermittelt werden. Diese Werte
sind in die jeweiligen Kolumnen in der ersten Zeile der Summary-Ausgaben einzutragen.
Anschließend wird - spezifiziert durch "MODE(1,7) (VARoo7)" - der Modus der zwischen
1 und 7 liegenden Werte von VARoo7 ("Hausaufgaben") ermittelt und in der folgenden Zeile in der Kolumne VARoo7 ausgegeben. Daran schließen sich in den nachfolgenden
beiden Zeilen die Ausgaben der Modi für die Kolumnen-Variablen VARo1o und VARo14 (in
dieser Reihenfolge) an, die durch die beiden letzten SUMMARY=Subkommandos mit der
Summary-Angabe "MODE (1, 2) (VARo1o)" bzw. "MODE (1, 9) (VARo14)" abgerufen
werden.

Mit den obigen SUMMARY=Subkommandos erhalten wir für die erste Teilgruppe (die Break-
Variable VARoo1 hat den Wert 1) die folgende Ausgabe als Report-Anfang:

```
   VAR001      VAR007      VAR010      VAR014

      1

   VALIDN        99          97          100
   MODE           3
   MODE                       1
   MODE                                    5
```

Wollen wir dagegen die Modi von VARo1o und VARo14 in eine gemeinsame Zeile eintragen lassen, so müssen wir die Summary-Angaben innerhalb des Subkommandos SUMMARY
in der folgenden Form formulieren:

```
SUMMARY = VALIDN /
SUMMARY = MODE ( 1, 7 ) ( VARoo7 ) /
SUMMARY = MODE ( 1, 9 ) ( VARo1o, VARo14 )
```

4.4.6.2 Zusammengesetzte Statistiken

In der Regel wird man sich oftmals nicht nur die einfachen Statistiken sondern bei bestimmten Fragestellungen auch Verknüpfungen von einfachen Statistiken berechnen lassen wollen.

Prozentuiert man etwa die Werte der Merkmale "Begabung" (VARo16) bzw. "Lehrerurteil" (VARo17) auf der Basis der Werte von "Schulleistung" (VARo14), indem man die Quotienten der jeweiligen Werte bildet[+] und diese mit dem Faktor 1oo multipliziert, so erhält man pro Case die zugehörigen Indexwerte in der Form:

   (Wert von VARo16 / Wert von VARo14) * 1oo

bzw.

   (Wert von VARo17 / Wert von VARo14) * 1oo

Will man zum Vergleich der Jahrgangsstufen diese Indizes über alle Cases einer Jahrgangsstufe zu einem Indexwert für die jeweilige Jahrgangsstufe zusammenfassen (aggregieren), so muß man wie folgt verfahren:

Zunächst summiert man die Werte jeder Variablen über die Cases der Jahrgangsstufe, bildet dann den Quotienten der beiden Summenwerte und multipliziert diesen mit dem Faktor 1oo, d.h. man errechnet:[++]

   ($\sum$ Werte von VARo16 / $\sum$ Werte von VARo14) * 1oo

bzw.

   ($\sum$ Werte von VARo17 / $\sum$ Werte von VARo14) * 1oo

Nach unseren bisherigen Kenntnissen erhalten wir die drei benötigten Summenwerte durch die Ausführung des SPSS[X]-Programms

```
DATA LIST      FILE = DATAIN /
               VARoo1 1, VARo14 14, VARo16, VARo17 16 - 17
SORT CASES     BY VARoo1 ( A )
REPORT         VARIABLES = VARo14, VARo16, VARo17 /
               BREAK = VARoo1 /
               SUMMARY = SUM
```

mit dem folgenden Ergebnis:

VAR001	VAR014	VAR016	VAR017
1			
SUM	543	609	551
2			
SUM	553	648	572
3			
SUM	281	310	290

+) Wir verwenden die Variablen VARo14, VARo16 und VARo17 nur zur Demonstration (s.1.5)
++) Diese Werte stimmen i. allg. nicht mit dem Quotienten der Mittelwerte überein, die aus den jeweiligen Indexwerten gebildet werden.

Somit errechnen wir die gewünschten Indexwerte für die drei Jahrgangsstufen wie folgt:

Jahrgangsstufe	1. Indexwert	2. Indexwert
11	(6o9/543) * 1oo = 112.15	(551/543) * 1oo = 1o1.47
12	(648/553) * 1oo = 117.18	(572/553) * 1oo = 1o3.44
13	(31o/281) * 1oo = 11o.32	(29o/281) * 1oo = 1o3.2o

Diese Indexwerte kann man sich mit Hilfe von <u>zusammengesetzten Statistiken</u> auch unmittelbar als Summary-Ausgabe ausdrucken lassen. Dazu müssen wir im o.a. REPORT=Kommando (s. S. 93) das alte SUMMARY=Subkommando durch[+)]

```
SUMMARY = PCT ( SUM ( VARo16 ), SUM ( VARo14 ) ) ( VARo16 ),
          PCT ( SUM ( VARo17 ), SUM ( VARo14 ) ) ( VARo17 )
```

ersetzen. Durch die Ausführung des in dieser Form geänderten REPORT=Kommandos erhalten wir zu Beginn des Reports für die erste Teilgruppe (d.h. die Jahrgangsstufe 11) die folgenden Zeilen ausgedruckt:

```
    VAR001        VAR014        VAR016        VAR017
       1

    PCT                         112.15        101.47
```

Wir haben hierbei die zusammengesetzte Statistik <u>PCT</u> benutzt. Diese berechnet für die beiden Argumente "SUM (VARo16)" und "SUM (VARo14)" bzw. "SUM (VARo17)" und "SUM (VARo14)" - SUM ist eine einfache Statistik - den Prozentsatz des jeweils ersten Arguments bezogen auf das zweite Argument.

Eine vollständige Übersicht der möglichen <u>zusammengesetzten Statistiken</u> gibt die folgende Tabelle:

Schlüsselwort	für Report abgerufene Statistik-Information
DIVIDE(arg1,arg2[faktor])	Wert der Division von "arg1" durch "arg2", multipliziert mit "faktor"
PCT(arg1,arg2)	Prozentsatz von "arg1" bezogen auf "arg2"
SUBTRACT(arg1,arg2)	Differenz von "arg1" und "arg2"
ADD(arg1,...,argn)	Summe aller Argumente "arg"
GREAT(arg1,...,argn)	Maximum aller Argumente "arg"
LEAST(arg1,...,argn)	Minimum aller Argumente "arg"
AVERAGE(arg1,...,argn)	arithmetisches Mittel der Argumente "arg"
MULTIPLY(arg1,...,argn)	Produkt der Argumente "arg"

+) Während bei den einfachen Statistiken die Statistik-Information stets in die Kolumne der zugehörigen Variablen plaziert wird, kann man mit den zusammengesetzten Statistiken die Statistik-Information in eine beliebige Kolumne eintragen lassen. Dazu muß man die gewünschte Kolumne durch den Namen der zugehörigen Kolumnen-Variablen (hier: VARo16 bzw. VARo17) spezifizieren.

Dabei hat jedes Argument "arg" einer zusammengesetzten Statistik die Form:

> einfache-statistik (variablenname)

Anstelle des Platzhalters "einfache-statistik" muß ein Schlüsselwort für eine einfache Statistik eingetragen werden. Dabei darf man jedoch <u>nur</u> die folgenden Schlüsselwörter verwenden:

> VALIDN, VARIANCE, SUM, MEAN, STDEV, MIN, MAX, SKEWNESS und KURTOSIS

Für den Platzhalter "variablenname" darf man eine beliebige Variable des SPSS^X-files einsetzen, die nicht notwendigerweise im VARIABLES=Subkommando aufgeführt sein muß.

So kann man etwa durch das Subkommando

> SUMMARY = AVERAGE (SUM (VARo14), SUM (VARo16), SUM (VARo17)) (VARo17)

das arithmetische Mittel der Summenwerte von VARo14, VARo16 und VARo17 teilgruppenweise berechnen und in die Kolumne der Variablen VARo17 ausgeben lassen.

Kodierung mehrerer Summary-Angaben

Allgemein darf man im Subkommando SUMMARY nicht nur eine sondern auch mehrere Summary-Angaben (vgl. Abschnitt 4.4.6.1) hintereinander aufführen, so daß sich die Syntax eines SUMMARY=Subkommandos wie folgt darstellt:

> SUMMARY = statistik1 (kolumnen-variable1 [kolumnen-variable2]...)
>   [statistik2 (kolumnen-variable3 [kolumnen-variable4]...)]...

Dabei ist darauf zu achten, daß die in den einzelnen Summary-Angaben aufgeführten Kolumnen-Variablen sich paarweise voneinander unterscheiden, d.h. es darf keine Kolumnen-Variable in mehr als einer Summary-Angabe aufgeführt sein.

Die Kodierung mehrerer Summary-Angaben ist in der Regel nicht sinnvoll, weil die Kennung in der Break-Kolumne i.a. nicht mehrere verschiedene Statistiken innerhalb einer Zeile geeignet beschreiben kann. Außerdem ist darauf zu achten, daß die Schlüsselwörter ABFREQ und RELFREQ nicht beide gleichzeitig innerhalb eines SUMMARY=Subkommandos angegeben werden.

4.4.6.3 Gestaltung des Druckbildes für die Summary-Ausgabe

Statistik-Beschriftung

Aus den von uns bisher erzeugten Report-Ausdrücken entnehmen wir, daß die innerhalb der SUMMARY=Subkommandos kodierten Schlüsselwörter zum Abruf der jeweiligen Statistiken in der Kolumne der Break-Variablen als Statistik-Beschriftung zur Dokumentation

der einzelnen Statistik-Informationen ausgedruckt sind. Dabei wird jede Zeile bzw.
jeder Zeilenbereich mit dem Schlüsselwort eingeleitet, mit dem die entsprechende
Statistik-Information im Subkommando SUMMARY abgerufen wurde. Will man anstelle
dieses Standardtextes einen eigenen Text ausgeben lassen, so muß man diesen Text
in der Summary-Angabe hinter der entsprechenden Eintragung für die Statistik-Information in Hochkommata aufführen.[+)]

Eine Summary-Angabe besitzt als die erweiterte Form:

```
statistik ['text']  ( kolumnen-variable1 [kolumnen-variable2] ... )
```

So können wir z.B. das folgende REPORT=Kommando ausführen lassen:

```
SORT CASES     BY VARoo1 ( A )
REPORT         VARIABLES = VARo14, VARo16, VARo17 /
               BREAK = VARoo1 /
               SUMMARY = VALIDN 'FALLZAHL' /
               SUMMARY = ABFREQ ( 1, 9 ) 'ABSOLUT' /
               SUMMARY = RELFREQ ( 1, 9 ) 'RELATIV' /
               SUMMARY = PCT ( SUM ( VARo16 ), SUM ( VARo14 ) ) 'INDEX' ( VARo16 ),
                         PCT ( SUM ( VARo17 ), SUM ( VARo14 ) ) ( VARo17 )
```

Dadurch wird zu Beginn des Reports für die erste Teilgruppe ausgegeben:

VAR001	VAR014	VAR016	VAR017
1			
FALLZAHL	100	100	100
ABSOLUT			
TOT FREQ	100	100	100
1	1	0	1
2	2	0	1
3	6	1	3
4	8	3	6
5	40	36	45
6	21	24	27
7	15	21	9
8	6	12	7
9	1	3	1
RELATIV			
TOT FREQ	100.00	100.00	100.00
1	1.00	0.00	1.00
2	2.00	0.00	1.00
3	6.00	1.00	3.00
4	8.00	3.00	6.00
5	40.00	36.00	45.00
6	21.00	24.00	27.00
7	15.00	21.00	9.00
8	6.00	12.00	7.00
9	1.00	3.00	1.00
INDEX		112.15	101.47

+) Ein derartiger Text darf nicht länger sein als die Kolumnenbreite der Break-
   Variablen (vgl. Abschnitt 4.4.8), d.h. i. allg. 8 Zeichen. Andernfalls wird
   der Text linksbündig abgeschnitten. Durch die Kodierung des Leertextes ('')
   kann eine Ausgabe auch unterdrückt werden.

Ausgabe von Nachkommastellen

Man kann nicht nur auf die Beschriftung in der Kolumne der Break-Variablen einwirken, sondern auch auf die Anzahl der Dezimalstellen Einfluß nehmen, die hinter einem Dezimalpunkt für eine Statistik ausgedruckt werden soll.

Standardmäßig sind die folgenden Werte voreingestellt:[+)]

Schlüsselwörter	Anzahl der Nachkommastellen, d.h. der hinter dem Dezimalpunkt auszugebenden Dezimalstellen (Voreinstellung)
ABFREQ, MODE, VALIDN	o (d.h. nur ganzzahlige Werte)
MEDIAN	1
RELFREQ, PCT, PCTIN, PCGT, PCLT	2
KURTOSIS, SKEWNESS	3
ADD, AVERAGE, DIVIDE, GREAT, LEAST, MULTIPLY, SUBTRACT, VARIANCE	bis zum Wert von "Kolumnenbreite - 1"
MAX, MIN, SUM	innerhalb von DATA LIST festgelegte Anzahl bei der Dateneingabe bzw. durch die Kommandos PRINT FORMATS oder SET (s. Abschnitt 6.7.3) bestimmte Anzahl
MEAN, STDEV	wie bei MAX, MIN bzw. SUM, jedoch um 2 erhöht

Wollen wir z.B. in dem letzten Report die Indexwerte nicht mit 2 (Voreinstellung), sondern nur mit einer Stelle hinter dem Dezimalpunkt ausdrucken lassen, so machen wir für die zusammengesetzte Statistik PCT die folgende Summary-Angabe:

```
PCT ( SUM ( VARo16 ), SUM ( VARo14 ) ) 'INDEX' ( VARo16 ( 1 ) )
PCT ( SUM ( VARo17 ), SUM ( VARo14 ) ) ( VARo17 ( 1 ) )
```

Die gewünschten Stellenzahlen klammern wir also ein und fügen diesen Ausdruck an den Namen der entsprechenden Kolumnen-Variablen an, so daß die Form einer Summary-Angabe wie folgt beschrieben werden kann:

```
statistik ['text']( kolumnen-variable1 [( dezimalstellenzahl1 )]
                   [kolumnen-variable2 [( dezimalstellenzahl2 )] ] ... )
```

Erzeugung von Leerzeilen

Durch die Angabe mehrerer SUMMARY=Subkommandos werden die Statistik-Informationen - ohne Zwischenraum - untereinander im Ablaufprotokoll eingetragen. Will man - zur besseren Lesbarkeit - vor einer durch ein SUMMARY=Subkommando abgerufenen Ausgabezeile "n" Leerzeilen einfügen lassen, so muß das Schlüsselwort SKIP in der Form

```
SKIP ( n )
```

innerhalb des SUMMARY=Subkommandos aufgeführt werden, so daß wir die endgültige

---

+) Reicht die Kolumnenbreite nicht aus für die Ausgabe der Nachkommastellen einer berechneten Statistik, so werden die Statistik-Werte gerundet und (rechtsbündig) abgeschnitten. Reicht die Kolumnenbreite für die Ausgabe des ganzzahligen Anteils nicht aus, so werden ersatzweise die Zeichen "*" ausgedruckt.

Form des Subkommandos SUMMARY wie folgt zusammenfassen können:

```
SUMMARY = statistik1 ['text'] ( kolumnen-variable1 [ ( dezimalstellenzahl1 )]
                                [ kolumnen-variable2 [ ( dezimalstellenzahl2 )]]... )
         [statistik2 ( kolumnen-variable3 [ ( dezimalstellenzahl3 )]
                      [kolumnen-variable4 [ ( dezimalstellenzahl4 )]] ...)]...
         [SKIP ( n )]
```

4.4.7 Vereinbarung der Kolumnen-Variablen (VARIABLES)

Mit dem Subkommando VARIABLES in der Form

```
VARIABLES = variablenliste /
```

werden die Kolumnen-Variablen und die Reihenfolge der zugehörigen Kolumnen im Report festgelegt. Dabei darf die Variablenliste aus einer oder mehreren Variablen bestehen, die gegebenenfalls in Form reflexiver Variablenlisten vereinbart sind.
Die Breite jeder Kolumne ist auf die Druckpositionszahl von 8 Zeichen voreingestellt, so daß in einem Report standardmäßig bis zu 13 Kolumnen-Variablen (bei einer Break-Variablen und dem Standardlayout) vereinbart werden dürfen.[+]

Änderung der Kolumnenbreite

Diese Voreinstellung von 8 Zeichen pro Kolumne kann für jede Kolumnen-Variable in folgender Weise geändert werden:[++]

```
variablenname ( kolumnenbreite )
```

So erhält man z.B. durch die Kodierung von

```
REPORT        VARIABLES = VARo14 ( 6 ), VARo16 ( 6 ), VARo17 ( 6 ) /
              BREAK = VARoo1 /
              SUMMARY = SUM
```

den folgenden Report:

```
     VAROO1    VARO14    VARO16    VARO17
       1

       SUM       543       609       551

       2

       SUM       553       648       572

       3

       SUM       281       310       290
```
— jeweils 4 Zeichen Zwischenraum
— 38 Zeichenpositionen

[+] Es werden in dieser Situation also (1+13)*8=112 Druckpositionen für die Kolumnen benötigt. Da die voreingestellte Druckzeilenlänge 132 Zeichen beträgt und der Abstand zwischen zwei Kolumnen automatisch auf mindestens 1 (und maximal 4) Zeichen festgelegt wird, übersteigt die mindestens benötigte Druckpositionszahl von 13 Zeichen für den Zwischenraum noch nicht die Differenz 132 - 112 = 2o.

[++] Man muß z.B. eine Eintragung dieser Form vornehmen, falls man mehr als 13 Kolumnen vereinbaren will. Ferner ist folgendes zu beachten: Ist die angegebene Kolumnenbreite nicht ausreichend für die Ausgabe der Nachkommastellen der berechneten Statistik, so werden die Werte gerundet und (rechtsbündig) abgeschnitten. Reicht die Kolumnenbreite für die Ausgabe des ganzzahligen Anteils nicht aus, so werden er-

Kolumnenüberschriften

In diesem Report sind die Variablennamen "VARo14", "VARo16" und "VARo17" als Kolumnenüberschriften protokolliert, da standardmäßig stets der Name der Kolumnen-Variablen
als Überschrift ausgedruckt wird. Anstelle eines Variablennamens kann man auch ein
Variablenetikett ausgeben lassen, das zuvor durch das Kommando VARIABLE LABELS geeignet zugeordnet werden muß.
Zusätzlich besteht die Möglichkeit, die Texte für eine Überschrift im Subkommando
VARIABLES in der folgenden Form zu kodieren:[+)]

```
variablenname 'text1' ['text2']...
```

Wird dabei mehr als ein Text aufgeführt, so werden die Textinformationen (rechtsbündig) untereinander als Kolumnenüberschrift ausgegeben.[++)]

In allen Fällen ist zu beachten, daß die Überschrift rechtsbündig in die Kolumnen-
spalten eingetragen wird.

Eine Überschrift kann man auch unterdrücken, indem man den Leertext ('') angibt.[+++)]

Ändern wir im o.a. REPORT=Kommando das Subkommando VARIABLES ab in

```
VARIABLES = VARo14 'SCHUL-  ' 'LEISTUNG', VARo16 'BEGABUNG',
           VARo17 'LEHRER- ' 'URTEIL   ' /
```

und kodieren insgesamt

```
REPORT          VARIABLES = VARo14 'SCHUL-  ' 'LEISTUNG', VARo16 'BEGABUNG',
                           VARo17 'LEHRER- ' 'URTEIL   ' /
                BREAK = VARoo1 /
                SUMMARY = SUM
```

so erhalten wir zu Beginn des Reports für die erste Teilgruppe (d.h. "VARoo1 = 1")
den Ausdruck:

```
  VAR001     SCHUL-      BEGABUNG    LEHRER-
             LEISTUNG                URTEIL

      1

    SUM        543         609         551
```

Angaben zur Kolumnenbreite und Kolumnenüberschriften dürfen auch gemeinsam in der Form

---

+) Ein Hochkomma innerhalb eines Textes muß in der Form von zwei Hochkommata ('')
   angegeben werden.
++) Jede Textinformation, die länger als die eingestellte Kolumnenbreite ist, wird
   (linksbündig) abgeschnitten. Dagegen werden überlange Variablennamen bzw. Variablenetiketten, die durch das VARIABLE LABELS=Kommando vereinbart sind, aufgebrochen und in folgenden Zeilen fortgesetzt. Dabei ist zu beachten, daß am Ende
   eines Variablenetiketts eingetragene Leerzeichen bei dieser Justierung unberücksichtigt bleiben.
+++) Dies kann mit Hilfe des VARIABLE LABELS=Kommandos auch durch eine vorausgehende
   Vereinbarung der folgenden Form erreicht werden:
       VARIABLE LABELS variablenname ''

```
variablenname [ 'text1' [ 'text2' ] ... ] [ ( kolumnenbreite ) ]
```

kodiert werden, so daß eine Veränderung des VARIABLES=Subkommandos im o.a. REPORT=
Kommando gemäß

```
VARIABLES = VARo14 'SCHULLEISTUNG' ( 13 ), VARo16 'BEGABUNG' ( 8 ),
            VARo17 'BEGABUNG      ' 'EINGESCHAETZT' 'DURCH LEHRER ' ( 13 ) /
```

zu den folgenden Kolumnenüberschriften führt:

```
VAROO1     SCHULLEISTUNG     BEGABUNG     BEGABUNG
                                          EINGESCHAETZT
                                          DURCH LEHRER
```

4.4.8 Vereinbarung der Break-Variablen (BREAK)

Im Subkommando BREAK spezifizieren wir die Break-Variable in der Form:

```
BREAK = variablenname /
```

Durch die Werte dieser Variablen sind die Cases des $SPSS^X$-files in Teilgruppen aufge-
teilt.

In unseren bisherigen Beispielen haben wir die Jahrgangsstufen 11, 12 und 13 als Teilgruppen unseres $SPSS^X$-files festgelegt. Diese Teilgruppen sind durch die Werte 1, 2 und
3 der Variablen VARoo1 bestimmt, und folglich wurde VARoo1 durch die Eintragung

```
BREAK = VARoo1 /
```

als Break-Variable in den REPORT=Kommandos spezifiziert.

Vor dem Aufruf eines REPORT=Kommandos muß man dafür sorgen, daß die Cases einer Teilgruppe alle direkt hintereinanderliegen. Dies kann z.B. durch die Ausführung des Kommandos SORT CASES geschehen (vgl. 4.3).[+)]

Für jede Teilgruppe werden die Statistik-Informationen ausgedruckt, die durch ein
oder mehrere SUMMARY=Subkommandos angefordert sind. Dabei wird zwischen den Ausgaben
für je zwei Teilgruppen standardmäßig eine Leerzeile generiert. Diese Voreinstellung
kann man durch die Kodierung von

```
( SKIP ( leerzeilenzahl ) )
```

im Subkommando BREAK verändern.

Anstelle dieser Eintragung kann man auch durch die Kodierung von

```
( PAGE )
```

festlegen, daß für jede neue Teilgruppe die Ausgaben auf einer neuen Druckseite begonnen werden.

+) Durch eine aufsteigende bzw. absteigende Sortierung kann man auch bestimmen, in
   welcher Reihenfolge die Teilgruppen bei der Ausführung des REPORT=Kommandos bear-

Das Subkommando BREAK besitzt somit die folgende Form:[+)]

```
BREAK = variablenname [( PAGE | SKIP ( leerzeilenzahl ) )] /
```

Kolumnenbreite und Kolumnenüberschrift

Genauso wie beim Subkommando VARIABLES ist die Kolumnenbreite der Break-Variablen mit
dem Wert 8 voreingestellt und kann durch eine explizite Angabe der Zeilenbreite verändert werden. Gleichfalls wird standardmäßig der Variablenname als Überschrift für
die Kolumne der Break-Variablen eingesetzt, es sei denn, man hat durch das Kommando
VARIABLE LABELS ein Variablenetikett für die Break-Variable vereinbart. In diesem
Fall wird dieses Etikett als Überschrift ausgegeben. Ohne das VARIABLE LABELS=Kom-
mando kann man einen entsprechenden Text (der gegebenenfalls anstelle eines durch
das VARIABLE LABELS=Kommando vereinbarten Etiketts als Überschrift dienen soll) in
der folgenden Weise im BREAK=Subkommando eintragen:

```
BREAK = variablenname ['text1' ['text2']...] [( kolumnenbreite )]
        [( PAGE | SKIP ( leerzeilenzahl ) )]
```

Generell erfolgt die Ausgabe einer Überschrift in einer Kolumnenspalte stets rechtsbündig.

So erhalten wir z.B. durch die Ausführung der Kommandos

```
SORT CASES      BY VARool ( A )
REPORT          VARIABLES = VARo14 'SCHUL-  ' 'LEISTUNG', VARo16 'BEGABUNG',
                            VARo17 'LEHRER- ' 'URTEIL  ' /
                BREAK = VARool 'JAHR ' 'GANGS' 'STUFE' ( 5 ) ( SKIP ( o ) ) /
                SUMMARY = SUM
```

den folgenden Report ausgedruckt:

```
    JAHR      SCHUL-        BEGABUNG      LEHRER-
    GANGS     LEISTUNG                   URTEIL
    STUFE


      1

    SUM         543           609           551
      2

    SUM         553           648           572
      3

    SUM         281           310           290
```

Durch die Angabe von

```
( SKIP ( o ) )
```

haben wir erreicht, daß die Werte 2 und 3 als Indikatoren für die Jahrgangsstufen 12
und 13 jeweils unmittelbar im Anschluß an die Statistik-Informationen der vorausge-

---

+) Das Zeichen "|" kennzeichnet, daß entweder der linke Ausdruck, d.h. das Schlüssel-
   wort PAGE, oder aber der rechte Ausdruck "SKIP (leerzeilenzahl)" zu kodieren ist.

henden Teilgruppe ausgedruckt werden.

Im folgenden lenken wir unsere Aufmerksamkeit auf die Werte der Break-Variablen,
welche die Teilgruppen charakterisieren und die in der Kolumne der Break-Variablen
protokolliert werden.

<u>Ausgabe von Werteetiketten</u>

Will man anstelle eines Wertes ein Werteetikett in der ersten Kolumne ausgeben lassen,
so muß dem entsprechenden Wert der Break-Variablen durch das Kommando VALUE LABELS
vorher ein geeignetes Etikett zugeordnet[+)] und im Subkommando BREAK das Schlüsselwort
<u>LABEL</u> in der Form

> (LABEL)

zusätzlich eingetragen sein.

Als erweiterte Form des Subkommandos BREAK ergibt sich somit:

```
BREAK = variablenname ['text1' ['text2'] ...][( kolumnenbreite )]
        [( LABEL )] [( PAGE | SKIP ( leerzeilenzahl ) )] /
```

<u>Report für die Gesamtgruppe</u>

Als Sonderfall der Anwendung des Kommandos REPORT kann man einen Report auch über
das gesamte SPSS^X-file erstellen lassen.

Dazu muß innerhalb des BREAK=Subkommandos die Angabe "<u>(NOBREAK)</u>" spezifiziert
werden.

So erhalten wir z.B. durch die Ausführung des SPSS^X-Programms

```
DATA LIST          FILE = DATAIN /
                   VARo14 14, VARo16, VARo17 16 - 17
VARIABLE LABELS    VARo14 'SCHULLEISTUNG'
                   VARo16 'BEGABUNG'
                   VARo17 'LEHRERURTEIL'
REPORT             VARIABLES = VARo14 ( 13 ), VARo16, VARo17 ( 12 ) /
                   BREAK = ( NOBREAK ) /
                   SUMMARY = SUM
```

den folgenden Report-Ausdruck:

SCHULLEISTUNG	BEGABUNG	LEHRERURTEIL
SUM		
1377	1567	1413

[+)] Will man für eine Teilgruppe weder einen Wert noch ein Werteetikett ausgeben, so
kann man dies durch eine vorausgehende Kodierung der folgenden Form erreichen:
    VALUE LABELS   variablenname wert ''

4.4.9 Aufteilung der Druckseite bei der Ausgabe eines Reports (FORMAT)

Die Struktur jeder Report-Ausgabe wird durch das folgende Schema beschrieben:

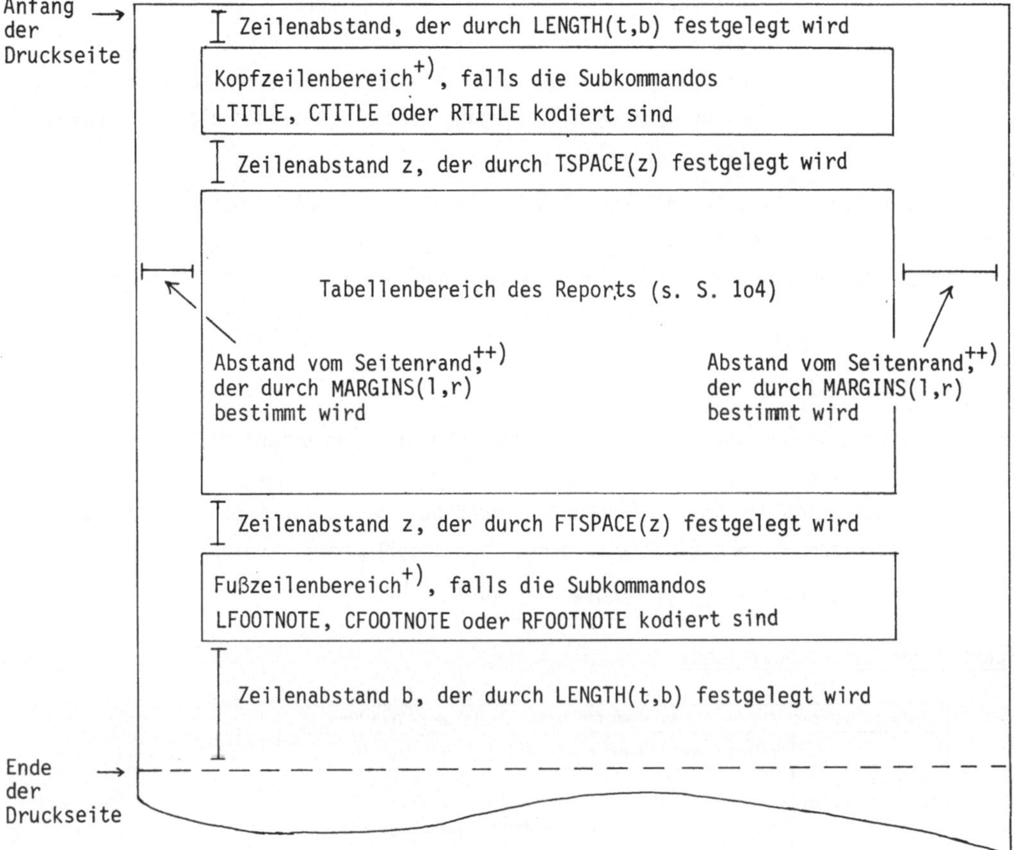

Zur Veränderung des standardmäßig festgelegten Layouts müssen geeignete Angaben innerhalb des Subkommandos FORMAT in der Form

    FORMAT = layout-spezifikation /

gemacht werden.

Als Spezifikationswerte sind die Schlüsselwörter MARGINS, LENGTH, TSPACE und FTSPACE mit geeigneten Zusatzinformationen aufzuführen, die für den Standardfall in der folgenden Weise festgelegt sind:

- MARGINS (1, 132) : die Druckbreite ist pro Zeile von der Druckposition 1 bis zur Druckposition 132 eingestellt, d.h. auf 132 Druckpositionen,+++)

  +) Im Abschnitt 4.4.lo wird geschildert, wie man Eintragungen in Kopf- und Fußzeilenbereichen vornehmen kann.
 ++) Der Report-Ausdruck beginnt in der 1-ten und endet in der r-ten Druckposition.
+++) Die Zeilenbreite ist durch das Kommando SET (Subkommando WIDTH) änderbar.

- LENGTH (1, 59)   : die Ausgaben des Reports beginnen unmittelbar am Seitenanfang
                      in der ersten Druckzeile und enden unmittelbar am Seiten-
                      ende[+] mit der 59. Druckzeile,
- TSPACE (1)   : das Ende des Bereichs für mögliche Kopfzeileneintragungen und
                      die 1. Überschriftszeile des Reports trennt 1 Leerzeile und
- FTSPACE (1)   : hinter der letzten Zeile der Summary-Ausgaben folgt vor Beginn
                      einer möglichen Eintragung eines Fußzeilenbereichs mindestens
                      eine Leerzeile.

Die für die Schlüsselwörter MARGINS, LENGTH, TSPACE und FTSPACE festgelegten Voreinstellungen können innerhalb des Subkommandos FORMAT abgeändert werden, indem man die
entsprechenden Schlüsselwörter mit den zugehörigen gewünschten Werten kodiert.

Z.B. fordert man mit

```
FORMAT = MARGINS ( 1, 5o ) /
```

einen Report-Ausdruck an, der pro Zeile 5o Druckpositionen umfaßt und jeweils ab der
Druckposition 1 beginnt.
Will man zusätzlich den Abstand des Report-Ausdrucks vom Seitenanfang auf die Zeilen-
zahl 4 festsetzen, so muß man das folgende FORMAT=Subkommando kodieren:

```
FORMAT = MARGINS ( 1, 5o ), LENGTH ( 5, 59 ) /
```

Layout des Tabellenbereichs:

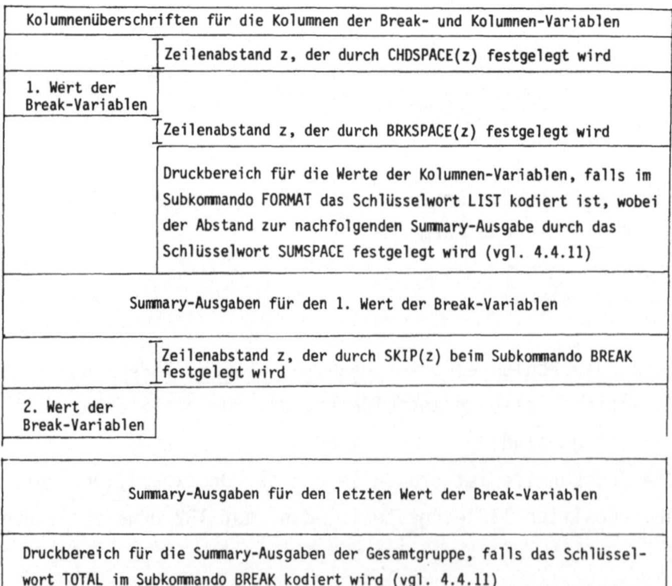

+) Die Zeilenzahl einer Druckseite wird durch das Kommando SET mit dem Subkommando
   LENGTH (vgl. 6.6.1) bestimmt. Sie ist in der Regel auf den Wert 59 eingestellt.

Dieses Layout des Tabellenbereichs ist bestimmt durch die Schlüsselwörter CHDSPACE,
BRKSPACE, LIST, SUMSPACE und SKIP[+), über welche die Standardstruktur in geeigneter
Weise abgeändert werden kann. Dabei sind für die Schlüsselwörter CHDSPACE und
BRKSPACE die folgenden Werte voreingestellt:
- CHDSPACE (1) : hinter der letzten Überschriftenzeile folgt eine Leerzeile und
- BRKSPACE (1) : auf jede Zeile, in die ein Wert der Break-Variablen eingetragen
                   ist, folgt eine Leerzeile.

Demzufolge wird das voreingestellte Layout eines Reports insgesamt durch das folgende FORMAT=Subkommando explizit beschrieben:

```
FORMAT = MARGINS ( 1, 132 ), LENGTH ( 1, 59 ), TSPACE ( 1 ), FTSPACE ( 1 ),
         CHDSPACE ( 1 ), BRKSPACE ( 1 )
```

Ändern wir innerhalb des ersten REPORT=Kommandos im Abschnitt 4.4.8 das Subkommando
FORMAT ab und kodieren jetzt

```
SORT CASES     BY VARoo1 ( A )
REPORT         FORMAT = MARGINS ( 1, 5o ), TSPACE ( o ), FTSPACE ( o ),
                        CHDSPACE ( o ), BRKSPACE ( o ) /
              .VARIABLES = VARo14 'SCHUL-  ' 'LEISTUNG', VARo16 'BEGABUNG'
                        VARo17 'LEHRER- ' 'URTEIL  ' /
               BREAK = VARoo1 'JAHR ' 'GANGS' 'STUFE' ( 5 ) ( SKIP ( o ) ) /
               SUMMARY = SUM
```

so erhalten wir den folgenden kompakten Report-Ausdruck:

```
                                            PAGE    1
     JAHR       SCHUL-      BEGABUNG    LEHRER-
     GANGS      LEISTUNG                URTEIL
     STUFE
       1
     SUM          543         609         551
       2
     SUM          553         648         572
       3
     SUM          281         310         290
```

4.4.1o Ausgabe von Informationen in Kopf- und Fußzeilenbereichen
(LTITLE, CTITLE, RTITLE, LFOOTNOTE, CFOOTNOTE, RFOOTNOTE)

Aus dem im Abschnitt 4.4.9 dargestellten Schema des Report-Layouts (s. S. 1o3) entnehmen wir, daß man den Tabellenbereich eines Reports durch Eintragungen im Kopf- und
Fußzeilenbereich einrahmen kann. Wir wollen nun darstellen, wie man derartige Angaben
zur besseren Illustration und Dokumentation des Reports im REPORT=Kommando kodieren
muß.

Die Eintragungen in dem Kopfzeilenbereich kann man durch die Subkommandos LTITLE
(Left), CTITLE (Centered) und RTITLE (Right) in der folgenden Weise vornehmen:

+) Angaben zum Schlüsselwort SKIP sind im BREAK=Subkommando zu machen (vgl. 4.4.8),

```
LTITLE = 'text1' ['text2'] ... /
CTITLE = 'text3' ['text4'] ... /
RTITLE = 'text5' ['text6'] ... /
```

Jeder dieser Texte wird in eine Zeile eingetragen. Dabei werden die unter den Subkommandos LTITLE und RTITLE spezifizierten Texte linksbündig bzw. rechtsbündig und
die unter CTITLE angegebenen Texte zentriert in dem Kopfzeilenbereich plaziert.
Bei den Textangaben ist u.a. folgendes zu beachten:

- die Textlänge darf die für den Report pro Zeile festgelegte Druckstellenzahl nicht
  überschreiten,
- durch die Angabe von ('') können auch Leerzeilen generiert werden,
- die einzelnen Eintragungen dürfen sich zeilenweise nicht überlappen und
- kein Text darf über eine Zeile hinaus fortgesetzt werden.

So wird z.B. durch die Kodierung des Kommandos

```
REPORT        VARIABLES = VARo14, VARo16, VARo17 /
              LTITLE = 'JAHRGANGSSTUFENVERGLEICH' /
              CTITLE = '- LEISTUNGS- UND BEGABUNGSSELBSTBILD' /
              RTITLE = '- LEISTUNGSERKLAERUNGEN DER SCHUELER' /
              BREAK = VARoo1 /
              SUMMARY = SUM
```

in der ersten Zeile des Report-Ausdrucks ab Druckposition 1 der Text
"JAHRGANGSSTUFENVERGLEICH", ab Druckposition 49 der Text
"- LEISTUNGS- UND BEGABUNGSSELBSTBILD" und ab Druckposition 97 der Text
"- LEISTUNGSERKLAERUNGEN DER SCHUELER" ausgegeben.

Wie Textinformationen in dem Fußzeilenbereich ausgedruckt werden sollen, wird entsprechend vereinbart und muß durch die Subkommandos LFOOTNOTE, CFOOTNOTE und
RFOOTNOTE in der folgenden Form spezifiziert werden:

```
LFOOTNOTE = 'text1' ['text2'] ... /
CFOOTNOTE = 'text3' ['text4'] ... /
RFOOTNOTE = 'text5' ['text6'] ... /
```

Von diesen Subkommandos braucht man nicht alle, sondern immer nur diejeinigen aufzuführen, die zur Erzeugung der gewünschten Report-Ausgabe erforderlich sind.

In jedem Fall müssen die benötigten Subkommandos innerhalb des REPORT=Kommandos
zwischen den Subkommandos VARIABLES zur Vereinbarung der Kolumnen-Variablen und
BREAK zur Vereinbarung der Break-Variablen kodiert werden (vgl. die Angaben im
Abschnitt 4.4.5).

So führt z.B. die Ausführung der Kommandos

```
SORT CASES      BY VARoo1 ( A )
REPORT          FORMAT = MARGINS ( 1, 55 ), TSPACE ( 2 ), LENGTH ( 1, 23 ),
                     CHDSPACE ( 1 ), BRKSPACE ( 1 ) /
                VARIABLES = VARo14 'SCHUL-   ' 'LEISTUNG', VARo16 'BEGABUNG',
                     VARo17 'LEHRER- ' 'URTEIL   ' /
                LTITLE = 'JAHRGANGSSTUFEN-' 'VERGLEICH' /
                RTITLE = '- LEISTUNGS- UND BEGABUNGSSELBSTBILD'
                     '- LEISTUNGSERKLAERUNGEN DER SCHUELER' /
                LFOOTNOTE = 'TABELLE ZU:'
                     'DIE SELBSTEINSCHAETZUNG VON SCHUELERN DER NGO'
                     'BZGL. IHRER LEISTUNGSFAEHIGKEIT' /
                BREAK = VARoo1 'JAHRGANGSSTUFE' ( 16 ) ( SKIP ( o ) ) /
                SUMMARY = VALIDN /
                SUMMARY = SUM
```

zu folgendem Report-Ausdruck:[+)]

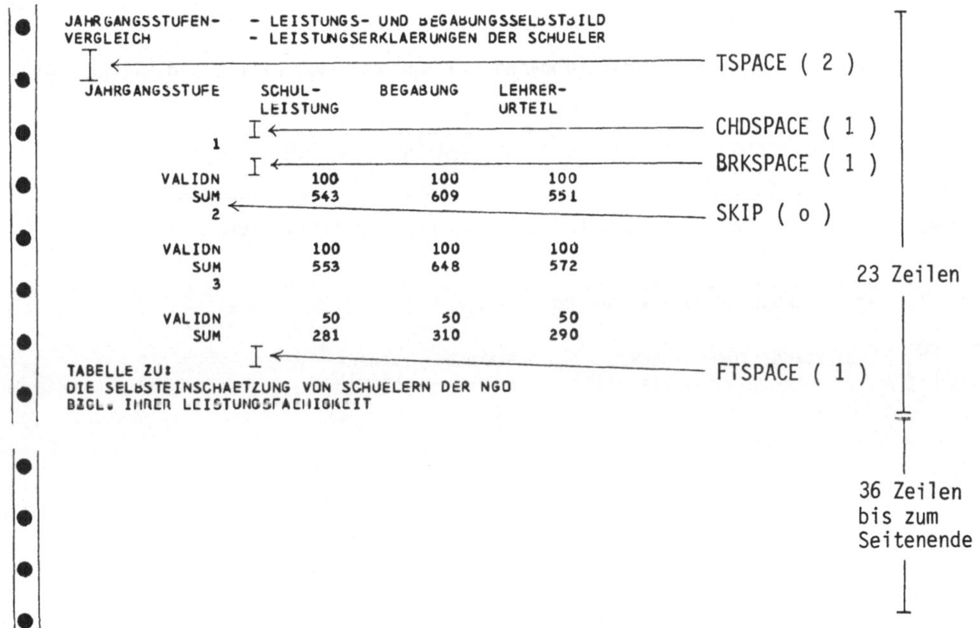

Die Textelemente ")PAGE" und ")DATE"

Bei der durch das REPORT=Kommando abgerufenen Druckausgabe wird - in Abhängigkeit von der aktuell eingestellten Report-Breite durch das Schlüsselwort MARGINS (s. Abschnitt 4.4.9) - zu Beginn einer neuen Druckseite eine Report-spezifische Seitennumerierung

---

+) Mit der Angabe von LENGTH(1,23) wird in diesem Fall dafür gesorgt, daß die Eintragungen des Fußzeilenbereichs so hinter der Summary-Ausgabe für die letzte Teilgruppe angefügt werden, daß diese beiden Druckbereiche nur durch eine Leerzeile voneinander getrennt werden (die Voreinstellung von FTSPACE mit dem Wert 1 wurde nicht verändert).

automatisch in die jeweils erste Druckzeile ausgegeben.[+)]

Will man - bei eigener Gestaltung des Kopfzeilenbereichs mit den Subkommandos
LTITLE, CTITLE und RTITLE - die Seitennummer der Report-Ausgabe an einer selbst-
gewählten Position protokollieren lassen, so muß man in den Text des Kopfzeilenbereichs[++)] das Textelement

    $\boxed{\text{)PAGE}}$

geeignet eintragen. Dies bewirkt, daß auf jeder neuen Druckseite an dieser Stelle
die 5-stellige Seitennummer ausgegeben wird.

Gleichfalls kann man mit dem Textelement

    $\boxed{\text{)DATE}}$

die Stelle im Text des Kopfzeilenbereichs festlegen, an der das Tagesdatum in der
Form "tt/mmm/jj" ausgedruckt werden soll.

Ersetzen wir z.B. im o.a. REPORT=Kommando die Subkommandos LTITLE und RTITLE durch
die Angaben

```
LTITLE = 'JAHRGANGSSTUFENVERGLEICH' 'AUSWERTUNGSLAUF VOM: )DATE' /
RTITLE = 'SEITE: )PAGE' /
```

so erhalten wir bei der Druckausgabe den folgenden Kopfzeilenbereich:

```
  ●    JAHRGANGSSTUFENVERGLEICH                    SEITE:      1
       AUSWERTUNGSLAUF VOM: 30 SEP 85

  ●    JAHRGANGSSTUFE      SCHUL-       BEGABUNG     LEHRER-
                           LEISTUNG                  URTEIL
```

4.4.11 Druckausgabe von Werten einzelner Cases und von Gesamt-Statistiken
(LIST, SUMSPACE, TOTAL)

Im Abschnitt 4.4.4 haben wir die Report-Struktur skizziert und dabei angedeutet, daß
man für jeden einzelnen Case die Werte aller Kolumnen-Variablen ausdrucken lassen kann.
Dies ist z.B. dann sinnvoll, falls man eine kompakte tabellarische Darstellung des
erhobenen Datenmaterials geben will.

++) Ohne eine Eintragung in Kopf- und Fußzeilenbereichen erzeugt das REPORT=Kommando
    automatisch eine Kopfzeile. Ist die Report-Breite auf mehr als 15 Druckpositionen
    eingestellt, so wird eine Seitennumerierung in der Kopfzeile ausgegeben, ist sie
    auf mehr als 6o Druckpositionen eingestellt, so wird zusätzlich zu Beginn der
    Kopfzeile die maximal 6o Zeichen umfassende Angabe in einem vorausgehenden
    TITLE=Kommando (vgl. 6.6.2) protokolliert.
++) Entsprechendes gilt auch für den Fußzeilenbereich. Allerdings darf man die Text-
    elemente ")PAGE" und ")DATE" in einem REPORT=Kommando nur jeweils einmal kodieren.

<u>LIST</u>

Standardmäßig werden keine Werte einzelner Cases ausgegeben. Will man jedoch die Werte der Kolumnen-Variablen im Report ausdrucken lassen, so muß man das Schlüsselwort <u>LIST</u> im Subkommando FORMAT in der Form[+]

```
FORMAT = LIST ( n ) /
```

kodieren. Dann werden - getrennt nach den einzelnen Teilgruppen - für jeden Case alle Werte der Kolumnen-Variablen in den jeweiligen Kolumnen protokolliert, und hinter je n aufeinanderfolgenden Cases wird eine Leerzeile ausgegeben.

So ergibt sich durch die Kodierung der Kommandos

```
SORT CASES      BY VARoo1 ( A )
REPORT          FORMAT = LIST ( 3 ) /
                VARIABLES = VARo14 ( 13 ), VARo16, VARo17 ( 12 ) /
                BREAK = VARoo1 ( 14 ) /
                SUMMARY = VALIDN
```

der folgende Ausdruck für die ersten fünf Cases der ersten Teilgruppe (d.h. für die Cases mit "VARoo1 = 1"):

JAHRGANGSSTUFE	SCHULLEISTUNG	BEGABUNG	LEHRERURTEIL
1			
	7	6	6
	2	4	5
	6	5	6
	6	5	5
	5	6	6

Im Anschluß an die Ausgabe des letzten Cases einer Teilgruppe wird standardmäßig 1 Leerzeile vor der nachfolgenden Summary-Ausgabe erzeugt.
Sollen an dieser Stelle n Leerzeilen generiert werden, so ist das Schlüsselwort <u>SUMSPACE</u> in der Form

```
SUMSPACE ( n )
```

innerhalb des FORMAT=Subkommandos aufzuführen.

Will man nicht die Werte selbst, sondern die für die jeweiligen Werte durch das Kommando VALUE LABELS vereinbarten Werteetiketten tabellieren lassen, so muß man neben der Angabe des Schlüsselwortes LIST im Subkommando FORMAT zusätzlich für die entsprechenden Kolumnen-Variablen das Schlüsselwort <u>LABEL</u> hinter dem Variablennamen in der Form (vgl. S. loo)

+) Zusätzlich können natürlich weitere Angaben im Subkommando FORMAT gemacht werden, wie z.B. Angaben zu MARGINS usw. (vgl. 4.4.9).

variablenname (LABEL) ['text1' ['text2'] ...][(kolumnenbreite)]

im Subkommando VARIABLES kodieren. Dabei muß beachtet werden, daß sich dabei die voreingestellte Kolumnenbreite von bislang 8 Stellen (vgl. 4.4.7) auf nunmehr 2o Stellen
erweitert (Werteetiketten dürfen bis zu 2o Zeichen beinhalten).

Wollen wir z.B. die Werteetiketten der Variablen VARo14, VARo16 und VARo17 für jeden
Case in jeder Teilgruppe ausdrucken lassen, so kodieren wir die folgenden Kommandos:

```
SORT CASES      BY VARoo1 ( A )
REPORT          FORMAT = LIST /
                VARIABLES = VARo14 ( LABEL ), VARo16 ( LABEL ), VARo17 ( LABEL ) /
                BREAK = VARoo1 /
                SUMMARY = VALIDN
```

Aus der Struktur des REPORT=Kommandos erkennen wir [+), daß man nur dann die Werte der
Cases ausdrucken lassen kann, falls man gleichzeitig mindestens eine Statistik berechnen läßt. In der Regel wird man dazu die gültigen Casezahlen durch das Schlüsselwort VALIDN abrufen.

TOTAL

Bei der Skizzierung der Report-Struktur in 4.4.4 haben wir angedeutet, daß man zusätzlich auch für die Gesamtgruppe die angeforderten Statistiken berechnen lassen
kann. Dies wird dann durchgeführt, falls man das Schlüsselwort TOTAL im Subkommando
BREAK in der Form

(TOTAL)

im Anschluß an die Vereinbarung der Break-Variable(n) kodiert. Dann werden die angeforderten Statistik-Informationen nicht nur für die durch die Break-Variable(n)
spezifizierten Teilgruppen, sondern zusätzlich auch für die Gesamtgruppe berechnet
und hinter den Summary-Ausgaben für die letzte Teilgruppe im Report protokolliert.

So erhalten wir z.B. durch die Kodierung der Kommandos

```
SORT CASES      BY VARoo1 ( A )
REPORT          VARIABLES = VARo14, VARo16, VARo17 /
                BREAK = VARoo1 ( TOTAL ) /
                SUMMARY = MODE ( 1, 9 )
```

am Ende des Report-Ausdrucks für die letzte Teilgruppe (d.h. für die Cases mit
"VARoo1 = 3") die folgenden Angaben ausgedruckt:

+) Das Subkommando VARIABLES darf nicht durch die folgende Schreibweise abgekürzt
   werden:
   VARIABLES = VARo14, VARo16, VARo17 (LABEL) /

	3			
MODE		5	7	5
TOTAL				
MODE		5	5	5

4.4.12 Die Behandlung von missing Values (MISSING)

Bei der Berechnung einer Statistik für eine Kolumnen-Variable werden standardmäßig alle diejenigen Cases von der Auswertung ausgeschlossen, für welche diese Variable einen als missing Value vereinbarten Wert besitzt.[+)]

So bleiben z.B. bei der Berechnung von Statistiken für die Variable VARolo stets die Cases mit dem als missing Value vereinbarten Wert o unberücksichtigt.

Will man diese durch das Kommando MISSING VALUES implizierte Auswertungsart aufheben, so muß man die Angabe

> MISSING = NONE /

im Kommando REPORT machen. In diesem Fall gehen für jede Variable alle (vom system-missing Value SYSMIS verschiedenen) Werte in die Berechnung der angeforderten Statistik ein - gleichgültig ob sie als missing Value durch ein MISSING VALUES=Kommando vereinbart sind oder nicht. Andererseits will man gegebenenfalls für einen Case, für den die Ausprägung einer oder mehrerer Kolumnen-Variablen als missing Value vereinbart ist, einen listenweisen Ausschluß verabreden, d.h. ihn bei der Berechnung aller abgerufenen Statistiken ausschließen.

Soll etwa ein derartiger Ausschluß dann erfolgen, wenn der Case bei mindestens einer Kolumnen-Variablen einen missing Value als Wert besitzt, so kodieren wir

> MISSING = LIST /

Will man das Kriterium für einen Ausschluß nicht auf alle, sondern nur auf bestimmte Kolumnen-Variablen beziehen, so muß man die zugehörigen Variablennamen in der folgenden Form angeben:

> MISSING = LIST (variablenname1 [variablenname2] ...) /

In jedem Fall muß die Kodierung des Subkommandos MISSING unmittelbar im Anschluß an das Subkommando VARIABLES erfolgen (vgl. 4.4.5).

+) Kann eine Statistik nicht berechnet werden, weil alle Werte als missing Values gekennzeichnet sind, so wird das Zeichen "." in die jeweilige Kolumne eingetragen.

So werden z.B. durch das REPORT=Kommando

```
REPORT        VARIABLES = VARoo7, VARo1o, VARo14 /
              MISSING = LIST ( VARo1o ) /
              BREAK = VARoo1 /
              SUMMARY = VALIDN /
              SUMMARY = MODE ( 1, 9 )
```

bei der Berechnung aller im SUMMARY=Subkommando angeforderten Statistiken diejenigen
Cases ausgeschlossen, welche bei der Kolumnen-Variablen VARo1o den als missing Value
vereinbarten Wert o besitzen.

Bislang haben wir die Behandlung von missing Values bei den Kolumnen-Variablen beschrieben. Es besteht die Möglichkeit, daß auch die Break-Variable Werte besitzt,
die mit dem MISSING VALUES=Kommando zu missing Values erklärt wurden. In diesem Fall
ist die Wirkung, missing Value zu sein, aufgehoben, und diese Werte legen zusätzliche [+]
Teilgruppen fest, für welche die jeweiligen Auswertungen ebenfalls durchgeführt werden.

4.4.13 Report-Struktur bei mehreren Break-Variablen

In den vorigen Abschnitten haben wir dargestellt, wie ein Report gestaltet werden kann,
bei dem die Untergliederung der Gesamtgruppe in Teilgruppen durch eine einzige Break-
Variable beschrieben wird.

Betrachten wir den unserer Untersuchung zugrundeliegenden Erhebungsplan (vgl. S. 2),
so können wir z.B. an einer getrennten Beschreibung der folgenden sechs Teilgruppen
interessiert sein:

- Schüler der Jahrgangsstufe 11   (VARoo1 = 1, VARoo2 = 1)
- Schülerinnen der Jahrgangsstufe 11   (VARoo1 = 1, VARoo2 = 2)
- Schüler der Jahrgangsstufe 12   (VARoo1 = 2, VARoo2 = 1)
- Schülerinnen der Jahrgangsstufe 12   (VARoo1 = 2, VARoo2 = 2)
- Schüler der Jahrgangsstufe 13   (VARoo1 = 3, VARoo2 = 1)
- Schülerinnen der Jahrgangsstufe 13   (VARoo1 = 3, VARoo2 = 2)

Wir gehen davon aus, daß unser SPSS^X-file die Variablen VARoo1, VARoo2, VARo14, VARo16
und VARo17 enthält und die Cases in der soeben angegebenen Reihenfolge im SPSS^X-file
eingetragen sind.[++] Jeder Teilgruppenwechsel ist dadurch charakterisiert, daß mindestens eine der Variablen VARoo1 und VARoo2 ihren Wert verändert. Dabei beschreiben
die Werte von VARoo2 eine den Werten von VARoo1 untergeordnete Gruppierung.

Eine entsprechende Strukturierung des Reports erreichen wir dadurch, daß wir im Subkommando BREAK sowohl VARoo1 als auch VARoo2 als Break-Variable spezifizieren.

+) Dies gilt auch für den system-missing Value SYSMIS.
++) Dies ist z.B. möglich durch die Ausführung des Kommandos
      SORT CASES   BY VARoo1 (A), VARoo2 (A)

Die Abfolge der Break-Variablen legt dabei fest, in welcher Reihenfolge die Teilgruppen ausgewertet werden.

Wollen wir für die Auswertung die o.a. Reihenfolge der sechs Teilgruppen einhalten, so kodieren wir das REPORT=Kommando z.B. in der Form

```
REPORT          VARIABLES = VARo14, VARo16, VARo17 /
                BREAK = VARoo1, VARoo2 /
                SUMMARY = VALIDN /
                SUMMARY = MODE ( 1, 9 )
```

und wir erhalten zu Beginn des Reports für die beiden ersten Teilgruppen (d.h. für die Cases mit "VARoo1 = 1") den Ausdruck:

VAR001	VAR014	VAR016	VAR017
1			
1			
VALIDN	50	50	50
MODE	5	5	5
1			
2			
VALIDN	50	50	50
MODE	5	5	5

In diesem Report ist nur eine Kolumne für beide Break-Variablen enthalten. Eine zusätzliche Kolumne für die zweite Break-Variable wird erst dann eingerichtet, falls wir jede Break-Variable in einem eigenständigen Subkommando BREAK z.B. in der folgenden Form kodieren:

```
REPORT          VARIABLES = VARo14, VARo16, VARo17 /
                BREAK = VARoo1 /
                SUMMARY = VALIDN /
                SUMMARY = MODE ( 1, 9 ) /
                BREAK = VARoo2 /
                SUMMARY = VALIDN /
                SUMMARY = MODE ( 1, 9 )
```

In diesem Fall werden am Anfang des Reports für die ersten beiden Teilgruppen, d.h. für die Cases mit "VARoo1 = 1", die folgenden Zeilen ausgegeben:

VAR001	VAR002	VAR014	VAR016	VAR017
1	1			
	VALIDN	50	50	50
	MODE	5	5	5
	2			
	VALIDN	50	50	50
	MODE	5	5	5

Der Vergleich der beiden letzten Druckausgaben zeigt, daß mit jedem Subkommando BREAK eine eigenständige Break-Kolumne spezifiziert wird. Bei mehreren Break-Variablen bleibt somit im Prinzip die im Abschnitt 4.4.4 angegebene Report-Struktur gültig, wobei allein der Kolumnenbereich der Break-Variablen weiter untergliedert werden muß.

Zur Abkürzung der Schreibweise ist es erlaubt, sich bei einem SUMMARY=Subkommando auf die Angaben innerhalb eines anderen SUMMARY=Subkommandos zu beziehen. Dazu ist ein SUMMARY=Subkommando in der Form

```
SUMMARY = PREVIOUS ( nummer )
```

zu kodieren. Dadurch werden diejenigen Summary-Angaben übernommen, die in einem oder mehreren SUMMARY=Subkommandos aufgeführt sind, welche unmittelbar dem "nummer"-ten BREAK=Subkommando folgen, so daß wir etwa das o.a. REPORT=Kommando durch

```
REPORT          VARIABLES = VARo14, VARo16, VARo17 /
                BREAK = VARoo1 /
                SUMMARY = VALIDN /
                SUMMARY = MODE ( 1, 9 ) /
                BREAK = VARoo2 /
                SUMMARY = PREVIOUS ( 1 )
```

abkürzen können.

Im Hinblick auf die o.a. zusätzlichen Möglichkeiten muß die im Abschnitt 4.4.8 beschr bene Struktur des Subkommandos BREAK in folgender Weise erweitert werden (vgl. S. 1o2

```
BREAK = variablenname1 [variablenname2]...['text1'['text2']...][( kolumnenbreite )
        [( LABEL )] [( PAGE | SKIP ( leerzeilenzahl ) )] /  [( TOTAL )]
```

Innerhalb eines REPORT=Kommandos muß dem Subkommando SUMMARY stets ein BREAK=Subkommando vorausgehen, und im Anschluß dürfen weitere BREAK=Subkommandos folgen.

Abschließend geben wir ein weiteres Beispiel für einen Report mit zwei Break-Variablen. Durch die Ausführung des $SPSS^X$-Programms

```
DATA LIST        FILE = DATAIN /
                 VARoo1, VARoo2 1 - 2, VARo14 14, VARo16, VARo17 16 - 17
VALUE LABELS     VARoo1
                 1 '11'    2 '12'    3 '13'
VALUE LABELS     VARoo2
                 1 'MAENNLICH'    2 'WEIBLICH'
SORT CASES       BY VARoo1 ( A ), VARoo2 ( A )
REPORT           FORMAT = MARGINS ( 1, 58 ), FTSPACE ( o ), CHDSPACE ( o ),
                     BRKSPACE ( o ) /
                 VARIABLES = VARo14 'SCHUL-  ' 'LEISTUNG', VARo16 'BEGABUNG',
                     VARo17 'LEHRER-  ' 'URTEIL  '  /
                 BREAK = VARoo1 'JAHRGANGSSTUFE' (14) (LABEL) (SKIP(o)) (TOTAL) /
                 BREAK = VARoo2 'GESCHLECHT' (1o) (LABEL) (SKIP(o)) (TOTAL) /
                 SUMMARY = SUM
```

erhalten wir den folgenden Report-Ausdruck:

```
                                              PAGE    1

JAHRGANGSSTUFE   GESCHLECHT   SCHUL-    BEGABUNG   LEHRER-
                              LEISTUNG             URTEIL
11               MAENNLICH
                 SUM          271       317        285
                 WEIBLICH
                 SUM          272       292        266
                 TOTAL
                 SUM          543       609        551
12               MAENNLICH
                 SUM          271       328        290
                 WEIBLICH
                 SUM          282       320        282
                 TOTAL
                 SUM          553       648        572
13               MAENNLICH
                 SUM          140       158        149
                 WEIBLICH
                 SUM          141       152        141
                 TOTAL
                 SUM          281       310        290
```

4.5 Vereinfachte Report-Ausgabe für intervallskalierte Merkmale (BREAKDOWN)

Im Abschnitt 4.4 haben wir gelernt, daß man mit dem Kommando REPORT eine tabellarische Report-Ausgabe von Statistik-Informationen für die einzelnen Teilgruppen einer
Gesamtgruppe erhalten kann. Will man auf die Flexibilität bei der Gestaltung der
Druckausgabe, die durch das REPORT=Kommando ermöglicht wird, verzichten und ist man
nur an den Statistiken Summe, arithmetisches Mittel, Standardabweichung, Varianz und
Anzahl der gültigen Cases interessiert (es muß sich also um intervallskalierte Merk-
male handeln, vgl. 1.5 und 4.1), so kann man eine komprimierte Report-Ausgabe mit
Hilfe des Kommandos BREAKDOWN (gliedere) abrufen.[+)]

Wollen wir z.B. die Schüler nach Jahrgangsstufen einteilen und einen entsprechenden
Report für die Variable VARoo6 ("Unterrichtsstunden") erstellen, so erhalten wir
durch die Ausführung des Kommandos

```
BREAKDOWN        TABLES = VARoo6 BY VARoo1
```

die folgende Druckausgabe:

```
- - - - - - - - - - - - - - -  DESCRIPTION  OF  SUBPOPULATION

CRITERION VARIABLE    VAROO6    SCHULSTUNDEN
     BROKEN DOWN BY   VAROO1    JAHRGANGSSTUFE

- - - - - - - - - - - - - - - - - - - - - - - - - - - - - - - - - - -

VARIABLE        VALUE  LABEL              MEAN     STD DEV    CASES

FOR ENTIRE POPULATION                     33.6000   3.5568     250

VAROO1           1   11                   34.5000   2.1766     100
VAROO1           2   12                   34.1400   2.6705     100
VAROO1           3   13                   30.7200   5.4400      50

   TOTAL CASES =      250
```

+) Anstelle von "BREAKDOWN" darf man auch den Kommandonamen "MEANS" kodieren.

In dieser Tabelle werden nicht nur die Statistik-Informationen für die Teilgruppen, sondern auch stets für die Gesamtgruppe (FOR ENTIRE POPULATION) dargestellt. Im Gegensatz zum Kommando REPORT, bei dem man Statistik-Informationen für die Gesamtgruppe nur am Ende des Reports protokollieren lassen kann, werden die Ergebnisse für die Gesamtgruppe beim Kommando BREAKDOWN standardmäßig zu Beginn der Druckausgabe präsentiert.

So entnehmen wir der o.a. Druckausgabe z.B., daß die Variabilität der Jahrgangsstufe 13 (Standardabweichung: 5.4) größer als die der Jahrgangsstufe 11 (Standardabweichung: 2.2) bzw. die der Jahrgangsstufe 12 ist (Standardabweichung: 2.7).

Beim BREAKDOWN=Kommando kann man die Einteilung in Teilgruppen von den Werten einer oder mehrerer Variablen abhängig machen. Dabei muß man die entsprechenden Angaben in der folgenden Form kodieren:[+)]

```
BREAKDOWN        TABLES = variablenliste1 BY variablenliste2 [BY variablenliste3]...
                 [/ variablenliste4 BY variablenliste5 [BY variablenliste6]..]...
```

Jede Variablenliste kann aus einer oder mehreren Variablen bestehen, die gegebenenfalls in Form reflexiver Variablenlisten vereinbart sind.
Die explizit oder implizit aufgeführten Variablen, die vor dem ersten Schlüsselwort BY angegeben sind, fungieren bei der Report-Ausgabe als Kolumnen-Variablen und alle anschließend kodierten Variablen als Break-Variablen.[++)]
Dabei wird für jede mögliche Variablen-Kombination der durch das Schlüsselwort BY getrennten Variablenlisten jeweils ein Report ausgegeben, wobei die Position der Variablen in ihren Listen die Reihenfolge der einzelnen Reports bei der Druckausgabe bestimmt.

In einem TABLES=Subkommando können mehrere verschiedene Arten von Report-Ausgaben abgerufen werden, wobei für jede neue Report-Struktur eine geeignete Beschreibung mit neuen Kolumnen- und Break-Variablen hinter dem speziellen Trennzeichen "/" kodiert werden muß.

So erhalten wir z.B. durch die Ausführung des Kommandos

```
BREAKDOWN        TABLES = VARoo6 BY VARoo1, VARoo2
```

zwei Reports ausgegeben, in denen die Variable VARoo6 als Kolumnen-Variable fungiert. Die Funktion der Break-Variablen wird dabei im ersten Report von VARoo1 und im zweiten Report von VARoo2 übernommen.

Die Auswertungsart und die Form der Druckausgabe kann man durch die Kodierung des Kommandos OPTIONS - im Anschluß an das BREAKDOWN=Kommando - mit Hilfe der folgenden

---

+) Es dürfen maximal fünf Schlüsselwörter BY kodiert sein, so daß die Aufteilung in Teilgruppen maximal fünffach gestuft sein darf.
++) Im Gegensatz zum REPORT=Kommando brauchen beim Kommando BREAKDOWN die Cases nicht nach den Werten der Break-Variablen sortiert zu sein.

Kennzahlen beeinflussen:

1 : Einschluß von durch das MISSING VALUES=Kommando vereinbarten missing Values,

2 : unabhängig von den jeweiligen Werten der Break-Variablen werden nur diejenigen
    Cases von der Verarbeitung ausgeschlossen, deren Werte bei der jeweiligen
    Kolumnen-Variablen als missing Values vereinbart sind,

3 : die durch die Kommandos VARIABLE LABELS und VALUE LABELS definierten Etiketten
    werden nicht ausgedruckt,

4 : der Report wird in Form eines sog. Baum-Diagramms ausgegeben,

5 : Angaben über die Größe einer Teilgruppe werden unterdrückt,

6 : für die Kolumnen-Variable wird der Summenwert ausgegeben,

7 : die Ausgabe der Standardabweichung wird unterdrückt,

8 : Variablenetiketten werden nicht ausgedruckt,

9 : der Name der Break-Variablen wird nicht protokolliert,

lo : die Werte der Break-Variablen werden nicht ausgegeben,

11 : die Druckausgabe des arithmetischen Mittels wird unterdrückt und

12 : die Varianzen werden protokolliert.

So erhalten wir z.B. durch die Kommandos

```
BREAKDOWN       TABLES = VARoo6 BY VARoo1 BY VARoo2
OPTIONS         4, 6, 12
```

als Beginn des Reports, d.h. für die Gesamtgruppe und die Teilgruppe der Jahrgangsstufe 11, die folgende Druckausgabe:

```
- - - - - - - - - - - - - - - - -  D E S C R I P T I O N   O F   S U B P O P U L A T I O N S
CRITERION VARIABLE    VAR006    SCHULSTUNDEN
    BROKEN DOWN BY    VAR001    JAHRGANGSSTUFE
              BY      VAR002    GESCHLECHT
- - - - - - - - - - - - - - - - - - - - - - - - - - - - - - - - - - - - - - - - - - - - -

FOR ENTIRE POPULATION
SUM        8400.000
MEAN         33.600
STD DEV       3.557
VARIANCE     12.651
N          (   250)


VARIABLE   VAR001           VARIABLE   VAR002

CODE            1.          CODE            1.
11                          MAENNLICH
SUM        3450.000         SUM        1714.000
MEAN         34.500         MEAN         34.280
STD DEV       2.177         STD DEV       2.441
VARIANCE      4.737         VARIANCE      5.961
N          (   100)         N          (    50)

                           CODE            2.
                           WEIBLICH
                           SUM        1736.000
                           MEAN         34.720
                           STD DEV       1.874
                           VARIANCE      3.512
                           N          (    50)
```

Die Form dieser Baum-Darstellung ist insbesondere im Zusammenhang mit der <u>Kontrast-gruppenanalyse</u> (tree-analysis, Baum-Analyse) sehr geeignet. Bei dieser Analyseform soll man für eine gegebene Kolumnen-Variable, welche als abhängige Variable aufgefaßt wird, die Gesamtgruppe geeignet in Teilgruppen aufteilen. Bei dieser Einteilung soll diejenige Hierarchie der Break-Variablen ermittelt werden, bei der sämtliche Teilgruppen möglichst homogen, d.h. die Cases in jeder Teilgruppe möglichst gleichartig sind, und die Heterogenität (Verschiedenartigkeit) der Teilgruppen untereinander möglichst groß ist. Die Hilfgrößen zur Beurteilung der Homogenität und Heterogenität sind die arithmetischen Mittel, die Varianzen und die Anzahlen der Cases in diesen Teilgruppen, deren jeweilige Werte man der Druckausgabe des BREAKDOWN=Kommandos direkt entnehmen kann. Eine diesbezügliche Darstellung des Verfahrens der Kontrastgruppenanalyse findet man z.B. in MAYNTZ, S. 219ff (s. hierzu auch die Literaturangaben im Anhang).

4.6 Häufigkeitsauszählung bei Mehrfachnennungen (MULT RESPONSE)

Mit dem Kommando FREQUENCIES können nur Häufigkeitsauszählungen für Merkmale mit jeweils nur einer Ausprägung pro Case durchgeführt werden. Daher läßt sich mit diesem Kommando unser (Fragebogen-) Item "Worauf führen Sie Ihre besseren Schulleistungen zurück?" (vgl. 1.2) nicht auswerten, da bei diesem Merkmal Mehrfachnennungen, d.h. mehrere Antworten angegeben werden dürfen (vgl. 1.4).

Für die Eingabe der Antwortnennungen haben wir dieses Merkmal in 15 Indikator-Merkmale in Form von Item 18 bis Item 32 zerlegt (s. S. 8 und S. 13). Die Anzahl dieser Indikatoren entspricht der Zahl der möglichen Antworten. Für jeden Indikator haben wir im Kodeplan als Ausprägungen die Werte "1" und "o" dafür festgelegt, daß die zugehörige Antwort "angekreuzt" bzw. "nicht angekreuzt" wurde.

Leiten wir unser SPSS^X-Programm etwa durch die Kommandos

```
DATA LIST        FILE = DATAIN /
                 VARo18 TO VARo32 18 - 32
VARIABLE LABELS  VARo18 'LEICHT LERNEN'
                 VARo19 'OHNE MUEHE'
                 VARo2o 'GUT VORBEREITET'
                 VARo21 'GUT ERKLAERT'
                 VARo22 'NICHT AUFGEBEN'
                 VARo23 'INTERESSANT'
                 VARo24 'GLUECK'
                 VARo25 'BEGABT'
                 VARo26 'LEICHT BEHALTEN'
                 VARo27 'BEMUEHEN'
                 VARo28 'NICHT ABLENKEN'
                 VARo29 'FAECHER LEICHT'
                 VARo3o 'SCHNELL VERSTEHEN'
                 VARo31 'ZIEMLICH ANSTRENGEN'
                 VARo32 'MITARBEITEN'
```

ein, so wird das Merkmal "Worauf führen Sie Ihre besseren Schulleistungen zurück?"
durch die (Indikator-) Variablen VARo18 bis VARo32 bestimmt.

Zur Ausgabe einer geeigneten Häufigkeitsverteilung ergänzen wir diesen Programmanfang
durch das Kommando MULT RESPONSE (Mehrfachantwort) in der folgenden Form:

```
MULT RESPONSE   GROUPS = IFBS 'INDIKATOR FUER BESSERE SCHULLEISTUNGEN'
                    ( VARo18 TO VARo32 ( 1 ) ) /
                FREQUENCIES = IFBS
```

Dabei fassen wir die Gruppe unserer (Indikator-) Variablen unter dem Gruppennamen IFBS
zusammen, so daß wir im Subkommando FREQUENCIES, das hinter dem GROUPS=Subkommando
kodiert wird, über diesen Namen die gewünschte Häufigkeitsauszählung abrufen können.
Die Zuordnung des Gruppennamens haben wir dadurch festgelegt, daß wir die betreffende
Variablenliste, die durch die Klammern "(" und ")" eingeschlossen werden muß, am Ende
des Subkommandos GROUPS kodiert haben. Hinter der Variablenliste geben wir den Wert
1 an, welchen wir ebenfalls durch "(" und ")" einklammern. Dadurch vereinbaren wir,
daß die Auszählung nach der Ausprägung "angekreuzt", welcher wir den Wert 1 bei der
Kodierung zugeordnet haben, vorgenommen werden soll.

Zur Illustration der Druckausgabe am Tabellenanfang kodieren wir hinter dem Gruppennamen das Etikett "INDIKATOR FUER BESSERE SCHULLEISTUNGEN".

Im Subkommando FRQUENCIES rufen wir die Häufigkeitsauszählung durch die Angabe des
Gruppennamens IFBS mit dem folgenden Ergebnis ab:

```
GROUP IFBS         INDIKATOR FUER BESSERE SCHULLEISTUNGEN
      (VALUE TABULATED =        1)
```
← Wert, nach dem ausgezählt wird

DICHOTOMY LABEL		NAME	COUNT	PCT OF RESPONSES	PCT OF CASES
LEICHT LERNEN		VAR018	208	10.0	83.2
OHNE MUEHE		VAR019	189	9.1	75.6
GUT VORBEREITET	Variableneti-	VAR020	81	3.9	32.4
GUT ERKLAERT	ketten der	VAR021	160	7.7	64.0
NICHT AUFGEBEN	(Indikator-) Variablen	VAR022	129	6.2	51.6
INTERESSANT		VAR023	157	7.5	62.8
GLUECK		VAR024	74	3.5	29.6
BEGABT		VAR025	186	8.9	74.4
LEICHT BEHALTEN	Variablennamen der	VAR026	202	9.7	80.8
BEMUEHEN	(Indikator-) Variablen	VAR027	164	7.9	65.6
NICHT ABLENKEN		VAR028	114	5.5	45.6
FAECHER LEICHT		VAR029	19	0.9	7.6
SCHNELL VERSTEHEN		VAR030	171	8.2	68.4
ZIEMLICH ANSTRENGEN		VAR031	71	3.4	28.4
MITARBEITEN		VAR032	161	7.7	64.4
		TOTAL RESPONSES	2086	100.0	834.4

```
      0 MISSING CASES        250 VALID CASES
```

Hinter der Kolumne der jeweiligen Merkmalshäufigkeiten (COUNT) werden die zugehörigen Prozentsätze in zwei aufeinanderfolgenden Kolumnen eingetragen. In der ersten Kolumne (PCT OF RESPONSES) zeigen die Werte an, welchen Prozentsätzen - bezogen auf die Gesamtzahl aller Antworten - die jeweiligen Häufigkeiten entsprechen. Die Summe dieser Prozentsätze ergibt den Prozentwert 1oo%.

In der zweiten Kolumne (PCT OF CASES) werden diejenigen Prozentsätze ausgedruckt, die auf der Anzahl der gültigen Cases (VALID CASES)[+)] basieren.

So entnehmen wir der o.a. Druckausgabe etwa, daß die besseren Schulleistungen in erster Linie auf leichtes Lernen (diese Antwort gaben 83.2% der Befragten, und die Antworthäufigkeit entspricht 1o% aller abgegebenen Antworten) und leichtes Behalten zurückgeführt werden (dies nannten 8o.8% der Befragten, was 9.7% der Antworten entspricht).

Beim Aufruf des MULT RESPONSE=Kommandos braucht man sich nicht auf die Auszählung nur eines Merkmals mit Mehrfachnennungen beschränken, sondern man kann dieses Kommando in der folgenden allgemeinen Form kodieren:

```
MULT RESPONSE  GROUPS = gruppenname1 ['etikett1] ( variablenliste1 ( wert1 ) )
                       [gruppenname2 ['etikett2] ( variablenliste2 ( wert2 ) )]... /
               FREQUENCIES = gruppenname1 [gruppenname2] ...
```

In dem GROUPS=Subkommando wird jeder Gruppe von (Indikator-) Variablen ein Gruppenname zugeordnet, mit dem man im nachfolgenden FREQUENCIES=Subkommando auf die jeweiligen (Indikator-) Variablen verweisen kann.
Für die Druckausgabe darf man zusätzlich ein Etikett angeben, welches zwischen dem Gruppennamen und der zugehörigen Liste der (Indikator-) Variablen kodiert werden muß.

Nach welchem Wert die jeweilige Häufigkeitsauszählung vorgenommen werden soll, muß man hinter der Variablenliste durch die Angabe des Ausdrucks "(wert)" spezifizieren.

Auch bei diesem Kommando kann man wiederum die Auswertungsart und die Form der Druckausgabe durch ein OPTIONS=Kommando, welches im Anschluß an das MULT RESPONSE=Kommando kodiert werden muß, mit den folgenden möglichen Kennzahlen beeinflussen:

```
1 : Einschluß von durch das MISSING VALUES=Kommando vereinbarten missing Values,
2 : es wird ein listenweiser Ausschluß verabredet, d.h. ein Case wird immer dann
       von der gesamten Auswertung ausgeschlossen, falls für ihn der Wert einer oder
       mehrerer (Indikator-) Variablen als missing Value vereinbart ist.
4 : Werteetiketten werden nur bei dichotomen Variablen ausgegeben,
7 : Häufigkeitstabellen werden komprimiert ausgedruckt und
8 : Häufigkeitstabellen werden nur dann komprimiert ausgegeben, wenn die Standard-
       ausgabe nicht auf einer Druckseite untergebracht werden kann.
```

+) Die Prozentsätze in der 2. Kolumne beziehen sich auf die am Tabellenende ausgewiesenen "VALID CASES". Es werden die Cases ausgeschlossen und zu den "MISSING CASES" gezählt, die bei keinem Indikator-Merkmal einen Wert haben, nach dem ausgezählt wird

5. Beschreibung der Beziehung von Merkmalen

5.1 Das Kommando CROSSTABS

5.1.1 Die gemeinsame Häufigkeitsverteilung zweier Merkmale

Zusammenhänge von Merkmalen

Bislang haben wir univariate Analysen durchgeführt, indem wir die Häufigkeitsverteilungen der einzelnen Merkmale unserer Untersuchung ermittelt und durch geeignete
Statistiken beschrieben haben. Jetzt wollen wir in einem zweiten Schritt die Beziehungen analysieren, welche zwischen den Merkmalen bestehen. Dazu stellen wir die
Frage, ob die erhobenen Daten eine Annahme über Zusammenhänge bzw. Abhängigkeiten
von jeweils zwei Merkmalen für die Gruppe der untersuchten Merkmalsträger zulassen,
wie die Stärke eines Zusammenhangs beschreibbar ist und ob eine derartige Beziehung
gegebenenfalls auch für die Grundgesamtheit, aus der die Merkmalsträger ausgewählt
wurden, angenommen werden kann.

Es geht dabei nicht um Kausalitätsuntersuchungen, d.h. ob ein Merkmal ein anderes
verursacht oder umgekehrt. Dies läßt sich nämlich nur mit Hilfe von sachlogischen
Argumenten diskutieren. Man muß sich daher grundsätzlich im Klaren sein, daß statistisch belegte Zusammenhänge auch bei Merkmalen auftreten können, für die keine
begründbare Kausalbeziehung existiert. Insofern ist hervorzuheben, daß das Phänomen
der statistischen Beziehung von Merkmalen - dies nennt man entweder Zusammenhang
oder Assoziation oder Kontingenz oder Korrelation oder auch Abhängigkeit - nur besagt, daß die Merkmale gemeinsam, d.h. in ähnlicher Weise miteinander variieren. Zur
Überprüfung des statistischen Zusammenhanges muß man folglich die gemeinsame Häufigkeitsverteilung der Merkmale untersuchen.

Kontingenz-Tabellen, Konditional- und Marginalverteilungen

Auch wenn man einen sog. multivariaten Zusammenhang zwischen drei und mehr Merkmalen
vermutet, wird man in der Regel zunächst die jeweiligen bivariaten Beziehungen, d.h.
die Zusammenhänge zwischen jeweils zwei Merkmalen beschreiben wollen. Grundlage einer
entsprechenden Untersuchung ist die bivariate Häufigkeitsverteilung.

In der folgenden Diskussion beschränken wir uns zunächst auf den Fall zweier
dichotomer Merkmale,[+] wie z.B. "Abschalten" (VARo1o) und "Geschlecht" (VARoo2).
Die zugehörige bivariate Häufigkeitsverteilung stellen wir graphisch in Form der
folgenden Kontingenz-Tabelle (Kreuztabelle) dar: [++]

		VARoo2 ("Geschlecht")	
		männlich	weiblich
VARo1o ("Abschalten")	stimmt	6o	78
	stimmt nicht	63	45

 +) Ein dichotomes Merkmal besitzt zwei Merkmalsausprägungen.
++) Da für die Variable VARo1o vier Cases die Ausprägung o besitzen und dieser Wert
    als missing Value vereinbart ist, enthält die Kontingenz-Tabelle nicht die Werte-
    Kombinationen von 25o, sondern nur von 246 (gültigen) Cases.

In den vier <u>Zellen</u> (Tabellen-Kästchen) sind die jeweiligen absoluten Häufigkeiten
eingetragen. Dabei bedeutet z.B. der Wert 6o in der durch die Ausprägungen "stimmt"
und "männlich" gekennzeichneten Zelle, daß 6o der befragten Schüler angegeben haben,
im Unterricht abzuschalten.
Somit enthält die erste Spalte dieser Kontingenz-Tabelle die sog. <u>Konditionalvertei-</u>
<u>lung,</u> d.h. die bedingte Verteilung des Merkmals "Abschalten" für die Schüler, und in
der zweiten Spalte sind die Werte der Konditionalverteilung von "Abschalten" für die
Schülerinnen enthalten.
Betrachtet man die Zeilen der Tabelle, so beschreibt die erste Zeile die bedingte
Verteilung von "Geschlecht" für die Befragten, die für das Merkmal "Abschalten" mit
"stimmt" geantwortet haben, und die zweite Zeile enthält die Häufigkeiten der Konditionalverteilung auf der Basis der Merkmalsausprägung "stimmt nicht".

Aus den Werten dieser Kontingenz-Tabelle kann man die beiden univariaten Häufigkeitsverteilungen der Merkmale VARo1o und VARoo2 dadurch gewinnen, indem man die sog.
<u>Marginalverteilungen,</u> d.h. die Randverteilungen durch die Summierung der Zeilen- bzw.
der Spaltenwerte ermittelt:

Konditionalverteilungen von VARo1o ↓   ↓Marginalverteilung von VARo1o

6o	78	138
63	45	1o8
123	123	246

Marginalverteilung ——→ (erste Zeile der Kästchen) ... 123 123 246 ←— Anzahl der gültigen Cases
von VARoo2

<u>Statistische Unabhängigkeit und statistischer Zusammenhang</u>
Mit Hilfe der Konditional- und Marginalverteilungen einer Kontingenz-Tabelle kann man
präzisieren, wann man von einem statistischen Zusammenhang zweier Merkmale in der
Gruppe der in die Untersuchung einbezogenen Merkmalsträger sprechen kann.

Ein <u>statistischer Zusammenhang</u> - wir sprechen im folgenden auch von einer <u>Assoziation</u>
- ist dann gegeben, wenn sich die Konditionalverteilungen eines Merkmals voneinander
unterscheiden.
Stimmen dagegen die Konditionalverteilungen mit der zugehörigen Marginalverteilung
überein, so sind beide Merkmale <u>statistisch unabhängig</u>, d.h. es besteht keine
Assoziation.[+)]

Wir wollen jetzt eine Aussage über die statistische Beziehung von VARo1o und VARoo2
machen, und daher ermitteln wir zunächst die zu den absoluten Häufigkeiten gehörenden

---

+) Aus unserer Untersuchung der Verteilung von VARo14 bzgl. der Jahrgangsstufen 11,
   12 und 13 (vgl. S. 78) wissen wir, daß sich die drei Verteilungen nur geringfügig
   unterscheiden. Demzufolge besteht zwischen VARo14 und VARoo1 höchstens ein gerin-
   ger statistischer Zusammenhang.

relativen Häufigkeiten. Dazu bilden wir <u>spaltenweise</u> die prozentualen Häufigkeiten[+)] und erhalten in unserem Fall die folgende Tabelle, in der wir die relativen unter den zugehörigen absoluten Häufigkeiten angeben:

VARoo2 ("Geschlecht")

		männlich	weiblich	Gesamt
VARolo ("Abschalten")	stimmt	6o / 48.8%	78 / 63.4%	138 / 56.1%
	stimmt nicht	63 / 51.2%	45 / 36.6%	1o8 / 43.9%

Marginalverteilung
von VARolo

Bestünde keine Assoziation zwischen den beiden Merkmalen, so müßten die beiden Konditionalverteilungen in den ersten beiden Spalten mit der zugehörigen Marginalverteilung übereinstimmen, deren Häufigkeiten in der dritten Spalte eingetragen sind.

Zur besseren Übersicht beschreiben wir die Marginal- und Konditionalverteilungen graphisch durch die folgenden <u>Stabdiagramme</u>:

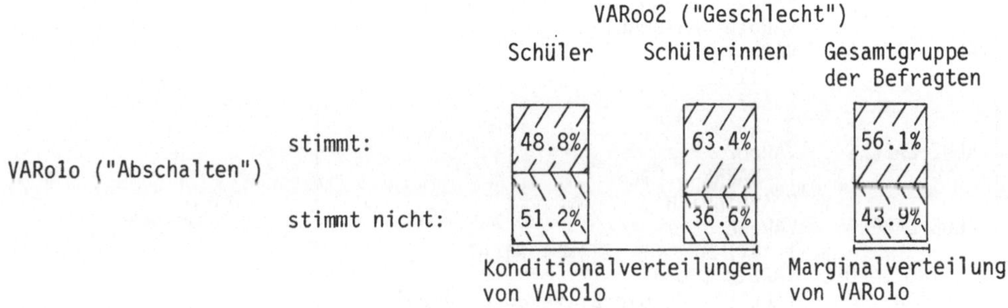

VARoo2 ("Geschlecht")

Schüler   Schülerinnen   Gesamtgruppe
der Befragten

VARolo ("Abschalten")

stimmt: 48.8%   63.4%   56.1%

stimmt nicht: 51.2%   36.6%   43.9%

Konditionalverteilungen   Marginalverteilung
von VARolo   von VARolo

Nach der spaltenweisen Prozentuierung vergleichen wir die einzelnen Prozentsätze <u>zeilenweise</u>. Dabei stellen wir fest, daß die Häufigkeitsverteilungen ziemlich differieren, so daß wir daraus auf einen statistischen Zusammenhang zwischen den Merkmalen "Abschalten" und "Geschlecht" schließen können, d.h. es sind geschlechtsspezifische Unterschiede beim Merkmal "Abschalten" in der Gruppe der 246 Merkmalsträger zu beobachten. Dabei geben weitaus mehr Schülerinnen als Schüler an, daß sie beim Unterricht oftmals abschalten.

Nach diesem Ergebnis stellt sich die Frage, ob der beobachtete statistische Zusammenhang stark oder schwach ist und ob dieses Ergebnis auf die Grundgesamtheit aller Bremer NGO-Schüler, aus der die ausgewählten Schüler eine repräsentative Stichprobe darstellen (vgl. 1.2), verallgemeinert werden kann.

+) Die Diskussion des statistischen Zusammenhangs läuft für die zeilenweise Prozentuierung (und dem anschließenden spaltenweisen Vergleich) entsprechend ab. Wegen der Symmetrie gilt, daß sich entweder in beiden oder in keinem Fall ein statistischer Zusammenhang darstellt.

Bevor wir uns mit diesen Fragen auseinandersetzen, soll gezeigt werden, wie man den Ausdruck bivariater Kontingenz-Tabellen vom SPSS^X-System abrufen kann.

5.1.2 Druckausgabe von Kontingenz-Tabellen

Um eine tabellarische Druckausgabe der gemeinsamen Häufigkeitsverteilung zweier Merkmale in Form einer bivariaten Kontingenz-Tabelle zu erhalten, muß man das Kommando CROSSTABS (Kreuztabellen) in der folgenden Form kodieren:

```
CROSSTABS       TABLES = variablenliste1 BY variablenliste2
```

Die in "variablenliste1" aufgeführten Variablen fungieren als Zeilenvariablen und die hinter dem Schlüsselwort BY angegebenen Variablen als Spaltenvariablen.

Für jede mögliche Variablen-Kombination der durch BY getrennten Variablenlisten wird jeweils eine Kontingenz-Tabelle ausgegeben, wobei die Positionen der Variablen in ihren Listen die Reihenfolge der einzelnen Tabellen bei der Druckausgabe bestimmen.

Z.B. erhalten wir durch die Ausführung des SPSS^X-Programms[+)]

```
DATA LIST        FILE = DATAIN /
                 VARoo1, VARoo2 1 - 2, VARo1o 1o
VARIABLE LABELS  VARoo1 'JAHRGANGSSTUFE'
                 VARoo2 'GESCHLECHT'
                 VARo1o 'ABSCHALTEN'
VALUE LABELS     VARoo1
                 1 '11'
                 2 '12'
                 3 '13'
VALUE LABELS     VARoo2
                 1 'MAENN-  LICH'
                 2 'WEIBLICH'
VALUE LABELS     VARo1o
                 1 'STIMMT'   2 'STIMMT NICHT'
MISSING VALUES   VARo1o ( o )
CROSSTABS        TABLES = VARo1o BY VARoo2, VARoo1
OPTIONS          3, 4, 5
```

zwei Kontingenz-Tabellen ausgedruckt, in denen VARo1o als Zeilenvariable fungiert. Die Funktion der Spaltenvariablen wird in der ersten Tabelle von VARoo2 und in der zweiten Tabelle von VARoo1 übernommen, so daß wir die auf der nächsten Seite angegebenen Druckausgaben erhalten.

Interpretation einer Kontingenz-Tabelle

In jeder Zelle dieser Kontingenz-Tabellen werden vier Werte ausgedruckt. Der oberste Wert gibt die absolute Häufigkeit (COUNT) und der folgende die zugehörige (angepaßte) relative Zeilenhäufigkeit (ROW PCT) an, welche auf die jeweiligen Zeilensummenwerte (ROW TOTAL) bezogen sind. Anschließend ist die zugehörige (angepaßte) relative Spaltenhäufigkeit (COL PCT), d.h. die Prozentuierung auf die jeweiligen Spaltensummenwerte (COLUMN TOTAL) ausgedruckt, und abschließend folgt die (angepaßte) relative Gesamthäu-

---

+) Eine nähere Erläuterung des OPTIONS=Kommandos erfolgt im Abschnitt 5.1.3.

figkeit (TOT PCT), bei der auf die Gesamtzahl der gültigen Cases prozentuiert wird.
Alle relativen Häufigkeiten werden als Prozentsätze mit einer Nachkommastelle
- gerundet - ausgegeben.

```
- - - - - - - - - - - - - - - - - - -   C R O S S T A B U L A T I O N   O F  - - - - - -
     VAR010    ABSCHALTEN                                   BY   VAR002    GESCHLECHT
- - - - - - - - - - - - - - - - - - - - - - - - - - - - - - - - - - - - - - - - - - - - -

                          VAR002
                 COUNT  I
                 ROW PCT IMAENN-    WEIBLICH    ROW
                 COL PCT ILICH                  TOTAL
                 TOT PCT I        1I        2I
    VAR010       --------+--------+--------+
                    1  I      60  I      78  I    138
       STIMMT          I    43.5  I    56.5  I   56.1
                       I    48.8  I    63.4  I
                       I    24.4  I    31.7  I
                       +--------+--------+
                    2  I      63  I      45  I    108
    STIMMT NICHT       I    58.3  I    41.7  I   43.9
                       I    51.2  I    36.6  I
                       I    25.6  I    18.3  I
                       +--------+--------+
                 COLUMN       123       123       246
                 TOTAL       50.0      50.0     100.0

    NUMBER OF MISSING OBSERVATIONS =          4


- - - - - - - - - - - - - - - - - - -   C R O S S T A B U L A T I O N   O F  - - - - - -
     VAR010    ABSCHALTEN                                   BY   VAR001    JAHRGANGSSTUFE
- - - - - - - - - - - - - - - - - - - - - - - - - - - - - - - - - - - - - - - - - - - - -

                          VAR001
                 COUNT  I
                 ROW PCT I11         12          13          ROW
                 COL PCT I                                    TOTAL
                 TOT PCT I        1I        2I        3I
    VAR010       --------+--------+--------+--------+
                    1  I      57  I      53  I      28  I    138
       STIMMT          I    41.3  I    38.4  I    20.3  I   56.1
                       I    58.8  I    53.5  I    56.0  I
                       I    23.2  I    21.5  I    11.4  I
                       +--------+--------+--------+
                    2  I      40  I      46  I      22  I    108
    STIMMT NICHT       I    37.0  I    42.6  I    20.4  I   43.9
                       I    41.2  I    46.5  I    44.0  I
                       I    16.3  I    18.7  I     8.9  I
                       +--------+--------+--------+
                 COLUMN       97        99        50        246
                 TOTAL       39.4      40.2      20.3     100.0

    NUMBER OF MISSING OBSERVATIONS =          4
```

Rechts neben und unter den Tabellen sind die Werte der zugehörigen beiden Marginalverteilungen ausgedruckt. Dabei steht unter der jeweiligen absoluten Häufigkeit die
entsprechende relative Häufigkeit.

Mit Hilfe der Kommandos VARIABLE LABELS und VALUE LABELS haben wir die Tabellen-
Ausgabe illustriert und übersichtlich gestaltet. Dabei ist zu beachten, daß nur
maximal 16 Zeichen der vereinbarten Werteetiketten ausgegeben und die Werteetiketten der Spaltenvariablen nach den ersten 8 Zeichen aufgebrochen werden.[+)]

Im Hinblick auf die von uns im Abschnitt 5.1.1 diskutierte Frage, ob zwischen VARo1o
und VARoo2 ein statistischer Zusammenhang besteht, interessieren uns in den Kontin-

---

+) Diese Restriktion sollte man schon bei der Kodierung des VALUE LABELS=Kommandos
   berücksichtigen, so daß man eine übersichtliche Beschriftung für die Ausprägungen
   der Spaltenvariablen in der Kontingenz-Tabelle erhält, s. z.B. das VALUE LABELS=
   Kommando für VARoo2 auf S. 124.

genz-Tabellen nicht alle ausgegebenen Zellenwerte. Vielmehr wollen wir uns bei der
Auswertung auf die (angepaßten) relativen Spaltenhäufigkeiten konzentrieren.

5.1.3 Steuerung der Druckausgabe (OPTIONS)

Will man die im Abschnitt 5.1.2 angegebene Form der Druckausgabe abändern bzw. im
Hinblick auf die Behandlung von missing Values auf die Auswertung einwirken, so muß
man in dem im Anschluß an das CROSSTABS=Kommando angegebenen OPTIONS=Kommando der
Form

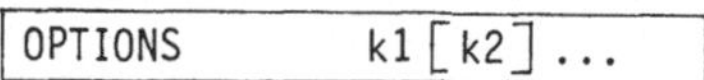

eine oder mehrere der folgenden Kennzahlen angeben (ohne Kodierung des OPTIONS=
Kommandos wird in einer Kontingenztabelle pro Zelle nur die absolute Häufigkeit
angezeigt):

---

 1 : Einschluß von durch das MISSING VALUES=Kommando vereinbarten missing Values,

 2 : die durch die Kommandos VARIABLE LABELS und VALUE LABELS vereinbarten Eti-
     ketten werden nicht ausgedruckt,

 3 : Ausgabe der (angepaßten) relativen Zeilenhäufigkeiten (ROW PCT),

 4 : Ausgabe der (angepaßten) relativen Spaltenhäufigkeiten (COL PCT),

 5 : Ausgabe der (angepaßten) relativen Gesamthäufigkeiten (TOT PCT),

 6 : Unterdrückung der Ausgabe von Werteetiketten,

 8 : die Werte der Zeilenvariablen werden in fallender Sortierfolgeordnung pro-
     tokolliert,

 9 : im Anschluß an die Kontingenz-Tabellen wird ein Inhaltsverzeichnis ausgege-
     ben, in dem für jede Tabelle die Seitennummer der zugehörigen Druckausgabe
     protokolliert ist,[+)]

1o : für jede Zelle der Kontingenz-Tabelle werden die absolute Häufigkeit und die
     Identifikation der Zelle als jeweils ein Datensatz in eine Magnetplatten-
     Datei (vgl. Abschnitt 6.7.4) eingetragen, so daß diese Werte in einer nach-
     folgenden Datenanalyse mit z.B. einem anderen $SPSS^X$-Programm weiterverarbei-
     tet werden können,

12 : es erfolgt keine Druckausgabe der Kontingenztabellen,

13 : Unterdrückung der Ausgabe der absoluten Häufigkeiten,

14 : Ausgabe der erwarteten Häufigkeiten (s. auch S. 134)[++)],

15 : Ausdruck der Residuen, d.h. der Differenzen zwischen beobachteten und erwar-
     teten Häufigkeiten,[++)]

+) Die Angabe dieser Kennzahl ist nur sinnvoll, wenn sehr viele Variablen im Subkommando TABLES aufgeführt sind.
++) Dies geschieht unter der Annahme der statistischen Unabhängigkeit von Zeilen-
   und Spaltenvariablen.

> 16 : Ausgabe der standardisierten Residuen, d.h. der durch die Quadratwurzel aus
>   der erwarteten Häufigkeit dividierten Residualwerte,[+)]
>
> 17 : Druckausgabe der angepaßten standardisierten Residuen, d.h.innerhalb der
>   Berechnungsvorschrift zur Ermittlung der standardisierten Residuen wird
>   die erwartete Häufigkeit zuvor mit dem Produkt aus zwei Faktoren multipli-
>   ziert, wobei sich der erste (zweite) Faktor als Differenz von 1 zum Quotien-
>   ten aus der zugehörigen Zeilenhäufigkeit (Spaltenhäufigkeit) zur Gesamt-
>   häufigkeit darstellt,[+)]
>
> 18 : Ausgabe aller für jede Zelle möglichen Informationen.

Wollen wir für die Analyse der statistischen Beziehungen von VARo1o und VARoo1 bzw.
VARo1o und VARoo2 die Übersichtlichkeit der Kontingenz-Tabellen erhöhen, so ändern
wir in unserem im Abschnitt 5.1.2 angegebenen SPSS^X-Programm das hinter dem Kommando CROSSTABS aufgeführte OPTIONS=Kommando wie folgt ab:

```
CROSSTABS        TABLES = VARo1o BY VARoo2, VARoo1
OPTIONS          4
```

Dadurch erhalten wir für die Kontingenz-Tabellen den folgenden Ausdruck:

```
- - - - - - - - - - - - - - - - - - -  C R O S S T A B U L A T I O N   O F  - - - -
   VAR010    ABSCHALTEN                              BY VAR002   GESCHLECHT
- - - - - - - - - - - - - - - - - - - - - - - - - - - - - - - - - - - - - - - - - -

                          VAR002
              COUNT  I
              COL PCT IMAENN-    WEIBLICH    ROW
                      ILICH                  TOTAL
                      I        1I        2I
   VAR010     --------+--------+--------+
               1  I      60  I      78  I    138
   STIMMT         I    48.8  I    63.4  I   56.1
                  +--------+--------+
               2  I      63  I      45  I    108
   STIMMT NICHT   I    51.2  I    36.6  I   43.9
                  +--------+--------+
              COLUMN      123         123       246
              TOTAL      50.0        50.0     100.0

NUMBER OF MISSING OBSERVATIONS =          4


- - - - - - - - - - - - - - - - - - -  C R O S S T A B U L A T I O N   O F  - - - -
   VAR010    ABSCHALTEN                              BY VAR001   JAHRGANGSSTUFE
- - - - - - - - - - - - - - - - - - - - - - - - - - - - - - - - - - - - - - - - - -

                          VAR001
              COUNT  I
              COL PCT I11         12          13          ROW
                      I                                   TOTAL
                      I        1I        2I        3I
   VAR010     --------+--------+--------+--------+
               1  I      57  I      53  I      28  I    138
   STIMMT         I    58.8  I    53.5  I    56.0  I   56.1
                  +--------+--------+--------+
               2  I      40  I      46  I      22  I    108
   STIMMT NICHT   I    41.2  I    46.5  I    44.0  I   43.9
                  +--------+--------+--------+
              COLUMN      97          99          50        246
              TOTAL      39.4        40.2        20.3     100.0

NUMBER OF MISSING OBSERVATIONS =          4
```

+) Dies geschieht unter der Annahme der statistischen Unabhängigkeit von Zeilen-
   und Spaltenvariablen.

Mit Hilfe des <u>SET=Kommandos</u> kann man die standardmäßig festgelegten Zeichen für die Kennzeichnung der waagerechten und senkrechten Begrenzungslinien innerhalb der Kontingenz-Tabllen verändern. Dazu ist das Subkommando <u>BOX</u> in der Form

```
SET              BOX = 3-elementige-zeichenkette
```

vor der Kodierung eines CROSSTABS=Kommandos anzugeben. Dabei wird das erste Zeichen dieser Zeichenkette zur Darstellung aller Waagerechten, das zweite Zeichen zur Kennzeichnung aller Senkrechten und das dritte Zeichen zur Markierung der Schnittpunkte von horizontalen und vertikalen Linien verwendet.

So ergibt sich etwa durch die Ausführung der Kommandos

```
SET              BOX ='**+'
CROSSTABS        TABLES = VARo1o BY VARoo2
OPTIONS          4
```

eine Druckausgabe, bei der die senkrechten und waagerechten Begrenzungslinien innerhalb der Kontingenz-Tabelle durch das Sternsymbol "*" und die Schnittpunkte dieser Linien durch das Pluszeichen "+" markiert sind.

5.1.4 Statistischer Zusammenhang zwischen Merkmalen

Das im Abschnitt 5.1.1 dargestellte Verfahren zur Aufdeckung von statistischen Zusammenhängen ist selbstverständlich nicht auf dichotome Merkmale eingeschränkt, sondern es ist völlig unabhängig von der Anzahl der jeweiligen Merkmalsausprägungen, so daß man die Beziehungen von polytomen Merkmalen, d.h. Merkmalen mit beliebig vielen Ausprägungen entsprechend untersuchen kann.

Betrachten wir z.B. die o.a. Kontingenz-Tabelle von VARo1o und dem trichotomen[+] Merkmal "Jahrgangsstufe" (VARoo1). Die zugehörigen Stabdiagramme haben die folgende Form:

	VARoo1 ("Jahrgangsstufe")			Gesamtgruppe der Befragten
	11	12	13	
stimmt:	58.8%	53.5%	56.o%	56.1%
stimmt nicht:	41.2%	46.5%	44.o%	43.9%

VARo1o ("Abschalten")

+) Ein trichotomes Merkmal besitzt drei Merkmalsausprägungen.

Diese Verteilungen unterscheiden sich nur unwesentlich, so daß wir hieraus nicht auf eine Assoziation schließen können.[+)]

Kontrollvariablen und Partial-Tabellen

Wir wollen jetzt untersuchen, ob VARoo2 ("Geschlecht") als sog. Kontrollvariable einen Einfluß auf die Beziehung zwischen VARo1o und VARoo1 hat. Dazu müssen wir uns die gemeinsamen Häufigkeitsverteilungen von VARo1o und VARoo1 bzgl. der Teilgruppe der Schüler (VARoo2=1) und bzgl. der Schülerinnen (VARoo2=2) - man nennt sie Partial-Tabellen oder auch partielle Kontingenz-Tabellen - ausdrucken lassen und miteinander vergleichen.

Dabei sind die folgenden Befunde möglich:

- die partiellen Kontingenz-Tabellen unterscheiden sich, so daß die Kontrollvariable einen sog. Interaktionseffekt besitzt, und die untersuchte Beziehung von der jeweiligen Ausprägung der Kontrollvariablen abhängt - man sagt, daß die Verteilung spezifiziert wird - oder aber
- die Partial-Tabellen stimmen annähernd überein.

Bei Gleichheit der partiellen Kontingenz-Tabellen hat die Kontrollvariable dann keinen Einfluß auf die Beziehung, falls die Partial-Tabellen mit der Kontingenz-Tabelle der zu kontrollierenden Variablen übereinstimmen.

Anders ist es, falls in den partiellen Kontingenz-Tabellen keine Assoziation und in der Kontingenz-Tabelle ein statistischer Zusammenhang vorliegt: in dieser Situation erklärt (bzw. interpretiert) die Kontrollvariable die statistische Beziehung.

Die für unsere Untersuchung erforderlichen Partial-Tabellen rufen wir durch das Kommando

```
CROSSTABS      TABLES = VARo1o BY VARoo1 BY VARoo2
OPTIONS        4
```

ab mit dem Ergebnis:

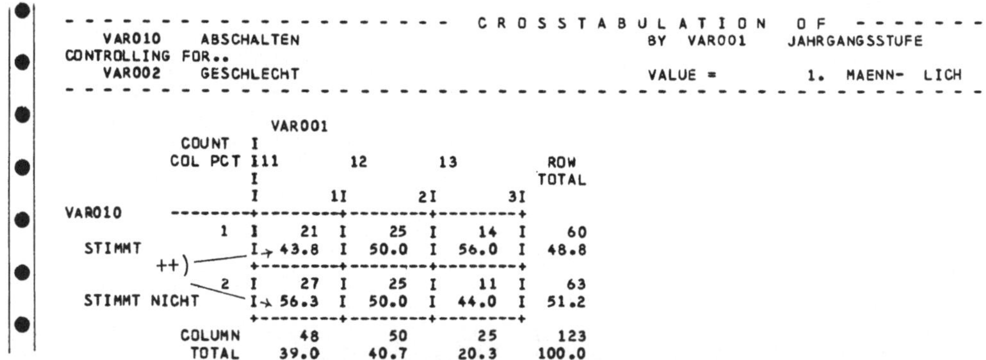

+) Aufgrund des Erhebungsplans unserer Untersuchung (vgl. 1.2) gibt es auch keinen statistischen Zusammenhang zwischen den Merkmalen "Jahrgangsstufe" und "Geschlecht".

++) Die durch die beiden Pfeile gekennzeichneten relativen Spaltenhäufigkeiten ergänzen sich nicht zu 1oo%, da die genauen Prozentwerte 43.75% bzw. 56.25% lauten und die Druckausgabe mit nur einer Nachkommastelle - nach einer Rundung - erfolgt.

```
- - - - - - - - - - - - - - - - - -  C R O S S T A B U L A T I O N   O F  - - - - - - -
    VAR010    ABSCHALTEN                                   BY  VAR001    JAHRGANGSSTUFE
CONTROLLING FOR..
    VAR002    GESCHLECHT                                   VALUE =        2.  WEIBLICH
- - - - - - - - - - - - - - - - - - - - - - - - - - - - - - - - - - - - - - - - - - - -

                         VAR001
               COUNT  I
               COL PCT I11       12        13        ROW
                       I                             TOTAL
                       I       1I        2I        3I
    VAR010     --------+--------+--------+--------+
                   1 I     36 I     28 I     14 I     78
       STIMMT        I   73.5 I   57.1 I   56.0 I   63.4
                     +--------+--------+--------+
                   2 I     13 I     21 I     11 I     45
    STIMMT NICHT     I   26.5 I   42.9 I   44.0 I   36.6
                     +--------+--------+--------+
               COLUMN      49        49        25       123
               TOTAL     39.8      39.8      20.3     100.0

NUMBER OF MISSING OBSERVATIONS =        4
```

Beim Vergleich dieser beiden bivariaten Verteilungen ergeben sich Unterschiede, so daß auf einen Interaktionseffekt von VARoo2 geschlossen werden kann. Dabei unterscheiden sich diese Tabellen in erster Linie in den relativen Häufigkeiten für die Jahrgangsstufe 11. So schalten die Schülerinnen der Jahrgangsstufe 11 auffällig oft im Unterricht ab. Ansonsten erkennen wir, daß die Schülerinnen mit zunehmender Jahrgangsstufe immer weniger abschalten, während die Entwicklung bei den Schülern genau entgegengesetzt verläuft.

Nach diesen Ergebnissen ist nicht zu erwarten, daß der im Abschnitt 5.1.1 diskutierte statistische Zusammenhang zwischen VARo1o und VARoo2 aufgelöst, d.h. erklärt werden kann, indem man VARoo1 als Kontrollvariable in die Analyse miteinbezieht und die bivariate Verteilung von VARo1o und VARoo2 jahrgangsstufenspezifisch aufgliedert.

Zur Veranschaulichung wollen wir diese Analyse trotzdem durchführen. Dazu lassen wir uns durch die Kommandos

```
CROSSTABS        TABLES = VARo1o BY VARoo2 BY VARoo1
OPTIONS          4
```

die folgenden Kontingenz-Tabellen ausdrucken:

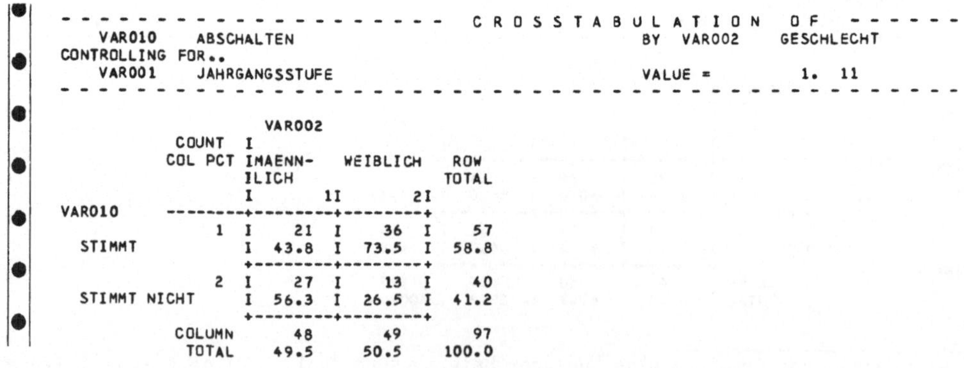

```
- - - - - - - - - - - - - - - - - -  C R O S S T A B U L A T I O N   O F  - - - - - -
    VAR010    ABSCHALTEN                                   BY  VAR002    GESCHLECHT
CONTROLLING FOR..
    VAR001    JAHRGANGSSTUFE                               VALUE =        1.  11
- - - - - - - - - - - - - - - - - - - - - - - - - - - - - - - - - - - - - - - - - - -

                         VAR002
               COUNT  I
               COL PCT IMAENN-    WEIBLICH   ROW
                       ILICH                 TOTAL
                       I       1I        2I
    VAR010     --------+--------+--------+
                   1 I     21 I     36 I     57
       STIMMT        I   43.8 I   73.5 I   58.8
                     +--------+--------+
                   2 I     27 I     13 I     40
    STIMMT NICHT     I   56.3 I   26.5 I   41.2
                     +--------+--------+
               COLUMN      48        49       97
               TOTAL     49.5      50.5     100.0
```

```
- - - - - - - - - - - - - - - - - -   C R O S S T A B U L A T I O N   O F  - - - - - -
       VAR010    ABSCHALTEN                           BY  VAR002    GESCHLECHT
CONTROLLING FOR..
       VAR001    JAHRGANGSSTUFE                        VALUE =        2.  12
- - - - - - - - - - - - - - - - - - - - - - - - - - - - - - - - - - - - - - - - - - - -

                        VAR002
              COUNT  I
              COL PCT IMAENN-   WEIBLICH    ROW
                      ILICH               TOTAL
                      I       1I       2I
VAR010        ---------+--------+--------+
              1  I     25 I     28 I     53
    STIMMT       I   50.0 I   57.1 I   53.5
                 +--------+--------+
              2  I     25 I     21 I     46
STIMMT NICHT     I   50.0 I   42.9 I   46.5
                 +--------+--------+
              COLUMN      50       49       99
               TOTAL    50.5     49.5    100.0


- - - - - - - - - - - - - - - - - -   C R O S S T A B U L A T I O N   O F  - - - - - -
       VAR010    ABSCHALTEN                           BY  VAR002    GESCHLECHT
CONTROLLING FOR..
       VAR001    JAHRGANGSSTUFE                        VALUE =        3.  13
- - - - - - - - - - - - - - - - - - - - - - - - - - - - - - - - - - - - - - - - - - - -

                        VAR002
              COUNT  I
              COL PCT IMAENN-   WEIBLICH    ROW
                      ILICH               TOTAL
                      I       1I       2I
VAR010        ---------+--------+--------+
              1  I     14 I     14 I     28
    STIMMT       I   56.0 I   56.0 I   56.0
                 +--------+--------+
              2  I     11 I     11 I     22
STIMMT NICHT     I   44.0 I   44.0 I   44.0
                 +--------+--------+
              COLUMN      25       25       50
               TOTAL    50.0     50.0    100.0

NUMBER OF MISSING OBSERVATIONS =        4
```

Man erkennt zunächst, daß man die Zellhäufigkeiten natürlich auch aus den Werten der
Kontingenz-Tabellen auf S. 129f ableiten kann, indem man jeweils die ersten, die zweiten und die dritten Spalten zu einzelnen Tabellen zusammenfaßt. Der Vorteil dieser
Analyserichtung besteht darin, daß man den statistischen Zusammenhang in den Jahrgangsstufen 11 und 12 und die statistische Unabhängigkeit in der Jahrgangsstufe 13
besser erkennen kann.

Der innerhalb der bivariaten Analyse aufgedeckte statistische Zusammenhang zwischen
VARolo und VARoo2 wird durch die Kontrollvariable VARoo1 folglich nicht erklärt.
Allerdings wird er spezifiziert, da die Unterschiede nämlich nicht generell sondern
nur in den Jahrgangsstufen 11 und 12 bestehen.

Allgemeine Form des CROSSTABS=Kommandos

In einem weiteren Schritt könnte man untersuchen, ob evtl. andere Merkmale einen
statistischen Einfluß haben, so daß die Assoziation für die Jahrgangsstufen 11 und
12 erklärt bzw. die statistische Unabhängigkeit in der Jahrgangsstufe 13 spezifiziert
werden kann. Die dazu jeweils erforderlichen Kontingenz-Tabellen kann man durch das
CROSSTABS=Kommando in der folgenden allgemeinen Form abrufen:

```
CROSSTABS      TABLES = variablenliste1 BY variablenliste2 [BY variablenliste3]...
               [/ variablenliste4 BY variablenliste5 [BY variablenliste6]]...
```

Jede Variablenliste kann aus nur einer oder auch aus mehreren Variablen bestehen, die gegebenenfalls in Form reflexiver Variablenlisten vereinbart sind.[+)] Die in "variablenliste1" (bzw. "variablenliste4") aufgeführten Variablen fungieren bei den Kontingenz-Tabellen als Zeilenvariablen und die in "variablenliste2" (bzw. "variablenliste5") angegebenen Variablen als Spaltenvariablen. Dabei wird für jede mögliche Variablen-Kombination der durch das Schlüsselwort BY getrennten Variablenlisten jeweils eine Kontingenz-Tabelle ausgegeben, wobei die Position der Variablen in ihren Listen die Reihenfolge der einzelnen Tabellen bei der Druckausgabe bestimmt.

In einem TABLES=Subkommando können mehrere verschiedene Arten von Kontingenz-Tabellen abgerufen werden, indem man für jede neue Tabellenform eine geeignete Tabellenbeschreibung mit neuen Zeilen- oder Spaltenvariablen hinter dem (speziellen) Trennzeichen "/" kodiert.
Sollen die durch Zeilen- und Spaltenvariablen fixierten Tabellen durch eine oder mehrere Variablen kontrolliert werden - es sind maximal 8 Kontrollvariablen pro Tabellenform erlaubt - so muß man diese Kontrollvariablen in Form von

```
variablenliste1 BY variablenliste2 BY variablenliste3
```

innerhalb von "variablenliste3" kodieren.
Ist nämlich das Schlüsselwort BY mehr als einmal angegeben, so wird für jeden Wert jeder Variablen aus "variablenliste3" (bzw. für jede Wertekonstellation jeder Variablen-Kombination weiterer durch Schlüsselwörter BY getrennter Variablenlisten) eine Kontingenz-Tabelle für die Zeilenvariable aus "variablenliste1" und die Spaltenvariable aus "variablenliste2" ausgedruckt.

So werden z.B. durch das Kommando

```
CROSSTABS        TABLES = VARoo7 BY VARo1o BY VARoo1, VARoo2
```

fünf Kontingenz-Tabellen mit der Zeilenvariablen VARoo7 und der Spaltenvariablen VARo1o erzeugt, wobei für jeden Wert der Variablen VARoo1 und VARoo2 eine entsprechende partielle Kontingenz-Tabelle ausgedruckt wird. Dabei enthält die erste Tabelle die Angaben für die Befragten der Jahrgangsstufe 11, die nächste diejenigen für die Befragten der Jahrgangsstufe 12 usw.,und die letzte Tabelle enthält die Angaben für alle Schülerinnen.

Anders ist es z.B. bei der Kodierung von

```
CROSSTABS        TABLES = VARoo7 BY VARo1o BY VARoo1 BY VARoo2
```

In diesem Fall werden sechs Kontingenz-Tabellen mit der Zeilenvariablen VARoo7 und der Spaltenvariablen VARo1o ausgedruckt. Zuerst wird die Partial-Tabelle für die Schüler der Jahrgangsstufe 11, dann die für die Schüler der Jahrgangsstufe 12 usw. und zuletzt diejenige für die Schülerinnen der Jahrgangsstufe 13 ausgegeben.

+) Es dürfen auch alphanumerische Variablen angegeben werden.

5.1.5 Beschreibung der Stärke eines statistischen Zusammenhangs für nominalskalierte Merkmale (STATISTICS)

Bislang haben wir untersucht, ob zwischen zwei Merkmalen ein statistischer Zusammenhang aufgedeckt werden kann. So stellten wir z.B. im Abschnitt 5.1.1 fest, daß zwischen den beiden nominalskalierten Merkmalen "Abschalten" (VARo1o) und "Geschlecht" (VARoo2) eine statistische Beziehung besteht, weil sich die beiden Konditionalverteilungen unterscheiden.

Im folgenden wollen wir darstellen, wie man die Stärke bzw. die Schwäche derartiger Beziehungen durch geeignete Maßzahlen beschreiben kann. Dabei beschränken wir uns in diesem Abschnitt zunächst auf die Diskussion von nominalskalierten Merkmalen.

Geeignete Maßzahlen zur Beschreibung des bivariaten Zusammenhangs sind die sog. Assoziationskoeffizienten.[+)] Diese Kennzahlen beschreiben den Grad einer statistischen Beziehung, so daß

- der wesentliche Inhalt einer Kontingenz-Tabelle durch eine einzige Zahl charakterisiert wird (d.h. es erfolgt ein Informationsverlust durch die Komprimierung von Informationen zum Zwecke einer erhöhten Übersichtlichkeit) und
- diese Prägnanz der Beschreibung den Vergleich verschiedener Kontingenz-Tabellen wesentlich vereinfacht.

Es gibt eine Vielzahl von möglichen Assoziationsmaßen, von denen wir im folgenden eine geeignete Auswahl vorstellen wollen. Dabei werden wir hervorheben, welche speziellen Aspekte einer Beziehung jeweils beschrieben werden. Dies ist insofern von Bedeutung, als man sich grundsätzlich klarmachen muß, daß die Werte verschiedener Assoziationsmaße nicht unbedingt miteinander vergleichbar sind.

Betrachten wir unser Beispiel aus dem Abschnitt 5.1.1:

VARoo2 ("Geschlecht")

		männlich	weiblich
VARo1o ("Abschalten")	stimmt	60 48.8%	78 63.4%
	stimmt nicht	63 51.2%	45 36.6%

Subgruppendifferenz

Um die Unterschiedlichkeit der beiden Teilgruppen Schüler und Schülerinnen bzgl. des Merkmals "Abschalten" zu beschreiben, kann man für 2x2-Kontingenz-Tabellen die sog. Subgruppendifferenz d% berechnen, indem man in der ersten oder zweiten Tabellenzeile die kleinere relative Häufigkeit von der größeren abzieht.

+) Gleichbedeutend werden in der Regel auch die Begriffe "Kontingenzkoeffizient" oder "Korrelationskoeffizient" gebraucht.

In unserem Fall erhalten wir den Wert

   d% = 51.2 - 36.6 = 14.6   (= 63.4 - 48.8)

Die Maßzahl d% ist einfach zu ermitteln und deswegen auch allgemeinverständlich. Die möglichen Werte liegen zwischen o (bei totaler statistischer Unabhängigkeit) und loo (bei totaler statistischer Abhängigkeit), so daß wir durch unser Ergebnis die Beziehung zwischen VARolo und VARoo2 als mäßigen Zusammenhang kennzeichnen können.

Chi-Quadrat

Um beurteilen zu können, inwieweit die Beziehung zweier Merkmale von der statistischen Unabhängigkeit abweicht, vergleicht man die beobachtete bivariate Häufigkeitsverteilung (Kontingenz-Tabelle) mit der zugehörigen sog. Indifferenz-Tabelle. Diese Tabelle enthält die durch die beiden Marginalverteilungen der Zeilen- und Spaltenvariablen implizierte erwartete Häufigkeitsverteilung für den Fall der statistischen Unabhängigkeit (s. Kennzahl 14 im OPTIONS=Kommando auf S. 126).

Bezeichnen wir die theoretisch zu erwartenden Zellhäufigkeiten der Indifferenz-Tabelle mit a, b, c und d, so erhalten wir aus den Tabellen

Kontingenz-Tabelle $\begin{array}{|c|c|} \hline 60 & 78 \\ \hline 63 & 45 \\ \hline \end{array}$ und Indifferenz-Tabelle $\begin{array}{|c|c|} \hline a & b \\ \hline c & d \\ \hline \end{array}$

unter der Annahme der Gleichheit von Konditional- und Marginalverteilungen folglich

   a / (6o + 63) = b / (78 + 45) = (6o + 78) / (6o + 63 + 78 + 45)

und

   c / (6o + 63) = d / (78 + 45) = (63 + 45) / (6o + 63 + 78 + 45)

und somit hat die durch Auflösung nach den Größen a, b, c und d sich ergebende Indifferenz-Tabelle die folgende Zellenbesetzung:

Indifferenz-Tabelle $\begin{array}{|c|c|} \hline 69 & 69 \\ \hline 54 & 54 \\ \hline \end{array}$

Zum Vergleich der Kontingenz-Tabelle mit den beobachteten Häufigkeiten f_b und der unter der Annahme der statistischen Unabhängigkeit zu erwartenden Zellenbesetzungen f_e der Indifferenz-Tabelle[+] wird als Maß für die Abweichung dieser beiden Tabellen die Größe Chi-Quadrat (χ^2) durch die folgende Formel festgelegt:

$$\boxed{\text{Chi-Quadrat} = \sum (f_b - f_e)^2 / f_e}$$

wobei über alle Zellen der Kontingenz-Tabelle summiert wird.

Bei totaler statistischer Unabhängigkeit sind alle f_b gleich f_e , und daher ergibt sich für Chi-Quadrat der Wert o. Je mehr sich die beobachtete Kontingenz-Tabelle von

---

[+] Die Größen f_e der Indifferenz-Tabelle sind hypothetische Werte, die i. allg. trotz ganzzahliger Größen f_b nicht ganzzahlig sind.

der Indifferenz-Tabelle unterscheidet, desto größer wird die Maßzahl Chi-Quadrat.
Demzufolge ist Chi-Quadrat ein Maß für die statistische Abhängigkeit.

Für unseren Fall erhalten wir

   Chi-Quadrat = $(6o - 69)^2/69 + (78 - 69)^2/69 + (63 - 54)^2/54 + (45 - 54)^2/54 = 5.35$

Es stellt sich die Frage, ob wir aufgrund dieses Ergebnisses auf eine starke oder
nur auf eine schwache Assoziation schließen können.

Phi-Koeffizient

Bei ungleichen Konditionalverteilungen ist der jeweils maximale Chi-Quadrat-Wert abhängig von der Tabellengröße und den jeweiligen Zellhäufigkeiten, und demzufolge kann
die totale statistische Abhängigkeit durch keinen Wert einheitlich charakterisiert
werden. Man sagt, das Chi-Quadrat-Maß ist nicht normiert, und daher ist die Maßzahl
Chi-Quadrat zur Beschreibung der Stärke einer Beziehung ungeeignet.[+)]

Deshalb vereinbart man die aus der Maßzahl Chi-Quadrat abgeleitete Größe Phi ($\emptyset$)
in der Form:

$$\text{Phi} = {}_+\sqrt{\chi^2 / N}$$

wobei mit "N" die Anzahl der gültigen Cases bezeichnet wird.

Bei statistischer Unabhängigkeit nimmt Phi den Wert o an, und bei totaler statistischer Abhängigkeit - eine Diagonale der 2x2 Tabelle enthält nur Nullen - errechnet
sich der Phi-Koeffizient zu 1.

Für unseren Fall erhalten wir den Wert

   $$\text{Phi} = {}_+\sqrt{5.35 / 246} = \text{o.15} ,$$

und demzufolge haben wir es mit einer schwachen statistischen Beziehung zwischen den
Merkmalen "Abschalten" (VARo1o) und "Geschlecht" (VARoo2) zu tun.

Cramèr's V

Da der Koeffizient Phi für größere als 2x2-Tabellen auch höhere Werte als 1 annehmen
kann, sollte man sich bei seiner Berechnung auf 2x2-Kontingenz-Tabellen beschränken
und bei größeren Tabellen auf den Koeffizienten Cramèr's V zurückgreifen, der durch

$$V = {}_+\sqrt{\chi^2 / (N * \min(r - 1, c - 1))}$$

definiert ist. Dabei ist min(r - 1, c - 1) gleich dem kleineren Wert der um 1 verminderten Zeilen- (r) bzw. Spaltenzahl (c).

Man erkennt direkt, daß dieser Koeffizient für 2x2-Tabellen mit dem Phi-Koeffizienten
übereinstimmt.

+) Vor allen Dingen ist es unerfreulich, daß bei gleichbleibenden Marginalverteilungen
   eine Verdopplung der Zellhäufigkeiten zur Verdopplung von Chi-Quadrat führt.

Kontingenzkoeffizient C

Als Maß für die statistische Abhängigkeit kann man ferner den Kontingenzkoeffizienten C in der Form

$$ C \; = \; {}_{+}\sqrt{\chi^2 / (\chi^2 + N)} $$

berechnen, welcher ebenfalls bei totaler statistischer Unabhängigkeit den Wert o annimmt.

Für unseren Fall errechnen wir

$$ C \; = {}_{+}\sqrt{5.35 / (5.35 + 246)} \; = \; o.15 \; . $$

Bei statistischer Abhängigkeit ist der Wert von C nach oben durch die Zahl 1 begrenzt - allerdings wird dieser Wert bei totaler statistischer Abhängigkeit nicht angenommen. Der maximale Wert für C ist nämlich abhängig von der Zeilen- und Spaltenzahl der Tabelle[+) , und daher sollte man diesen Koeffizienten nur beim Vergleich von Kontingenz-Tabellen mit gleicher Zeilen- und Spaltenzahl einsetzen.

Maße, die auf Chi-Quadrat basieren

Alle o.a. auf dem Chi-Quadrat-Koeffizienten basierenden Maßzahlen der Assoziation sind positiv und nehmen bei totaler statistischer Unabhängigkeit den Wert o an. Ferner sind sie alle symmetrisch, d.h. die Berechnungen sind unabhängig davon, welche Variable als Zeilenvariable und welche als Spaltenvariable fungiert. Allerdings ist der jeweilige Maximalwert dieser Maßzahlen i. allg. von der Tabellengröße abhängig, d.h. von der Anzahl der Zeilen und Spalten.

Aus diesem Grund muß man äußerst vorsichtig sein, wenn man mit Hilfe dieser Maßzahlen zwei oder mehrere Kontingenz-Tabellen auf die Unterschiedlichkeit der einzelnen statistischen Abhängigkeiten hin miteinander vergleichen will.

Das PRE-Maß Lambda

Der größte Nachteil der o.a. Chi-Quadrat-Maßzahlen besteht vor allen Dingen darin, daß sie nicht geeignet interpretierbar sind, d.h. es gibt keine statistischen Modelle, in denen sie eine entsprechende Aussagekraft besitzen.

Anders ist dies bei den sog. PRE-Maßen (proportional reduction in error measures). Diese spielen eine bedeutende Rolle im Hinblick auf das Prinzip der proportionalen Fehlerreduktion für den Grad der sog. prädiktiven Assoziation, bei der man die folgende Modellvorstellung besitzt:

Möchte man auf der Basis der alleinigen Kenntnis der Häufigkeitsverteilung der Zeilenvariablen (d.h. der Marginalverteilung der Zeilenvariablen in der Kontingenz-Tabelle) einen charakteristischen (typischen) Wert vorhersagen, so wählt man als Wert der zentralen Tendenz den Modus, d.h. den häufigsten Wert aus, da in diesem Fall die Wahrscheinlichkeit, einen Prognosefehler zu begehen, am geringsten ist.

+) Bei quadratischen Tabellen ist die Obergrenze stets ${}_{+}\sqrt{(r - 1)/r}$, wobei r die Zeilenzahl der Tabelle kennzeichnet.

Als Fehlermaß E_1 vereinbart man die Anzahl der Cases, die einen vom Modus verschiedenen Wert besitzen.

Beziehen wir uns auf unser o.a. Beispiel (vgl. S. 123 und 133), so errechnen wir

E_1 = 1o8   (= 246 - 138)

Bezieht man nun bei der Vorhersage als zusätzliche Information die Kenntnisse der gemeinsamen Verteilung beider Merkmale mit ein, so wird man nicht mehr eine generelle Prognose vornehmen, sondern die Vorhersage auf die Kenntnisse der Konditionalverteilungen stützen, indem man in Abhängigkeit von der Ausprägung der Spaltenvariablen den Modus der zugehörigen Konditionalverteilung als typischen Wert vorhersagt. Dadurch verringert sich i. allg. der Prognosefehler, und als Fehlermaß E_2 legt man die Summe aller Cases fest, die in jeder Konditionalverteilung einen vom jeweiligen Modus verschiedenen Wert besitzen.

In unserem Beispiel erhalten wir den Wert

E_2 = 1o5 (= 6o + 45 = 123 - 63 + 123 - 78)

da in der ersten Spalte der Modus gleich 63 und in der zweiten Spalte gleich 78 ist.

Generell ist E_2 stets kleiner oder gleich E_1, und daher ergibt die Differenz $E_1 - E_2$ stets einen nicht negativen Wert.

Als <u>PRE-Maß Lambda (λ)</u> vereinbart man die von Goodman und Kruskal angegebene Größe

$$\boxed{\text{Lambda} = (E_1 - E_2) / E_1}$$

Dieser Quotient gibt folglich die relative Verbesserung der Vorhersage an, falls man nicht mehr allein auf der Kenntnis der Marginalverteilung, sondern auf der Basis der gemeinsamen bivariaten Verteilung prognostiziert. Trägt dieser Informationszuwachs nichts zur Prognoseverbesserung bei - für Lambda ergibt sich der Wert o - so hat die Spaltenvariable im Sinne der proportionalen Fehlerreduktion keinen Einfluß auf die Zeilenvariable.

Für unser Beispiel ergibt sich der Wert

Lambda = (1o8 - 1o5) / 1o8 = o.o3

und somit ist der statistische Zusammenhang im Sinne dieses PRE-Modells zwischen der Zeilenvariablen VARo1o und der Spaltenvariablen VARoo2 sehr schwach, d.h. die Kenntnis des jeweiligen Geschlechts hat nur geringen Einfluß auf die Vorhersagegüte des Merkmals "Abschalten". Bei der Vorhersage von VARo1o wird nämlich gegenüber der auf dieser abhängigen Variablen allein basierenden Prognose eine Fehlerreduktion von nur 3% erzielt, falls die Information über die unabhängige Variable VARoo2 zusätzlich ausgewertet wird.

Man kann die Funktion von Zeilen- und Spaltenvariablen bei der Berechnung des Lambda-Koeffizienten vertauschen, indem man die Zeilenvariable als unabhängige und die Spaltenvariable als abhängige Variable auffaßt. Da Lambda kein symmetrisches sondern ein asymmetrisches Maß ist, wird man i. allg. einen anderen Lambda-Wert erhalten.

In unserem Beispiel errechnen wir in diesem Fall den Lambda-Wert durch

$$\text{Lambda} = (123 - (60 + 45)) / 123 = 0.15$$

Zusätzlich gibt es noch eine dritte, symmetrische Version des PRE-Maßes Lambda. Diese erhält man, falls man die Definition der Fehler E_1 und E_2 dadurch abändert, daß man für Zeilen- und Spaltenvariablen gleichzeitig einen typischen Wert prognostizieren will.

Für unser Beispiel errechnen sich die Fehler E_1 und E_2 zu

$$E_1 = 108 + 123 = 231$$
und
$$E_2 = 60 + 45 + 60 + 45 = 210$$

und somit ergibt sich

$$\text{Lambda} = (E_1 - E_2) / E_1 = (231 - 210) / 231 = 0.09 \ .$$

In jedem Fall muß ein errechneter Lambda-Koeffizient im Sinne der prädiktiven Assoziation interpretiert werden. In bestimmten Fällen kann es nämlich vorkommen, daß Lambda den Wert 0 annimmt, obwohl sich die Konditionalverteilungen unterscheiden. Grundsätzlich sollte Lambda dann nicht berechnet werden, falls die Marginalverteilungen sehr stark von der Gleichverteilung abweichen.

Berechnung der Assoziationsmaße durch CROSSTABS

Die o.a. Maßzahlen zur Beschreibung der Assoziation zwischen zwei nominalskalierten Merkmalen kann man sich im Zusammenhang mit der Ausgabe von Kontingenz-Tabellen durch das Kommando CROSSTABS automatisch vom $SPSS^x$-System berechnen lassen.[+] Dazu muß man in einem STATISTICS=Kommando - im Anschluß an die Kodierung des CROSSTABS=Kommandos - die folgenden Kennzahlen angeben:

1 : außer bei 2x2-Kontingenz-Tabellen mit weniger als 21 Cases wird der Chi-Quadrat-Koeffizient ausgegeben,
2 : für 2x2-Tabellen wird der Phi-Koeffizient und für größere Tabellen die Maßzahl Cramèr's V ausgedruckt,
3 : es wird der Kontingenz-Koeffizient C ausgegeben und
4 : es werden die beiden asymmetrischen und der symmetrische Lambda-Koeffizient (von Goodman und Kruskal) protokolliert.

[+] Die Prozentsatzdifferenz d% wird nicht protokolliert, da dieser Wert unmittelbar aus den relativen Häufigkeiten ermittelt werden kann.

Somit erhalten wir z.B. durch die Kommandos

```
CROSSTABS      TABLES = VARo1o BY VARoo2
OPTIONS        4
STATISTICS     1, 2, 3, 4
```

im Anschluß an den Ausdruck der Kontingenz-Tabelle die folgende Druckausgabe:[+)]

```
    CHI-SQUARE      D.F.     SIGNIFICANCE      MIN E.F.      CELLS WITH E.F.< 5
    ----------      ----     ------------      --------      ------------------

      4.77013         1         0.0290          54.000            NONE
      5.34783         1         0.0207        ( BEFORE YATES CORRECTION )

                                                    WITH VARO1O        WITH VAROO2
            STATISTIC                   SYMMETRIC   DEPENDENT          DEPENDENT
            ---------                   ---------   ---------------    ---------------

    LAMBDA                               0.09091      0.02778            0.14634

            STATISTIC                   VALUE       SIGNIFICANCE
            ---------                   -----       ------------

    PHI                                 0.14744
    CONTINGENCY COEFFICIENT             0.14586

    NUMBER OF MISSING OBSERVATIONS =       4
```

5.1.6 Beschreibung der Stärke eines statistischen Zusammenhangs für ordinalskalierte Merkmale (STATISTICS)

Falls wir bereit sind, einen Informationsverlust in Kauf zu nehmen, können wir alle im Abschnitt 5.1.5 vorgestellten Assoziationskoeffizienten auch für ordinalskalierte Merkmale berechnen und die Stärke eines statistischen Zusammenhangs entsprechend beschreiben.

Z.B. erhalten wir durch das $SPSS^X$-Programm[++)]

```
DATA LIST          FILE = DATAIN /
                   VARo14 14, VARo17 17
TEMPORARY
COMPUTE            VARo14R = VARo14
COMPUTE            VARo17R = VARo17
RECODE             VARo14R, VARo17R ( 1, 2, 3 = 1 ), ( 4, 5, 6 = 2 ), ( 7, 8, 9 = 3 )
VARIABLE LABELS    VARo14R 'SCHULLEISTUNG'
                   VARo17R 'LEHRERURTEIL'
ADD VALUE LABELS   VARo14R, VARo17R
                   1 'SCHLECHT'
                   3 'GUT'                /
                   VARo14R
                   2 'DURCHSCHN.'   /
                   VARo17R
                   2 'DURCH-  SCHN.'
CROSSTABS          TABLES = VARo14R BY VARo17R
STATISTICS         1, 2, 3, 4
```

+) Es werden auch Angaben zur kleinsten erwarteten Häufigkeit (MIN E. F.), zur Anzahl der Zellen, deren erwartete Häufigkeit kleiner als 5 (E. F.<5) ist, zu den Freiheitsgraden (D.F.) und zum Signifikanzniveau (SIGNIFICANCE) ausgedruckt (zu daraus resultierenden inferenzstatistischen Aussagen s. Abschnitt 5.1.8).

++) Diese Rekodierung von VARo14 und VARo17 ist im Hinblick auf die Häufigkeitsverteilungen gerechtfertigt. Außerdem darf im RECODE=Kommandos eine Variablenliste vor den Rekodierungsvorschriften angegeben werden (vgl. 6.4.2).

für die Rekodierungen der ordinalskalierten Merkmale "Schulleistung" (VARo14R) und
"Lehrerurteil" (VARo17R) die folgende Druckausgabe:[+)]

```
                        VARO17R
                COUNT  I
                       ISCHLECHT DURCH-      GUT        ROW
                       I         SCHN.                  TOTAL
                       I   1.00I     2.00I     3.00I
    VARO14R     --------+---------+---------+---------+
                1.00 I     4 I      11 I       2 I     17
      SCHLECHT       I       I         I         I     6.8
                     +---------+---------+---------+
                2.00 I     6 I     146 I      20 I    172
      DURCHSCHN.     I       I         I         I    68.8
                     +---------+---------+---------+
                3.00 I       I      22 I      39 I     61
      GUT            I       I         I         I    24.4
                     +---------+---------+---------+
                COLUMN    10       179        61       250
                TOTAL    4.0      71.6      24.4     100.0


    CHI-SQUARE     D.F.      SIGNIFICANCE       MIN E.F.      CELLS WITH E.F.< 5
    ----------     ----      ------------       --------      ------------------

     85.55694        4          0.0000           0.680       3 OF     9 ( 33.3%)

                                                WITH VARO14R   WITH VARO17R
            STATISTIC            SYMMETRIC       DEPENDENT      DEPENDENT
            ---------            ---------       ------------   ------------

    LAMBDA                        0.24161          0.24359        0.23944

            STATISTIC             VALUE         SIGNIFICANCE
            ---------             -----         ------------

    CRAMER'S V                   0.41366
    CONTINGENCY COEFFICIENT      0.50495

    NUMBER OF MISSING OBSERVATIONS =       0
```

Im Hinblick auf die Fragestellung "Besteht eine Beziehung zwischen der Einschätzung
der eigenen Leistung und der Einschätzung darüber, wie der Lehrer die eigene Begabung
beurteilt?" besagt der Lambda-Wert von o.24, daß bei der Vorhersage der Variablen
VARo14R gegenüber der auf dieser abhängigen Variablen allein basierenden Prognose
eine Fehlerreduktion von ungefähr 24% erzielt wird, wenn die Information über die
gemeinsame Verteilung von VARo14R und VARo17R ausgewertet wird. Es handelt sich folglich um eine mäßig starke Beziehung im Sinne des PRE-Modells.

Konkordante und diskordante Paare

In der Regel möchte man den Informationsgewinn, der auf dem gegenüber der Nominal-
skala erhöhtem Meßniveau der Ordinalskala beruht, bei der Analyse des statistischen
Zusammenhangs ausnutzen. Deshalb sollen im folgenden Assoziationskoeffizienten dargestellt werden, mit denen die Stärke der Assoziation zweier ordinalskalierter Merkmale beschrieben werden kann.
Bei diesen Maßzahlen wird die Zahl der sog. konkordanten (gleichgerichteten) und der
sog. diskordanten (entgegengesetzt gerichteten) Paare von Merkmalsträgern ins Ver-
hältnis gesetzt.
Dabei heißt ein Paar von Merkmalsträgern konkordant (diskordant), falls beide Merkmalsträger bzgl. der beiden Merkmale dieselbe (die entgegengesetzte) Rangordnung
besitzen.

So sind z.B. in der o.a. Kontingenz-Tabelle diejenigen Paare konkordant, bei welchen

---

+) Zu den inferenzstatistischen Aussagen mit Hilfe des Signifikanzniveaus und der
   Anzahl der Freiheitsgrade s. Abschnitt 5.1.8.

der eine Merkmalsträger sowohl bei VARo14R als auch bei VARo17R den Wert 1 und der
andere Merkmalsträger bei diesen beiden Variablen den Wert 2 besitzt, da in diesem
Fall die Ordnungsbeziehung für beide Merkmalsausprägungen pro Merkmalsträger gleichgerichtet sind. Bzgl. dieser Kombination von Merkmalsausprägungen lassen sich somit
4 * 146 = 584 Paare bilden. Insgesamt ermittelt man in der o.a. 3x3-Kontingenz-Tabelle
die folgende Anzahl N_c von konkordanten Paaren

$$N_c = 4 * (146 + 2o + 22 + 39) + 11 * (2o + 39) + 6 * (22 + 39) + 146 * (39) = 7617$$

was man sich durch das folgende Schema vergegenwärtigen kann:

Als Beispiele für diskordante Paare sind u.a. die Paare zu nennen, für welche der
eine Merkmalsträger die Werte VARo14R = 2 und VARo17R = 1 und der andere die Werte
VARo14R = 1 und VARo17R = 2 hat, da die Ordnungsbeziehungen in diesem Fall für beide
Merkmalsausprägungen gegenläufig sind. Von derartigen Paaren gibt es insgesamt
11 * 6 = 66 Stück. Die Gesamtzahl N_d der diskordanten Paare in der o.a. Kontingenz-
Tabelle ermittelt man zu

$$N_d = 11 * (6 + o) + 2 * (6 + 146 + o + 22) + 146 * (o) + 2o * (o + 22)$$
$$= 854 \; ,$$

wobei man nach dem folgenden Schema vorgeht:

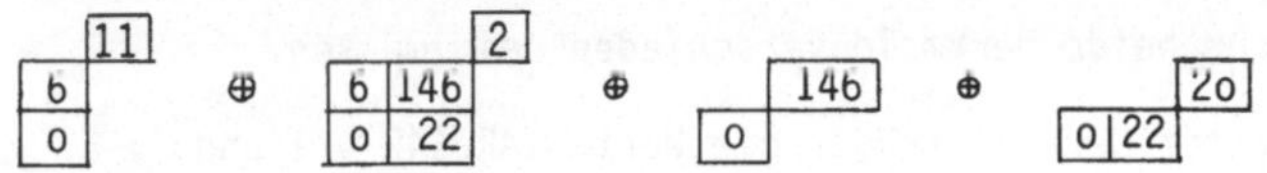

Positive und negative Beziehungen

Aus den Größen N_c (= 7617) und N_d (= 854) ergibt sich, daß die konkordanten Paare
dominieren, was auf eine _positive_ Beziehung zwischen VARo14R und VARo17R hindeutet.
Es gibt nämlich offensichtlich mehr Paare, bei denen die Rangordnung im Hinblick auf
die Werte von VARo14R und VARo17R gleichgerichtet ist.
Wäre allerdings N_d größer als N_c, so würde die Anzahl der gegensinnigen Rangordnungen
bzgl. der Werte von VARo14R und VARo17R überwiegen und damit eine _negative_ Beziehung
vorliegen.
Die absolute Differenz zwischen der Anzahl der konkordanten und diskordanten Paare
sagt nichts über die Stärke der statistischen Beziehung aus, da diese Differenz noch
auf eine Normgröße bezogen werden muß.

Der Gamma-Koeffizient

Mit Hilfe der Größen N_c und N_d wird der Assoziationskoeffizient __Gamma__ (γ) nach
Goodman und Kruskal in der Form[+)]

$$\boxed{\text{Gamma} \; = \; (\; N_c - N_d \;) \; / \; (\; N_c + N_d \;)}$$

definiert, welcher Werte zwischen -1 (totaler negativer Zusammenhang) und +1 (totaler
positiver Zusammenhang) annehmen und im Sinne eines PRE-Modells in der folgenden
Weise interpretiert werden kann:

Soll man für ein beliebiges Paar von Merkmalsträgern - ohne die Kenntnis der gemeinsamen Verteilung beider Merkmale - bzgl. eines Merkmals die vermeintliche Rangordnung
(Ordnungsbeziehung) voraussagen, so kann man jeweils eine Zufallsentscheidung über
die erwartete Rangordnung treffen oder aber standardmäßig z.B. für den jeweils zuerst
genannten Merkmalsträger die größere Merkmalsausprägung prognostizieren. Dabei begeht
man einen Prognosefehler, den man um den Absolutbetrag[++)] von "Gamma x 100" Prozent
reduzieren kann, falls man die jeweilige Vorhersage auf die Kenntnis der bivariaten
Häufigkeitsverteilung stützt und dabei folgendermaßen vorgeht:

Ist N_c größer als N_d, so prognostiziert man für das jeweilige Merkmal die gleiche
Rangordnung für die beiden Merkmalsträger, wie sie für dieses Paar beim anderen Merk-
mal vorliegt. Anderenfalls (N_c ist kleiner oder gleich N_d) sagt man die gegenläufige
Rangordnung vorher.

Im Rahmen der Modellvorstellungen ist an dieser Stelle hervorzuheben, daß das Paar
von Merkmalsträgern, für welches die Prognose durchgeführt werden soll, nicht verknüpft, d.h. __keine Bindungen__ (ties) besitzen darf. Dies bedeutet, daß die Ausprägungen der beiden Merkmalsträger für beide Merkmale verschieden sein müssen.

So ist z.B. ein Paar, dessen erster Merkmalsträger die Werte VARo14R = 1 und
VARo17R = 1 und dessen zweiter die Werte VARo14R = 2 und VARo17R = 1 besitzt, im
Merkmal VARo17R gebunden und daher nicht Gegenstand der o.a. Erörterungen.

Sind keine diskordanten Paare vorhanden, so hat Gamma den Wert 1 und es besteht ein
totaler positiver statistischer Zusammenhang. Besteht dagegen ein totaler negativer
statistischer Zusammenhang, so existieren keine konkordanten Paare und folglich hat
Gamma den Wert -1.

Für unser o.a. Beispiel errechnen wir als Gamma-Wert

Gamma = (7617 - 854) / (7617 + 854) = 6763 / 8471 = o.798

welchen wir wie folgt interpretieren können:

+) Für 2x2-Tabellen entspricht der Gamma-Koeffizient dem Yule'schen Q, welcher durch
   $Q = (\; a * d - b * c \;) / (\; a * d + b * c \;)$ für die Diagonalelemente a und d bzw.
   b und c definiert ist.
++) Der Absolutbetrag einer Zahl a ist gleich a, wenn a nicht negativ ist, und gleich
   -a, falls a negativ ist.

Es besteht eine starke positive Beziehung zwischen den Merkmalen "Schulleistung"
und "Lehrerurteil". Wissen wir also, daß für zwei Merkmalsträger bzgl. des Merkmals
"Schulleistung" eine positive oder negative Rangordnung besteht, so prognostizieren
wir für dieses Paar die gleiche Beziehung auch für das Merkmal "Lehrerurteil". Diese
auf alle nicht verknüpften Paare von Schülern angewandte Vorhersageregel reduziert
folglich die Fehler, die wir bei einer Vorhersage begehen, welche sich nicht auf die
Kenntnis der vorliegenden Ausprägungen von "Schulleistung" stützt, um ungefähr 8o%.

Assoziationsmaße von Somers

Da bei der Berechnung und Interpretation von Gamma kein Merkmal gegenüber dem anderen
als abhängig ausgezeichnet ist, handelt es sich beim Assoziationskoeffizienten Gamma
um ein symmetrisches Maß. Integriert man nun in die Nennersumme von Gamma die Anzahl
der Bindungen, so erhält man den folgenden asymmetrischen Assoziationskoeffizienten
Somers' d in der Form:

$$ d = (N_c - N_d) / (N_c + N_d + T) $$

Dabei bezeichnet T die Anzahl der Birdungen bzgl. des als abhängig ausgezeichneten
Merkmals.

Fassen wir im o.a. Beispiel VARo14R als abhängiges und VARo17R als unabhängiges Merkmal auf, so erhalten wir für T den Wert

$$ T = 4 * (11 + 2) + 11 * (2) + 6 * (146 + 2o) + 146 * (2o) + o * (22 + 39) $$
$$ + 22 * (39) = 4848 $$

und somit

$$ d = (7617 - 854) / (7617 + 854 + 4848) = 6763 / 13319 = o.5o8 $$

d.h. unter den Paaren, die in dem unabhängigen Merkmal VARo17R nicht gebunden sind,
überwiegt die Anzahl der konkordanten Paare die der diskordanten Paare, so daß die
Schüler, die eine hohe Einschätzung im Merkmal "Lehrerurteil" angeben, auch zu einer
hohen Einschätzung im Merkmal "Schulleistung" tendieren.

Betrachten wir umgekehrt VARo17R als abhängig und VARo14R als unabhängig, so errechnen
wir für die Anzahl T der Bindungen in VARo17R den Wert:

$$ T = 4 * (6 + o) + 6 * (o) + 11 * (146 + 22) + 146 * (22) + 2 * (2o + 39) $$
$$ + 2o * (39) = 5982 $$

und damit als Maß für die Stärke der Assoziation:

$$ d = (7617 - 854) / (7617 + 854 + 5982) = 6763 / 14453 = o.468 $$

Bezieht man in die Nennersumme von Somers' d die halbierte Summe der Bindungen bzgl.
beider Merkmale ein, so erhält man den <u>symmetrischen Assoziationskoeffizienten von
Somers'</u>, der im Rahmen des o.a. Beispiels folgendermaßen errechnet wird:

d = (7617 - 854) / (7617 + 854 + o.5 * (4848 + 5982)) = 6763 / 13886 = o.487

<u>Kendall's Tau</u>

Eine weitere Möglichkeit zur Beschreibung der Stärke einer Assoziation zwischen zwei
ordinalskalierten Merkmalen X und Y besteht darin, die Symmetrisierung der Beziehung
durch folgende Normierung der Differenz $N_c - N_d$ vorzunehmen:

$$Tau_b = (N_c - N_d)/(\sqrt{N_c + N_d + T_x} * \sqrt{N_c + N_d + T_y})$$

Dabei bezeichnen T_x und T_y die Anzahl der Paare mit Bindungen, welche nur in X (T_x)
bzw. nur in Y (T_y) vorliegen.

Für unser o.a. Beispiel erhalten wir als Tau_b-Koeffizienten den Wert

$$Tau_b = (7617 - 854)/(\sqrt{7617 + 854 + 4848} * \sqrt{7617 + 854 + 5982}) = o.487$$

Der Koeffizient Tau_b kann in der Regel - d.h. falls keine marginale Häufigkeit den
Wert o besitzt - nur für quadratische Kontingenz-Tabellen die Extremwerte -1 bzw.
+1 annehmen, und daher sollte Tau_b in erster Linie nur für quadratische Kontingenz-
Tabellen berechnet werden.
Für beliebige Rechteckstabellen kann man die Normierung der Differenz $N_c - N_d$ in der
folgenden Weise durchführen:

$$Tau_c = (N_c - N_d) / (o.5 * N^2 * ((m - 1) / m))$$

Dabei bezeichnet N die Anzahl der Merkmalsträger und m das Minimum aus Zeilen- und
Spaltenzahl der Kontingenz-Tabelle.

Für unser o.a. Beispiel errechnen wir den Wert

$$Tau_c = (7617 - 854) / (o.5 * 25o^2 * (3 - 1) / 3)) = o.325$$

Abschließend weisen wir darauf hin, daß man mit den Koeffizienten Tau_b und Tau_c nur
die Stärke einer ordinalen Assoziation beschreiben aber keine Interpretation im Rahmen
eines geeigneten statistischen Modells vornehmen kann, wie es etwa beim Koeffizienten
Gamma möglich ist.

<u>Automatische Berechnung von Gamma, Somers' d und den Koeffizienten Tau_b und Tau_c</u>
Genauso wie bei den nominalskalierten Merkmalen kann man auch bei den ordinalskalierten Merkmalen die jeweiligen Werte der oben dargestellten Maßzahlen für die Stärke

der ordinalen Assoziation durch das $SPSS^X$-System berechnen und ausdrucken lassen. Dabei kann man die jeweiligen Assoziationskoeffizienten in einem STATISTICS=Kommando - im Anschluß an die Kodierung des CROSSTABS=Kommandos - durch die folgenden Kennzahlen abrufen:

> 6 : Kendall's Tau_b,
>
> 7 : Kendall's Tau_c,
>
> 8 : Gamma-Koeffizient von Goodman und Kruskal,
>
> 9 : symmetrischer und asymmetrische Somers' d - Koeffizienten.

So erhalten wir z.B. durch das $SPSS^X$-Programm

```
DATA LIST          FILE = DATAIN /
                   VARo14 14, VARo17 17
TEMPORARY
COMPUTE            VARo14R = VARo14
COMPUTE            VARo17R = VARo17
RECODE             VARo14R, VARo17R ( 1, 2, 3 = 1 ), ( 4, 5, 6 = 2 ), ( 7, 8, 9 = 3 )
VARIABLE LABELS VARo14R 'SCHULLEISTUNG'
                   VARo17R 'LEHRERURTEIL'
ADD VALUE LABELS VARo14R, VARo17R
                   1 'SCHLECHT'
                   3 'GUT'             /
                   VARo14R
                   2 'DURCHSCHN.'   /
                   VARo17R
                   2 'DURCH-  SCHN.'
CROSSTABS          TABLES = VARo14R BY VARo17R
STATISTICS         6, 7, 8, 9
OPTIONS            4
```

den folgenden Ausdruck:[+)]

```
                       VARO17R
               COUNT  I
               COL PCT ISCHLECHT DURCH-    GUT        ROW
                      I          SCHN.                TOTAL
                      I   1.00I    2.00I    3.00I
VARO14R        --------+--------+--------+--------+
        1.00   I      4 I     11 I      2 I    17
   SCHLECHT    I   40.0 I    6.1 I    3.3 I   6.8
               +--------+--------+--------+
        2.00   I      6 I    146 I     20 I   172
   DURCHSCHN.  I   60.0 I   81.6 I   32.8 I   68.8
               +--------+--------+--------+
        3.00   I        I     22 I     39 I    61
   GUT         I        I   12.3 I   63.9 I   24.4
               +--------+--------+--------+
        COLUMN       10      179       61      250
        TOTAL       4.0     71.6     24.4    100.0


                                           WITH VARO14R    WITH VARO17R
        STATISTIC            SYMMETRIC      DEPENDENT       DEPENDENT
        ---------            ---------      ---------       ---------

SOMERS' D                    0.48704        0.50777         0.46793

        STATISTIC            VALUE          SIGNIFICANCE
        ---------            -----          ---------

KENDALL'S TAU B              0.48744        0.0000
KENDALL'S TAU C              0.32462        0.0000
GAMMA                        0.79837

NUMBER OF MISSING OBSERVATIONS =       0
```

+) Zu den inferenzstatistischen Aussagen mit Hilfe des Signifikanzniveaus s. 5.1.8.

5.1.7 Beschreibung der Stärke eines statistischen Zusammenhangs für intervallskalierte Merkmale (STATISTICS)

Bislang haben wir gelernt, wie man die Stärke der Assoziation bei nominal- und ordinalskalierten Merkmalen durch geeignete Maßzahlen beschreiben kann. Sind beide Merkmale X und Y intervallskaliert, so kann man eine Aussage über die Stärke des linearen Zusammenhangs zwischen X und Y machen, indem man den <u>Korrelationskoeffizienten r von Bravais-Pearson</u> - auch Produktmoment-Korrelation genannt - in der folgenden Form berechnet:

$$r = \frac{\sum_{i=1}^{N} (x_i - \overline{x}) * (y_i - \overline{y})}{\sqrt{\sum_{i=1}^{N} (x_i - \overline{x})^2} * \sqrt{\sum_{i=1}^{N} (y_i - \overline{y})^2}}$$

Dabei bezeichnen x_i und y_i die Ausprägungen von X und Y, $\overline{x}$ und $\overline{y}$ die zugehörigen arithmetischen Mittel und N die Anzahl der gültigen Cases.

Der Absolutbetrag von r liegt zwischen den Werten o und 1. Er beschreibt die Anpassungsgüte der durch·die x-y-Koordinaten beschriebenen Punkte an ihre zugehörige <u>Regressionsgerade</u>, was wir im folgenden <u>Streudiagramm</u> (scattergram) skizzieren:

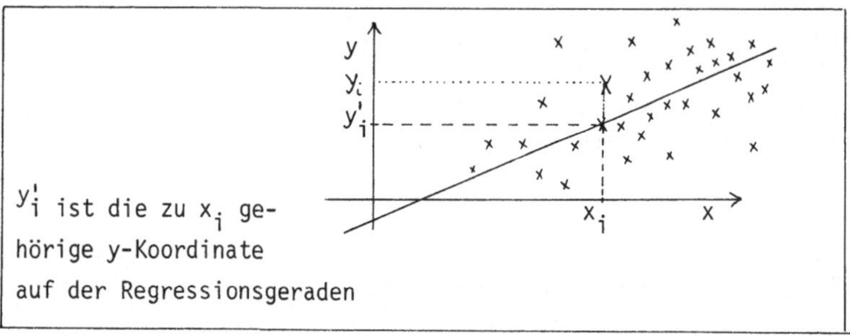

y'_i ist die zu x_i gehörige y-Koordinate auf der Regressionsgeraden

Die Regressionsgerade ist eindeutig bestimmt durch die Eigenschaft, daß sie unter allen denkbaren Geraden diejenige ist, von der die Gesamtheit der Punkte am geringsten abweicht. Dazu muß die Summe der vertikalen Abstände aller Punkte von dieser Geraden gleich o und die Summe der quadrierten vertikalen Abstände ein Minimum sein.

Liegen alle Punkte auf einer Geraden, so ist dies die Regressionsgerade und es gilt r = +1 oder r = -1, so daß es sich in diesen Fällen um eine <u>perfekte lineare Beziehung</u> handelt. Die Richtung dieser Beziehung wird durch die Lage der Regressionsgeraden beschrieben und durch das Vorzeichen des Koeffizienten r bestimmt.

Dabei handelt es sich um eine <u>positive Beziehung</u>, falls r größer als o ist, oder aber um eine <u>negative Beziehung</u>, falls r kleiner als o ist.
Errechnet sich der Wert von r zu o, so besagt dies, daß die Punkte als richtungslose Punktwolke in der x-y-Ebene angeordnet sind, d.h. die Werte der Merkmalsträger sind

gleichförmig um den Schwerpunkt des Streudiagramms verteilt, etwa in Form konzentrischer Kreise. In diesem Fall verläuft die Regressionsgerade parallel zur x-Achse, und folglich besteht zwischen den Merkmalen X und Y keine lineare Beziehung (r = o).

Der Absolutbetrag von r gibt die Stärke des linearen Zusammenhangs an.
Allerdings existiert kein PRE-Modell, in welchem sich der Koeffizient r geeignet interpretieren läßt. Anders ist dies mit dem Quadrat von r, dem <u>Determinationskoeffizienten r^2</u>. Diesem kann man nämlich im Sinne eines PRE-Modells die folgende Bedeutung zumessen:[+)]

Soll man beim Merkmal Y auf der Basis der zugehörigen Verteilung für einen beliebigen Merkmalsträger dessen zugehörige Ausprägung prognostizieren, so macht man (im Mittel) den geringsten Fehler - dieser ist gleich der Variation

$$E_1 = \sum_{i=1}^{N} (y_i - \overline{y})^2$$

- falls man stets das arithmetische Mittel $\overline{y}$ voraussagt.

Bezieht man als Zusatzinformation für die Vorhersage die Kenntnis der bivariaten Verteilung von X und Y mit ein, so prognostiziert man bei gegebener Ausprägung x_i als zugehörigen Vorhersagewert den entsprechenden Wert y_i' auf der Regressionsgeraden. Dabei ergibt sich als Fehler die Variation der Regressionsgeraden, d.h. der Wert

$$E_2 = \sum_{i=1}^{N} (y_i - y_i')^2 \ .$$

Bzgl. der beiden Fehler E_1 und E_2 gilt die Gleichung:

$$r^2 = (E_1 - E_2) / E_1$$
$$= \frac{\sum_{i=1}^{N}(y_i - \overline{y})^2 - \sum_{i=1}^{N}(y_i - y_i')^2}{\sum_{i=1}^{N} (y_i - \overline{y})^2} = 1 - \frac{\sum_{i=1}^{N}(y_i - y_i')^2}{\sum_{i=1}^{N}(y_i - \overline{y})^2}$$

Folglich gibt r^2 den Anteil an der Gesamtvariation von Y an, der durch X linear erklärt werden kann, und die Differenz $1 - r^2$ kennzeichnet den Anteil an der Gesamtvariation von Y, der auf einen nichtlinearen (wie z.B. quadratischen oder cubischen) Einfluß von X oder auf den Einfluß anderer Merkmale zurückgeführt werden muß (s. das Beispiel auf S. 148).

Der Koeffizient Eta^2

Ob überhaupt eine Beziehung zwischen den Merkmalen X und Y besteht - egal, ob sie linear oder nichtlinear ist - kann für ein intervallskaliertes abhängiges Merkmal Y und ein nominalskaliertes unabhängiges Merkmal X durch den Koeffizienten <u>Eta^2 (η^2)</u> beschrieben werden, welcher durch die folgende Formel definiert ist:

[+)] Wegen der Symmetrie des Koeffizienten r bzgl. der X- und Y-Werte gelten die folgenden Ausführungen auch, falls man die Rollen von X und Y vertauscht.

$$Eta^2 = \frac{\sum_{i=1}^{N}(y_i - \overline{y})^2 - \sum_{j=1}^{k} \sum_{i=1}^{n_j}(y_{ij} - \overline{y_j})^2}{\sum_{i=1}^{N}(y_i - \overline{y})^2}$$

Dabei beschreiben k die Anzahl der verschiedenen Merkmalsausprägungen von X und n_j die Anzahl der Cases, welche für X den Wert x_j annehmen.

Dieser Eta^2-Koeffizient kann folgendermaßen im Sinne eines PRE-Modells interpretiert werden:

Prognostiziert man auf der Basis der eigenen Verteilung einen charakteristischen Wert von Y in Form des arithmetischen Mittels $\overline{y}$, so macht man (im Mittel) den geringsten Fehler, nämlich den Fehler der Gesamtvariation

$$E_1 = \sum_{i=1}^{N}(y_i - \overline{y})^2 \; .$$

Sagt man unter Kenntnis der gemeinsamen Verteilung für einen Merkmalsträger, der bzgl. X die Ausprägung x_j besitzt, das arithmetische Mittel $\overline{y_j}$ aller Y-Werte in der Gruppe aller Merkmalsträger , die für X den Wert x_j besitzen, voraus, so macht man insgesamt (im Mittel) den Fehler

$$E_2 = \sum_{j=1}^{k} \sum_{i=1}^{n_j}(y_{ij} - \overline{y_j})^2 \; .$$

Folglich kennzeichnet man durch

$$Eta^2 = (E_1 - E_2) / E_1$$

den Anteil der Gesamtvariation, der dadurch erklärt wird, daß man für jedes x_j das arithmetische Mittel der zugehörigen Y-Werte in Form von $\overline{y_j}$ vorhersagt.

Allgemein gilt, daß Eta^2 stets größer oder gleich dem Determinationskoeffizienten r^2 ist, so daß die Differenz Eta^2 - r^2 als ein Maß für die <u>Kurvilinearität</u>, d.h. für das Abweichen von einer linearen Beziehung aufgefaßt werden kann.

<u>Automatische Berechnung von r und Eta</u>

Für die Ausgabe der Koeffizienten r und Eta muß man die folgenden Kennzahlen im STATISTICS=Kommando - im Anschluß an die Kodierung des CROSSTABS=Kommandos - angeben:[+)]

1o :	Ausgabe des Wertes Eta (<u>nicht</u> Eta^2) und
11 :	Ausdruck des Korrelationskoeffizienten r nach Bravais-Pearson (<u>nicht</u> r^2).

So erhalten wir etwa als Koeffizienten für die Stärke des statistischen Zusammenhangs zwischen den Merkmalen "Schulleistung" (VARo14) und "Lehrerurteil" (VARo17) durch die Kommandos

```
CROSSTABS     TABLES = VARo14 BY VARo17
OPTIONS       4
STATISTICS    1o, 11
```

+) Es ist nicht sinnvoll, den Koeffizienten r mit dem Kommandos CROSSTABS berechnen zu lassen, falls die Anzahl der Ausprägungen zu groß ist. In diesem Fall sollte man eines der Kommandos PEARSON CORR oder SCATTERGRAM (vgl. 5.3) benutzen.

die folgenden Werte ausgedruckt:[+)]

```
           STATISTIC           SYMMETRIC      WITH VARo14      WITH VARo17
           ---------           ---------      DEPENDENT        DEPENDENT
                                              -------------    -------------

   ETA                                          0.60020          0.65471

           STATISTIC           VALUE          SIGNIFICANCE
           ---------           -----          ------------

   PEARSON'S R                 0.59273          0.0000
```

Somit besteht zwischen VARo14 und VARo17 eine positive lineare Beziehung, da das
Vorzeichen von r positiv ist, und es werden ungefähr 35% (= 0.5927^2 * 1oo%) der
Variation von VARo14 durch die Variation von VARo17 linear erklärt.[++)] Für Eta^2 ergibt
sich der Wert o.36 (= $0.6oo2^2$) und folglich für die Differenz von Eta^2 und r^2 das
Resultat o.oo95, d.h. es liegen keine wesentlichen kurvilinearen Einflüsse vor.

5.1.8 Inferenzstatistische Aussagen über den statistischen Zusammenhang in der Grundgesamtheit

Bislang haben wir dargestellt, wie man Unterschiede von Konditionalverteilungen feststellen und Aussagen über die Stärke bzw. Schwäche einer statistischen Beziehung in
der Gruppe der Merkmalsträger machen kann.

Sind die Merkmalsträger zufällig aus einer bestimmten Grundgesamtheit ausgewählt worden - man bezeichnet die Gruppe dann als Stichprobe - so kann man, sofern die Ausprägungen verschiedener Merkmalsträger unabhängig voneinander erhoben wurden, die folgende Fragestellung untersuchen:

Sind die Unterschiede in den Verteilungen (z.B. in den Prozentsätzen der jeweiligen
Häufigkeitsverteilungen) allein auf Stichprobenfehler, d.h. auf Fehler bei der Auswahl der Merkmalsträger zurückzuführen oder aber spiegeln sie signifikante, d.h.
statistisch bedeutsame Beziehungen zwischen den Merkmalen in der Grundgesamtheit
wieder?

Im Hinblick auf diese Fragestellung führt man in der Regel Signifikanztests bzgl. der
folgenden Nullhypothese (Arbeitshypothese) durch:

> H_o : (es besteht kein statistischer Zusammenhang in der Grundgesamtheit)

Ein statistischer Test entscheidet, ob die mittels einer Stichprobe erhobenen Daten
mit einer Hypothese über die Grundgesamtheit verträglich sind. In einem derartigen
Test gibt man ein geeignetes Testniveau α (von i. allg. 5%) vor und berechnet als
Kriterium dafür, daß man H_o beibehalten oder ablehnen soll, den Prüfwert (Realisierung)
einer Teststatistik [+++)] aus den erhobenen Merkmalsausprägungen der Stichprobenelemen-
te. Anschließend leitet man aus der Verteilung dieser Teststatistik die Wahrscheinlichkeit dafür ab, daß die Teststatistik diesen Prüfwert oder einen bzgl. der Nullhypothese

---

  +) Wir verwenden die Variablen VARo14 und VARo17 hier nur zur Demonstration (s. 1.5).
 ++) Es ist üblich, den Erklärungsanteil r^2 in Prozentwerten auf der Basis 1oo anzu-
     geben.
+++) Eine Teststatistik ist eine Funktion des Assoziationskoeffizienten in Abhängig-
     keit von allen theoretisch möglichen Ausprägungen der Elemente der Grundgesamtheit

noch ungünstigeren Wert annimmt. Diese so ermittelte Wahrscheinlichkeit - man nennt sie das Signifikanzniveau (significance) - vergleicht man mit dem vorgegebenen Testniveau α.

Ist das Signifikanzniveau kleiner als das Testniveau, so lehnt man H_o ab und nimmt die Alternativhypothese

$$\boxed{H_1 : \quad (\text{ es besteht ein statistischer Zusammenhang in der Grundgesamtheit })}$$

an. Anderenfalls behält man H_o bei, weil das erhaltene Ergebnis dieser Hypothese nicht widerspricht.

Die Durchführung derartiger Signifikanztests wird vom $SPSS^X$-System in folgender Weise unterstützt:

Für intervallskalierte Merkmale (mit Normalverteilung) kann ein Korrelationstest durchgeführt werden, da - bei Kodierung der Kennzahl 11 im STATISTICS=Kommando - zusammen mit dem Korrelationskoeffizienten r das zugehörige Signifikanzniveau (SIGNIFICANCE) ausgedruckt wird.[+)]

Für ordinalskalierte Merkmale kann man einen Assoziationstest durchführen, da - bei Kodierung der Kennzahlen 6 und 7 im STATISTICS=Kommando - zusammen mit den Assoziationskoeffizienten Tau_b und Tau_c das zugehörige Signifikanzniveau ausgegeben wird.[++)]

Für nominalskalierte Merkmale wird im Zusammenhang mit der Kodierung der Kennzahl 1 im STATISTICS=Kommando folgendermaßen verfahren:
- bei 2x2-Kontingenz-Tabellen mit höchstens 2o Cases wird ein exakter Fisher-Test[+++)] durchgeführt und es werden die entsprechenden Signifikanzniveaus ausgedruckt und
- bei 2x2-Kontingenz-Tabellen mit mehr als 2o Cases wird der Chi-Quadrat-Wert (raw chi square) und der durch die Yates-Korrektur [++++)] korrigierte Chi-Quadrat-Wert (corrected chi square) ausgegeben. Ferner werden die zugehörigen Signifikanzniveaus

---

[+)] Die zugehörige Teststatistik hat die Form $(r * \sqrt{N - 2} / \sqrt{1 - r^2})$ - N ist gleich der Anzahl der Cases - und ist unter H_o gemäß $t (N - 2)$-verteilt.
Dabei ist die t-Verteilung die theoretische Verteilung von $(X - u) / s_x$, wobei u der Erwartungswert und s_x die Stichproben-Standardabweichung des normalverteilten Merkmals X^x ist.

[++)] Die zugehörigen Teststatistiken sind unter H_o normalverteilt mit dem Mittelwert o und der Varianz $\sqrt{(4 * N + 1o) / (9 * N * (N - 1))}$, wobei N die Anzahl der Cases bezeichnet.

[+++)] Beim exakten Fisher-Test (auch Fisher-Yates-Test genannt) ermittelt man - unter der Annahme der Unabhängigkeit der beiden Merkmale (Nullhypothese) und der Konstanz der beiden Marginalverteilungen - die Wahrscheinlichkeit dafür, die aktuelle oder eine bzgl. der Nullhypothese noch ungünstigere (d.h. weniger wahrscheinliche) Häufigkeitsverteilung zu beobachten.

[++++)] Durch die Yates-Korrektur wird bei der Berechnung des Chi-Quadrat-Koeffizienten (vgl. S. 134) eine Kontinuitäts-Korrektur vorgenommen, indem der Wert o.5 von jeder positiven Abweichung $f_b - f_e$ abgezogen und zu jeder negativen Abweichung $f_b - f_e$ hinzuaddiert wird,
d.h. es ergibt sich der Wert $\sum ((| f_b - f_e | - 0.5)^2 / f_e)$.

protokolliert.[+]

Für kleinere Casezahlen (kleiner oder gleich 1oo) sollte man stets den korrigierten
Chi-Quadrat-Wert benutzen, und für größere Casezahlen kann man auch den unkorrigierten Chi-Quadrat-Wert verwenden.

Falls ein Wert der Indifferenz-Tabelle kleiner als 5 ist, darf man grundsätzlich
keinen Chi-Quadrat-Test mit dem unkorrigierten Chi-Quadrat-Wert durchführen. Allerdings ist es in dieser Situation erlaubt, einen Chi-Quadrat-Test mit dem korrigierten Chi-Quadrat-Wert vorzunehmen, falls die Anzahl der Cases sehr groß ist.

- Für Kontingenz-Tabellen, deren Zeilen- bzw. Spaltenzahl größer als 2 ist, wird der
  Chi-Quadrat-Wert und das zugehörige Signifikanzniveau ausgedruckt.[++] Gleichzeitig
  wird die Anzahl der Zellen protokolliert, für welche die zugehörigen Häufigkeiten in
  der Indifferenz-Tabelle kleiner als 5 sind, und es wird zusätzlich der kleinste in
  der Indifferenz-Tabelle enthaltene Wert ausgedruckt.
  Für den Fall, daß nicht mehr als 2o% der erwarteten Häufigkeiten in der Indifferenz-
  Tabelle kleiner als 5 und keiner dieser Werte kleiner als 1 ist, darf man das pro-
  tokollierte Signifikanzniveau teststatistisch auswerten. Sollte dies nicht möglich
  sein, so sollte man die Merkmalsausprägungen geeignet klassifizieren, sofern dies
  inhaltlich bzw. aufgrund der zugehörigen Häufigkeitsverteilungen zulässig ist.

Wir erläutern die o.a. Ausführungen durch die Untersuchung des statistischen Zusammenhangs der Merkmale "Schulleistung" (VARo14) und "Lehrerurteil" (VARo17) (vgl. 5.1.7).
Durch die Kommandos

```
CROSSTABS      TABLES = VARo14 BY VARo17
OPTIONS        4
STATISTICS     1, 6, 7
```

werden die folgenden Statistik-Informationen ausgedruckt:

```
  CHI-SQUARE    D.F.     SIGNIFICANCE      MIN E.F.     CELLS WITH E.F.< 5
  ----------    ----     ------------      --------     ------------------

  365.51393      64        0.0000           0.004       67 OF    81 ( 82.7%)

         STATISTIC                  VALUE          SIGNIFICANCE
         ---------                  -----          ------------

  KENDALL'S TAU B                  0.50794           0.0000
  KENDALL'S TAU C                  0.43204           0.0000
```

+) Unter der Annahme, daß die Daten zufällig und voneinander unabhängig erhoben und
   die Häufigkeiten der zugehörigen Indifferenz-Tabelle einen Wert größer oder gleich
   5 haben, sind die zugehörigen Teststatistiken beide Chi-Quadrat-verteilt mit einem
   Freiheitsgrad, weil bei gegebenen Marginalverteilungen mit der Angabe nur einer
   Zellhäufigkeit auch die drei restlichen Werte in der Kontingenz-Tabelle bestimmt
   sind. Da es sich bei den empirischen Häufigkeitsverteilungen um diskrete Verteilungen handelt, können sie nur unzulänglich durch die kontinuierliche theoretische
   Chi-Quadrat-Verteilung angenähert werden. Die Verbesserung der Anpassung wird i.
   allg. durch die Yates-Korrektur erreicht. Allerdings kann diese Art der Anpassung
   im Sonderfall auch schlechter ausfallen!
++) Die zugehörige Teststatistik ist Chi-Quadrat-verteilt, wobei sich die Anzahl der
   Freiheitsgrade als Produkt der um jeweils 1 verminderten Zeilen- und Spaltenzahlen
   errechnet.

Da mehr als 2o% - nämlich 82.7% - der Werte in der Indifferenz-Tabelle kleiner als 5 sind, darf man für diese 9x9-Kontingenz-Tabelle keinen Chi-Quadrat-Signifikanztest auf statistische Unabhängigkeit von VARo14 und VARo17 durchführen.

Da beide Merkmale ordinalskaliert sind, können wir mit Hilfe der Assoziationskoeffizienten Tau_b bzw. Tau_c die Nullhypothese abtesten, ob beide Merkmale in der Grundgesamtheit statistisch unabhängig sind.

Dazu geben wir uns das Testniveau α = 5% vor und entscheiden uns für die Überprüfung von Tau_b oder Tau_c. Allein aus Gründen der Darstellung haben wir uns hier die Werte beider Assoziationskoeffizienten ausdrucken lassen. Im Hinblick auf ein sauberes statistisches Vorgehen sollte man sich nämlich stets das Testniveau vor der Durchführung der Datenanalyse vorgeben. Dadurch legt man nämlich fest, welchen <u>Fehler 1. Art</u> man einzugehen bereit ist, d.h. mit welcher Wahrscheinlichkeit man eine Nullhypothese verwerfen will, obgleich sie richtig ist.[+)]

Haben wir uns z.B. für die Überprüfung der Nullhypothese bzgl. des Assoziationskoeffizienten Tau_b entschieden, so müssen wir die für Tau_b ausgegebenen Werte

Tau_b = o.5o794 mit dem Signifikanzniveau o.oooo

diskutieren. Da das Signifikanzniveau kleiner als 10^{-4} (es ist nicht gleich o !) und demzufolge kleiner als das vorgegebene Testniveau α = 5% ist, lehnen wir die Nullhypothese der statistischen Unabhängigkeit ab. Es spricht alles dafür, daß in der Grundgesamtheit eine positive Assoziation zwischen VARo14 und VARo17 besteht, deren Stärke für die Stichprobe der 25o Schüler mit dem Tau_b-Wert o.51 (und dem Tau_c-Wert o.43) beschrieben wird.

5.2 Das Kommando NONPAR CORR

Im Abschnitt 5.1.6 haben wir die Assoziationsmaße Gamma, Somers' d und die Kendall'schen Koeffizienten Tau_b und Tau_c beschrieben, mit denen man die Stärke des statistischen Zusammenhangs zwischen zwei ordinalskalierten Merkmalen kennzeichnen und deren Werte man durch ein geeignetes STATISTICS=Kommando in Verbindung mit dem Kommando CROSSTABS berechnen lassen kann.

Spearman's Rho

Neben diesen Möglichkeiten besteht ein weiterer Zugang zur Beschreibung der ordinalen Assoziation darin, daß man den jeweiligen Merkmalsausprägungen sog. <u>Rangzahlen</u> zuordnet und einen geeigneten Rang-Korrelationskoeffizienten berechnet.

+) Man kann zwar durch eine Verkleinerung des Testniveaus das Risiko eines derartigen Fehlschlusses verringern, muß dabei jedoch bedenken, daß man dadurch den <u>Fehler 2. Art</u> - die Wahrscheinlichkeit, eine falsche Hypothese beizubehalten - erhöht. Aus diesem Dilemma kommt man i. allg. nur dadurch heraus, daß man von vornherein für eine möglichst große Stichprobe sorgt. Ob jedoch die Unterschiede (Zusammenhänge)' die bei großen Stichproben signifikant abgesichert werden können, auch von <u>praktischer Relevanz</u> sind, sollte man im Einzelfall sehr genau überlegen.

Dabei setzen wir zunächst voraus, daß es sich bei beiden Rangreihen um echte Rangfolgen handelt, so daß kein Rangplatz mehrfach auftritt.

Für die nachfolgend angegebenen Ausprägungen der Merkmale X und Y werden z.B. die folgenden Rangplätze ermittelt:

	Wert von X	Wert von Y	Rangplatz r bzgl. X	Rangplatz s bzgl. Y
1. Case	3.4	o.5	3	1
2. Case	o.4	1o.2	1	4
3. Case	1o.5	5.3	4	3
4. Case	1.1	1.6	2	2

Hat man dem i-ten Merkmalsträger bzgl. des einen Merkmals den Rangplatz r_i und bzgl. des anderen Merkmals den Rangplatz s_i zugeordnet, so beschreibt der Spearman'sche Rang-Korrelationskoeffizient Rho (ρ) in der Form[+)]

$$Rho = 1 - (6 * \sum_{i=1}^{N} (r_i - s_i)^2 / (N^3 - N))$$

die Unterschiedlichkeit der beiden Rangreihen, wobei die Summation über alle N Merkmalsträger vorgenommen wird.

Die Werte von Rho liegen zwischen -1 und +1. Stimmen die beiden Rangreihen überein, so besteht eine totale positive statistische Abhängigkeit, und Rho nimmt den Wert +1 an. Verlaufen die Rangreihen genau entgegengesetzt, so besteht eine totale negative statistische Beziehung, und Rho errechnet sich zu -1. Ansonsten haben die Cases mit den größten Rangplatz-Differenzen das größte Gewicht.

Bindungen

Treten bei der Bildung der beiden Rangreihen gleiche Rangplätze auf, so wird das arithmetische Mittel dieser Ränge gebildet und den jeweiligen Merkmalsträgern als gemeinsamer Rangplatz zugeordnet.

Für die nachfolgend angegebenen Werte der Merkmale X und Y werden z.B. die folgenden Rangplätze ermittelt:

	Wert von X	Wert von Y	Rangplatz r bzgl. X	Rangplatz s bzgl. Y
1. Case	3.4	o.5	(3+4+5)/3 = 4	1
2. Case	o.4	1o.2	1	(5+6)/2 = 5.5
3. Case	3.4	1.6	(3+4+5)/3 = 4	(2+3)/2 = 2.5
4. Case	1o.5	5.3	6	4
5. Case	3.4	1o.2	(3+4+5)/3 = 4	(5+6)/2 = 5.5
6. Case	1.1	1.6	2	(2+3)/2 = 2.5

Bezeichnen wir die Anzahl der Bindungen in X und Y mit T_x bzw. T_y , so wird die ursprüngliche Berechnung von Rho für den Fall, daß Bindungen vorliegen, in der folgenden Weise korrigiert:

+) Diesen Ausdruck leitet man aus der Formel für den Korrelationskoeffizienten r (s. S. 146) ab, indem man die Assoziation der beiden Rangreihen ermittelt. Genaugenommen muß man dabei unterstellen, daß die Skala der Rangplätze intervallskaliert ist

$$Rho = \frac{(N^3 - N/6) - (1/12) * (\sum (T_x^3 - T_x) + \sum (T_y^3 - T_y)) - \sum (r_i - s_i)^2}{2 * \sqrt{(N^3 - N)/12 - 1/12 * \sum (T_x^3 - T_x)} \sqrt{(N^3 - N)/12 - 1/12 * \sum (T_y^3 - T_y)}}$$

Automatische Berechnung von Spearman's Rho

Die automatische Berechnung des Rang-Korrelationskoeffizienten Rho kann man mit dem Kommando NONPAR CORR (nichtparametrische Korrelation) abrufen, welches die folgende allgemeine Form besitzt:

```
NONPAR CORR      variablenliste1 [WITH variablenliste2]
                 [/ variablenliste3 [WITH variablenliste4]] ...
```

Aus den Angaben jeder Spezifikationsliste der Form[+)

```
variablenliste1 [WITH variablenliste2]
```

werden Variablenpaare gebildet. Dabei darf jede Variablenliste aus einer[++)] oder mehreren Variablen bestehen, die gegebenenfalls in Form reflexiver Variablenlisten vereinbart sind. Für jedes Variablenpaar, welches durch die Spezifikationslisten bestimmt ist, wird der Assoziationskoeffizient Rho ermittelt[+++)] und ausgegeben.

Ist das Schlüsselwort WITH in einer Spezifikationsliste kodiert, so wird ein Paar aus je einer Variablen der beiden vor und hinter WITH aufgeführten Variablenlisten gebildet. In diesem Fall erfolgt die Druckausgabe in Form einer Rechtecksmatrix.
Ohne die Angabe des Wortes WITH werden alle Variablen der einen Variablenliste paarweise miteinander kombiniert, und die Druckausgabe der Assoziationskoeffizienten erfolgt in Form einer unteren Dreiecksmatrix.

So erhalten wir z.B. durch das Kommando

```
NONPAR CORR      VARo14, VARo16, VARo17
```

die folgende Druckausgabe:

```
VARO16              .4634
                 N(   250)
                 SIG .000


VARO17              .5890         .4789
                 N(   250)     N(   250)
                 SIG .000      SIG .000


                 VARO14         VARO16

" . " IS PRINTED IF A COEFFICIENT CANNOT BE COMPUTED.
```

Dies bedeutet, daß zwischen je zwei Merkmalen eine positive Beziehung in der Gruppe der N =25o Befragten besteht, so daß keine extremen Diskrepanzen oder gar gegenläu-

---

+) Es dürfen bis zu 25 Spezifikationslisten aufgeführt werden.
++) Besteht eine Spezifikationsliste nur aus einer Variablenliste, so müssen in ihr mindestens zwei Variablen aufgeführt sein.
+++) Dabei werden alle die Cases von der Auswertung ausgeschlossen, welche für mindestens eine Variable des Variablenpaares einen als missing Value vereinbarten Wert besitzen.

figen Tendenzen in den Einschätzungen der eigenen Schulleistung (VARo14), der eigenen Begabung (VARo16) und der Meinung des Lehrers über die eigene Begabung (VARo17) bestehen.

Signifikanztest für Rho

Aus der o.a. Druckausgabe entnehmen wir, daß mit jedem Rho-Koeffizienten auch gleichzeitig ein zugehöriges Signifikanzniveau (SIG) ausgegeben wird.[+) Dieses bezieht sich auf die Nullhypothese

$$H_0 \text{ (in der Grundgesamtheit besteht kein statistischer Zusammenhang)} . \text{[++)]}$$

Im Gegensatz zu unseren Erörterungen im Abschnitt 5.1.8 wird jetzt standardmäßig nicht gegen die Alternativhypothese

$$H_1 \text{ (es besteht ein statistischer Zusammenhang und es ist Rho ungleich o)}$$

getestet, d.h. es wird kein sog. zweiseitiger Test durchgeführt.

Vielmehr gibt man sich die Richtung der Korrelation durch eine Alternativhypothese der Form

$$H_1 \text{ (es besteht eine positive bzw. eine negative Assoziation)}$$

vor, so daß man in diesem Fall einen sog. einseitigen Test durchführt.[+++)]
Durch die Angabe einer geeigneten Kennzahl in einem zugehörigen OPTIONS=Kommando kann man sich allerdings wieder das Signifikanzniveau für einen zweiseitigen Test ausdrucken lassen (s. unten).

Kendall's Tau

Ist die Anzahl der Bindungen bei den beiden untersuchten Merkmalen sehr groß, so ist es empfehlenswert, anstelle des Rho-Koeffizienten den Koeffizienten Kendall's Tau_b (vgl. S. 144) zur Beschreibung der Stärke der statistischen Beziehung abzurufen.
Dazu braucht man nicht unbedingt das CROSSTABS=Kommando zu kodieren, wobei eine zusätzliche Druckausgabe der Kontingenz-Tabelle angefordert wird, sondern man kann sich den Tau_b-Wert und das zugehörige Signifikanzniveau - zum Test der Nullhypothese, daß in der Grundgesamtheit kein statistischer Zusammenhang existiert - durch ein OPTIONS= Kommando im Zusammenhang mit dem Kommando NONPAR CORR ausgeben lassen.
Im Anschluß an die Kodierung eines NONPAR CORR=Kommandos kann man nämlich auf die standardmäßige Berechnung von Spearman's Rho und des zugehörigen Signifikanzniveaus für einen einseitigen Test durch die Angabe der folgenden Kennzahlen in einem entsprechenden OPTIONS=Kommando einwirken:

+) Ein ausgedruckter Wert von SIG = 0.000 bedeutet, daß das Signifikanzniveau kleiner als 0.001 ist.

++) Falls die Stichprobengröße N größer als 1o ist, besitzt die Teststatistik $Rho * \sqrt{(N-2)/(1-Rho^2)}$ eine t-Verteilung mit N-2 Freiheitsgraden.

+++) Wegen der Symmetrie der t-Verteilung ergibt die Hälfte des Signifikanzniveaus beim zweiseitigen Test gerade das Signifikanzniveau beim einseitigen Test.

> 1 : Einschluß von durch das MISSING VALUES=Kommando vereinbarten missing Values,
>
> 2 : es erfolgt ein <u>listenweiser Ausschluß</u> von Cases mit missing Values, d.h. ein
>   Case wird dann von allen Koeffizientenberechnungen für die Paare einer bzw.
>   (falls WITH kodiert ist) zweier Variablenlisten ausgeschlossen, falls er für
>   eine Variable dieser Liste(n) einen missing Value besitzt,
>
> 3 : jedes Signifikanznineau bezieht sich auf einen zweiseitigen Test (standard-
>   mäßig wird das Signifikanzniveau für einen einseitigen Test ausgedruckt),
>
> 4 : ist in einer Spezifikationsliste das Schlüsselwort WITH nicht kodiert, so wer-
>   den die ermittelten Assoziationskoeffizienten in Matrixform zeilenweise als
>   Datensätze in eine Magnetplatten-Datei ausgegeben (vgl. Abschnitt 6.7.4),
>
> 5 : anstelle von Spearman's Rho wird der Koeffizient Kendall's Tau_b berechnet,
>
> 6 : es werden sowohl Spearman's Rho als auch Kendall's Tau_b ermittelt,
>
> 7 : reicht der Speicher nicht aus, um alle Cases in die Auswertung mit einbezie-
>   hen zu können, so erfolgen die Berechnungen für eine Zufallsstichprobe,
>
> 8 : die Ausgabe der Casezahlen und des Signifikanzniveaus wird unterdrückt (eine
>   signifikante Korrelation auf dem 1%-Niveau (o.1%-Niveau) wird durch einen
>   Stern (zwei Sterne) gekennzeichnet und
>
> 9 : die Druckausgabe geschieht beim Fehlen des Schlüsselwortes WITH nicht als unte-
>   re Dreiecksmatrix, sondern gemäß der Reihenfolge, die durch die Position der
>   Variablen in ihren Variablenlisten bestimmt wird.

5.3 Die Beschreibung der Beziehung von intervallskalierten Merkmalen durch den Korrelationskoeffizienten von Bravais-Pearson

Im Abschnitt 5.1.7 haben wir gelernt, wie der Korrelationskoeffizient r von Bravais-Pearson vereinbart ist und wie sein Quadrat, der sog. Determinationskoeffizient r^2 zur Beschreibung der Stärke einer statistischen Beziehung zwischen zwei intervallska-lierten Merkmalen interpretiert werden kann. Dabei haben wir darauf hingewiesen, daß bei einer größeren Anzahl von Ausprägungen der beiden Merkmale eine Auswertung mit dem CROSSTABS=Kommando nicht sinnvoll ist, da neben dem Koeffizienten r auch stets eine zugehörige Kontingenz-Tabelle ausgedruckt wird.

5.3.1 Das Kommando SCATTERGRAM

Anstelle dieser aufwendigen und i. allg. auch völlig unübersichtlichen Druckausgabe durch das CROSSTABS=Kommando empfiehlt es sich, die Ausgabe eines Streudiagramms mit Hilfe des Kommandos <u>SCATTERGRAM</u> (Streudiagramm) abzurufen, welches die folgende allge-meine Form besitzt:

```
SCATTERGRAM    variablenliste1 [WITH variablenliste2]
               [/ variablenliste3 [WITH variablenliste4]] ...
```

Aus den Angaben jeder Spezifikationsliste der Form

> variablenliste1 [WITH variablenliste2]

werden Variablenpaare gebildet. Dabei darf jede Variablenliste aus einer[+)] oder mehreren Variablen bestehen, die gegebenenfalls in Form von reflexiven Variablenlisten vereinbart sind. Für jedes Variablenpaar, welches durch die Spezifikationslisten bestimmt ist, wird ein Streudiagramm ausgegeben.

Ist das Schlüsselwort <u>WITH</u> kodiert, so wird ein Paar aus je einer Variablen der beiden vor und hinter WITH aufgeführten Variablenlisten gebildet, und ohne die Angabe von WITH werden alle Variablen der einen Variablenliste paarweise miteinander kombiniert. In jedem Fall bestimmt die Position der Variablen in ihren Listen die Reihenfolge der ausgedruckten Streudiagramme.

So werden z.B. durch das Kommando[++)]

> SCATTERGRAM   VARo14, VARo16 WITH VARo17

zwei Streudiagramme ausgegeben, wobei wir für die Merkmale "Schulleistung" (VARo14) und "Lehrerurteil" (VARo17) das folgende Druckbild erhalten:

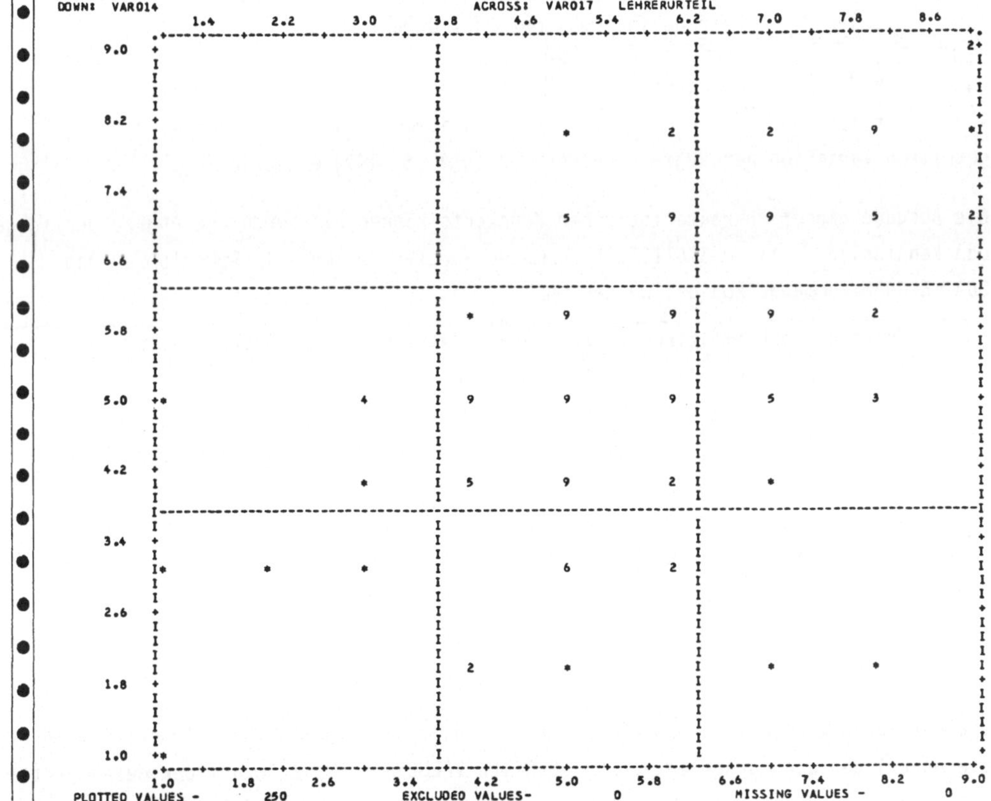

+) Besteht eine Spezifikationsliste nur aus <u>einer</u> Variablenliste, so müssen mindestens zwei Variablen in dieser Liste aufgeführt sein.

Die Werte von VARo14 werden als Ordinaten- (DOWN) und diejenigen von VARo17 als Abszis-
senwerte (ACROSS) in das Diagramm eingetragen.[+] Jeder einzelne Punkt des Streudiagramms wird - im Rahmen der Druckgenauigkeit - durch das Zeichen "*" markiert. Fallen
bei der Druckausgabe mehrere Punkte zusammen, so wird stets die jeweilige Anzahl ausgedruckt. Dabei charakterisiert die Ziffer "9", daß an dieser Stelle 9 oder mehr
Punkte angesiedelt sind.

Um die Punktekonzentration und die Lage des Streudiagramms besser beurteilen zu können, wird die Druckausgabe standardmäßig in 9 Quadranten eingeteilt.

Wir erkennen in dem o.a. Streudiagramm eine gewisse Punktekonzentration entlang der
diagonalen Quadranten und schließen daher auf eine schwache positive lineare statistische Beziehung zwischen den beiden Merkmalen "Schulleistung" und "Lehrerurteil".

STATISTICS

Zur Beschreibung dieser Beziehung sind wir z.B. am Korrelationskoeffizienten r, am
Determinationskoeffizienten r^2, an den beiden Parametern a (Niveaukoeffizient) und
b (Steigungskoeffizient) der <u>Regressionsgeraden-Gleichung " y = a + b * x "</u> und an
einem Maß der mittleren Abweichung der Punkte von der Regressionsgeraden, dem sog.
<u>Standardfehler der Schätzung</u> interessiert, der durch

$$\sqrt{(1 / (n - 2)) * \sum_{i=1}^{n} (y_i - y_i')^2}$$

vereinbart ist und welcher der positiven Quadratwurzel der durch den Wert "n - 2"
geteilten Variation der Regressionsgeraden (vgl. S. 147) entspricht.

Die Ausgabe dieser charakteristischen Kennwerte können wir durch die Angabe der folgenden Kennzahlen in einem STATISTICS=Kommando abrufen, welches im Anschluß an das
SCATTERGRAM=Kommando kodiert werden muß:

---

1 : Korrelationskoeffizient r von Bravais-Pearson (CORRELATION),

2 : Determinationskoeffizient r^2 (R SQUARED),

3 : Signifikanzniveau (SIGNIFICANCE) für einen einseitigen Signifikanztest zur
    Überprüfung der Nullhypothese, daß beide Merkmale in der Grundgesamtheit un-
    korreliert sind (r = o),

4 : Standardfehler der Schätzung (STD ERR OF EST),

5 : Niveaukoeffizient (INTERCEPT) der Regressionsgeraden, welcher den Schnittpunkt
    der Regressionsgeraden mit der senkrechten Achse beschreibt und

6 : Steigungskoeffizient (SLOPE) der Regressionsgeraden, welcher gleich dem Tangens
    des Winkels ist, den die Regressionsgerade mit der waagerechten Achse bildet.

Standardmäßig werden im Anschluß an ein Streudiagramm als Statistik-Informationen nur
die Anzahl der ausgedruckten Punkte (PLOTTED VALUES) und die Anzahl der Cases proto-

---

+) Bei der Druckausgabe werden standardmäßig nur diejenigen Cases berücksichtigt,
   deren Werte für beide Merkmale nicht als missing Values vereinbart sind.

kolliert, die wegen vorhandener missing Values nicht ausgewertet wurden (dies wird
unter MISSING VALUES angegeben).[+]

Kodieren wir z.B. die Kommandos

```
SCATTERGRAM     VARo14 WITH VARo17
STATISTICS      1, 2, 5, 6
```

so erhalten wir im Anschluß an das Streudiagramm die folgende Druckausgabe:

```
STATISTICS..
   CORRELATION (R)-        .59273      R SQUARED       -        .35133      INTERCEPT (A)  -    2.17321
   SLOPE (B)        -      .59002
   PLOTTED VALUES -    250            EXCLUDED VALUES-         0            MISSING VALUES -    0

                    '********' IS PRINTED IF A COEFFICIENT CANNOT BE COMPUTED.
```

Zwischen VARo14 und VARo17 besteht also eine gewisse positive lineare Beziehung,
welche durch die Regressionsgerade mit der Geradengleichung

$$y = 2.17 + o.59 * x$$

beschrieben wird und die ungefähr 35% (r^2 = o.35) der Varianz von VARo14 erklärt.
Dabei schneidet diese Regressionsgerade die senkrechte Achse im Punkt 2.17 und besitzt einen Steigungswinkel von ungefähr $3o^{o}$ (= arctan (o.59)).

<u>OPTIONS</u>

Auf die Art der Druckausgabe des Streudiagramms und die Ermittlung der zugehörigen
statistischen Kennwerte kann man einwirken, indem man geeignete Kennzahlen in einem
OPTIONS=Kommando kodiert, welches im Anschluß an das SCATTERGRAM=Kommando anzugeben
ist. Dabei kann man die folgenden Leistungen abrufen:

> 1 : Einschluß von durch das MISSING VALUES=Kommando vereinbarten missing Values,
>
> 2 : es erfolgt ein listenweiser Ausschluß von Cases mit missing Values (s. S. 156),
>
> 3 : die durch das Kommando VARIABLE LABELS vereinbarten Etiketten werden nicht
>   ausgedruckt,
>
> 4 : die Einteilung der Streudiagramm-Ausgabe in 9 Quadranten entfällt,
>
> 5 : in der Druckausgabe des Streudiagramms werden zusätzlich die beiden Diagonalen
>   gekennzeichnet,

[+] Zusätzlich wird die Anzahl der gezielt ausgeschlossenen Cases (EXCLUDED VALUES) protokolliert. Es besteht nämlich die Möglichkeit, durch entsprechende Angaben hinter
einer Spezifikationsliste im Kommando SCATTERGRAM den jeweils kleinsten und größten
auszuwertenden Wert zu kennzeichnen. Dazu muß man die Angaben "(kleinster Wert,
größter Wert)" hinter einer betreffenden Variablenliste kodieren, wobei man gegebenenfalls entweder das Schlüsselwort <u>LOWEST</u> oder das Schlüsselwort <u>HIGHEST</u> angeben
darf, sofern kein Ausschluß nach unten bzw. oben erfolgen soll. Allerdings ist die
Angabe der für die Auswertung voreingestellten Markierung von "(LOWEST,HIGHEST)"
nicht erlaubt.

> 6 : das im Zusammenhang mit der Kennzahl 3 des STATISTICS=Kommandos ausgedruckte
>   Signifikanzniveau bezieht sich auf einen zweiseitigen Test zur Überprüfung von
> H_0 (r = o) anstelle eines (standardmäßig vorgenommenen) einseitigen Tests,
> 7 : die Beschriftung der senkrechten und waagerechten Achsen wird ganzzahlig vor-
>   genommen und
> 8 : reicht der Arbeitsspeicher des SPSS[X]-Systems nicht aus, um alle Cases in die
>   Auswertung mit einbeziehen zu können, so werden die Berechnungen nur für
>   eine Zufallsstichprobe der Cases durchgeführt.

5.3.2 Das Kommando PEARSON CORR

Will man für eine große Anzahl von intervallskalierten Merkmalen paarweise nur die
Korrelationskoeffizienten r nach Bravais-Pearson (Produktmoment-Korrelation) ermitteln und tabellarisch in Matrixform ausdrucken lassen, so muß man dazu das Kommando PEARSON CORR kodieren, welches die folgende allgemeine Form besitzt: [+]

```
PEARSON CORR    variablenliste1 [WITH variablenliste2]
                [ / variablenliste3 [WITH variablenliste4]]...
```

Aus den Angaben jeder Spezifikationsliste der Form

```
variablenliste1 [WITH variablenliste2]
```

werden Variablenpaare gebildet. Dabei darf jede Variablenliste aus einer[++] oder
mehreren Variablen bestehen, die gegebenenfalls in Form reflexiver Variablenlisten
vereinbart sind.

Für jedes Variablenpaar, welches durch die Spezifikationslisten bestimmt ist, wird
der Korrelationskoeffizient r ermittelt und zusammen mit der Anzahl der gültigen
Cases ausgedruckt.[+++] Zusätzlich wird das zu einem einseitigen Signifikanztest
bzgl. der Nullhypothese H_0 (r = o) errechnete Signifikanzniveau protokolliert.

Die jeweiligen Variablenpaare werden aus den Spezifikationslisten in folgender Weise
ermittelt: Ist das Schlüsselwort WITH kodiert, so wird ein Paar aus je einer Variablen der beiden vor und hinter WITH aufgeführten Variablenlisten gebildet. Ohne die
Angabe von WITH werden alle Variablen der einen Variablenliste paarweise miteinander
kombiniert. Die Reihenfolge der Variablen in ihren Variablenlisten bestimmt die Abfolge bei der Druckausgabe der Korrelationskoeffizienten.

So erhalten wir z.B. mit der Kodierung des Kommandos

```
PEARSON CORR    VARo14, VARo16, VARo17
```

 +) Anstelle von "PEARSON CORR" darf auch "CORRELATION" kodiert werden.
++) Besteht eine Spezifikationsliste aus nur einer Variablenliste, so müssen minde-
    stens zwei Variablen in dieser Liste aufgeführt sein.
+++) Dabei werden standardmäßig alle diejenigen Cases einbezogen, deren Werte für bei-
     de Merkmale nicht als missing Values vereinbart sind.

die folgenden Informationen ausgedruckt:

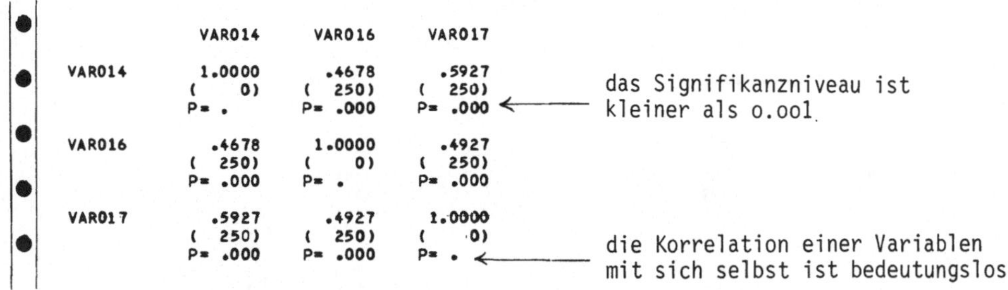

Auf die Art der Druckausgabe und die Auswertung der Korrelationskoeffizienten und der zugehörigen Signifikanzniveaus kann man durch eine entsprechende Kodierung der nachfolgend aufgeführten Kennzahlen innerhalb eines OPTIONS=Kommandos - im Anschluß an das PEARSON CORR=Kommando - einwirken:

1 : Einschluß von durch das MISSING VALUES=Kommando vereinbarten missing Values,
2 : es erfolgt ein listenweiser Ausschluß von Cases mit missing Values,
3 : Das Signifikanzniveau bezieht sich auf einen zweiseitigen Test zur Überprüfung von H_0(r=o) anstelle eines (standardmäßig vorgenommenen einseitigen Tests,
4 : ist das Schlüsselwort WITH nicht kodiert, so werden die Korrelationskoeffizienten (zusammen mit einer Angabe über die Anzahl der gültigen Cases) in Matrixform als Datensätze in eine Magnetplatten-Datei ausgegeben (vgl. 6.7.4),
5 : Signifikanzniveau und Anzahl der gültigen Cases werden nicht ausgegeben,
6 : die Druckausgabe erfolgt nicht in Matrixform, sondern die Koeffizienten werden reihenweise hintereinander ausgegeben und
7 : wirkt wie Kennzahl 4, wobei die Ausgabe der Anzahl der gültigen Cases unterdrückt wird.

Will man neben den Korrelationskoeffizienten auch die Werte der jeweiligen arithmetischen Mittel, der Standardabweichungen, der Kovariationen und Kovarianzen[+] abrufen, so muß man die folgenden Kennzahlen in einem STATISTICS=Kommando kodieren:

1 : vor der Ausgabe der Korrelationskoeffizienten werden in einer separaten Tabelle die arithmetischen Mittel (MEAN) und die Standardabweichungen (STD DEV) ausgedruckt und
2 : es erfolgt eine tabellarische Druckausgabe der Kovariationen (CROSS-PROD DEV) und der Kovarianzen (VARIANCE-COVAR) aller Variablenpaare.

+) Die Kovariation zwischen X und Y beschreibt die gemeinsame Variation dieser beiden Merkmale. Dafür werden für alle Merkmalsausprägungen x und y die Produkte der Abweichungen x - $\overline{x}$ bzw. y - $\overline{y}$ von den jeweiligen arithmetischen Mitteln $\overline{x}$ und $\overline{y}$ gebildet und anschließend über alle diese Produkte summiert.
Die Kovarianz ergibt sich aus der Division von Kovariation und der um 1 verminderten Anzahl der Cases.

So erhalten wir z.B. durch die Kommandos

```
PEARSON CORR   VARo14, VARo16 WITH VARo17
STATISTICS     1, 2
```

die folgende Druckausgabe:

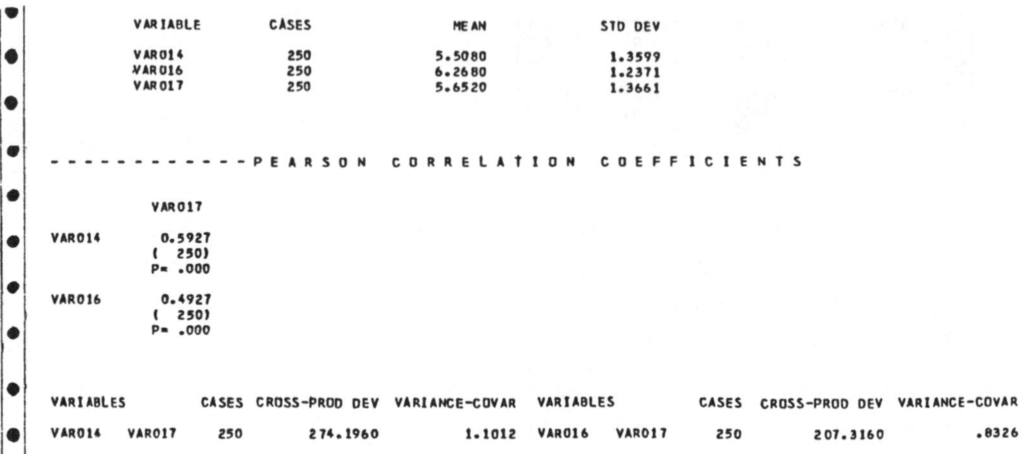

5.4 Das Kommando BREAKDOWN

Im Abschnitt 4.5 haben wir dargestellt, wie man das Kommando BREAKDOWN zur vereinfach
ten Report-Ausgabe für quantitative Merkmale einsetzen kann. An dieser Stelle wollen
wir nachtragen, daß sich mit diesem Kommando auch zusätzlich der Wert des im Abschnit
5.1.7 beschriebenen Koeffizienten Eta^2 zur Kennzeichnung der statistischen Beziehung
zwischen einem intervallskalierten abhängigen und einem nominalskalierten unabhängigen
Merkmal abrufen läßt.

Dazu muß man hinter dem BREAKDOWN=Kommando, welches die folgende allgemeine Form hat

```
BREAKDOWN      TABLES = variablenliste1 BY variablenliste2 [BY variablenliste3]...
               [/ variablenliste4 BY variablenliste5 [BY variablenliste6]...]...
```

ein STATISTICS=Kommando mit der Kennzahl 1 in der Form

```
STATISTICS     1
```

kodieren.

So erhalten wir z.B. durch die Kommandos

```
BREAKDOWN      TABLES = VARo14 BY VARo17
STATISTICS     1
```

im Anschluß an die Report-Ausgabe den folgenden Ausdruck:

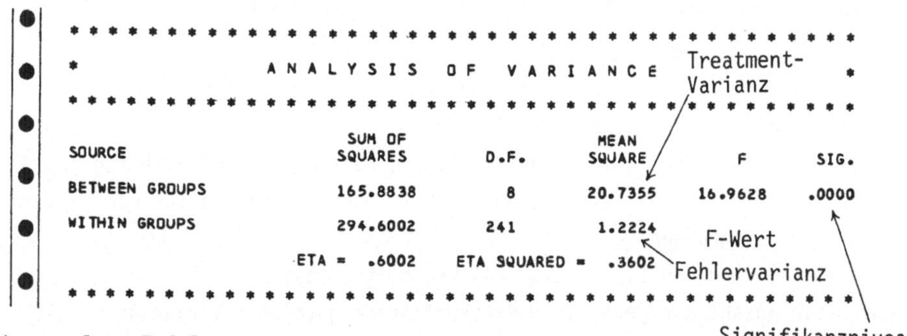

Varianzanalyse-Tafel

Der Wert von Eta^2 wird mit o.36 protokolliert (vgl. S. 149). Diese Größe, die auf eine mittelstarke statistische Beziehung hindeutet, wird innerhalb einer Varianzanalyse-Tafel (ANALYSIS OF VARIANCE) ausgedruckt. Diese Tabelle enthält die erforderlichen Angaben für einen Signifikanztest zur Überprüfung von teilgruppenspezifischen Mittelwertsunterschieden. Dadurch kann man nämlich abtesten, ob die Mittelwerte des abhängigen Merkmals in den durch das unabhängige Merkmal bestimmten Teilgruppen von insgesamt N Merkmalsträgern signifikant voneinander abweichen, d.h. ob die Nullhypothese H_0 ($Eta^2 = o$) gültig ist.

Zur Durchführung dieses Signifikanztests müssen wir voraussetzen, daß das abhängige Merkmal in den k Teilgruppen jeweils normalverteilt mit dem Erwartungswert μ_j und der Varianz σ_j^2 ist.

Besteht Varianzhomogenität, d.h. sind alle Varianzen gleich, so können wir die Nullhypothese

$$\boxed{H_0 \ (\mu_1 = \mu_2 = \ldots = \mu_k)}$$

überprüfen.

Bei vorgegebenem Testniveau α von z.B. 5% lehnen wir H_0 dann ab, falls zu dem ermittelten Wert der F-verteilten Teststatistik ein Signifikanzniveau gehört, welches kleiner als das Testniveau ist.

In unserem Fall erhalten wir - nach Vorgabe von α = 5% - den F-Wert 16.963 und das zugehörige Signifikanzniveau (SIG) o.oooo[+)], so daß wir H_0 ablehnen müssen.

In der Varianzanalyse-Tafel finden wir neben dem F-Wert und dem zugehörigen Signifikanzniveau noch die folgenden Größen protokolliert:

- die gewichtete Variation zwischen den Teilgruppen (SUM OF SQUARES, BETWEEN GROUPS) gemäß der Formel

$$\sum_{j=1}^{k} n_j * (\overline{y}_j - \overline{y})^2$$

(ergibt in unserem Fall den Wert 165.884),

- die Variation innerhalb der Teilgruppen (SUM OF SQUARES, WITHIN GROUPS) gemäß

+) Das Signifikanzniveau ist folglich kleiner als 10^{-4}.

der Formel

$$\sum_{j=1}^{k} \sum_{i=1}^{n_j} (y_{ij} - \overline{y}_j)^2$$

(ergibt in unserem Fall den Wert 294.6oo),

- die jeweilige Anzahl der Freiheitsgrade (D.F.), nämlich k - 1 Freiheitsgrade für
die Variation zwischen den Teilgruppen und N - k Freiheitsgrade für die Variation
innerhalb der Teilgruppen

(in unserem Fall ergeben sich 8 bzw. 241 Freiheitsgrade) und

- die durch die Anzahl der jeweiligen Freiheitsgrade geteilten Variationen (MEAN
SQUARE) in Form der <u>Treatment-Varianz</u>

$$(1 / (k - 1)) * \sum_{j=1}^{k} n_j * (\overline{y}_j - \overline{y})^2$$

und der <u>Fehlervarianz</u>

$$(1 / (N - k)) * \sum_{j=1}^{k} \sum_{i=1}^{n_j} (y_{ij} - \overline{y}_j)^2$$

(in unserem Fall ergeben sich die Werte 2o.735 bzw. 1.222).

Aus diesen Größen errechnet sich der F-Wert als Quotient von Treatment- und Fehlervarianz, so daß die Nullhypothese H_0 immer dann beibehalten wird, falls dieser Quotient nicht viel größer als 1 ist.

Überwiegt jedoch die Treatment-Varianz die Fehlervarianz stark, so spricht alles
dafür, daß teilgruppenspezifische Unterschiede in den Mittelwerten vorliegen und
demzufolge H_0 nicht vertretbar ist.

<u>Linearitäts-Test</u>

Hat sich - wie in unserem Beispiel - durch den Signifikanztest gezeigt, daß die Null -
hypothese H_0 der Gleichheit der Mittelwerte in den Teilgruppen abgelehnt werden muß,
so stellt sich die Frage, ob evtl. ein linearer Trend vorliegt.[+)]

Diese Fragestellung kann man ebenfalls mit Hilfe des BREAKDOWN=Kommandos untersuchen .
Dazu muß man in einem nachfolgenden STATISTICS=Kommando die Kennzahl 2 in Form von

STATISTICS	2

kodieren. Als Resultat erhält man die Varianzanalyse-Tafel mit Zusatzinformationen
für einen sog. <u>Linearitäts-Test.</u>

In dieser Tabelle ist neben dem Wert von Eta^2 auch der Wert von r^2 eingetragen.
Aus Abschnitt 5.1.7 wissen wir, daß die Differenz $Eta^2 - r^2$ ein Maß für die Kurvilinearität der Beziehung zweier Merkmale ist.

Ist diese Differenz größer als o, so stellt sich die Frage, ob dies ein Indikator fü r
eine bestehende Kurvilinearität in der Grundgesamtheit ist.

Dazu wird die durch die Regressionsgerade nicht erklärte Variation der Gruppenmittel -
werte (SUM OF SQUARES, DEV FROM LINEARITY) in der Form

[+)] In diesem Fall muß auch das unabhängige Merkmal intervallskaliert sein.

$$\sum_{j=1}^{k} n_j * (y'_j - \overline{y}_j)^2$$

durch die Anzahl der Freiheitsgrade k - 2 geteilt und dieser Quotient wiederum zur Fehlervarianz

$$(1 / (N - k)) * \sum_{j=1}^{k} \sum_{i=1}^{n_j} (y_{ij} - \overline{y}_j)^2$$

in Beziehung gesetzt.

Das Ergebnis dieser Division ergibt den F-Wert für den Signifikanztest.

Ist H_0 erfüllt, d.h. liegt eine Linearität in der Grundgesamtheit vor, so ist dieser F-Wert hinreichend klein.

Die Signifikanz dieses F-Wertes wird mit Hilfe des protokollierten Signifikanzniveaus (SIG) überprüft, indem diese Größe mit dem vorgegebenen Testniveau von z.B. α = 5% verglichen wird.

In unserem Fall erhalten wir durch die Kommandos

```
BREAKDOWN       TABLES = VARo14 BY VARo17
STATISTICS      2
```

für den Linearitäts-Test die folgende Druckausgabe:

SOURCE	SUM OF SQUARES	D.F.	MEAN SQUARE	F	SIG.
BETWEEN GROUPS	165.8838	8	20.7355	16.9628	.0000
LINEARITY	161.7809	1	161.7809	132.3461	.0000
DEV. FROM LINEARITY	4.1030	7	.5861	.4795	.8490
R = .5927		R SQUARED = .3513			
WITHIN GROUPS	294.6002	241	1.2224		
ETA = .6002		ETA SQUARED = .3602			

Dieser Tabelle entnehmen wir den F-Wert o.479 und das zugehörige Signifikanzniveau o.849o, so daß wir H_0 auf dem Testniveau von α = 5% beibehalten. Dadurch wird unterstrichen, daß o.o89 als Wert der Differenz von Eta^2 und r^2 kein ausreichender Indikator für eine bestehende Kurvilinearität zwischen VARo14 und VARo17 ist.

Abschließend merken wir an, daß sich die durch die Regression erklärte Variation (SUM OF SQUARES, LINEARITY)

$$\sum_{j=1}^{k} \sum_{i=1}^{n_j} (y_{ij} - \overline{y})^2 - \sum_{j=1}^{k} \sum_{i=1}^{n_j} (y_{ij} - y'_j)^2$$

als Differenz der gewichteten Variation zwischen den Teilgruppen (SUM OF SQUARES, BETWEEN GROUPS; vgl. S. 163) und der durch die Regressionsgeraden nicht erklärten Variation der Gruppenmittelwerte (SUM OF SQUARES, DEV. FROM LINEARITY; s.o.) ergibt.

5.5 Das Kommando T-TEST

Im vorigen Abschnitt haben wir beschrieben, wie man mit Hilfe des Kommandos BREAKDOWN
abtesten kann, ob die Mittelwerte eines abhängigen intervallskalierten Merkmals in
den durch ein unabhängiges Merkmal bestimmten Teilgruppen signifikant voneinander
abweichen. Die in der angegebenen Varianzanalyse-Tafel enthaltenen Entscheidungskri-
terien für einen entsprechenden Signifikanztest (F-Wert und Signifikanzniveau)
können u.a. jedoch nur dann sinnvoll interpretiert werden, wenn die Varianzhomogenität vorausgesetzt werden kann.

Der T-Test

Für den Spezialfall zweier Teilgruppen kann man mit Hilfe des Kommandos T-TEST einen
Test auf Varianzhomogenität durchführen.[+] Dabei werden zusätzlich die Ergebnisse
eines T-Tests, d.h. eines Signifikanztests auf Mittelwertsunterschiede sowohl für den
Fall der Varianzhomogenität als auch für den Fall unterschiedlicher Varianzen (Varianz-
heterogenität) errechnet und tabellarisch ausgedruckt.

Dazu muß das Kommando T-TEST in der folgenden Form kodiert werden:

T-TEST   GROUPS = gruppenspezifikation / VARIABLES = variablenliste

Die Variablenliste darf aus einer oder mehreren Variablen bestehen, die gegebenenfalls
in Form reflexiver Variablenlisten vereinbart sind. Für jede Variable werden die Ergebnisse des Varianzhomogenitäts-Tests und der beiden T-Tests ausgegeben, welche
jeweils als zweiseitige Tests durchgeführt werden.

Die Festlegung der beiden Teilgruppen erfolgt durch die Gruppenspezifikation mit dem
Subkommando GROUPS, für welches die folgenden zwei Formen möglich sind:

GROUPS = variablenname1 (wert1) | variablenname2 (wert2, wert3)

Mit der zuerst aufgeführten Angabe ist die erste Teilgruppe dadurch bestimmt, daß die
Variable "variablenname1" den Wert "wert1" oder einen größeren Wert annimmt. Die
zweite Teilgruppe besteht aus allen anderen Cases des SPSS^X-files.

Bei der zweiten Alternative setzt sich die erste Teilgruppe aus den Cases zusammen,
für die "variablenname2" den Wert "wert2" annimmt, und die zweite Teilgruppe enthält
diejenigen Cases, für die "variablenname2" den Wert "wert3" annimmt.

Wollen wir z.B. überprüfen, ob sich in unserer Untersuchung Schüler und Schülerinnen
im Hinblick auf die Mittelwerte des Merkmals "Schulleistung" (VARo14)[++] signifikant
unterscheiden, so kodieren wir

[+] Bei mehr als zwei Teilgruppen muß man das SPSS^X-Kommando ONEWAY einsetzen.
[++] Wir verwenden die Variable VARo14 hier nur zur Demonstration (vgl. 1.5).

```
| T-TEST          GROUPS = VARoo2 ( 1, 2 ) / VARIABLES = VARo14 |
```

und erhalten das Resultat:[+]

```
- - - - - - - - - - - - - - - - - - - - - - - - - - - t - t e s t - - - - - - - - - - - - - - - - - - - - - - - - -

 GROUP 1 - VAROO2   EQ        1.
 GROUP 2 - VAROO2   EQ        2.
                                                              * POOLED VARIANCE ESTIMATE * SEPARATE VARIANCE ESTIMATE
                                                        *     *
 VARIABLE        NUMBER              STANDARD   STANDARD *   F  2-TAIL *   T  DEGREES OF 2-TAIL *   T  DEGREES OF 2-TAIL
                 OF CASES   MEAN     DEVIATION  ERROR    * VALUE PROB. * VALUE  FREEDOM   PROB. * VALUE  FREEDOM   PROB.
 ------------------------------------------------------------------------------------------------------------------------
 VARO14                                                  *           *
      GROUP 1    125       5.4560    1.440      0.129    *           *
                                                         * 1.27 0.189 * -0.60   248    0.547 * -0.60   244.60   0.547
      GROUP 2    125       5.5600    1.279      0.114    *           *
                                                         *           *
 ------------------------------------------------------------------------------------------------------------------------
```

Haben wir uns z.B. das Testniveau von 5% vorgegeben, so behalten wir daraufhin die
Nullhypothese der Varianzhomogenität von VARo14 in beiden Teilgruppen auf dem ermittelten Signifikanzniveau von 18.9% bei.

Mit diesem Resultat führen wir nun einen zweiseitigen T-Test unter der Voraussetzung
der Varianzhomogenität durch, und daher müssen wir die Testergebnisse dem ersten
Tabellenteil mit der Überschrift "POOLED VARIANCE ESTIMATE" entnehmen. Der ermittelte
Wert der t-verteilten Teststatistik beträgt -o.6o (T-VALUE), und das zugehörige Sig-
nifikanzniveau (2-TAIL PROB.) der t-Verteilung mit 248 Freiheitsgraden (DEGREES OF
FREEDOM) errechnet sich zu 54.7%.

Wir behalten die Nullhypothese der Mittelwertsgleichheit folglich bei und stellen
somit keine signifikanten Mittelwertsunterschiede beim Merkmal "Schulleistung"
zwischen den Schülern und Schülerinnen fest.

Hätten wir in dem o.a. Ausdruck beim Test auf Varianzhomogenität ein signifikantes
Ergebnis erhalten, so hätten wir den Mittelwertsvergleich mit den Werten des zweiten
Tabellenteils mit der Überschrift "SEPARATE VARIANCE ESTIMATE" durchführen müssen.

<u>T-Test für abhängige Stichproben</u>

Charakteristisch für unser bisheriges Vorgehen war es, daß wir ein Merkmal innerhalb
zweier unterschiedlicher Stichproben studiert haben. In den vorausgehenden Abschnitten
haben wir dargestellt, wie man mit Hilfe der Kommandos CROSSTABS, SCATTERGRAM und
PEARSON CORR Aussagen über die statistische Abhängigkeit bzw. Unabhängigkeit je zweier
intervallskalierter (normalverteilter) Merkmale erhalten kann. Insbesondere stellt
sich i. allg. die Frage, ob bei statistischer Abhängigkeit bzw. Unabhängigkeit auch
Mittelwertsunterschiede vorliegen oder nicht. Insofern ist es von Interesse, die
Beziehung der Mittelwerte zweier Merkmale bzgl. <u>einer einzigen Stichprobe</u> zu untersuchen. Einen derartigen Test nennt man einen <u>T-Test für abhängige (verbundene) Stich-</u>

[+] Die zugehörigen Signifikanzniveaus für einseitige Tests erhält man, indem man die
jeweils angegebenen Signifikanzniveaus durch 2 teilt.
Bei der Durchführung eines einseitigen Tests muß man auf das Vorzeichen des t-Werts
achten, weil dadurch die Richtung der Hypothese gestützt oder bereits widerlegt
wird.

proben (paired sample t-test, correlated t-test)[+] im Gegensatz zu dem von uns bisher durchgeführten sog. T-Test für unabhängige Stichproben (independent sample t-test). Dieser Test kann in der folgenden Form mit dem Kommando T-TEST abgerufen werden:

```
T-TEST           PAIRS = variablenliste1 [WITH variablenliste2]
```

Aus den Angaben der Spezifikationsliste

```
variablenliste1 [WITH variablenliste2]
```

werden Variablenpaare gebildet. Dabei darf jede Variablenliste aus einer[++] oder mehreren Variablen bestehen, die gegebenenfalls in Form reflexiver Variablenlisten vereinbart sind. Für jedes Variablenpaar, welches durch die Spezifikationsliste bestimmt ist, wird ein T-Test für abhängige Stichproben durchgeführt.

Ist das Schlüsselwort WITH in der Spezifikationsliste kodiert, so wird ein Paar aus je einer Variablen der beiden vor und hinter WITH aufgeführten Variablenlisten gebildet, und ohne Angabe von WITH werden alle Variablen der einen Variablenliste paarweise miteinander kombiniert. Die Position der Variablen in ihren Listen bestimmt die Reihenfolge, in der die T-Tests ausgeführt werden.

Wollen wir z.B. den Mittelwertsunterschied der Merkmale "Begabung" (VARo16) und "Lehrerurteil" (VARo17) in der Gruppe aller Befragten - d.h. genauer: in der Grundgesamtheit, aus der die Gruppe der Befragten eine Zufallsstichprobe darstellt - untersuchen, so können wir das Kommando

```
T-TEST           PAIRS = VARo16, VARo17
```

oder auch

```
T-TEST           PAIRS = VARo16 WITH VARo17
```

kodieren. Als Ergebnis erhalten wir die folgende Druckausgabe:

```
- - - - - - - - - - - - - - - - - - - - - - - - T - T E S T - - - - - - - - - - - - - - - - - - - - - - - - - - - - - - -

VARIABLE    NUMBER              STANDARD   STANDARD   * (DIFFERENCE) STANDARD   STANDARD   *       2-TAIL *   T     DEGREES OF 2-TAIL
            OF CASES    MEAN    DEVIATION  ERROR      *   MEAN       DEVIATION  ERROR      * CORR. PROB.  * VALUE  FREEDOM    PROB.
-------------------------------------------------------------------------------------------------------------------------------------
VARO16      BEGABUNG                                  *                                    *             *
                        6.2680  1.237      0.078      *                                    *             *
            250                                       *   0.6160     1.316      0.083      * 0.493 0.000 * 7.40   249        0.000
                        5.6520  1.366      0.086      *                                    *             *
VARO17      LEHRERURTEIL                              *                                    *             *
-------------------------------------------------------------------------------------------------------------------------------------
```

Bei einem vorgegebenen Testniveau von 5% lehnen wir die Nullhypothese, daß sich die

---

+) Bei diesem Test sind die Voraussetzungen vergleichsweise schwächer, da nur noch gefordert wird, daß die Differenz beider Merkmale normalverteilt sein sollte. Zusätzlich ist hervorzuheben, daß die Fehlervariation - sie beeinflußt den Wert der Teststatistik - i. allg. reduziert wird, da die Variation zweier Merkmale innerhalb eines Merkmalsträgers i. allg. kleiner ist als diejenige zwischen zwei Merkmalsträgern bzgl. eines Merkmals.

++) Besteht die Spezifikationsliste nur aus einer Variablenliste, so müssen in ihr mindestens zwei Variablen aufgeführt sein.

beiden Merkmale im Mittelwert nicht signifikant voneinander unterscheiden, auf einem Signifikanzniveau von weniger als o.oo1% ab. Dieses Ergebnis ist im letzten Tabellenteil protokolliert.

Davor sind die Ergebnisse eines Korrelations-Tests auf statistische Unabhängigkeit eingetragen.[+] Wir schließen hier (vgl. S. 161), daß die Nullhypothese der statistischen Unabhängigkeit auf einem Signifikanzniveau von höchstens o.oo1% abzulehnen ist, wobei die Stärke der Korrelation in der Stichprobe durch den Korrelationskoeffizienten r von Bravais-Pearson mit dem Wert r = o.493 beschrieben wird.

<u>Das Kommando T-TEST</u>

Neben den o.a. Möglichkeiten zum getrennten Aufruf der T-Tests darf man mit dem Kommando T-TEST den Aufruf von T-Tests für unabhängige und für abhängige Stichproben auch kombinieren, so daß sich die allgemeine Form des T-TEST=Kommandos folgendermaßen darstellt:

```
T-TEST        GROUPS = gruppenspezifikation1 / VARIABLES = variablenliste1

             |PAIRS = variablenliste2 [WITH variablenliste3]
             |GROUPS = gruppenspezifikation2 / VARIABLES = variablenliste4 /
              PAIRS = variablenliste5 [WITH variablenliste6]
```

Auf die Art der Druckausgabe und die Art der Behandlung von missing Values[++] kann man durch eine entsprechende Kodierung der nachfolgend aufgeführten Kennzahlen innerhalb eines OPTIONS=Kommandos - im Anschluß an das T-TEST=Kommando - einwirken:

```
1 : Einschluß von durch das MISSING VALUES=Kommando vereinbarten missing Values,
2 : es erfolgt ein listenweiser Ausschluß von Cases mit missing Values, d.h. es
    wird ein Case dann von der Auswertung ausgeschlossen, falls er für irgendeine
    Variable, die im Subkommando VARIABLES bzw. PAIRS aufgeführt ist, einen als
    missing Value vereinbarten Wert enthält,
3 : die durch das Kommando VARIABLE LABELS vereinbarten Variablenetiketten werden
    nicht ausgedruckt,
4 : die Druckausgabe erfolgt 8o-spaltig und
5 : wird das Schlüsselwort WITH innerhalb des PAIRS=Subkommandos aufgeführt, so
    erfolgt der T-Test für abhängige Stichproben für die jeweils ersten Variab-
    len vor und hinter dem Wort WITH, anschließend für die jeweils zweiten usw.
```

 +) Ergibt sich eine negative Beziehung, so sollte man sorgsam überlegen, ob das
    Ergebnis des T-Tests überhaupt sinnvoll ausgewertet werden kann.
++) Standardmäßig werden alle diejenigen Cases in die Analyse einbezogen, deren Werte
    für das betreffende Merkmal (T-Test für unabhängige Stichproben) bzw. für die
    beiden beteiligten Merkmale (T-Test für abhängige Stichproben) nicht als missing
    Values vereinbart sind.

6 Ablaufsteuerung und Ein-/Ausgabe von Daten

6.1 Steuerung der Eingabe und der Verarbeitungsform von SPSS^X-Programmen

6.1.1 Veränderung der Länge des Spezifikationsfeldes von SPSS^X-Kommandos (NUMBERED)

Standardmäßig können die Spezifikationen eines SPSS^X-Kommandos in einer Programmzeile bis zur Zeichenposition 8o eingetragen werden. Will man diesen Bereich ver-
kürzen, so daß nur noch die Angaben im Bereich bis zur Zeichenposition 72 gelesen
und eine evtl. nachfolgende Numerierung bzw. Kennung im Zeichenbereich 73 - 8o ausgeblendet wird, so muß man das Kommando NUMBERED (numeriert) in der Form

```
NUMBERED
```

als erstes Kommando im SPSS^X-Programm kodieren.[+] Werden Daten nicht aus einer
Daten-Datei eingelesen, sondern sind sie innerhalb des SPSS^X-Programms plaziert,
so werden die Zeichenpositionen 73 bis 8o standardmäßig ausgeblendet. Sind dort
jedoch Daten eingetragen, so ist dies durch das Kommando UNNUMBERED in der Form

```
UNNUMBERED
```

zu dokumentieren.

6.1.2 Überprüfung der Korrektheit eines SPSS^X-Programms (EDIT)

Das SPSS^X-System bearbeitet die Kommandos eines SPSS^X-Programms in der Abfolge ihrer
Kodierung. Nachdem festgestellt ist, daß ein Kommando fehlerfrei ist[++], wird dieses
Kommando sofort ausgeführt - unabhängig davon, ob die nachfolgenden Kommandos ord-
nungsgemäß angegeben sind.
Ist ein Kommando falsch plaziert oder enthält es fehlerhafte Angaben, so wird dieses
Kommando protokolliert und anschließend ein den Fehler erläuternder Text ausgegeben.
Bei einem schweren Fehler werden alle nachfolgenden Kommandos nicht mehr ausgeführt
- auch wenn sie korrekt sind - sondern es wird nur noch überprüft, ob die Angaben in
den einzelnen Kommandos ordnungsgemäß sind. Werden dabei weitere Fehler festgestellt,
so erfolgen erneute Fehleranalysen mit entsprechenden Ausgaben über die Art der fest-
gestellten Fehler. Sind in einem Kommando mehrere Fehler enthalten, so wird nur der
erste erkannte Fehler gemeldet und analysiert. Die Überprüfung der Kommandos wird
abgebrochen, falls bereits 4o Fehler diagnostiziert worden sind (vgl. Abschnitt 2.2).

Um Rechenzeit zu sparen, sollte man sich vor der Ausführung größerer SPSS^X-Programme
vergewissern, daß alle Kommandos korrekt sind. Dies kann man durch einen Testlauf mit
dem Kommando EDIT (redigiere) überprüfen, wobei man dieses Kommando in der Form

```
EDIT
```

als erstes Kommando eines SPSS^X-Programms aufführen muß.[+]

 +) Zur Stellung der einzelnen Kommandos im SPSS^X-Programm vgl. Anhang A.1.
++) Es kann z.B. ein Erfassungsfehler oder ein orthographischer Fehler oder aber ein
    falscher Aufbau eines Kommandos (Syntaxfehler) vorliegen.

Ist in dem zu analysierenden SPSS^X-Programm das Kommando BEGIN DATA mit nachfolgenden Datenzeilen enthalten, so sind für diesen Testlauf alle Datenzeilen zu entfernen. Wird während des Testlaufs mit dem Kommando EDIT ein Fehler entdeckt, so erfolgt die Ausgabe eines Fehlertextes, der die Fehlerart beschreibt. Nach der daraufhin erforderlichen Fehlerkorrektur sollte man einen erneuten Testlauf durchführen und den Produktionslauf erst dann starten, wenn das SPSS^X-Programm dabei als fehlerfrei erkannt wird.

6.2 Modifikation des SPSS^X-files

Im Abschnitt 3.6 haben wir gelernt, wie man mit dem Kommando COMPUTE und dem Kommando RECODE das SPSS^X-file verändern kann. Wir erweitern nun unsere Kenntnisse, indem wir die Darstellung dieser Kommandos vertiefen und weitere Kommandos zur Veränderung eines SPSS^X-files kennenlernen.

6.2.1 Das Kommando COMPUTE

Mit dem COMPUTE=Kommando in der Form[+)]

COMPUTE   variablenname = arithmetischer ausdruck

kann man der <u>numerischen</u> Variablen, deren Name auf der linken Seite des Gleichheitszeichens "=" kodiert ist, Werte zuweisen, deren Berechnung rechts vom Gleichheitszeichen beschrieben ist.

Ist die aufgeführte Ergebnisvariable im SPSS^X-file enthalten, so werden ihre alten Werte permanent bzw. temporär - bei vorausgehendem, auf das COMPUTE=Kommando wirkendem TEMPORARY=Kommando - überschrieben.
Ist die Ergebnisvariable noch nicht Bestandteil des SPSS^X-files, so wird sie in das SPSS^X-file als neue Variable eingespeichert und caseweise mit den aus dem arithmetischen Ausdruck errechneten Werten gefüllt.

<u>Arithmetische Ausdrücke</u> bestehen aus einer Aneinanderreihung von Variablennamen und numerischen Konstanten, die durch arithmetische Operatoren verknüpft sind, wobei die folgenden Operatoren zugelassen sind:

Operator	Operation
+	Addition
-	Subtraktion
*	Multiplikation
/	Division
**	Potenzierung

+) In einem arithmetischen Ausdruck dürfen keine alphanumerischen Variablen auftreten.

Die Berechnung eines arithmetischen Ausdrucks erfolgt nach der bekannten Regel
"Punktrechnung geht vor Strichrechnung". Diese Vorschrift wird allein durch das
(geläufige) Setzen von Klammern beeinflußt.

Wollen wir in unserer Untersuchung z.B. einen Indikator für die Einschätzung der
Fähigkeiten der Lehrer und der Schule ermitteln, so können wir durch

```
COMPUTE          INDIKLS = VARo21 + VARo23 + VARo29
```

die jeweiligen Werte der Variablen VARo21, VARo23 und VARo29 caseweise summieren und
die Summe dem jeweiligen Case als Wert der Variablen INDIKLS zuordnen.

Als Elemente von arithmetischen Ausdrücken dürfen auch <u>Funktionsaufrufe</u> der Form

```
funktionsname ( variablenname )
```

mit den folgenden Funktionsnamen auftreten:

```
ABS    : Absolutbetrag
ARSIN  : Arcussinusfunktion
ARTAN  : Arcustangensfunktion
COS    : Cosinusfunktion
EXP    : Exponentialfunktion
LG1o   : dekadischer Logarithmus (zur Basis 1o)
LN     : natürlicher Logarithmus (zur Basis e)
RND    : Rundung zur ganzen Zahl
SIN    : Sinusfunktion
SQRT   : positive Quadratwurzel
TRUNC  : Abschneiden der Nachkommastellen
```

Als Funktionsaufruf mit 2 Argumenten ist zulässig:

```
MOD ( arithmetischer-ausdruck-1, arithmetischer-ausdruck-2 )
```

Als Ergebnis wird der ganzzahlige Rest der Division des ersten Arguments durch das
zweite Argument errechnet.

Zur Ermittlung von Verteilungswerten und zur Verarbeitung von Datumsangaben sind
die folgenden Funktionsaufrufe erlaubt:

```
CDFNORM ( wert ) : ergibt die kumulierte relative Häufigkeit der standardisierten
                   Normalverteilung an der Stelle "wert"
NORMAL ( sd )    : ergibt die Realisierung einer N(o,sd)-verteilten Zufallsvariablen
PROBIT ( p )     : ergibt zu vorgegebener Wahrscheinlichkeit "p" (o< p< 1) den
                   Wert, an dem die kumulierte relative Häufigkeit einer standardi-
                   sierten Normalverteilung den Wert "p" annimmt
UNIFORM ( n )    : ergibt die Realisierung einer gleichverteilten Zufallsvariablen
                   im offenen Intervall von o bis n
```

> YRMODA (j, m, t) : ermittelt aus der Jahresangabe "j", dem Monatswert "m" und der Tagesangabe "t" eine Tagesordnungsnummer, wobei dem 15.1o.1582 (Beginn des Gregorianischen Kalenders) die Ordnungsnummer 1 zugewiesen wird.

Desweiteren darf man die folgenden Funktionsaufrufe verwenden:

> LAG (variablenname , n) : Variablenwert des Cases, der dem aktuellen Case im SPSS^X-file um "n" Positionen vorausgeht; den ersten n Cases wird der system-missing Value SYSMIS zugewiesen
>
> VALUE (variablenname)   : liefert den Wert von "variablenname" und wertet die Information, ob es sich um einen missing Value handelt, nicht aus

Eine Besonderheit stellen die logischen Funktionen ANY, MISSING, RANGE und SYSMIS dar:

> ANY (variablenname, werteliste) : ergibt den Wert "true", falls der Wert von "variablenname" in "werteliste" vorkommt, andernfalls ist der Funktionswert "false"
>
> MISSING (variablenname)   : ergibt den Wert "true", falls der Wert von "variablenname" ein missing Value ist; andernfalls ist der Funktionswert "false"
>
> RANGE (variablenname, anf1, end1 $\left[$, anf2, end2$\right]$...) : ergibt den Wert "true", falls der Wert von "variablenname" in mindestens einem der aufgeführten Intervalle - begrenzt durch den linken Eckpunkt "anf" und den rechten Eckpunkt "end" - vorkommt; andernfalls ergibt sich der Funktionswert zu "false"
>
> SYSMIS (variablenname)   : ergibt den Wert "true", falls der Wert von "variablenname" gleich dem system-missing Value SYSMIS ist; andernfalls ergibt sich der Funktionswert zu "false"

Für die nachfolgenden Angaben verabreden wir generell:
- für den Platzhalter "variablenliste" können eine oder mehrere Variablen angegeben werden, wobei auch die Aufführung von reflexiven Variablenlisten erlaubt ist;
- wird hinter dem Funktionsnamen ein Punkt "." und danach ein ganzzahliger Wert "n" angefügt, so ist das Ergebnis des Funktionsaufrufs für einen Case immer dann gleich dem system-missing Value SYSMIS, falls weniger als "n" Variablenwerte gültig sind, d.h. falls für den Case "n" oder mehr Werte (benutzerseitige) missing Values sind oder mit dem system-missing Value SYSMIS übereinstimmen.

Auf der Basis der soeben getroffenen Verabredungen sind die folgenden Funktionsaufrufe erlaubt:

CFVAR[.n](variablenliste)	: Variationskoeffizient, d.h. der Wert, der sich aus der Division der Standardabweichung durch das arithmetische Mittel ergibt
MAX[.n](variablenliste)	: Maximum
MEAN[.n](variablenliste)	: arithmetisches Mittel
MIN[.n](variablenliste)	: Minimum
NMISS (variablenliste)	: Anzahl der missing Values
NVALID (variablenliste)	: Anzahl der gültigen Werte
SD[.n](variablenliste)	: Standardabweichung
SUM[.n](variablenliste)	: Summe
VARIANCE[.n](variablenliste)	: Varianz

So ergibt sich z.B. durch die Ausführung des Kommandos

```
COMPUTE          SUMME = SUM ( VARo21, VARo23, VARo29 )
```

für jeden Case die Summe der Variablenwerte von VARo21, VARo23 und VARo29. Dies
gilt ebenso für die Ausführung von

```
COMPUTE          SUMME = SUM.2 ( VARo21, VARo23, VARo29 )
```

mit der Einschränkung, daß für alle diejenigen Cases, für die höchstens einer der
drei Variablenwerte ein gültiger Wert ist (was bei unseren Beispieldaten nicht vorkommt) als Variablenwert von SUMME der system-missing Value SYSMIS zugewiesen wird.

Soll daran anschließend etwa einer Indikator-Variablen namens INDIK der Wert 1 zugewiesen werden, falls der oben ermittelte Summenwert größer als 1 ist, d.h. zwischen
2 und 3 liegt, so kann man mit Hilfe der Funktion RANGE im Anschluß an das o.a.
COMPUTE=Kommando das Kommando

```
COMPUTE          INDIK = RANGE ( SUMME, 2, 3 )
```

ausführen lassen.

Zur Modifikation des SPSS^X-files darf man innerhalb von arithmetischen Ausdrücken
auch die folgenden Funktionen verwenden, die sämtlich ohne ein Argument angegeben
und deren Funktionsnamen durch das Dollarzeichen "$" eingeleitet werden.[+]

[+] $CASENUM und $SYSMIS dürfen nicht innerhalb des SELECT IF=Kommandos angegeben
werden.

```
$CASENUM  : für jeden Case wird seine Position innerhalb des SPSS^X-files er-
            mittelt, d.h. die Reihenfolgenummer, die angibt, als wievielter
            Case er in das SPSS^X-file eingetragen wurde
$DATE     : Ermittlung des aktuellen Datums ("Tag, Monat, Jahr") als alphanu-
            merischer Wert in der Form "tt mmm jj"
$JDATE    : Berechnung der Ordnungsnummer des dem auf der Basis des Gregoriani-
            schen Kalenders (Beginn am 15.1o.1582) zugeordneten Tagesdatums
            (s. auch die Funktion YRMODA)
$LENGTH   : Ermittlung der eingestellten Zeilenzahl pro Druckseite
$SYSMIS   : Zuordnung des system-missing Values SYSMIS
$WIDTH    : Ermittlung der eingestellten Zeilenbreite für die Druckausgabe
```

Bei der Ausführung des COMPUTE=Kommandos ist stets die folgende Regel bei der Auswertung des aufgeführten arithmetischen Ausdrucks zu beachten:

Enthält eine Variable innerhalb des arithmetischen Ausdrucks (auf der rechten Seite
des Gleichheitszeichens) für einen Case einen missing Value - benutzerseitig durch
das MISSING VALUES=Kommando oder aber als system-missing Value SYSMIS festgelegt -
so wird der Ergebnisvariablen auf der linken Seite des Gleichheitszeichens für diesen
Case der system-missing Value SYSMIS als Wert zugewiesen. Dies gilt bis auf die
folgenden Ausnahmefälle:

```
o * missing Value        = o
o / missing Value        = o
missing Value ** o       = 1
MOD ( o, missing Value ) = o
```

Die Wertzuweisung des system-missing Values SYSMIS wird ebenfalls vorgenommen, falls
das Ergebnis des arithmetischen Ausdrucks nicht ermittelt werden kann - sei es,
weil z.B. eine Division durch o erfolgen soll oder aber, weil ein Funktionsargument
nicht zulässig oder aber dessen Angabe sinnlos ist.

6.2.2 Das Kommando RECODE

Mit dem RECODE=Kommando (vgl. Abschnitt 3.6) in der Form

```
RECODE        variablenliste ( werteliste1 = wert-neu1 )
              [( werteliste2 = wert-neu2 )]...
```

kann man die Werte einer oder mehrerer numerischer oder alphanumerischer Variablen,
die in der Variablenliste aufgeführt sind, durch die angegebenen Rekodierungsvor-

schriften verändern.

Will man diese Rekodierungen nur temporär vornehmen, so muß man vor dem RECODE= Kommando das Kommando TEMPORARY angeben, welches bis zur unmittelbar folgenden Aufgabenstellung wirkt.

Dabei wird für jede Variable, welche explizit oder implizit in Form einer reflexiven Variablenliste aufgeführt ist, und für jeden Case untersucht, ob der jeweilige Wert in einer der angegebenen Wertelisten enthalten ist. Dieser Suchvorgang wird caseweise mit der zuerst angegebenen Werteliste begonnen und in der Reihenfolge der Kodierung dieser Listen solange fortgesetzt, bis eine Übereinstimmung gefunden ist. In diesem Fall wird der angegebene neue Wert der betreffenden Variablen zugewiesen. Wird keine Übereinstimmung festgestellt, so bleibt der alte Wert erhalten.

Welche Arten von Wertelisten in den einzelnen Rekodierungsvorschriften angegeben werden dürfen, haben wir im Abschnitt 3.6 in einer ersten Form dargestellt.

So wird z.B. durch das Kommando

```
RECODE        VARo14, VARo16, VARo17 ( 1 THRU 3 = 1 ), ( 4, 5, 6 = 2 ),
                                      ( 7 THRU HIGHEST = 3 )
```

festgelegt, daß bei den Variablen VARo14, VARo16 und VARo17 die alten Werte zwischen 1 und 3 durch den neuen Wert 1 zu ersetzen sind. Ferner erhalten die Cases mit den alten Werten 4, 5 und 6 jeweils den neuen Wert 2, und von 7 an aufwärts sind die alten Werte durch den neuen Wert 3 zu ersetzen.

Wir ergänzen die im Abschnitt 3.6 gegebene Darstellung um weitere Möglichkeiten der Datenmodifikation mit Hilfe des RECODE=Kommandos durch die folgenden Anmerkungen:

Will man missing Values ohne die konkrete Angabe dieser Werte rekodieren, so kann man dies mit Hilfe der Schlüsselwörter <u>MISSING</u> und <u>SYSMIS</u> durchführen.

Da durch das Schlüsselwort MISSING alle missing Values bezeichnet werden, muß man das Schlüsselwort SYSMIS zur Kennzeichnung des system-missing Values SYSMIS vor dem Wort MISSING in der Form

```
RECODE        variablenliste ( SYSMIS = wert1 ), ( MISSING = wert2 )
```

aufführen, sofern man benutzerseitig (durch das MISSING VALUES=Kommando) vereinbarten missing Values einen anderen Wert zuweisen lassen will als es bei dem system-missing Value der Fall sein soll.

Will man dagegen alle missing Values in gleicher Weise rekodieren, so ist allein das Schlüsselwort MISSING anzugeben und diesem der neue Wert zuzuordnen.

<u>INTO</u>

Will man die Werte einer Variablen rekodieren und die rekodierten Werte einer anderen Variablen (die bereits im SPSS[X]-file vorhanden ist oder dort neu einge- richtet werden soll) zuweisen, so kann man auf ein dem RECODE=Kommando vorausge- hendes COMPUTE=Kommando verzichten und die Zuweisung an eine andere Variable direkt innerhalb des RECODE=Kommandos mit Hilfe des Schlüsselworts <u>INTO</u> vorneh- men lassen.

So ist etwa die Kodierung von

```
COMPUTE        VARo14R = VARo14
REOCDE         VARo14R ( 1, 2, 3 = 1 ), ( 4, 5, 6 = 2 ), ( 7, 8, 9 = 3 )
```

gleichbedeutend mit dem RECODE=Kommando

```
RECODE         VARo14 ( 1, 2, 3 = 1 ), ( 4, 5, 6 = 2 ), ( 7, 8, 9 = 3 )
               INTO VARo14R
```

Sind mehrere Variablen zu rekodieren und sollen die durchgeführten Rekodierungen in andere Variablen eingetragen werden, so muß man diese Variablen in Form einer Variablenliste hinter dem Schlüsselwort INTO gemäß der Syntax

```
RECODE         variablenliste1  rekodierungsvorschriften  INTO variablenliste2
```

angeben, wobei die Anzahl der Variablen in "variablenliste2" mit der Anzahl der hinter dem Kommandonamen RECODE aufgeführten "variablenliste1" übereinstimmen muß. Bei der Zuordnung korrespondieren dann diejenigen Variablen, die dieselben Posi- tionen in ihren Variablenlisten einnehmen.

Wird für eine Variable innerhalb "variablenliste1" durch die Rekodierungsvorschrift ein Wert nicht erfaßt, so wird der korrespondierenden Variablen innerhalb von "variablenliste2" für die betreffenden Cases der system-missing Value SYSMIS zuge- wiesen.
Diese Art der Zuordnung kann man dadurch verhindern, daß für diese Cases die alten, unkodierten Werte übernommen werden. Dazu ist vor dem Schlüsselwort INTO die Angabe

```
( ELSE = COPY )
```

zu machen.

So kann man etwa durch das Kommando

```
RECODE         VARo14 ( 1, 2 = 1 ), ( 3, 4 = 3 ), ( 6, 7 = 7 ), ( 8, 9 = 9 ),
               ( ELSE = COPY )  INTO VARo14R
```

die rekodierten Werte 1, 3, 7 und 9 und den ursprünglichen Wert 5 in die Variable VARo14R übertragen lassen.

6.2.3 Das Kommando IF

In Abhängigkeit von einer Bedingung kann man mit Hilfe des Kommandos IF in der Form

IF   (bedingung) variablenname = arithmetischer ausdruck

der numerischen Variablen, deren Name auf der linken Seite des Gleichheitszeichens "=" kodiert ist, Werte zuweisen, deren Berechnung durch den arithmetischen Ausdruck rechts vom Gleichheitszeichen festgelegt ist. Will man diese Wertzuweisung nur temporär, d.h. für die unmittelbar folgende Aufgabenstellung vornehmen, so muß dem IF=Kommando das Kommando TEMPORARY vorausgehen. Ist die betreffende Variable im $SPSS^X$-file vorhanden, so werden ihre alten Werte permanent bzw. temporär überschrieben. Ist die Variable jedoch noch nicht im $SPSS^X$-file enthalten, so wird sie als weitere Variable permanent bzw. temporär in das $SPSS^X$-file eingetragen und caseweise mit den errechneten Werten gefüllt.

Welche arithmetischen Ausdrücke man dabei bilden darf, haben wir im Abschnitt 6.2.1 kennengelernt.

Die Wertzuweisung an die Ergebnisvariable wird dabei immer dann für einen Case vorgenommen, wenn die durch die Klammern "(" und ")" eingeschlossene Bedingung wahr ("true") ist. Falls diese Bedingung für einen Case nicht erfüllt ist oder aber in der Bedingung ein Variablenwert als missing Value vereinbart oder gleich dem system-missing Value SYSMIS ist, so bleibt der alte Wert erhalten, oder aber es wird dem Case, sofern die Ergebnisvariable noch nicht im $SPSS^X$-file enthalten war, der system-missing Value SYSMIS als Wert zugewiesen.

So können wir z.B. die Kommandos

COMPUTE	VARo14R = VARo14
RECODE	VARo14R (1, 2, 3 = 1), (4, 5, 6 = 2), (7, 8, 9 = 3)

durch die folgenden drei IF=Kommandos ersetzen: [+)]

IF	(VARo14 LE 3) VARo14R = 1
IF	(VARo14 GT 3 AND VARo14 LT 7) VARo14R = 2
IF	(VARo14 GE 7) VARo14R = 3

Durch das erste IF=Kommando wird eine neue Variable namens VARo14R im $SPSS^X$-file eingerichtet, und es wird allen Cases, die für VARo14 einen Wert kleiner oder gleich (LE) 3 besitzen, für VARo14R der Wert 1 zugewiesen. Mit dem zweiten IF= Kommando erhalten alle diejenigen Cases für VARo14R den Wert 2, für die VARo14 einen Wert besitzt, der sowohl größer als (GT) 3 als auch (AND) kleiner als (LT) 7 ist. Mit dem dritten Kommando wird den Cases der Wert 3 zugewiesen, die für VARo14 einen Wert größer oder gleich (GE) 7 besitzen.

[+)] Dies ist deswegen möglich, weil VARo14 nur ganzzahlige Werte zwischen 1 und 9 und keinen missing Value besitzt. Sonst hätte den drei IF=Kommandos das Kommando
  COMPUTE   VARo14R = o
vorausgehen müssen.

Die o.a. Bedingungen "VARo14 LE 3" und "VARo14 GE 7" sind Beispiele für <u>einfache</u>
<u>Bedingungen</u> der Form:

> arithmetischer-ausdruck1 vergleichsoperator arithmetischer-ausdruck2

wobei die folgenden Operatoren als Vergleichsoperatoren zugelassen sind:

Vergleichsoperator	Bedeutung
GT bzw. ">"	größer als
LT bzw. "<"	kleiner als
NE bzw. "<>"	ungleich
GE bzw. ">="	größer oder gleich
LE bzw. "<="	kleiner oder gleich
EQ bzw. "="	gleich

Neben diesen einfachen Bedingungen darf man auch <u>zusammengesetzte Bedingungen</u> der Form

> bedingung1 AND .bedingung2   (+)
> bedingung3 OR bedingung4   (++)
> NOT bedingung5   (+++)

bilden. Dabei ist die zusammengesetzte Bedingung (+) immer nur dann erfüllt, wenn
beide Bedingungen "bedingung1" <u>und</u> "bedingung2" wahr sind.
Dagegen ist die Bedingung (++) immer nur dann falsch, falls beide Bedingungen
"bedingung3" <u>und</u> "bedingung4" nicht erfüllt sind - anderenfalls ist sie wahr.
Die Bedingung (+++) ist immer dann erfüllt, falls "bedingung5" falsch ist.

Somit ist die zusammengesetzte Bedingung

> VARo14 GT 3 AND VARo14 LT 7

für alle diejenigen Cases erfüllt, für die der Wert von VARo14 größer als 3 <u>und</u>
kleiner als 7 ist.

Bei der Auswertung einer zusammengesetzten Bedingung wird die Reihenfolge entweder
durch die gesetzten Klammern oder aber durch die Prioritätenfolge der einzelnen
Operationen bestimmt. Dabei wird eine zusammengesetzte Bedingung stets von "links
nach rechts" ausgewertet, wobei zuerst die arithmetischen Ausdrücke, dann die Vergleichsbedingungen und zuletzt die logischen Operatoren AND, OR und NOT abgearbeitet
werden.
Dabei sind die Operatoren AND und OR gleichberechtigt, und der Operator NOT wirkt nur
auf die direkt folgende Vergleichsbedingung, so daß man z.B. jede zu negierende
zusammengesetzte Bedingung einklammern muß.

Abschließend stellen wir dar, wie man den Indikator INDIKLS für die Fähigkeiten der
Lehrer und der Schule (vgl. S. 172) als Ersatz für die Kodierung von

```
COMPUTE          INDIKLS = VARo21 + VARo23 + VARo29
```

mit Hilfe des IF=Kommandos in folgender Weise konstruieren kann: [+)]

```
COMPUTE          INDIKLS = o
IF               ( VARo21 = 1 ) INDIKLS = INDIKLS + 1
IF               ( VARo23 = 1 ) INDIKLS = INDIKLS + 1
IF               ( VARo29 = 1 ) INDIKLS = INDIKLS + 1
```

Durch das COMPUTE=Kommando wird die Variable INDIKLS im SPSS[X]-file eingerichtet
(und caseweise mit dem Wert o belegt). Anschließend wird durch das erste IF=Kom-
mando für jeden Case, für den die Bedingung "VARo21 = 1" erfüllt ist, der für
INDIKLS vorliegende Wert o um 1 erhöht und damit der Wert 1 als Ergebnis zuge-
wiesen. Durch die Ausführung der beiden folgenden IF=Kommandos wird der Wert von
INDIKLS jeweils dann um 1 erhöht, falls die angegebene Bedingung erfüllt ist.
Demzufolge erhält INDIKLS nur für diejenigen Cases den Wert o, für die weder
VARo21, noch VARo23, noch VARo29 den Wert 1 besitzen. Ansonsten ergeben sich die
Werte 1, 2 und 3 in Abhängigkeit davon, ob eine, zwei oder drei dieser Variablen
den Wert 1 enthalten.

6.2.4 Das Kommando COUNT

In Abhängigkeit von der Häufigkeit, mit der bestimmte Werte in einer oder mehreren
Variablen caseweise auftreten, kann man mit Hilfe des Kommandos COUNT (zähle) in der
Form [++)]

```
COUNT          variablenname = variablenliste1 ( werteliste1 )
                               [variablenliste2 ( werteliste2 )]...
```

der numerischen Variablen, deren Name links vom Gleichheitszeichen "=" kodiert ist,
Werte zuweisen, deren Berechnung durch den Ausdruck rechts vom Gleichheitszeichen
festgelegt ist.
Will man diese Wertzuweisung nur temporär vornehmen, so muß man vor dem COUNT=
Kommando das Kommando TEMPORARY kodieren.
Ist die betreffende Ergebnisvariable schon im SPSS[X]-file enthalten, so werden ihre
alten Werte permanent bzw. temporär überschrieben, und andernfalls wird sie als
neue Variable permanent bzw. temporär in das SPSS[X]-file eingespeichert und case-

---

+) Die Variablen VARo21, VARo23 und VARo29 besitzen nur die Werte o und 1 (vgl. 1.4).
++) Die Werte in den Wertelisten müssen genauso wie im RECODE=Kommando (vgl. die
     Darstellung im Abschnitt 3.6) aufgebaut sein.

weise mit den errechneten Werten gefüllt.

So kann man z.B. durch

```
COUNT              INDIKLS = VARo21, VARo23, VARo29 ( 1 )
```

den Indikator INDIKLS für die Einschätzung der Fähigkeiten der Lehrer und der
Schule (vgl. S. 172) aufbauen. Dabei wird nämlich für jeden Case gezählt, wie oft
der Wert 1 in den Variablen VARo21, VARo23 und VARo29 vorkommt und die Häufigkeit
der Variablen INDIKLS als Ergebniswert zugewiesen. Enthalten diese drei Variablen
für einen Case jeweils nur den Wert o, so ist die Häufigkeit des Wertes 1 gleich o,
und folglich wird der Ergebniswert o der Variablen INDIKLS zugeordnet.

Anstelle dieser Kodierung mit einer Variablenliste und einer Werteliste, bestehend
aus der Zahl 1, kann man auch ein COUNT=Kommando mit drei Variablenlisten und jeweils
einer zugehörigen Werteliste in der folgenden Form angeben:

```
COUNT              INDIKLS = VARo21 ( 1 ), VARo23 ( 1 ), VARo29 ( 1 )
```

Jede angegebene Werteliste kann grundsätzlich aus nur einem oder mehreren Werten bestehen.

Sind mehrere Werte in einer Werteliste aufgeführt, so wird gezählt, wieviele Variablen der vorausgehenden Variablenliste einen Wert besitzen, der in dieser Werteliste
enthalten ist. Dabei wird - genauso wie beim RECODE=Kommando - die Untersuchung einer
Werteliste abgebrochen, falls eine Übereinstimmung gefunden wurde. Dieses Verfahren
wird für jede Variablenliste mit nachfolgender Werteliste angewendet, und die Summe
der jeweils ermittelten Häufigkeiten wird dem entsprechenden Case als Wert der Ergebnisvariablen zugewiesen.

So könnte man etwa die Kommandos

```
COMPUTE            VARo14R = VARo14
RECODE             VARo14R ( 1, 2, 3 = 1 ),( 4, 5, 6 = 2 ), ( 7, 8, 9 = 3 )
```

durch das folgende COUNT=Kommando ersetzen:[+)]

```
COUNT              VARo14R = VARo14 ( 1, 2, 3 ), VARo14 ( 4, 5, 6 ), VARo14 ( 4, 5, 6 ),
                   VARo14 ( 7, 8, 9 ), VARo14 ( 7, 8, 9 ), VARo14 ( 7, 8, 9 )
```

Hat nämlich VARo14 z.B. den Wert 4, so ergibt die Häufigkeitsauszählung in der ersten
Werteliste " 1, 2, 3 " den Wert o, in der zweiten Werteliste " 4, 5, 6 " den Wert 1,
in der dritten ebenfalls den Wert 1 und in den folgenden jeweils den Wert o, so daß
sich als Summe der Wert 2 ergibt.

Es ist hervorzuheben, daß man - genauso wie beim RECODE=Kommando - innerhalb eines
COUNT=Kommandos anstelle einer Werteliste das Schlüsselwort MISSING oder das Schlüsselwort SYSMIS aufführen darf. Dadurch kann man caseweise die Häufigkeit von missing

---

+) Dies dient nur zur Demonstration, da man aus Gründen einer besseren Übersicht
   in diesem Fall stets das RECODE=Kommando kodieren würde.

Values durch die Angabe von

|(MISSING)|

bzw. vom system-missing Value SYSMIS durch die Angabe von

|(SYSMIS)|

innerhalb einer Variablenliste abfragen.

6.2.5 Die Kommandos DO REPEAT und END REPEAT

Wollen wir in einem SPSS[X]-Programm eine größere Anzahl von Variablen nach demselben
Schema vereinbaren bzw. verändern, so können wir dies mit Hilfe der Kommandos
DO REPEAT (wiederhole) und END REPEAT (beende die Wiederholung) durch die Definition
bzw. Redefinition nur einer einzigen Variablen abkürzend beschreiben.

So können wir z.B. die Kommandos

```
IF              ( VARo21 = 1 ) INDIKLS = INDIKLS + 1
IF              ( VARo23 = 1 ) INDIKLS = INDIKLS + 1
IF              ( VARo29 = 1 ) INDIKLS = INDIKLS + 1
```

durch die folgenden Kommandos ersetzen:

```
DO REPEAT       DUMMY = VARo21, VARo23, VARo29
IF              ( DUMMY = 1 ) INDIKLS = INDIKLS + 1
END REPEAT
```

Dabei ist DUMMY nicht der Name einer Variablen des SPSS[X]-files sondern ein Platzhalter,
der zunächst durch den Namen VARo21, anschließend durch VARo23 und zuletzt durch
VARo29 ersetzt wird. Dies wird dadurch festgelegt, daß diese Namen in einer Variablenliste rechts vom Gleichheitszeichen "=" in dem Kommando DO REPEAT aufgeführt sind
und damit den links von "=" angegebenen Namen DUMMY sukzessive ersetzen sollen.

Allgemein wird jede Angabe zur Erzeugung von SPSS[X]-Kommandos durch das DO REPEAT=
Kommando in der Form

```
DO REPEAT       platzhalter1 = variablenliste1 | werteliste1
                [ / platzhalter2 = variablenliste2 | werteliste2]...
```

eingeleitet und durch das Kommando END REPEAT in der Form

```
END REPEAT      [ PRINT]
```

beendet.

Wird das Schlüsselwort PRINT als Spezifikationswert im Kommando END REPEAT angegeben, so werden alle durch das DO REPEAT=Kommando generierten SPSS[X]-Kommandos pro-

tokolliert, so daß man sich innerhalb des Ablaufprotokolls davon überzeugen kann,
ob die durchgeführte Kodierung auch die gewünschte Leistung erbringt.

Bei den durch die Kommandos DO REPEAT und END REPEAT eingegrenzten Kommandos darf
es sich _nur_ um IF=, COMPUTE=, RECODE=, COUNT=, SELECT IF= und MISSING VALUES=Kom-
mandos handeln.

Die Variablen- und Wertelisten müssen alle dieselbe Länge besitzen. Beginnend mit
den jeweils ersten Listenelementen werden bei jedem Durchlauf alle korrespondierenden
Listenelemente den zugehörigen Platzhaltern zugewiesen und anstelle dieser Platzhalter
in die einzelnen Kommandos eingesetzt.

So könnte man z.B. eine Rekodierung der Variablen VARo14, VARo16 und VARo17 folgendermaßen beschreiben:[+)]

```
DO REPEAT       DUMMY1 = VARo14R1, VARo14R2, VARo14R3 /
                DUMMY2 = VARo16R1, VARo16R2, VARo16R3 /
                DUMMY3 = VARo17R1, VARo17R2, VARo17R3 /
                W1 = 5, 1, 1 /
                W2 = 5, 1, 9 /
                W3 = 5, 9, 9
COMPUTE         DUMMY1 = VARo14
COMPUTE         DUMMY2 = VARo16
COMPUTE         DUMMY3 = VARo17
RECODE          DUMMY1, DUMMY2, DUMMY3 ( 1, 2, 3 = 1 ), ( 4 = W1 ), ( 5 = W2 ),
                                       ( 6 = W3 ), ( 7, 8, 9 = 9 )
END REPEAT
```

Dies ist äquivalent zu:

```
DO REPEAT       DUMMY1 = VARo14R1, VARo14R2, VARo14R3, VARo16R1, VARo16R2,
                VARo16R3, VARo17R1, VARo17R2, VARo17R3 /
                DUMMY2 = VARo14, VARo14, VARo14, VARo16, VARo16, VARo16, Varo17,
                VARo17, VARo17 /
                W1 = 5, 1, 1, 5, 1, 1, 5, 1, 1 /
                W2 = 5, 1, 9, 5, 1, 9, 5, 1, 9 /
                W3 = 5, 9, 9, 5, 9, 9, 5, 9, 9
COMPUTE         DUMMY1 = DUMMY2
RECODE          DUMMY1 ( 1, 2, 3 = 1 ), ( 4 = W1 ), ( 5 = W2 ), ( 6 = W3 ),
                ( 7, 8, 9 = 9 )
END REPEAT
```

Dabei ist zu beachten, daß in dem ersten o.a. Kommando-Block die Variablen in der
Reihenfolge VARo14R1, VARo16R1, VARo17R1, ... , VARo16R3, VARo17R3 und in dem zweiten
Kommando-Block in der Reihenfolge VARo14R1, VARo14R2, VARo14R3, ... , VARo17R2,
VARo17R3 in das SPSS[X]-file eingetragen werden. Die R1-Versionen enthalten drei
Klassen (die erste Klasse besteht aus den Werten 1, 2 und 3, die zweite aus den
Werten 4, 5 und 6 und die dritte aus den Werten 7, 8 und 9) und die R2- und R3-

---

+) DO REPEAT=Kommandos dürfen nicht ineinander verschachtelt werden.

Versionen jeweils zwei Klassen (bei der R2-Version besteht die erste Klasse aus den
Werten 1, 2, 3, 4 und 5 und die zweite Klasse aus den Werten 6, 7, 8 und 9; bei der
R3-Version besteht die erste Klasse aus den Werten 1, 2, 3 und 4 und die zweite
Klasse aus den Werten 5, 6, 7, 8 und 9).

6.2.6 Die Kommandos DO IF und END IF

Mehrere Modifikationen des $SPSS^X$-files, die in Abhängigkeit von einer gemeinsamen
Bedingung durchgeführt werden sollen, können mit Hilfe der Kommandos DO IF und
END IF zusammengefaßt werden.

Soll etwa die Rekodierung der Variablen VARo14, VARo16 und VARo17 gemäß der Vorschrift

```
( 1, 2, 3 = 1 ), ( 4, 5, 6 = 2 ), ( 7, 8, 9 = 3 )
```

für alle die Cases erfolgen, für welche die Bedingung

```
VARoo1 = 1
```

erfüllt ist, so kann man dies durch die folgenden Kommandos formulieren (die Angabe des Zeichens "+" in der Zeichenposition 1 erlaubt das aus Gründen einer besseren Übersicht vorgenommene Einrücken der RECODE=Kommandos):

```
DO IF           ( VARoo1 = 1 )
+     RECODE    VARo14 ( 1, 2, 3 = 1 ), ( 4, 5, 6 = 2 ), ( 7, 8, 9 = 3 )
+     RECODE    VARo16 ( 1, 2, 3 = 1 ), ( 4, 5, 6 = 2 ), ( 7, 8, 9 = 3 )
+     RECODE    VARo17 ( 1, 2, 3 = 1 ), ( 4, 5, 6 = 2 ), ( 7, 8, 9 = 3 )
END IF
```

wobei man mit Hilfe des DO REPEAT=Kommandos auch abkürzend schreiben darf:

```
DO IF           ( VARoo1 = 1 )
+   DO REPEAT   V = VARo14, VARo16, VARo17
+   RECODE      V ( 1, 2, 3 = 1 ), ( 4, 5, 6 = 2 ), ( 7, 8, 9 = 3 )
+   END REPEAT
END IF
```

Vor der ersten Datenmodifikation steht das DO IF=Kommando mit der gemeinsamen
Bedingung, und im Anschluß an die letzte Datenmodifikation steht das END IF=
Kommando ohne Angabe eines Spezifikationswertes, wobei man die allgemeine Struk-
tur einer derartigen "Klammerung" folgendermaßen beschreiben kann:

```
DO IF          ( bedingung )
   modifikation1
   [modifikation2]...
END IF
```

Diese kompakte Beschreibung für die Ausführung mehrerer Modifikationen des SPSS^X-files läßt sich weiter verfeinern.

So kann man etwa die o.a. Kommandos für den Fall, daß zusätzlich unter der Bedingung

```
VARoo1 = 2 oder VARoo1 = 3
```

die Rekodierung der Variablen VARo14, VARo16 und VARo17 in der Form

```
( 1, 2 = 1 ), ( 3, 4 = 2 ), ( 5 = 3 ), ( 6, 7 = 4 ), ( 8, 9 = 5 )
```

durchgeführt werden soll, durch den Einsatz des <u>ELSE IF=Kommandos</u> in der folgenden Weise abändern:

```
DO IF          ( VARoo1 = 1 )
+ DO REPEAT    V = VARo14, VARo16, VARo17
+ RECODE       V ( 1, 2, 3 = 1 ), ( 4, 5, 6 = 2 ), ( 7, 8, 9 = 3 )
+ END REPEAT
ELSE IF        ( VARoo1 = 2 OR VARoo1 = 3 )
+ DO REPEAT    V = VARo14, VARo16, VARo17
+ RECODE       V ( 1, 2 = 1 ), ( 3, 4 = 2 ), ( 5 = 3 ),
                 ( 6, 7 = 4 ), ( 8, 9 = 5 )
+ END REPEAT
END IF
```

Dies ist ein Beispiel für die folgende allgemeine Möglichkeit, das DO IF=Kommando mit dem ELSE IF=Kommando zu kombinieren:

```
DO IF           ( bedingung1 )
  modifikation1
  [modifikation2]...
ELSE IF         ( bedingung2 )
  modifikation3
  [modifikation4]...
ELSE IF         ( bedingung3 )
  modifikation5
  [modifikation6]...  ]...
END IF
```

Es dürfen somit beliebig viele ELSE IF=Kommandos innerhalb eines durch die DO IF= und END IF=Kommandos "eingeklammerten" Programmbereichs eingetragen werden. Die aufgeführten Bedingungen werden - von oben nach unten - der Reihenfolge nach überprüft. Es werden allein diejenigen Modifikationen des SPSS^X-files durchgeführt, die im Anschluß an ein DO IF= bzw. an ein ELSE IF=Kommando eingetragen sind, wobei die in diesen Kommandos aufgeführten Bedingungen für die jeweiligen Cases erfüllt sein müssen.

Es ist erlaubt, anstelle des letzten ELSE IF=Kommandos das Kommando <u>ELSE</u> in der
Form

```
ELSE
    modifikation1
    [modifikation2]...
```

anzugeben. Dadurch werden die hinter dem ELSE=Kommando aufgeführten Modifikationen
des SPSS^X-files dann ausgeführt, wenn die Bedingungen der vorausgehenden ELSE IF=
Kommandos und die Bedingung des einleitenden DO IF=Kommandos nicht erfüllt sind.

So kann man durch den Einsatz des ELSE=Kommandos das o.a. Beispiel etwa wie folgt
abkürzen:

```
DO IF           ( VARoo1 = 1 )
+  DO REPEAT    V = VARo14, VARo16, VARo17
+  RECODE       V ( 1, 2, 3 = 1 ), ( 4, 5, 6 = 2 ), ( 7, 8, 9 = 3 )
+  END REPEAT
ELSE
+  DO REPEAT    V = VARo14, VARo16, VARo17
+  RECODE       V ( 1, 2 = 1 ), ( 3, 4 = 2 ), ( 5 = 3 ),
                ( 6, 7 = 4 ), ( 8, 9 = 5 )
+  END REPEAT
END IF
```

Bei der Ausführung der DO IF= und ELSE IF=Kommandos ist insbesondere die folgende
Regel zu beachten:
Wird für einen Case bei der Überprüfung einer Bedingung festgestellt, daß einer der
auszuwertenden Variablenwerte als missing Value vereinbart ist, so wird für diesen
Case keine der aufgeführten Datenmodifikationen vorgenommen und der Programmablauf
mit der Ausführung des nächsten, hinter dem END IF=Kommando folgenden SPSS^X-Komman-
dos fortgesetzt.

6.3 Gewichtung von Cases (WEIGHT)

Bei den Datenanalysen gehen die Werte eines Cases standardmäßig stets mit dem Gewichtungsfaktor 1 ein. Auf diese gleichgewichtige Behandlung aller Cases kann man mit
Hilfe des Kommandos <u>WEIGHT</u> (gewichte) Einfluß nehmen. Dies ist z.B. dann erforderlich,
falls bei geschichteten Stichproben die Größe gewisser Teilstichproben verändert
werden soll.
Eine Gewichtung kann man durch die Vereinbarung einer Gewichtsvariablen in der
Form

```
WEIGHT          BY variablenname
```

vornehmen, wobei die Werte von "variablenname" positiv, jedoch nicht notwendig
ganzzahlig sein müssen.

Bei der Bearbeitung einer nachfolgenden Aufgabenstellung wird dann jeder Case
sooft gezählt, wie es der zugehörige Wert der Gewichtsvariablen vorschreibt. Hat
die Gewichtsvariable negative Werte oder missing Values, so wird für die zugehörigen Cases der Wert o als Gewichtsfaktor festgelegt.

Die Art, wie gezählt wird, ist abhängig von der jeweiligen Datenanalyse. In der
Regel wird der zu verarbeitende Variablenwert eines Cases mit dem Gewichtungsfaktor
multipliziert.

Bei der Ausführung des Kommandos CROSSTABS ergibt sich die einzelne Zellhäufigkeit
als die Summe der Gewichtswerte.

Bei den durch die Kommandos NONPAR CORR und SCATTERGRAM abgerufenen Aufgabenstellungen geht jeder Case mit derjenigen Häufigkeit in die Auswertung ein, die gleich
dem ganzzahligen Anteil seines zugeordneten Gewichtsfaktors ist. Bei nicht-ganz-
zahligem Gewichtsfaktor geht der aktuelle Case zusätzlich noch ein weiteres Mal
in die Analyse mit ein, wenn ein durch den internen Aufruf eines Pseudo-Zufalls-
zahlen-Generators ermittelter Wert (liegt zwischen o und 1) kleiner als der Nach-
kommastellenanteil des Gewichtsfaktors ist.

Die Gewichtung kann z.B. auch sinnvoll bei der Analyse von aggregierten Daten sein.
Dazu betrachten wir die erste Kontingenz-Tabelle auf S. 121, und wir nehmen an, daß
wir keinen Zugriff auf die Rohdaten haben und an den Ergebnissen der Zeilen- und
Gesamtprozentuierung interessiert sind.

Mit Hilfe des WEIGHT-Kommandos erhalten wir durch das Programm

```
DATA LIST        / VARoo2 1, VARo1o 2, ANZAHL 3 - 4
WEIGHT           BY ANZAHL
BEGIN DATA
116o
1263
2178
2245
END DATA
CROSSTABS        TABLES = VARo1o BY VARoo2
OPTIONS          3, 5
```

die folgende Druckausgabe:

```
                          VAROO2
              COUNT   I
              ROW PCT I                              ROW
              TOT PCT I                              TOTAL
                      I          1I          2I
   VARO1O      --------+---------+---------+
              1  I        60  I        78  I      138
                 I      43.5  I      56.5  I     56.1
                 I      24.4  I      31.7  I
                 +---------+---------+
              2  I        63  I        45  I      108
                 I      58.3  I      41.7  I     43.9
                 I      25.6  I      18.3  I
                 +---------+---------+
              COLUMN      123         123         246
              TOTAL      50.0        50.0       100.0
```

Da WEIGHT=Kommandos nicht kumulativ wirken, kann man jederzeit eine gültige permanente Gewichtung durch den Einsatz der Kommandos

```
TEMPORARY
COMPUTE        GEWICHT = 1
WEIGHT         BY GEWICHT
```

für die direkt nachfolgende Aufgabenstellung bzw. durch das Kommando

```
WEIGHT         OFF
```

für alle nachfolgenden Datenanalysen rückgängig machen.

6.4 Datenauswahl

6.4.1 Gezielte Auswahl von Cases (SELECT IF)

Im Abschnitt 3.7 haben wir gelernt, wie man mit Hilfe des Kommandos SELECT IF eine
permanente bzw. temporäre Auswahl von Cases für die jeweilige Aufgabenstellung vornehmen kann. Diese Auswahl muß man durch Bedingungen formulieren, deren allgemeine
Form wir im Abschnitt 6.2.3 (IF=Kommando) beschrieben haben.

Kodieren wir

```
SELECT IF        ( bedingung )
```

so wertet das SPSS^X-System - beim permanent wirkenden SELECT IF=Kommando für alle
folgenden und beim temporär wirkenden SELECT IF=Kommando nur für die direkt folgende Aufgabenstellung - alle diejenigen Cases aus, welche durch die aufgeführte Bedingung herausgefiltert werden.
Wirken mehrere derartige Kommandos gleichzeitig, so werden stets alle die Cases
ausgewählt, deren Werte sämtliche angegebenen Bedingungen erfüllen.

Kodieren wir z.B. das Programm

```
DATA LIST       FILE = DATAIN /
                VARoo7 7, VARo14 14
COMPUTE         SEQNUM = $CASENUM
SELECT IF       ( VARoo7 = 9 )
TEMPORARY
SELECT IF       ( VARo14 = o )
FREQUENCIES     VARIABLES = SEQNUM
FREQUENCIES     VARIABLES = SEQNUM
```

so werden bei der Ausführung des ersten FREQUENCIES=Kommandos nur diejenigen Reihen-
folgenummern (Werte von SEQNUM) berücksichtigt, für deren zugehörige Cases sowohl
VARoo7 den Wert 9 als auch VARo14 den Wert o besitzen. Bei der Ausführung des zweiten
FREQUENCIES=Kommandos wertet das SPSS^X-System dagegen alle die Cases aus, welche
- unabhängig von den Werten der Variablen VARo14 - für VARoo7 den Wert 9 haben.

6.4.2 Auswahl der ersten Cases (N OF CASES)

Will man - unabhängig von einer Bedingung - die ersten "n" Cases in die Analyse
einbeziehen, so muß man vor der betreffenden Aufgabenstellung das Kommando
N OF CASES in der Form

N OF CASES   n

kodieren. Wird dieses Kommando vor der ersten Aufgabenstellung angegeben, so werden
für alle nachfolgenden Aufgabenstellungen nur die jeweils ersten "n" Cases ausgewertet. Wird das N OF CASES=Kommando dagegen hinter der ersten Aufgabenstellung
aufgeführt, so wirkt es temporär, d.h. die Fall-Auswahl wird nur für die jeweils
unmittelbar folgende Analyse vorgenommen.

6.4.3 Zufällige Auswahl von Cases (SAMPLE, SET, SEED)

Will man für alle Auswertungen eine Zufallsauswahl aus der Grundgesamtheit aller
Cases des SPSS^X-files bereitstellen, so muß man das Kommando SAMPLE (ziehe Stichprobe) in der Form

SAMPLE $\left\{ \begin{array}{l} \text{faktor} \\ \text{n1 FROM n2} \end{array} \right\}$

kodieren. Soll dagegen eine derartige Auswahl nur für eine spezielle Aufgabenstellung getroffen werden, so muß man das SAMPLE=Kommando nach einem einleitenden
TEMPORARY=Kommando vor der betreffenden Aufgabenstellung angeben.[+]

Der Wert "faktor" muß eine positive Dezimalzahl sein, welche kleiner als 1 ist. Diese
Größe legt den Prozentsatz der aus der Grundgesamtheit auszuwählenden Cases fest.

So werden etwa durch das Kommando

SAMPLE   o.2

ungefähr 2o% der Cases des SPSS^X-files zufällig ausgewählt.[++]

Will man nicht einen Prozentsatz, d.h. eine relative Größe, sondern eine absolute
Anzahl "n1" von "n2" im SPSS^X-file vorhandenen Cases in die Datenanalyse einbeziehen,
so muß man "n1 FROM n2" als Spezifikationswert angeben. Dabei ist hinter dem Schlüsselwort FROM die genaue Anzahl der Cases einzutragen, die für eine Auswertung zugelassen sind.[+++]

Wollten wir für unsere Untersuchung z.B. 3o Cases zufällig auswählen, so müßten wir
folglich das Kommando

SAMPLE   3o FROM 25o

  +) Sofern sowohl das permanente als auch das temporäre SAMPLE=Kommando kodiert ist,
     wirken die Angaben in den Spezifikationsfeldern kumulativ.
 ++) In der Regel wird der Prozentsatz nicht exakt ausgeschöpft.
+++) Dies ist i.allg. die Gesamtzahl der Cases im SPSS^X-file, es sei denn, daß durch
     das SELECT IF= oder das N OF CASES=Kommando eine Einschränkung getroffen ist.

kodieren.

Die zufällige Auswahl der Cases wird durch einen im SPSS[X]-System integrierten
Pseudo-Zufallszahlen-Generator getroffen. Dieser benutzt in der Regel den Wert
2oooooo als den für die Berechnung erforderlichen Startwert. Um die erhaltenen
Analyseergebnisse später reproduzieren zu können, sollte man einen eigenen Startwert mit Hilfe des Kommandos <u>SET</u> in der Form

SET   SEED = startwert

festlegen. Diese Angabe ist vor dem entsprechenden SAMPLE=Kommando aufzuführen.

6.5 Arbeiten mit alphanumerischen Variablen (STRING)

Im Abschnitt 3.1 haben wir die Möglichkeiten zur Eingabe von alphanumerischen
Werten (Texten) in alphanumerische Variablen (Stringvariablen) beschrieben.
Sollen während des Programmlaufs neue alphanumerische Variablen im SPSS[X]-file
eingerichtet werden, so sind deren Namen zuvor in einem <u>STRING=Kommando</u> in der
Form

STRING   variablenliste1 (An_1) $[$ / variablenliste2 (An_2) $]$ ...

aufzuführen. Dabei sind "n_1" und "n_2" Platzhalter für ganze Zahlen, welche die
maximal zulässige Zeichenzahl der in den Variablenlisten aufgeführten Stringvariablen bestimmen. Die hierdurch vereinbarte Länge darf während eines SPSS[X]-Programm-
laufs nicht verändert werden.
Nach der Ausführung des STRING=Kommandos sind die angegebenen Variablen im SPSS[X]-
file eingerichtet und enthalten für jeden Case einen Text, der nur aus Leerzeichen
besteht und dessen Länge gleich der für die jeweilige Variable vereinbarten maximal erlaubten Zeichenzahl ist.

Generell unterscheidet man zwischen "kurzen" und "langen" Stringvariablen.
Während "kurze" alphanumerische Variablen in der Regel (dies ist anlagenabhängig)
bis zu 8 Zeichen lang sein können, dürfen "lange" Stringvariablen aus bis zu 255
Zeichen bestehen.

Während für "kurze" Stringvariablen Häufigkeitsauszählungen vorgenommen werden
dürfen (für sie kann man durch das MISSING VALUES=Kommando auch missing Values
verabreden), werden "lange" alphanumerische Variablen in der Regel nur für die
Druckausgabe (s. die Abschnitte 6.7.1 und 6.7.2) verwendet.

Für die Aufbereitung von Texten stellt das SPSS[X]-System die folgenden String-Funk-
tionen zur Verfügung (wir kennzeichnen im folgenden durch das Zeichen "S" eine

Stringvariable bzw. eine - durch einleitendes und abschließendes Hochkomma ein-
gefaßte - Zeichenketten-Konstante und durch das Zeichen "Z" eine aus nur einem
Zeichen bestehende Stringvariable bzw. Zeichenketten-Konstante):

Funktionsaufruf	Als Ergebnis
ANY(S1, S2[,S3]...)	ergibt sich der Wert 1, falls S1 mit S2 oder mit S3 usw. übereinstimmt; andernfalls erhält man den Wert o
CONCAT(S1, S2[,S3]...)	werden S1, S2 usw. zu einer Zeichenkette aneinandergereiht
INDEX(S1, S2 [,n])	erhält man den Zeichenpositionswert in S1, ab dem S2 erstmalig auftritt, sofern die Angabe von "n" fehlt; andernfalls wird S2 in mehrere aufeinanderfolgende Teilstrings der Länge n (die Länge von S2 muß ganzzahlig durch n teilbar sein) gegliedert, und der Suchprozeß wird nicht für S2, sondern für jeden einzelnen derartig ermittelten Teilstring durchgeführt, wobei das erstmalige Auftreten einer dieser Teilstrings die gesuchte Zeichenposition in S1 bestimmt
LAG(S, n)	erhält man den alphanumerischen Wert der Stringvariablen S, der dem aktuellen Case im SPSS^X-file um "n" Positionen vorausgeht; den ersten n Cases wird diejenige Zeichenkette als Wert zugewiesen, die nur aus Leerzeichen besteht
LENGTH(ausdruck)	erhält man die Länge des alphanumerischen Werts, der sich bei der Auswertung von "ausdruck" ergibt; dabei darf es sich bei "ausdruck" um eine Stringvariable, einen alphanumerischen Wert oder um den Aufruf von Stringfunktionen handeln
LOWER(S1[,S2]...)	erhält man den in Kleinbuchstaben umgewandelten alphanumerischen Wert von S1 usw.
LPAD(S, n[,Z])	erhält man den Wert von S, vor dem "n - Länge von S" ($\leq$ 255) Exemplare von Z eingefügt sind (ist "n - Länge von S" < 1, so ergibt sich der leere String, d.h. ein String ohne ein Zeichen); fehlt die Angabe von "Z", so werden Leerzeichen eingefügt
LTRIM(S[,Z])	erhält man den Wert von S, bei dem alle von Beginn unmittelbar hintereinander aufgeführten, mit "Z" übereinstimmenden Zeichen gelöscht sind; fehlt die Angabe von "Z", so werden alle führenden Leerzeichen gelöscht

Funktionsaufruf	Als Ergebnis
MAX(S1, S2[,S3]...)	wird der aus S1, S2 usw. in der Sortierordnung größte alphanumerische Wert ermittelt
MIN(S1, S2[,S3]...)	wird der aus S1, S2 usw. in der Sortierordnung kleinste alphanumerische Wert ermittelt
NUMBER(S, Fn[.m])	erhält man den durch Umwandlung in eine numerische Größe aus S resultierenden Wert (enthält S unerlaubte Zeichen, so erhält man den system-missing Value SYSMIS als Resultat), wobei bei fehlender Angabe von "m" die ersten n Zeichen von S berücksichtigt werden; sofern kein Dezimalpunkt vorhanden ist, werden bei der Angabe von "m" die letzten "m" Ziffern als Nachkommastellen berücksichtigt
RANGE(S1,S2,S3[,S4,S5]..)	ergibt sich der Wert 1, falls S1 in der Sortierordnung zwischen S2 und S3 oder zwischen S4 und S5 usw. liegt; andernfalls erhält man den Wert o
RINDEX(S1, S2[,n])	erhält man den Zeichenpositionswert in S1, ab dem S2 letztmalig auftritt, sofern die Angabe von "n" fehlt; andernfalls wird S2 in mehrere aufeinanderfolgende Teilstrings der Länge "n" (die Länge von S2 muß ganzzahlig durch "n" teilbar sein) gegliedert und der Suchprozeß nicht für S2, sondern für jeden einzelnen derartig ermittelten Teilstring durchgeführt, wobei das letztmalige Auftreten eines dieser Teilstrings die gesuchte Zeichenposition in S1 bestimmt
RPAD(S, n[,Z])	erhält man den Wert von S, hinter dem "n - Länge von S" ($\leq$ 255) Exemplare von "Z" angefügt sind (ist " n - Länge von S"< 1, so ergibt sich der leere String, d.h. ein String ohne ein Zeichen), fehlt die Angabe von "Z", so werden Leerzeichen angefügt
RTRIM(S[,Z])	erhält man den Wert von S, bei dem alle am Ende unmittelbar hintereinander aufgeführten, mit Z übereinstimmenden Zeichen gelöscht sind; fehlt die Angabe von "Z", so sind alle nachfolgenden Leerzeichen gelöscht
STRING(num , Fn[.m])	erhält man eine Zeichenkette, die durch die Auswertung des Inhalts der numerischen Variablen "num" gemäß der Formatangabe "Fn[.m]" gebildet wird; dabei legt "n" die Gesamtlänge des zur Darstellung benötigten Zeichenbereichs (incl.

Funktionsaufruf	Als Ergebnis
	von evtl. erforderlichem Vorzeichen und Dezimalpunkt) fest, wobei bei einem nicht-ganzzahligem Wert durch die Angabe von "m" die Anzahl der Nachkommastellen bestimmt wird
SUBSTR(S1, n[,m])	erhält man den Wert von S1, der mit dem Zeichen auf der Zeichenposition "n" eingeleitet wird und aus "m" Zeichen besteht; fehlt die Angabe von "m", so reicht der ermittelte Teilstring bis an das Ende von S1
UPCASE(S1[,S2]...)	erhält man den in Großbuchstaben umgewandelten alphanumerischen Wert von S1 usw.

Sollen etwa bei einer Druckausgabe mit dem PRINT=Kommando (s. Abschnitt 6.7.1) anstelle der Werte 1, 2 und 3 für die jeweilige Jahrgangsstufe die Texte "JAHRGANGSSTUFE1", "JAHRGANGSSTUFE2" und "JAHRGANGSSTUFE3" und anstelle der Werte 1 und 2 für das jeweilige Geschlecht die Texte "SCHUELER" und "SCHUELERIN" ausgegeben werden, so können wir das zu erstellende Programm durch die folgenden Kommandos einleiten:

```
DATA LIST        FILE = DATAIN /
                 VARoo1 VARoo2 1 - 2, VARoo6 5 - 6, VARo14 14
STRING           S1 ( A15 ), S2 ( Alo )
COMPUTE          S1 = CONCAT( 'JAHRGANGSSTUFE', STRING( VARoo1, F1 ) )
DO IF            ( VARoo2 = 1 )
.      COMPUTE   S2 = 'SCHUELER'
ELSE
.      COMPUTE   S2 = 'SCHUELERIN'
END IF
```

Bei der Zuweisung von Strings an eine Ergebnisvariable, die eine Stringvariable sein muß, werden die Zeichen immer linksbündig übertragen. Bei einer zu kurzen Ergebnisvariable werden die überzähligen Zeichen abgeschnitten und bei längerer Ergebnisvariable wird der zugewiesene alphanumerische Wert am Ende mit Leerzeichen aufgefüllt.

Als Besonderheit darf man die SUBSTR-Funktion auch auf der linken Seite eines Gleichheitszeichens "=" in der Form

SUBSTR(S, n, m) = alphanumerischer ausdruck

verwenden. Dadurch bezieht man sich bei einer Zuweisung (bei IF oder COMPUTE) oder beim Vergleich (bei IF, SELECT IF, DO IF oder ELSE IF) auf denjenigen Teilstring, der an der n-ten Zeichenposition in S beginnt und m Zeichen lang ist.

6.6 Gestaltung der Druckausgabe

6.6.1 Bestimmung der Länge und Breite einer Druckseite (SET LENGTH, SET WIDTH)

Standardmäßig werden auf jeder Druckseite maximal 59 Druckzeilen ausgegeben, und am Ende jeder Druckseite wird automatisch auf den Anfang der nächsten Druckseite positioniert. Dieser Vorschub wird auch nach der Druckausgabe einer statistischen Datenanalyse durchgeführt, so daß i. allg. die restlichen Zeilen einer "angebrochenen" Druckseite nicht ausgenutzt werden.

Will man sich beim erstmaligen Einlesen der zu analysierenden Daten davon überzeugen, daß keine unzulässigen Werte kodiert sind, so sollte man - aus Gründen der Papierersparnis - diesen automatischen Seitenvorschub abschalten. Auf diesen Vorschub sollte man z.B. auch verzichten, falls man eine Vielzahl von Kontingenz-Tabellen durch das Kommando CROSSTABS abrufen will.

Dazu muß man vor einer derartigen Aufgabenstellung das Kommando SET mit dem Subkommando LENGTH in der Form

```
SET          LENGTH = NONE
```

kodieren.[+] Dann wird kein Papiervorschub mehr auf den Anfang einer neuen Druckseite durchgeführt, sondern das Seitenende durch eine gestrichelte Linie kenntlich gemacht.

Oftmals ist es auch wünschenswert, die Anzahl von maximal 59 Druckzeilen pro Seite zu reduzieren oder zu erhöhen. Dies kann ebenfalls durch das SET=Kommando in der Form

```
SET          LENGTH = anzahl
```

mit einem ganzzahligen positiven Wert "anzahl" wie z.B. durch

```
SET          LENGTH = 4o
```

festgelegt werden. In diesem Fall erfolgen die Druckausgaben auf Druckseiten mit maximal 4o Zeilen pro Seite. Diese Angabe bleibt solange gültig, bis durch ein nachfolgendes SET=Kommando eine neue Angabe über den Seitenvorschub gemacht wird.

Mit Hilfe des Subkommandos WIDTH kann die standardmäßig auf den Wert 132 eingestellte Breite einer Druckseite in der Form

```
SET          WIDTH = anzahl
```

mit einem ganzzahligen positiven Wert "anzahl" verändert werden.

So legt man etwa durch das Kommando

```
SET          WIDTH = 8o
```

die Anzahl der Zeichen pro Druckzeile auf den Wert 8o fest.

[+] Dieses Kommando hat für die Druckausgaben mit dem Kommando SCATTERGRAM keine Wirkung.

6.6.2 Erzeugung von Seitenüberschriften (TITLE, SUBTITLE)

Zur besseren Dokumentation der Druckausgabe kann man zu Beginn jeder neuen Druckseite einen Text von maximal 6o Zeichen ausgeben lassen. Dazu muß man das Kommando
TITLE (Überschrift) in der Form

```
TITLE           'text'
```

zu Beginn eines SPSS^X-Programms kodieren.[+]

So wird z.B. durch

```
TITLE           'LEISTUNGSEINSCHAETZUNG VON NGO-SCHUELERN'
```

am Seitenanfang stets der Text "LEISTUNGSEINSCHAETZUNG VON NGO-SCHUELERN" ausgedruckt.

Unabhängig davon, ob ein TITLE=Kommando kodiert ist oder nicht, enthält die zweite
Zeile jeder Druckseite stets Information über die Datenverarbeitungsanlage, auf der
das SPSS^X-Programm zur Ausführung gebracht wurde.

Will man in dieser zweiten Zeile einen Text eintragen lassen, der sich speziell
auf die jeweilige Aufgabenstellung bezieht, so muß man das Kommando SUBTITLE
(Untertitel) in der Form

```
SUBTITLE        'text'  ·
```

unmittelbar vor dem Kommando kodieren, mit welchem die Aufgabenstellung formuliert
wird. Dabei darf der angegebene Text aus maximal 6o Zeichen bestehen.

So führt z.B. die Angabe von

```
SUBTITLE        'LEISTUNGSEINSCHAETZUNG'
FREQUENCIES     VARIABLES = VARo14
```

dazu, daß mit Beginn der Druckausgabe für die Häufigkeitsverteilung von VARo14 in
jeder zweiten Zeile einer Druckseite der Text "LEISTUNGSEINSCHAETZUNG" ausgegeben
wird. Dieser Text wird auch bei den nachfolgenden Aufgabenstellungen gedruckt, sofern
man ihn nicht durch geeignete Angaben auf nachfolgenden SUBTITLE=Kommandos ersetzt.

6.6.3 Kommentierung von SPSS^X-Kommandos (COMMENT)

Vor jeder Aufgabenstellung kann man dokumentarische Angaben in das Ablaufprotokoll
ausgeben lassen, indem man den entsprechenden Text innerhalb eines COMMENT=Komman-
dos in der Form[++]

```
COMMENT         text
```

+) Zur Stellung der einzelnen Kommandos im SPSS^X-Programm vgl. Anhang A.1.
++) Anstelle von "COMMENT" darf man abkürzend das Zeichen "*" kodieren.

einträgt. Reicht für die Angabe des Textes eine Programmzeile nicht aus, so darf seine Kodierung in weiteren Programmzeilen fortgesetzt werden.

6.6.4 Einschränkung der Protokollierungsart (DATA LIST NOTABLE, SET PRINTBACK)

Standardmäßig werden alle Programmzeilen eines SPSS^X-Programms sowie die Korrespondenztabelle zwischen Variablennamen und Zeichenpositionen (innerhalb des Datensatzes) beim Aufruf des Kommandos DATA LIST ins Ablaufprotokoll eingetragen. Zur Unterdrückung der Korrespondenztabelle ist innerhalb des DATA LIST=Kommandos das Schlüsselwort NOTABLE in der Form

```
DATA LIST      [FILE = ddname] [RECORDS = anzahl]  NOTABLE /
               ...
```

einzutragen. Sollen die Programmzeilen nicht protokolliert werden, so ist das Kommando SET mit dem Subkommando PRINTBACK in der Form

```
SET            PRINTBACK = NO
```

zu Beginn des SPSS^X-Programms zu kodieren.

6.7 Datenausgabe

6.7.1 Ausgabe von Variablenwerten (PRINT)

Im Abschnitt 3.7 haben wir die Leistungen des LIST=Kommandos kennengelernt, mit dem die Variablenwerte nach einem festen Plan, auf den man keinen Einfluß nehmen kann, ausgedruckt werden. Als Ergänzung wollen wir nun lernen, wie man die Werte der im SPSS^X-file abgespeicherten Variablen nach eigenen Vorgaben ausgeben lassen kann. Dabei ist es für die Beschreibung der Datenausgabe unerheblich, ob wir die Daten ins Ablaufprotokoll oder in eine Datei auf einem magnetischen Datenträger übertragen lassen wollen.

Ausgabe ins Ablaufprotokoll

Wollen wir etwa für jeden Case die Werte der Variablen VARoo1, VARoo2, VARoo6, VARo1o und VARo14 nebeneinander innerhalb einer Druckzeile ausgeben lassen, so müssen wir zunächst die Gliederung der Druckzeile durch die Angaben der Druckpositionen vornehmen. Dazu legen wir z.B. fest:

Wert der Variablen	Bereich der Druckpositionen
VARoo1	2
VARoo2	4
VARoo6	6 - 7
VARo1o	9
VARo14	11

Damit haben wir unter der Kenntnis der jeweiligen Stellenzahl für die einzelnen
Variablenwerte (s. Angaben im DATA LIST=Kommando im Abschnitt 3.1) bestimmt, daß
die Variablenwerte - durch jeweils ein Leerzeichen voneinander getrennt - in der
angegebenen Abfolge in jeweils eine Druckzeile eingetragen werden sollen, wobei vor
der Ausgabe des Variablenwerts von VARoo1 mit Beginn einer neuen Druckzeile ein
Leerzeichen eingetragen werden soll.

Die Druckausgabe der Variablenwerte soll ins Ablaufprotokoll vorgenommen werden.
Dies geschieht mit Hilfe des PRINT=Kommandos durch die Ausführung des folgenden
SPSS[X]-Programms:

```
DATA LIST        FILE = DATAIN /
                 VARoo1, VARoo2 1 - 2, VARoo6 5 - 6, VARo1o 1o, VARo14 14
PRINT            / VARoo1 2, VARoo2 4, VARoo6 6 - 7, VARo1o 9, VARo14 11
EXECUTE
```

Dadurch erhalten wir bei der Programmausführung den folgenden Ausdruck (am Beispiel der ersten 5 Druckzeilen):

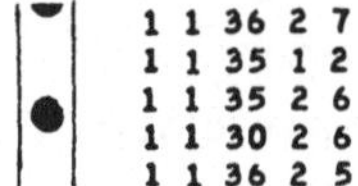

Auf die Angabe des hinter dem PRINT=Kommando aufgeführten EXECUTE=Kommandos darf
nicht verzichtet werden.

Die Ausgabe der über das PRINT=Kommando abgerufenen Datenausgabe erfolgt nämlich
im Zusammenhang mit einer im Anschluß an das PRINT=Kommando angegebenen Aufgabenstellung zur Durchführung einer Datenanalyse. Soll im Anschluß an das PRINT=Komman-
do keine derartige Aufgabenstellung formuliert werden   dies ist etwa im o.a.
Beispiel der Fall -, so muß man ersatzweise das Kommando EXECUTE (führe aus) in
der Form

```
EXECUTE
```

aufführen. Dieses Kommando löst die Datenausgabe unmittelbar aus.

Datenausgabe auf einen magnetischen Datenträger

Soll die Ausgabe der Variablenwerte nicht ins Ablaufprotokoll, sondern z.B. in
eine Magnetplatten-Datei erfolgen, so muß innerhalb des PRINT=Kommandos das Subkommando OUTFILE in der Form

```
OUTFILE = ddname
```

angegeben werden, wobei der symbolische Dateiname "ddname" gegenüber dem Betriebssystem durch ein zugehöriges JCL-Kommando verabredet werden und auf die gewünschte

Magnetplatten-Datei weisen muß (vgl. Abschnitt 2.3). Dabei ist zu beachten, daß
das PRINT=Kommando am Anfang jedes Datensatzes <u>ein Leerzeichen</u> erzeugt, das bei der
Druckausgabe ins Ablaufprotokoll für die Steuerung des Druckvorschubs benötigt
wird.[+)]

Wollen wir die Datenausgabe etwa in eine Magnetplatten-Datei namens "A2oA.PRINT.DATA"
vornehmen, so können wir den Job durch die folgenden Jobzeilen beschreiben:

```
// EXEC SPSSX
//DATAIN DD DSN=A2oA.NGO.DATA,DISP=SHR
//DATAOUT DD DSN=A2oA.PRINT.DATA,UNIT=SYSDA,VOL=SER=USERo4,
// DISP=(NEW,CATLG),SPACE=(TRK,(1,1))
//SYSIN DD *
DATA LIST        FILE = DATAIN /
                 VARoo1, VARoo2 1 - 2, VARoo6 5 - 6, VARo1o 1o, VARo14 14
PRINT            OUTFILE = DATAOUT
                 / VARoo1 2, VARoo2 4, VARoo6 6 - 7, VARo1o 9, VARo14 11
EXECUTE
```

Dabei haben wir die Bezeichnung "DATAOUT" als symbolischen Dateinamen gewählt und
diesem Namen eine Magnetplatten-Datei ("UNIT=SYSDA") mit dem Dateinamen
"A2oA.PRINT.DATA" ("DSN=A2oA.PRINT.DATA") zugeordnet, die auf der Magnetplatte mit
der Kennung "USERo4" ("VOL=SER=USERo4") neu eingerichtet und katalogisiert
("DISP=(NEW,CATLG)") werden soll, wobei ausreichender Speicherplatz zur Verfügung
zu stellen ist ("SPACE=(TRK,(1,1))").

Soll die Datei nicht auf einer Magnetplatte, sondern auf einem Magnetband abgespeichert werden, etwa als zweite Datei ("LABEL=2") auf dem Magnetband ("UNIT=TAPE")
mit der Kennung "987654" ("VOL=SER=987654"), so ist in dem o.a. Job das JCL-Kommando mit dem symbolischen Dateinamen (DD-Namen) "DATAOUT" durch das folgende Kommando zu ersetzen:

```
//DATAOUT DD DSN=A2oA.PRINT.DATA,UNIT=TAPE,VOL=SER=987654,
// DISP=NEW,LABEL=2
```

Dies ist die einzige erforderliche Änderung, die im o.a. Job vorgenommen werden muß,
d.h. innerhalb des SPSS[X]-Programms, speziell innerhalb des PRINT=Kommandos, ist
keine Änderung vorzunehmen.

<u>Das Schlüsselwort TABLE</u>

Um sicher zu gehen, daß die im PRINT=Kommando angegebenen Eintragungen für die
Zeichenpositionen korrekt den Variablennamen zugeordnet wurden, kann man - vor den

---

+) Soll die Ausgabe dieses zusätzlichen Leerzeichens zu Beginn eines Datensatzes un-
   terdrückt werden, so muß bei der Datenausgabe in eine Datei auf einem magnetischen
   Datenträger anstelle des Kommandonamens PRINT der Name "WRITE" angegeben werden.
   Ansonsten sind alle Angaben aus dem PRINT=Kommando zu übernehmen.

Spezifikationen für die Druckausgabe - das Schlüsselwort TABLE in der folgenden
Form innerhalb des PRINT=Kommandos angeben:

```
PRINT           OUTFILE = DATAOUT TABLE
                / VARoo1 2, VARoo2 4, VARoo6 6 - 7, VARo1o 9, VARo14 11
```

Bei der Programmausführung wird daraufhin die folgende Tabelle protokolliert:

```
THE TABLE FOR THE ABOVE PRINT   COMMAND IS:


   VARIABLE   REC  START    END        FORMAT  WIDTH  DEC

   VAR001      1     2       2         F         1     0
   VAR002      1     4       4         F         1     0
   VAR006      1     6       7         F         2     0
   VAR010      1     9       9         F         1     0
   VAR014      1    11      11         F         1     0
```

Syntax des PRINT=Kommandos

Die Datenausgabe ins Ablaufprotokoll bzw. in eine Datei auf einem magnetischen
Datenträger kann man unter Einsatz des PRINT=Kommandos in der folgenden Form abrufen:

```
PRINT           [OUTFILE = ddname] [TABLE]
                / [1] variablenliste1 zpn1[- zpn2][( angabe1 )]
                       [variablenliste2 zpn3[- zpn4][( angabe2 )] ] ...
                [/ 2 ...]
[EXECUTE]
```

Soll pro Case mehr als ein Datensatz ausgegeben werden, so sind die Angaben für den
ersten Datensatz durch die Eintragung

```
/ 1
```

die Angaben für den zweiten Datensatz durch

```
/ 2
```

und für die folgenden Datensätze entsprechend einzuleiten (dies entspricht genau
den Angaben, die innerhalb eines DATA LIST=Kommandos bei der Eingabe von mehreren
Datensätzen pro Case zu machen sind).

Die innerhalb der o.a. Syntax-Darstellung vorgenommene Eintragung "angabe", die in
Klammern einzuschließen ist und der Festlegung eines Zeichenbereichs folgt, besitzt
die folgende Bedeutung:
Genau wie bei der Dateneingabe mit dem DATA LIST=Kommando fungiert "angabe" bei der

Datenausgabe von nicht-ganzzahligen Werten als Platzhalter für die Anzahl der
Nachkommastellen bzw. bei der Ausgabe von alphanumerischen Informationen als Platz-
hälter für das Indikator-Zeichen "A".

Ist bei der Ausgabe von numerischen Werten der angegebene Zeichenbereich zu klein,
so daß nicht alle Ziffern des ganzzahligen Anteils ausgegeben werden können, so
wird der gesamte Zeichenbereich mit dem Zeichen "*" gefüllt.

Sind die auszugebenden Werte ganzzahlig eingelesen worden, so wird die Forderung,
die Nachkommastellen auszugeben, ignoriert.

Bei der Ausgabe nicht-ganzzahliger Werte wird der Dezimalpunkt "." protokolliert,
so daß diese Zeichenposition in der Angabe des Zeichenbereichs berücksichtigt werden
muß.

Ausgabe von Textkonstanten

Bei der Ausgabe von Datensätzen ins Ablaufprotokoll ist es aus Gründen der besseren
Lesbarkeit oft sehr vorteilhaft, die Ausgabedaten durch zusätzliche Texte, die
zusammen mit den Variablenwerten in den Druckzeilen ausgegeben werden, zu beschreiben. Dazu darf man innerhalb des PRINT=Kommandos anstelle eines Variablennamens
eine Textkonstante in der Form

```
'textzeichenfolge'
```

aufführen, welcher der Angabe des Zeichenbereichs für die Plazierung bei der Datenausgabe folgen muß.

So können wir z.B. das o.a. Beispielprogramm in der folgenden Weise erweitern:

```
PRINT           TABLE
                / 'VARoo1:' 2 - 8, VARoo1 1o, 'VARoo2:' 14 - 2o, VARoo2 22,
                  'VARoo6:' 26 - 32, VARoo6 34 - 35, 'VARo1o:' 39 - 45,
                  'VARo1o 47, 'VARo14:' 51 - 57, VARo14 59
EXECUTE
```

Dies führt zum Ergebnis (am Beispiel der ersten 1o Druckzeilen):

```
VAR001: 1   VAR002: 1   VAR006: 36   VAR010: 2   VAR014: 7
VAR001: 1   VAR002: 1   VAR006: 35   VAR010: 1   VAR014: 2
VAR001: 1   VAR002: 1   VAR006: 35   VAR010: 2   VAR014: 6
VAR001: 1   VAR002: 1   VAR006: 30   VAR010: 2   VAR014: 6
VAR001: 1   VAR002: 1   VAR006: 36   VAR010: 2   VAR014: 5
VAR001: 1   VAR002: 1   VAR006: 35   VAR010: 1   VAR014: 3
VAR001: 1   VAR002: 1   VAR006: 35   VAR010: 2   VAR014: 7
VAR001: 1   VAR002: 1   VAR006: 35   VAR010: 2   VAR014: 6
VAR001: 1   VAR002: 1   VAR006: 33   VAR010: 1   VAR014: 5
VAR001: 1   VAR002: 1   VAR006: 29   VAR010: 0   VAR014: 5
```

6.7.2 Erzeugung von Überschriften und Leerzeilen (PRINT EJECT, PRINT SPACE)

Soll eine Druckausgabe der Variablenwerte ins Ablaufprotokoll erfolgen, so kann man die durch das PRINT=Kommando abgerufene Druckausgabe durch die zusätzliche Ausgabe von Überschrifts- und Leerzeilen strukturieren.

Soll etwa eine Druckausgabe mit Beginn einer neuen Druckseite begonnen werden, so ist anstelle des PRINT=Kommandos das gleichartig aufgebaute Kommando PRINT EJECT (drucke mit Vorschub) in der Form

```
PRINT EJECT    [OUTFILE = ddname][TABLE]

        /[1] {variablenliste1}  zpn1 [- zpn2][( angabe1 )]
             {textkonstante1 }

             [{variablenliste2}  zpn3 [- zpn4][( angabe2 )]]...
             [{textkonstante2 }

        [/ 2 ...]

[EXECUTE]
```

einzusetzen.

Mit Hilfe dieses Kommandos und des gleichzeitigen Einsatzes der DO IF= und END IF= Kommandos kann man zu Beginn einer neuen Druckseite innerhalb des Ablaufprotokolls eine die Datenausgabe einleitende Überschrift erzeugen.

So generieren wir durch die Ausführung der Kommandos

```
DO IF          ( $CASENUM = 1 )
+ PRINT EJECT  / 'VARoo1' 7 - 12, 'VARoo2' 2o - 25, 'VARoo6' 31 - 36,
                 'VARo1o' 44 - 49, 'VARo14' 56 - 61
+ PRINT        / '------' 7 - 12, '------' 2o - 25, '------' 31 - 36,
                 '------' 44 - 49, '------' 56 - 61
END IF
PRINT          / VARoo1 1o, VARoo2 22, VARoo6 34 - 35, VARo1o 47, VARo14 59
EXECUTE
```

die folgende Druckausgabe (am Beispiel der ersten 15 Druckzeilen):

VAR001	VAR002	VAR006	VAR010	VAR014
------	------	------	------	------
1	1	36	2	7
1	1	35	1	2
1	1	35	2	6
1	1	30	2	6
1	1	36	2	5
1	1	35	1	3
1	1	35	2	7
1	1	35	2	6
1	1	33	1	5
1	1	29	0	5
1	1	36	1	7
1	1	39	2	5
1	1	31	2	5

Sollen zwischen den beiden Überschriftszeilen und der ersten Ausgabezeile mit den Variablenwerten z.B. zwei Leerzeilen eingeschoben werden, so kann man dazu das Kommando <u>PRINT SPACE</u> (gib Leerzeile aus) in der Form

```
PRINT SPACE    [OUTFILE = ddname][anzahl]
```

kodieren, wobei "anzahl" die Zahl der auszugebenden Leerzeilen festlegt. Ohne eine derartige Angabe wird standardmäßig eine Leerzeile erzeugt.

Fügen wir im o.a. Beispiel vor dem END IF=Kommando das PRINT SPACE=Kommando

```
PRINT SPACE    2
```

ein, so erhalten wir den folgenden Ausdruck (am Beispiel der ersten 9 Cases):

VAR001	VAR002	VAR006	VAR010	VAR014
1	1	36	2	7
1	1	35	1	2
1	1	35	2	6
1	1	30	2	6
1	1	36	2	5
1	1	35	1	3
1	1	35	2	7
1	1	35	2	6
1	1	33	1	5

Sollen die beiden Überschriftszeilen mit den beiden nachfolgenden Leerzeilen jeweils am Anfang einer neuen Druckseite innerhalb des Ablaufprotokolls ausgegeben werden, so kann man dies durch den Einsatz der Funktionen MOD, $CASENUM und $LENGTH in der folgenden Weise erreichen:

```
DO IF         ( $CASENUM = 1 OR MOD ( $CASENUM, $LENGTH - 1o ) = 1 )
+ PRINT EJECT / 'VARoo1' 7 - 12, 'VARoo2' 2o - 25, 'VARoo6' 31 - 36,
                'VARo1o' 44 - 49, 'VARo14' 56 - 61
+. PRINT      / '------' 7 - 12, '------' 2o - 25, '------' 31 - 36,
                '------' 44 - 49, '------' 56 - 61
+ PRINT SPACE 2
END IF
PRINT         / VARoo1 1o, VARoo2 22, VARoo6 34 - 35, VARo1o 47, VARo14 59
EXECUTE
```

Durch die Funktionsaufrufe $CASENUM und $LENGTH (s. Abschnitt 6.2.1) werden für jeden Case die Position des Cases innerhalb des SPSS[X]-files (eingenommen bei der Dateneingabe) bzw. die aktuell eingestellte Druckseitenlänge als Werte ermittelt. Der Aufruf der Funktion MOD in der Form

```
MOD( $CASENUM, $LENGTH - 1o )
```

liefert den ganzzahligen Rest der Division, die in der folgenden Weise durchgeführt wird:

für jeden Case wird seine Positionsnummer innerhalb des SPSS[X]-files durch die

um den Wert 1o verminderte Druckseitenlänge geteilt.[+] Ergibt sich hierbei ein ganzzahliger Rest von 1, so ist die Bedingung im o.a. DO IF=Kommando erfüllt und es werden die Überschriftszeilen ins Protokoll eingetragen. Gleichfalls wird für diesen
Case und auch für alle anderen Cases, welche die Bedingung in dem DO IF=Kommando
nicht erfüllen, durch die Ausführung des nachfolgenden PRINT=Kommandos eine Ausgabe
ins Ablaufprotokoll vorgenommen.

Da die SPSS[X]-Kommandos PRINT, PRINT EJECT und PRINT SPACE sich im Hinblick auf
die Programmausführung wie Datenmodifikationskommandos verhalten, d.h. die Ausführung wird zusammen mit einer nachfolgenden Datenanalyse durchgeführt, kann man sich
mit Hilfe dieser Kommandos die Werte vor und nach einer Datenmodifikation ausgeben
lassen.

So erhalten wir z.B. durch die Ausführung von

```
DATA LIST       FILE = DATAIN /
                VARo14 14
DO IF           ( $CASENUM LE 5 )
+      PRINT    / VARo14 1 - 2
END IF
RECODE          VARo14 ( 1, 2, 3 = 1 ), ( 4, 5, 6 = 2 ), ( ELSE = 3 )
DO IF           ( $CASENUM LE 5 )
+      PRINT    / VARo14 1 - 2
END IF
EXECUTE
```

für die ersten 5 Cases jeweils den ursprüglichen Wert von VARo14 und zusätzlich
den neuen Wert nach der Rekodierung in Form einer Kolumne untereinander im Ablaufprotokoll eingetragen.

6.7.3 Ausgabeformate (SET FORMAT, PRINT FORMATS)

Hinsichtlich der in den Abschnitten 6.7.1 und 6.7.2 angegebenen Syntax des PRINT=
und des PRINT EJECT=Kommandos ist ergänzend anzumerken, daß man auf die explizite
Angabe der Ausgabeformate, d.h. der Länge der Zeichenbereiche für die Datenausgabe (inkl. der Anzahl der Nachkommastellen) bzw. der Markierungsangabe "(A)"
für die Kennzeichnung der Ausgabe von alphanumerischen Werten auch verzichten darf.
In diesem Fall werden die Variablenwerte gemäß den bei der Dateneingabe gemachten
Angaben (innerhalb des DATA LIST=Kommandos) ausgegeben.
Für numerische Variablen, die durch permanente bzw. temporäre Datenmodifikationen
gebildet wurden, ist das Ausgabeformat standardmäßig auf einen Zeichenbereich von

---

+) Wir subtrahieren von der Druckseitenlänge den Wert 1o, um (bei einer eingestellten
   Druckseitenlänge von 59) jeweils 49 Druckzeilen mit Variablenwerten auf einer
   Druckseite ausgeben zu lassen.

8 Zeichen mit 2 Nachkommastellen - dies kennzeichnen wir abkürzend durch die Angabe "F8.2" - festgelegt.
Diese Voreinstellung kann durch ein <u>SET=Kommando</u> (das innerhalb des Programms vor
der Bildung der neuen Variablen aufgeführt sein muß) mit dem <u>FORMAT=Subkommando</u>
in der Form

```
SET              FORMAT = Fz.n
```

auf einen Zeichenbereich von "z" Zeichen verändert werden, wobei "n" Nachkommastellen auszugeben sind.

Somit darf man anstelle des Kommandos (s. Abschnitt 6.7.1)

```
PRINT            / VARoo1 2, VARoo2 4, VARoo6 6 - 7, VARo1o 9, VARo14 11
```

auch das Kommando

```
PRINT            / VARoo1, VARoo2, VARoo6, VARo1o, VARo14
```

ohne explizite Angabe der Zeichenbereiche für die Datenausgabe kodieren - allerdings mit dem Nachteil, daß die Variablenwerte unmittelbar nebeneinander (ohne
Zwischenraum) ausgegeben werden.
Dagegen läßt sich die ursprüngliche Ausgabeform ohne explizite Angabe der Zeichenbereiche für die Datenausgabe durch das Kommando

```
PRINT            / '␣', VARoo1, '␣', VARoo2, '␣', VARoo6, '␣', VARo1o,
                   '␣', VARo14
```

abrufen.
Zum gleichen Ergebnis gelangt man ebenfalls, wenn man die Ausgabeformate vorher
durch ein PRINT FORMATS=Kommando in der folgenden Form festlegt:

```
PRINT FORMATS  VARoo1, VARoo2, VARo1o, VARo14 ( F2 ) / VARoo6 ( F3 )
PRINT            / VARoo1, VARoo2, VARoo6, VARo1o, VARo14
```

Generell darf man für jede im SPSS^X-file enthaltene numerische Variable (alphanumerische Variablen dürfen nicht aufgeführt werden) mit Hilfe des Kommandos
<u>PRINT FORMATS</u> (Ausgabeformate) in der Form

```
PRINT FORMATS  variablenliste1 ( ausgabeformat1 )
               [ / variablenliste2 ( ausgabeformat2 )]...
```

festlegen, in welcher Weise die Variablenwerte bei einer Datenausgabe mit dem
PRINT=Kommando in den Ausgabesatz eingetragen werden sollen.[+)]

+) Dies gilt auch für Ausgaben von Variablenwerten ins Ablaufprotokoll bei der Ausführung von Datenanalysen wie z.B. bei der Ausführung der FREQUENCIES= und REPORT=
   Kommandos.

Als Ausgabeformat muß man für die Variablen die Zeichenfolge "Fz[.n]" angeben, wobei "z" die Länge des Zeichenbereichs und "n" die Anzahl der Nachkommastellen bei der Ausgabe nicht-ganzzahliger Werte festlegt.

Ohne die Aufführung einer Variablen innerhalb eines PRINT FORMATS=Kommandos ist das Ausgabeformat durch die Angaben im DATA LIST=Kommando bei der Dateneingabe bestimmt.
Für Variablen, die während des Programmlaufs temporär bzw. permanent gebildet werden, ist das Ausgabeformat mit "F8.2" bzw. auf die durch das SET=Kommando mit dem Sub-kommando FORMAT festgelegte Ausgabeform voreingestellt.

Wird eine alphanumerische Variable ohne Angabe der Länge des Zeichenbereichs für die Datenausgabe innerhalb des PRINT= oder PRINT EJECT=Kommandos aufgeführt, so ist das Ausgabeformat durch die Angaben innerhalb des DATA LIST=Kommandos bei der Daten-eingabe bestimmt bzw. durch die Angaben im STRING=Kommando (s. Abschnitt 6.5) fest-gelegt, sofern die Variable temporär oder permanent innerhalb des Programmlaufs ge-bildet wurde.

6.7.4 Datenausgabe bei den Auswertungsverfahren (PROCEDURE OUTPUT)

In den beiden vorausgehenden Abschnitten haben wir dargestellt, wie man ausgewähl-te Variablenwerte des SPSS[X]-files caseweise ins Ablaufprotokoll oder in eine Datei auf einem magnetischen Datenträger ausgeben lassen kann. Darüberhinaus besteht die Möglichkeit, bei der Ausführung bestimmter SPSS[X]-Kommandos gewisse Informationen in einer Datei auf einem magnetischen Datenträger zwischenspeichern zu lassen, damit sie anschließend gesondert ausgedruckt oder von einem anderen SPSS[X]-Programm weiter-verarbeitet werden können. Diese speziellen Leistungen lassen sich durch die Kodie-rung eines OPTIONS=Kommandos abrufen, das hinter demjenigen SPSS[X]-Kommando aufzu-führen ist, durch welches das Auswertungsverfahren zur Ausführung gebracht wird. Die diesbezüglich vorhandenen Möglichkeiten fassen wir in der folgenden Tabelle zu-sammen:

SPSS[X]-Kommando	Kennzahl	als Informationen werden übertragen:
CROSSTABS	1o	für jede Zelle der berechneten Kontingenz-Tabellen die absoluten Häufigkeiten und die Identifikation der je-weiligen Zelle in jeweils einem Datensatz
PEARSON CORR	4	die ermittelten Korrelationskoeffizienten, wobei jede Zeile der Korrelationsmatrix in einen oder mehrere Datensätze übertragen wird
NONPAR CORR	4	wie bei PEARSON CORR

Abweichend von dieser Form der Spezifizierung muß man beim Kommando FREQUENCIES
innerhalb des Subkommandos FORMAT das Schlüsselwort WRITE angeben, damit die ansonsten standardmäßig in das Ablaufprotokoll eingetragenen Ergebnisse in eine
Datei ausgegeben werden.

Grundsätzlich ist vor dem Aufruf des Auswertungsverfahrens, das eine Datenausgabe
in eine Datei vornehmen soll, das Kommando PROCEDURE OUTPUT in der Form

```
PROCEDURE OUTPUT     OUTFILE = ddname
```

aufzuführen. Dabei muß innerhalb des Subkommandos OUTFILE der symbolische Dateiname "ddname" für die Ausgabe-Datei angegeben werden. Dieser Name muß gegenüber dem
Betriebssystem durch ein zugehöriges JCL=Kommando (vgl. Abschnitt 2.2) verabredet
sein und auf eine Datei auf einem magnetischen Datenträger weisen.

Wollen wir z.B. die durch das FREQUENCIES=Kommando

```
FREQUENCIES     VARIABLES = VARo14
```

erzeugte Druckausgabe in der Magnetplatten-Datei "A2oA.OUTPUT.DATA" abspeichern,
so kodieren wir:

```
// EXEC SPSSX
//DATAIN DD DSN=A2oA.NGO.DATA,DISP=SHR
//OUTPUT DD DSN=A2oA.OUTPUT.DATA,UNIT=SYSDA,VOL=SER=USERo4,
// DISP=(NEW,CATLG),SPACE=(TRK,(1,1))
//SYSIN DD *
DATA LIST          FILE = DATAIN /
                   VARo14 14
PROCEDURE OUTPUT OUTFILE = OUTPUT
FREQUENCIES        VARIABLES = VARo14 /
                   FORMAT = WRITE
```

Durch diesen Job wird die Häufigkeitstabelle in die Datei "A2oA.OUTPUT.DATA"
("DSN=A2oA.OUTPUT.DATA") auf der Magnetplatte ("UNIT=SYSDA") mit der Kennung
"USERo4" ("VOL=SER=USERo4") eingerichtet und katalogisiert ("DISP=(NEW,CATLG)")
und ein genügend großer Speicherraum ("SPACE=(TRK,(1,1))") zur Verfügung gestellt.

Grundsätzlich sollte innerhalb eines SPSS[X]-Programms keine Datei mehrmals als
Ausgabe-Datei im Zusammenhang mit der Ausführung von Datenanalysen benutzt werden.
Daher muß jedem SPSS[X]-Kommando, das eine Datenanalyse mit gleichzeitiger Datenausgabe in eine Datei abruft, ein PROCEDURE OUTPUT=Kommando vorausgehen, bei dem der
innerhalb des Subkommandos OUTFILE angegebene symbolische Dateiname eindeutig ist,
d.h. verschiedene PROCEDURE OUTPUT=Kommandos müssen stets verschiedene symbolische
Dateinamen enthalten (denen über die zugehörigen JCL-Kommandos auch verschiedene
physische Dateien zugeordnet sind).

6.7.5 Sicherung des SPSS[X]-files (SAVE)

Bislang haben wir alle unsere SPSS[X]-Programme durch eine vollständige Beschreibung
des einzurichtenden SPSS[X]-files eingeleitet, d.h. wir haben in Verbindung mit dem
DATA LIST=Kommando in der Regel SPSS[X]-Kommandos zur Etikettierung der Variablen und
der Variablenwerte (VARIABLE LABELS, VALUE LABELS), zur permanenten Datenmodifikation
(wie z.B. COMPUTE und RECODE), zur permanenten Datenauswahl (wie z.B. SELECT IF),
zur Vereinbarung von missing Values (MISSING VALUES) und zur Dateneingabe (BEGIN DATA
und END DATA bzw. das Subkommando FILE innerhalb des DATA LIST=Kommandos) aufgeführt.

Hat man jedoch nach geeigneten Datenüberprüfungen die Daten von Kodier- und Erfassungsfehlern bereinigt, die erforderlichen permanenten Modifikationen und eine geeignete Etikettierung kodiert, so daß fortan die eigentlichen Datenanalysen durchgeführt werden können, so sollte man am Ende eines SPSS[X]-Laufs den Inhalt des zu diesem
Zeitpunkt aktuellen SPSS[X]-files in eine Magnetplatten- oder eine Magnetband-Datei ret-
ten. Dazu muß man das SPSS[X]-Programm mit der Kodierung des Kommandos SAVE (rette) in
der folgenden Form beenden:

```
SAVE            OUTFILE = ddname
```

Bei der Ausführung des SAVE=Kommandos wird der aktuelle Datenbestand des SPSS[X]-files
in einer Datei auf einem magnetischen Datenträger gesichert. Welcher Dateiname vergeben und auf welchem Datenträger diese Datei eingerichtet werden soll, legen wir durch
die Angabe des symbolischen Dateinamens "ddname" innerhalb des Subkommandos OUTFILE
fest.

Wollen wir z.B. das SPSS[X]-file in einer Magnetplatten-Datei ("UNIT=SYSDA") namens
"A2oA.SAVE.DATA" ("DSN=A2oA.SAVE.DATA") auf einer Magnetplatte mit der Kennung "USERo4"
("VOL=SER=USERo4") abspeichern ("DISP=(NEW,CATLG)"), so wählen wir den symbolischen
Dateinamen SAVEFILE und lassen den folgenden Job ausführen:

```
// EXEC SPSSX
//DATAIN DD DSN=A2oA.NGO.DATA,DISP=SHR
//SAVEFILE DD DSN=A2oA.SAVE.DATA,UNIT=SYSDA,VOL=SER=USERo4,
// DISP=(NEW,CATLG),SPACE=(TRK,(1,1))
//SYSIN DD *
FILE LABEL         NGO NEUGESTALTETE GYMNASIALE OBERSTUFE
DATA LIST          FILE = DATAIN /
                   VARoo1, VARoo2 1 - 2, VARoo6 5 - 6, VARo1o 1o, VARo14 14,
                   VARo16, VARo17 16 - 17, VARo18 TO VARo32 18 - 32
VARIABLE LABELS VARoo1 'JAHRGANGSSTUFE'
                        :
VALUE LABELS       VARoo1 1 '11' 2 '12' 3 '13' /
                        :
MISSING VALUES  VARo1o ( .o )
SAVE               OUTFILE = SAVEFILE
```

Nach der Übertragung der Daten des SPSS[X]-files in die Datei "A2oA.SAVE.DATA" druckt
das SPSS[X]-System die folgende Meldung ins Ablaufprotokoll:

```
    43   0              SAVE                OUTFILE = SAVEFILE

  30 SEP 85 12:55:16        22 VARIABLES,     176 BYTES PER CASE
  30 SEP 85 12:55:17        250 CASES SAVED
```

Sollen nicht alle Variablen gesichert werden, so kann man diesbezügliche Angaben
mit Hilfe der Subkommandos DROP und KEEP in der folgenden Form machen:

```
SAVE          OUTFILE = ddname
              [ / DROP = variablenliste1 ]
              [ / KEEP = variablenliste2 ]
              [ / MAP ]
```

Beim Einsatz des DROP=Subkommandos werden alle hinter dem Gleichheitszeichen "="
aufgeführten Variablen von der Sicherung ausgeschlossen. Alle anderen Variablen
werden in der Reihenfolge, in der sie im SPSS[X]-file angeordnet sind, in die Sicherungs-Datei übertragen.

Mit dem KEEP=Subkommando wird festgelegt, daß nur die in diesem Subkommando aufgeführten Variablen gesichert werden. Die Reihenfolge der Sicherung wird durch die
Position innerhalb von "variablenliste2" bestimmt. Mit Hilfe des Subkommandos KEEP
kann folglich die Reihenfolge der Ablage innerhalb des SPSS[X]-files beim Sicherungs-
vorgang verändert werden.

Die Information darüber, welche Variablen in welcher Reihenfolge gesichert werden,
läßt sich durch die zusätzliche Angabe des Schlüsselworts MAP abrufen.

6.7.6 Wiederherstellung des SPSS[X]-files (GET)

Ein SPSS[X]-file, das durch die Ausführung des Kommandos SAVE in einer Datei gesichert
worden ist, kann durch den Aufruf des Kommandos GET (stelle bereit) zur weiteren
Verarbeitung wiederhergestellt werden. Man setzt somit den Lauf des SPSS[X]-Programms
an der Stelle fort, an der das SPSS[X]-file zuvor durch die Ausführung eines SAVE=
Kommandos gesichert wurde.

Ein GET=Kommando muß das SPSS[X]-Programm einleiten und in der Form

```
GET           FILE = ddname
```

kodiert werden.

Bei der Ausführung dieses Kommandos wird das SPSS[X]-file vom SPSS[X]-System wieder in die für die weitere Verarbeitung erforderliche Form übertragen, so daß dem GET= Kommando im SPSS[X]-Programm unmittelbar Kommandos zur Durchführung von Datenanalysen folgen dürfen.

In Anknüpfung an unser im Abschnitt 6.7.5 angegebenes Beispiel zur Sicherung eines SPSS[X]-files können wir den folgenden Job zur Ermittlung von Häufigkeitsverteilungen zusammenstellen:

```
// EXEC SPSSX
//GETFILE DD DSN=A2oA.SAVE.DATA,DISP=SHR
//SYSIN DD *
GET             FILE = GETFILE
FREQUENCIES     VARIABLES = variablenliste
```

Dabei ist dem symbolischen Dateinamen GETFILE die Magnetplatten-Datei mit dem Namen "A2oA.SAVE.DATA" ("DSN=A2oA.SAVE.DATA") zugeordnet, in der das SPSS[X]-file abgespeichert worden ist.

Sollen nicht alle gesicherten Variablen ins SPSS[X]-file übertragen werden, so muß man diesbzgl. Angaben in den Subkommandos DROP und KEEP in der folgenden Form machen:

```
GET             FILE = ddname
                [/ DROP = variablenliste1]
                [/ KEEP = variablenliste2]
                [/ MAP]
```

Bei Angabe des DROP=Subkommandos werden nur die nicht aufgeführten Variablen in das SPSS[X]-file übertragen. Dabei wird die Reihenfolge der Ablage innerhalb des SPSS[X]-files durch die Reihenfolge der Variablen in der Sicherungs-Datei bestimmt.

Beim Einsatz des KEEP=Subkommandos werden allein die innerhalb von "variablenliste2" angegebenen Variablen in das SPSS[X]-file übertragen. Die Reihenfolge bei der Ablage wird bestimmt durch die Abfolge der Namen innerhalb der aufgeführten Variablenliste "variablenliste2", so daß hierdurch die Reihenfolge gegenüber der Ablage in der Sicherungs-Datei verändert werden kann.

Durch die Angabe des Schlüsselworts MAP kann man eine Angabe über die Reihenfolge der bereitgestellten Variablen abrufen.

So ergibt sich etwa durch die Ausführung des Kommandos

```
GET             FILE = GETFILE /
                KEEP = VARo18 TO VARo32, VARoo1, VARoo2 /
                MAP
```

innerhalb des o.a. Jobs das folgende Protokoll:

```
FILE CALLED GETFILE :
   LABEL: NGO NEUGESTALTETE GYMNASIALE OBERSTUFE
   CREATED 30 SEP 85 12:55:16        22 VARIABLES

FILE MAP

RESULT      GETFILE      RESULT      GETFILE
------      -------      ------      -------
VARO18      VARO18       VARO27      VARO27
VARO19      VARO19       VARO28      VARO28
VARO20      VARO20       VARO29      VARO29
VARO21      VARO21       VARO30      VARO30
VARO22      VARO22       VARO31      VARO31
VARO23      VARO23       VARO32      VARO32
VARO24      VARO24       VARO01      VARO01
VARO25      VARO25       VARO02      VARO02
VARO26      VARO26
```

Der Einsatz des GET=Kommandos ist nicht nur vorteilhaft, um Schreibarbeit einzu-
sparen, sondern der Aufbau des SPSS^X-files erfolgt in der Regel auch viel schneller
als es bei der Ausführung der sonst dazu erforderlichen SPSS^X-Kommandos der Fall
wäre - allerdings ist zu beachten, daß der für die Ablage des SPSS^X-files benötigte
Speicherbereich in der Regel größer als der für die Datensätze (mit den Rohdaten)
ist.

6.7.7 Inhaltsverzeichnis eines SPSS^X-files (DISPLAY)

Um sich einen Überblick über die in einem SPSS^X-file abgespeicherten Informationen
zu verschaffen, kann man das Kommando DISPLAY (beschreibe) einsetzen, das in der
folgenden Form (in der Regel direkt hinter dem GET=Kommando) zu kodieren ist:

```
DISPLAY        spezifikationswert
```

Über die möglichen Spezifikationswerte kann man sich die folgenden Informationen
tabellarisch ins Ablaufprotokoll ausdrucken lassen:

Spezifikationswert	Ausgabe
VARIABLES	der Liste aller im SPSS^X-file enthaltenen Variablen (ein-schließlich der Positionen innerhalb des SPSS^X-files), der vereinbarten missing Values und der eingestellten Ausgabe-formate für die Ausgabe der Variablenwerte
INDEX	der Variablennamen und der Positionsnummern der Variablen innerhalb des SPSS^X-files
LABELS	der Variablennamen (einschließlich der Positionsnummern in-nerhalb des SPSS^X-files) und der durch das VARIABLE LABELS= Kommando vereinbarten Variablenetiketten
DICTIONARY	aller abrufbaren Informationen

Das innerhalb des DISPLAY=Kommandos angegebene Schlüsselwort darf durch das
Schlüsselwort SORTED eingeleitet werden. In diesem Fall erfolgt die Druckausgabe in
der Abfolge der alphabetisch sortierten Variablennamen.

In Anknüpfung an das Beispiel im Abschnitt 6.7.5 erhalten wir durch die Ausführung
des Jobs

```
// EXEC SPSSX
//GETFILE DD DSN=A2oA.SAVE.DATA,DISP=SHR
//SYSIN DD *
GET             FILE = GETFILE
DISPLAY         SORTED LABELS
```

die folgende Druckausgabe:

```
FILE:        NGO NEUGESTALTETE GYMNASIALE OBERSTUFE

          LIST OF VARIABLES ON THE ACTIVE FILE

     NAME        LABEL                              POSITION

     VAR001      JAHRGANGSSTUFE                         1
     VAR002      GESCHLECHT                             2
     VAR006      UNTERRICHTSSTUNDEN                     3
     VAR010      ABSCHALTEN                             4
     VAR014      SCHULLEISTUNG                          5
     VAR016      BEGABUNG                               6
     VAR017      LEHRERURTEIL                           7
     VAR018      LEICHT LERNEN                          8
     VAR019      OHNE MUEHE                             9
     VAR020      GUT VORBEREITET                       10
     VAR021      GUT ERKLAERT                          11
     VAR022      NICHT AUFGEBEN                        12
     VAR023      INTERESSANT                           13
     VAR024      GLUECK                                14
     VAR025      BEGABT                                15
     VAR026      LEICHT BEHALTEN                       16
     VAR027      BEMUEHEN                              17
     VAR028      NICHT ABLENKEN                        18
     VAR029      FAECHER LEICHT                        19
     VAR030      SCHNELL VERSTEHEN                     20
     VAR031      ZIEMLICH ANSTRENGEN                   21
     VAR032      MITARBEITEN                           22
```

6.7.8 Dokumentation des Inhalts von SPSS[X]-files (DOCUMENT, DISPLAY, DROP DOCUMENTS)

Soll in einem SPSS[X]-file erläuternder Text über den Inhalt dieses SPSS[X]-files gespeichert werden, so ist das Kommando DOCUMENT in der Form

```
DOCUMENT        text
```

vor dem SAVE=Kommando (zur Übertragung des SPSS[X]-files in eine Magnetplatten-Datei)
einzufügen. Dabei darf der hinter dem Wort DOCUMENT angegebene Text - er wird ohne
einleitendes und abschließendes Hochkomma aufgeführt - in nachfolgenden Programmzeilen fortgesetzt werden. Bei der Ausführung des SAVE=Kommandos wird der Text zusammen mit den Variablenwerten und den Definitionsangaben für die Variablen in

der (innerhalb des SAVE=Kommandos) spezifizierten Magnetplatten-Datei abgespeichert. Dieser Text läßt sich durch den Einsatz des Kommandos <u>DISPLAY</u> in der Form

```
DISPLAY          DOCUMENTS
```

ins Ablaufprotokoll ausgeben. Soll der gespeicherte Text zu einem späteren Zeitpunkt wieder aus dem $SPSS^X$-file gelöscht werden, so ist das Kommando <u>DROP DOCUMENTS</u> in der Form

```
DROP DOCUMENTS
```

einzusetzen. Dabei ist zu beachten, daß die beabsichtigte Wirkung dieses Kommandos nur dann eintritt, wenn das $SPSS^X$-file anschließend durch ein SAVE=Kommando in eine neue Magnetplatten-Datei übertragen wird.

Nachfolgend beziehen wir uns auf das im Abschnitt 6.7.5 angegebene Beispiel und unterstellen, daß wir in das innerhalb der Magnetplatten-Datei "A2oA.SAVE.DATA" abgespeicherte $SPSS^X$-file erläuternden Text durch den vorausgehenden Einsatz des DOCUMENT=Kommandos eingetragen haben. Zur Löschung dieses Textes können wir das $SPSS^X$-file wie folgt in die Datei "A2oA.SAVENEU.DATA" übertragen lassen:

```
// EXEC SPSSX
//GETFILE  DD DSN=A2oA.SAVE.DATA,DISP=SHR
//SAVEFILE DD DSN=A2oA.SAVENEU.DATA,UNIT=SYSDA,VOL=SER=USERo4,
//            DISP=(NEW,CATLG),SPACE=(TRK,(1,1))
//SYSIN     DD *
GET             FILE = GETFILE
DISPLAY         DOCUMENTS
DROP DOCUMENTS
SAVE            OUTFILE = SAVEFILE
```

Der gespeicherte Text wird durch das DISPLAY=Kommando ins Ablaufprotokoll ausgegeben und durch das DROP DOCUMENTS=Kommando aus dem $SPSS^X$-file entfernt. Danach wird das $SPSS^X$-file ohne diesen Text in die Magnetplatten-Datei mit dem Dateinamen "A2oA.SAVENEU.DATA" übertragen.

6.7.9 Zusammenfassung von $SPSS^X$-files (MATCH FILES, ADD FILES)

Besitzen zwei oder mehrere $SPSS^X$-files dieselben Cases - es handelt sich um sog. parallele $SPSS^X$-files -, so kann man alle bzw. eine Auswahl der in den verschiedenen $SPSS^X$-files abgespeicherten Variablen für die Datenanalyse bereitstellen. Dazu muß man das <u>MATCH FILES=Kommando</u> in der Form

```
MATCH FILES    FILE = { *        } / FILE = { *        } [ / FILE = { *        } ] ...
                       {ddname1}            {ddname2}            {ddname3}
               [ / DROP = variablenliste1 ]
               [ / KEEP = variablenliste2 ]
               [ / MAP ]
```

kodieren (dabei darf das Zeichen "*" in höchstens einem FILE=Subkommando aufgeführt werden).

Bei der Ausführung des MATCH FILES=Kommandos werden alle bzw. (durch den Einsatz der Subkommandos DROP und KEEP) nur ausgewählte Variablen, die in den durch die Subkommandos FILE spezifizierten Sicherungs-Dateien abgespeichert sind, eingelesen und als aktuelles SPSS^X-file für die folgenden Datenanalysen bereitgestellt. Existiert bei der Ausführung des Kommandos MATCH FILES bereits ein aktuelles SPSS^X-file, weil bereits ein DATA LIST=Kommando bzw. ein GET=Kommando ausgeführt wurde, so wird dieses SPSS^X-file innerhalb eines FILE=Subkommandos durch den Spezifikationswert "*" markiert. Die Reihenfolge der Variablen im erzeugten SPSS^X-file wird bestimmt durch die Abfolge, in der die FILE=Subkommandos aufgeführt sind.

Ohne den Einsatz des DROP= und des KEEP=Subkommandos werden sämtliche Variablen aus den angegebenen SPSS^X-files in das aktuelle SPSS^X-file übernommen.
Sollen Variablen von der Übertragung ausgeschlossen werden, so sind deren Namen im Subkommando DROP aufzuführen.
Alternativ dazu können die Namen der Variablen, die in das aktuelle SPSS^X-file integriert werden sollen, innerhalb eines KEEP=Subkommandos angegeben werden.

Wird das Schlüsselwort MAP kodiert, so werden die Namen der Variablen des aktuellen SPSS^X-files protokolliert - in der Reihenfolge, in der diese Variablen innerhalb des SPSS^X-files plaziert sind.

Während mit dem MATCH FILES=Kommando ein oder mehrere Variablen aus parallelen SPSS^X-files gelesen und in ein neues SPSS^X-file eingespeichert werden können, gibt es zusätzlich die Möglichkeit, gleichstrukturierte SPSS^X-files, d.h. SPSS^X-files mit gleichen Variablen aber verschiedenen Cases, zu einem SPSS^X-file zusammenzufassen.
Dazu muß das SPSS^X=Kommando ADD FILES (füge SPSS^X-files zusammen) in der folgenden Form kodiert werden:

```
ADD FILES      FILE = {    *    }   /  [IN = variablenname1 /]
                       {ddname1}

               FILE = {    *    }  [/ IN = variablenname2]
                       {ddname2}

               [/ FILE = {    *    } [/ IN = variablenname3]] ...
                         {ddname3}
               [/ DROP = variablenliste1]
               [/ KEEP = variablenliste2]
               [/ MAP]
```

Die Cases werden aus den einzelnen SPSS^X-files in der Abfolge der aufgeführten
FILE=Subkommandos in das aktuelle SPSS^X-file übertragen. Dabei besteht die Möglichkeit, durch die Angabe eines dem jeweiligen FILE=Subkommando folgenden Subkommandos IN eine dort angegebene Indikator-Variable zusätzlich ins SPSS^X-file
aufzunehmen. Dieser mit dem Wert o voreingestellten Variablen wird der Wert 1 zugewiesen, falls der zugehörige Case demjenigen SPSS^X-file entstammt, welches durch
ein FILE=Subkommando spezifiziert wurde, das diesem IN=Subkommando unmittelbar
vorausgeht.

Genau wie beim MATCH FILES=Kommando kann man auch beim ADD FILES=Kommando die
Subkommandos DROP und KEEP zur Auswahl der zu übertragenden Variablen und das
Schlüsselwort MAP zur Protokollierung der Variablennamen des resultierenden
SPSS^X-files einsetzen.

Hätten wir etwa unsere Beispieldaten nach Jahrgangsstufen erfaßt und die drei
resultierenden Dateien getrennt bearbeitet und in jeweils eine Sicherungs-Datei
als SPSS^X-file übertragen lassen - z.B. in die Magnetplatten-Dateien
"A2oA.SAVE11.DATA", "A2oA.SAVE12.DATA" und "A2oA.SAVE13.DATA" für die Jahrgangsstufen 11, 12 und 13 -, so könnten wir diese drei SPSS^X-files - zum Zweck der
gemeinsamen Auswertung - durch den Job

```
// EXEC SPSSX
//SAVE11 DD DSN=A2oA.SAVE11.DATA,DISP=SHR
//SAVE12 DD DSN=A2oA.SAVE12.DATA,DISP=SHR
//SAVE13 DD DSN=A2oA.SAVE13.DATA,DISP=SHR
//SYSIN DD *
ADD FILES        FILE = SAVE11 /
                 FILE = SAVE12 /
                 FILE = SAVE13 /
                 KEEP = VARo14, VARo16, VARo17 /
                 MAP
FREQUENCIES      VARIABLES = VARo14, VARo16, VARo17
```

wieder zu einem SPSS^X-file zusammenführen, wobei wir durch das ADD FILES=Kommando
die folgende Druckausgabe innerhalb des Ablaufprotokolls erhalten:

```
FILE CALLED SAVE11  :
   LABEL:
   CREATED 30 SEP 85 12:56:33      23 VARIABLES

FILE CALLED SAVE12  :
   LABEL:
   CREATED 30 SEP 85 12:56:49      23 VARIABLES

FILE CALLED SAVE13  :
   LABEL:
   CREATED 30 SEP 85 12:57:08      23 VARIABLES

MAP OF THE RESULT FILE

RESULT      SAVE11      SAVE12      SAVE13
------      ------      ------      ------
VARO14      VARO14      VARO14      VARO14
VARO16      VARO16      VARO16      VARO16
VARO17      VARO17      VARO17      VARO17
```

6.7.1o Änderung von Variablennamen innerhalb des SPSS^X-files (RENAME)

Sollen in einem SPSS^X-file ein oder mehrere Variablennamen geändert werden, so läßt sich dazu das Kommando RENAME VARIABLES in der Form

```
RENAME VARIABLES ( variablenliste1 = variablenliste2 )
```

einsetzen. Jeder Variablenname innerhalb der Liste "variablenliste1" wird in den an korrespondierender Position innerhalb der Liste "variablenliste2" angegebenen Namen umbenannt. Anschließend stehen alle zu den aufgeführten Variablen gehörenden Angaben - Variablenwerte, Variablen- und Werteetiketten, fehlende Werte und Ausgabeformate - unter dem jeweils neu vergebenen Variablennamen zur Verfügung.

Wir beziehen uns auf den im Abschnitt 6.7.5 angegebenen Job zur Einrichtung des SPSS^X-files, das in der Magnetplatten-Datei "A2oA.SAVE.DATA" abgespeichert ist. Sollen etwa die in dieser Datei enthaltenen Variablen VARoo1 und VARoo2 in JAHRGANG bzw. GSCHLCHT umbenannt werden, so ist z.B. der folgende Job zur Ausführung zu bringen:

```
// EXEC SPSSX
//GETFILE  DD DSN=A2oA.SAVE.DATA,DISP=SHR
//SAVEFILE DD DSN=A2oA.SAVENEU.DATA,UNIT=SYSDA,VOL=SER=USERo4,
//            DISP=(NEW,CATLG),SPACE=(TRK,(1,1))
//SYSIN    DD *
GET              FILE = GETFILE
RENAME VARIABLES ( VARoo1, VARoo2 = JAHRGANG, GSCHLCHT )
FREQUENCIES      VARIABLES = GSCHLCHT, JAHRGANG
SAVE             OUTFILE = SAVEFILE
```

Beim Einsatz des RENAME VARIABLES-Kommandos ist es erlaubt, hinter dem Gleichheitszeichen eine inklusive Variablenliste aufzuführen.

So wird etwa durch

```
RENAME VARIABLES ( VARo17, VARo16, VARo14 = ITEM1 TO ITEM3 )
```

der Name VARo17 in ITEM1, der Name VARo16 in ITEM2 und der Name VARo14 in ITEM3 umbenannt. Es ist jedoch zu beachten, daß hierdurch keine Umordnung innerhalb des SPSS^X-files vorgenommen wird - die Reihenfolge ist nach wie vor: ITEM3 vor ITEM2 und ITEM2 vor ITEM1.

6.8 Einfügung von Programmzeilen (INCLUDE)

Sollen auf der Basis desselben SPSS^X-files mehrere SPSS^X-Programme zur Durchführung verschiedener Analysen zur Ausführung gebracht werden, so besitzt jedes dieser Programme die folgende Struktur:

- einleitend sind SPSS[X]-Kommandos zur Einrichtung des SPSS[X]-files (für jeden
  Job die gleichen Kommandos) angegeben, und
- es folgen die Kommandos zur Anforderung von Datenanalysen (von Job zu Job verschieden).

In dieser Situation können wir die Kommandos zur Einrichtung des SPSS[X]-files in
einer eigenständigen Datei speichern, von wo wir sie über die Ausführung des
Kommandos <u>INCLUDE</u> in der Form

```
INCLUDE          FILE = ddname
```

in die Programmausführung einbeziehen lassen können. Der symbolische Dateiname
"ddname" muß auf die Magnetplatten-Datei verweisen, in der die in das SPSS[X]-
Programm einzufügenden Programmzeilen enthalten sind.

Haben wir etwa die im Abschnitt 2.3 angegebenen Kommandos

```
DATA LIST       FILE = DATAIN / VARoo6 5 - 6, VARoo7 7, VARolo lo, VARo14 14
   :
MISSING VALUES VARoo7, VARolo ( o )
```

zur Einrichtung eines SPSS[X]-files mit den Variablen VARoo6, VARoo7, VARolo und
VARo14 in die Magnetplatten-Datei "A2oA.AUFBAU.DATA" eingetragen, so können wir
etwa den folgenden Job zur Ausführung bringen:

```
// EXEC SPSSX
//DATAIN DD DSN=A2oA.NGO.DATA,DISP=SHR
//AUFBAU DD DSN=A2oA.AUFBAU.DATA,DISP=SHR
//SYSIN  DD *
INCLUDE          FILE = AUFBAU
FREQUENCIES      VARIABLES = VARoo6, VARoo7, VARolo, VARo14
```

Durch das INCLUDE=Kommando wird auf die Datei mit dem symbolischen Dateinamen
AUFBAU, d.h. auf "A2oA.AUFBAU.DATA", verwiesen, so daß die in dieser Datei gespeicherten Kommandos zur Ausführung gebracht werden. Nach der Bearbeitung des
letzten gespeicherten Kommandos wird die Programmausführung mit dem hinter dem
INCLUDE=Kommando plazierten Kommando - in unserem Fall mit dem FREQUENCIES=Kom-
mando - fortgesetzt.

Zur Durchführung verschiedener Analysen können somit entsprechende Job-Dateien
eingerichtet werden, die sämtlich die folgende Struktur besitzen:

```
// EXEC SPSSX
//DATAIN DD DSN=A2oA.NGO.DATA,DISP=SHR
//AUFBAU DD DSN=A2oA.AUFBAU.DATA,DISP=SHR
//SYSIN  DD *
INCLUDE          FILE = AUFBAU
  ein oder mehrere Kommandos zur Ausführung der Datenanalyse
```

Allgemein kann das INCLUDE=Kommando immer dort in einem SPSS^X-Programm eingesetzt werden, wo der Inhalt einer Magnetplatten-Datei in Form einer oder mehrerer Programmzeilen einzufügen ist. Dabei ist zu beachten, daß die in der Magnetplatten-Datei abgespeicherten Programmzeilen stets vollständige Kommandos enthalten müssen.

Neben der Möglichkeit, durch den Einsatz des INCLUDE=Kommandos weitere Kommando-zeilen zur Verfügung stellen zu können, ist es auch erlaubt, den Inhalt einer Daten-Datei durch das INCLUDE=Kommando in ein SPSS^X-Programm integrieren zu lassen. Dabei ist zu beachten, daß vor der ersten Datenzeile das BEGIN DATA=Kom-mando und hinter der letzten Datenzeile das END DATA=Kommando in die Daten-Datei einzufügen sind.

Anhang

A.1 Reihenfolge der SPSS^X-Kommandos

In der Regel sollte ein SPSS^X-Programm in der folgenden Form aufgebaut sein:

```
        EDIT (6.1.2)
        NUMBERED (6.1.1)
        SET (2.2, 3.5, 5.1.3, 6.4.3, 6.6.1, 6.6.4, 6.7.3)
        TITLE (6.6.2)
        FILE LABEL (3.2)

(1)→   │DATA LIST (3.1)│        oder        │GET (6.7.6) bzw. MATCH FILES (6.7.9)│
                                            │bzw. ADD FILES (6.7.9)             │

        permanente Datenmodifikationen, Auswahlen und Gewichtung (6.2, 6.3, 6.4)

        TEMPORARY (3.6)
        temporäre Datenmodifikationen, Auswahlen und Gewichtung (3.6, 6.2, 6.3, 6.4)

        VARIABLE LABELS (3.3)
        VALUE LABELS (3.4)
        ADD VALUE LABELS (3.4)
        PRINT FORMATS (6.7.3)
        MISSING VALUES (3.5)
                                     │BEGIN DATA                │
(2) ────────────────────────────→   │ ⌶Datensätze    (2.2)     │
                                     │END DATA                  │
        SUBTITLE (6.6.2)
        SPLIT FILE (4.2)
        PROCEDURE OUTPUT (6.7.4)
        PRINT (6.7.1)
        PRINT EJECT (6.7.2)
        PRINT SPACE (6.7.2)

(3)→   │Aufgabenstellung│        oder        │EXECUTE (6.7.1)│

        permanente Datenmodifikationen, Auswahlen und Gewichtung

        TEMPORARY
        temporäre Datenmodifikationen, Auswahlen und Gewichtung

        VARIABLE LABELS
        VALUE LABELS
        ADD VALUE LABELS                                          dieser Block von
        PRINT FORMATS                                            SPSS$^X$-Kommandos kann
        MISSING VALUES                                           fehlen oder beliebig

        SUBTITLE                                                 oft wiederholt werden
        SPLIT FILE
        PROCEDURE OUTPUT
        PRINT
        PRINT EJECT
        PRINT SPACE

       │Aufgabenstellung│        oder        │EXECUTE│
```

Die Kommandos, die im o.a. Diagramm durch die Pfeile (1) und (3) markiert sind, müssen in jedem Fall in einem SPSS[X]-Programm aufgeführt sein.

Der Pfeil (2) bezeichnet die Situation, in der die Daten nicht aus einer Datei auf
einem magnetischen Datenträger eingelesen werden, sondern innerhalb des SPSS[X]-Pro-
gramms - zwischen den Kommandos BEGIN DATA und END DATA - abgespeichert sind.

Zu den in der Übersicht angegebenen Möglichkeiten für die Datenmodifikation, Auswahl
und Gewichtung zählen die Kommandos:

- SAMPLE   : zufällige Auswahl von Cases (6.4.3),
- N OF CASES   : Auswahl der ersten Cases (6.4.2),
- SELECT IF   : gezielte Auswahl von Cases (3.7, 6.4.1),
- COMPUTE   : unbedingte Wertzuweisung durch die Auswertung eines arithmetischen
                 Ausdrucks (3.6, 6.2.1),
- RECODE   : Veränderung von Werten (3.6, 6.2.2),
- IF   : bedingte Wertzuweisung durch die Auswertung eines arithmetischen
                 Ausdrucks (6.2.3),
- COUNT   : Wertzuweisung von Häufigkeiten, mit denen bestimmte Werte bei ausge-
                 wählten Variablen caseweise auftreten (6.2.4),
- DO IF   : Schachtelung bedingter Wertzuweisungen (6.2.6) und
- WEIGHT   : Gewichtung von Cases (6.3).

Falls diesen Kommandos das Kommando TEMPORARY vorausgeht, gelten die Auswahl, Veränderung und Gewichtung nicht für den gesamten Programmlauf, sondern nur für die
unmittelbar folgende Aufgabenstellung.

Kommandos zur Datenmodifikation, zur Datenauswahl und zur Variablenbeschreibung
können gegebenenfalls mit Hilfe der Kommandos DO REPEAT und END REPEAT zusammengefaßt werden (6.2.5).

Zur Formulierung von Aufgabenstellungen haben wir die folgenden SPSS[X]-Kommandos
kennengelernt:

- BREAKDOWN   : vereinfachte Report-Ausgabe für intervallskalierte Merkmale und
                    Ausgabe einer Varianzanalyse-Tafel (4.5, 5.4),
- CONDESCRIPTIVE : Berechnung statistischer Maßzahlen für kontinuierliche Merkmale
                    und Standardisierung (4.1.6),
- CROSSTABS   : Beschreibung der statistischen Beziehung von Merkmalen (5.1),
- DISPLAY   : Erstellung eines Inhaltsverzeichnisses des SPSS[X]-files (6.7.7),
- FREQUENCIES   : Beschreibung von Häufigkeitsverteilungen einzelner Merkmale
                    (2.1, 4.1),
- LIST   : Druckausgabe von Variablenwerten (3.7),
- MULT RESPONSE   : Häufigkeitsauszählung bei Mehrfachnennungen (4.6),

- NONPAR CORR   : Beschreibung der statistischen Beziehung von Paaren ordinal-
                     skalierter Merkmale (5.2),
- PEARSON CORR   : Beschreibung der statistischen Beziehung von Paaren intervall-
                     skalierter Merkmale (5.3.2),
- PRINT   : Ausgabe von Variablenwerten (6.7.1),
- PRINT EJECT   : Erzeugung eines Seitenvorschubs bei der Druckausgabe (6.7.2),
- PRINT SPACE   : Erzeugung von Leerzeilen bei der Druckausgabe (6.7.2),
- REPORT   : Erstellung von Reports zur tabellarischen Darstellung von
                     Statistiken (4.4),
- SAVE   : Sicherung des SPSS^X-files (6.7.5),
- SCATTERGRAM   : Ausgabe von Streudiagrammen und Beschreibung der Linearität
                     einer statistischen Beziehung (5.3.1),
- SORT CASES   : Sortierung der Cases des SPSS^X-files nach Variablenwerten (4.3)
                     und
- T-TEST   : Vergleich zweier Mittelwerte (5.5).

Als weitere SPSS^X-Kommandos zur statistischen Datenanalyse stehen die folgenden, in
dieser Einführungsschrift nicht dargestellten Kommandos zur Verfügung:[+)]
AGGREGATE, ALSCAL, ANOVA, BOX-JENKINS, CANCORR, CLUSTER, DISCRIMINANT, FACTOR,
HILOGLINEAR, LOGLINEAR, MANOVA, REGRESSION, NPAR TESTS, ONEWAY, PARTIAL CORR, PLOT,
PROBIT, PROXIMITIES, QUICK CLUSTER, RELIABILITY und SURVIVAL.

A.2 Syntax der SPSS^X-Kommandos

Jedes SPSS^X-Kommando wird durch einen Kommandonamen eingeleitet, der ab Zeichenposition 1 in einer Programmzeile kodiert werden muß. Dahinter sind - durch mindestens
ein Leerzeichen voneinander getrennt - die für das Kommando erforderlichen Spezifikationen anzugeben. Reicht der Bereich bis zur Zeichenposition 8o (bzw. bis zur
Zeichenposition 72 beim Einsatz des Kommandos NUMBERED) nicht aus, so müssen die
Informationen in Fortsetzungszeilen aufgeführt werden, bei denen die Zeichenposition
1 ein Leerzeichen enthalten muß (vgl. Abschnitt 2.3).

Im folgenden geben wir eine Übersicht der in dieser Einführungsschrift beschriebenen Kommandos. Dabei führen wir die Kommandonamen in ihrer alphabetischen Reihenfolge auf und geben gleichzeitig die Struktur der zugehörigen Spezifikationen an.
Zunächst geben wir die Kommandos zur Beschreibung und zum Aufbau eines SPSS^X-files
zusammen mit den Kommandos zur Steuerung des Programmablaufs und daran anschließend
- in einem eigenständigen Abschnitt A.3 - die SPSS^X-Kommandos zur statistischen
Datenanalyse an.

+) Zu den Leistungsangaben s. S. 6f.

```
ADD FILES     FILE ={ *       }   /  [ IN = variablenname1 / ]
                    { ddname1 }

              FILE ={ *       }   [ /  IN = variablenname2 ]
                    { ddname2 }

              [ / FILE = { *       } [ /  IN = variablenname3 ] ] ...
                         { ddname3 }
              [ / DROP = variablenliste1 ]
              [ / KEEP = variablenliste2 ]
              [ / MAP ]
```

Leistung: Eingabe mehrerer gleichstrukturierter SPSS^X-files (6.7.9)

```
ADD VALUE LABELS  variablenliste1 wert1 'etikett1' [ wert2 'etikett2' ] ...
              [ / variablenliste2 wert3 'etikett3' [ wert4 'etikett4' ] ... ] ...
```

Leistung: Zuweisung bzw. Hinzufügung von Werteetiketten (3.4)

```
BEGIN DATA
  Datensätze
END DATA
```

Leistung: Eingabe von im SPSS^X-Programm enthaltenen Datensätzen (2.2)

```
COMMENT       text
```

Leistung: Kommentierung von SPSS^X-Kommandos (6.6.3)

```
COMPUTE       variablenname = arithmetischer ausdruck
```

Leistung: Erstellung oder Veränderung einer numerischen Variablen des SPSS^X-files,
          welcher der Wert eines arithmetischen Ausdrucks zugewiesen wird (6.2.1)

```
COUNT         variablenname = variablenliste1 (werteliste1)
              [ variablenliste2 (werteliste2) ] ...
              [ ( MISSING ) ] [ ( SYSMIS ) ]
```

Leistung: Erstellung oder Veränderung einer numerischen Variablen des SPSS^X-files,
          der als Wert die Häufigkeit zugewiesen wird, mit der bestimmte Werte in
          einer oder mehreren Variablen caseweise auftreten (6.2.4)

```
DATA LIST     [FILE = ddname] [ RECORDS = anzahl ] [ NOTABLE ] /
              [ m1 ] variablenliste1 zpn1 [ - zpn2 ] [ ( dezzahl1 ) ]
                    [ variablenliste2 zpn3 [ - zpn4 ] [ ( dezzahl2 ) ] ] ...
              [ /m2  variablenliste3 zpn5 [ - zpn6 ] [ ( dezzahl3 ) ]
                    [ variablenliste4 zpn7 [ - zpn8 ] [ ( dezzahl4 ) ] ] ... ] ...
```

Leistung: Bestimmung der Variablen des SPSS^X-files und Beschreibung, wie die Daten
          auf dem Datenträger bei der Eingabe zu interpretieren sind (3.1)

```
DISPLAY          [SORTED] VARIABLES | INDEX | LABELS | DICTIONARY | DOCUMENTS
```

Leistung: Beschreibung der Informationen, die im SPSS^X-file eingetragen sind (6.7.7/8)

```
DO IF          ( bedingung1 )
   modifikation1
  [modifikation2]...
ELSE IF        ( bedingung2 )
   modifikation3
  [modifikation4]...
[ELSE[IF        ( bedingung3 )]
   modifikation5
  [modifikation6]...  ]...
END IF
```

Leistung: Zusammenfassung und Schachtelung von Wertzuweisungen in Abhängigkeit von
          Bedingungen (6.2.6)

```
DO REPEAT      platzhalter1 = variablenliste1 | werteliste1
               [/ platzhalter2 = variablenliste2 | werteliste2]...
END REPEAT     [PRINT]
```

Leistung: kompakte Beschreibung von mehreren Variablenvereinbarungen, -veränderungen
          bzw. Datenauswahlen (6.2.5)

```
DOCUMENT       text
```

Leistung: Dokumentation des Inhalts von SPSS^X-files (6.7.8)

```
DROP DOCUMENTS
```

Leistung: Löschung von Dokumentationsinformationen (6.7.8)

```
EDIT
```

Leistung: Überprüfung, ob die Kommandos des SPSS^X-Programms syntaktisch korrekt
          sind (6.1.2)

```
FILE LABEL     etikett
```

Leistung: Benennung des SPSS^X-files (3.2)

```
GET            FILE = ddname
               [/ DROP = variablenliste1]
               [/ KEEP = variablenliste2]
               [/ MAP]
```

<u>Leistung:</u> Wiederherstellung eines gesicherten SPSS^X-files zur weiteren Bearbeitung
         (6.7.6)

```
IF             ( bedingung ) variablenname = arithmetischer ausdruck
```

<u>Leistung:</u> Erstellung oder Veränderung einer numerischen Variablen des SPSS^X-files,
         der bei erfüllter Bedingung der Wert des arithmetischen Ausdrucks case-
         weise zugewiesen wird (6.2.3)

```
INCLUDE        FILE = ddname
```

<u>Leistung:</u> Einfügen von Programmzeilen (6.8)

```
LIST           [VARIABLES = variablenliste]
               [/ CASES = [FROM anfangswert TO  { endwert }]
                                                {  EOF    }
                          [BY schrittweite] ]
               [/ FORMAT = NUMBERED]
```

<u>Leistung:</u> Druckausgabe von Variablenwerten (3.7)

```
MATCH FILES    FILE = {ddname1*} / FILE = {ddname2*} [/ FILE = {ddname3*}]...
               [/ DROP = variablenliste1]
               [/ KEEP = variablenliste2]
               [/ MAP]
```

<u>Leistung:</u> Bereitstellung von parallelen SPSS^X-files (6.7.9)

```
MISSING VALUES  variablenliste1 (werteliste1)[/ variablenliste2 (werteliste2)]...
```

<u>Leistung:</u> Vereinbarung von missing Values (3.5)

```
N OF CASES      anzahl
```

<u>Leistung:</u> Auswahl der ersten "anzahl" Cases für die nachfolgenden Auswertungen (6.4.2)

```
NUMBERED
```

<u>Leistung:</u> Einschränkung des Spezifikationfeldes bis zur Zeichenposition 72 (6.1.1)

```
┌─────────────────────────────────────────────────────────────┐
│ OPTIONS          kennzahl1 ⌈kennzahl2⌉ ...                    │
└─────────────────────────────────────────────────────────────┘
```

Leistung: Einflußnahme auf die Auswertungsart und die Form der Druckausgabe für die
          unmittelbar zuvor aufgeführte Aufgabenstellung

```
┌─────────────────────────────────────────────────────────────┐
│ PRINT            ⌈OUTFILE = ddname⌉⌈TABLE⌉                    │
│                  /⌈1⌉ {variablenliste1}  zpn1 ⌈- zpn2⌉⌈( angabe1 )⌉ │
│                       {textkonstante1 }                       │
│                       ⌈{variablenliste2}  zpn3 ⌈- zpn4⌉⌈( angabe2 )⌉⌉ ... │
│                       ⌊{textkonstante2 }                      │
│                  ⌈/ 2 ...⌉                                    │
│ ⌈EXECUTE⌉                                                     │
└─────────────────────────────────────────────────────────────┘
```

Leistung: Ausgabe von Variablenwerten (6.7.1)

```
┌─────────────────────────────────────────────────────────────┐
│ PRINT EJECT     ⌈OUTFILE = ddname⌉⌈TABLE⌉                     │
│                 /⌈1⌉ {variablenliste1}  zpn1 ⌈- zpn2⌉⌈( angabe1 )⌉ │
│                      {textkonstante1 }                        │
│                      ⌈{variablenliste2}  zpn3 ⌈- zpn4⌉⌈( angabe2 )⌉⌉ ... │
│                      ⌊{textkonstante2 }                       │
│                 ⌈/ 2 ...⌉                                     │
│ ⌈EXECUTE⌉                                                     │
└─────────────────────────────────────────────────────────────┘
```

Leistung: Ausgabe von Variablenwerten nach vorausgehendem Seitenvorschub bei der
          Druckausgabe (6.7.2)

```
┌─────────────────────────────────────────────────────────────┐
│ PRINT FORMATS   variablenliste1 ( ausgabeformat1 )           │
│                 ⌈/ variablenliste2 ( ausgabeformat2 )⌉ ...    │
└─────────────────────────────────────────────────────────────┘
```

Leistung: Vereinbarung von Ausgabeformaten für die Datenausgabe (6.7.3)

```
┌─────────────────────────────────────────────────────────────┐
│ PRINT SPACE     ⌈OUTFILE = ddname⌉⌈anzahl⌉                    │
└─────────────────────────────────────────────────────────────┘
```

Leistung: Erzeugung von "anzahl" Leerzeilen bei der Druckausgabe (6.7.2)

```
┌─────────────────────────────────────────────────────────────┐
│ PROCEDURE OUTPUT   OUTFILE = ddname                          │
└─────────────────────────────────────────────────────────────┘
```

Leistung: Bestimmung der Ausgabe-Datei für die bei einem Auswertungsverfahren
          durchzuführende Datenausgabe (6.7.4)

```
┌─────────────────────────────────────────────────────────────┐
│ RECODE          variablenliste1 ( werteliste1 = wert-neu1 )  │
│                 ⌈( werteliste2 = wert-neu2 )⌉ ...             │
│                 ⌈( SYSMIS = wert-neu3 )⌉⌈( MISSING = wert-neu4 )⌉ │
│                 ⌈( ELSE = COPY )⌉⌈INTO variablenliste2⌉       │
└─────────────────────────────────────────────────────────────┘
```

Leistung: Veränderung der Werte von im $SPSS^X$-file abgespeicherten Variablen bzw.
          Erzeugung von neuen Variablen gemäß der Rekodierungsvorschriften (6.2.2)

| RENAME VARIABLES (variablenliste1 = variablenliste2) |

Leistung: Änderung von Variablennamen (6.7.1o)

| SAMPLE | $\begin{Bmatrix} \text{faktor} \\ \text{n1 FROM n2} \end{Bmatrix}$ |

Leistung: zufällige Auswahl von Cases für die Datenanalyse (6.4.3)

| SAVE | OUTFILE = ddname
[/ DROP = variablenliste1]
[/ KEEP = variablenliste2]
[/ MAP] |

Leistung: Sicherung des SPSS^X-files in einer Datei auf einem magnetischen Daten-
         träger (6.7.5)

| SELECT IF   (bedingung) |

Leistung: gezielte Auswahl von Cases für die Datenanalyse (3.7, 6.4.1)

| SET | [MXWARNS = anzahl1 /][MXERRS = anzahl2 /][LENGTH = anzahl3 /]
[WIDTH = anzahl4 /][SEED = startwert /][PRINTBACK = NO /]
[FORMAT = Fz.n /][BOX = zeichenkette /][BLANKS = wert]
[MXLOOPS = anzahl5] |

Leistung: Veränderung von Voreinstellungen des SPSS^X-Systems (2.2, 3.5, 5.1.3, 6.4.3,
         6.6.1, 6.6.4, 6.7.3, A.5)

| SORT CASES   BY sortiervariable1 ($\begin{Bmatrix} A \\ D \end{Bmatrix}$) [sortiervariable2 ($\begin{Bmatrix} A \\ D \end{Bmatrix}$)] ... |

Leistung: Sortierung des SPSS^X-files nach den Werten der Sortiervariablen in auf-
         (A) oder absteigender (D) Reihenfolge (4.3)

| SPLIT FILE | $\begin{Bmatrix} \text{BY variablenname1[variablenname2] ...} \\ \text{OFF} \end{Bmatrix}$ |

Leistung: Vereinbarung einer Subfile-Struktur für das SPSS^X-file (4.2)

| STATISTICS   kennzahl1 [kennzahl2] ... |

Leistung: Abruf von Statistiken für die direkt vorausgehende Aufgabenstellung

---

| STRING | variablenliste1 (An$_1$) [/ variablenliste2 (An$_2$)] ... |

Leistung: Vereinbarung von String-Variablen (6.5)

| SUBTITLE | 'text' |

Leistung: Vereinbarung einer aufgabenspezifischen Druckzeile unter der Zeile für
die Seitenüberschrift (6.6.2)

| TEMPORARY |

Leistung: alle zwischen diesem Kommando und der unmittelbar folgenden Aufgabenstellung angegebenen Modifikationen, Auswahlen und Gewichtungen wirken nur
temporär für diese Aufgabenstellung (3.6)

| TITLE | 'text' |

Leistung: Festlegung einer Seitenüberschrift im Ablaufprotokoll (6.6.2)

| UNNUMBERED |

Leistung: das Spezifikationsfeld reicht bis zur Zeichenposition 8o (6.1.1)

| VALUE LABELS | variablenliste1 wert1 'etikett1' [wert2 'etikett2'] ... [/ variablenliste2 wert3 'etikett3' [wert4 'etikett4'] ...] ... |

Leistung: Etikettierung von Werten (3.4)

| VARIABLE LABELS | variablenname1 'etikett1' [variablenname2 'etikett2'] ... |

Leistung: Etikettierung von Variablen (3.3)

| WEIGHT | { BY variablenname / OFF } |

Leistung: Gewichtung von Cases für nachfolgende Datenanalysen (6.3)

A.3 Syntax der Kommandos zur statistischen Datenanalyse und Kennzahlen in den zugehörigen OPTIONS= und STATISTICS=Kommandos

Gemäß der alphabetischen Ordnung der Kommandonamen geben wir im folgenden eine Syntax-Übersicht über diejenigen Kommandos zur statistischen Datenanalyse, die in diesem Buch beschrieben sind. Zu jedem Kommando führen wir die in OPTIONS= und STATISTICS=Kommandos kodierbaren Kennzahlen auf und geben den damit verbundenen Leistungsumfang bzgl. der einzelnen Auswertungsverfahren an.

```
BREAKDOWN      TABLES = variablenliste1 BY variablenliste2[ BY variablenliste3]...
               [/ variablenliste4 BY variablenliste5[ BY variablenliste6]...]...
```

<u>Leistung</u>: vereinfachte Report-Ausgabe für intervallskalierte Merkmale und Ausdruck einer Varianzanalyse-Tafel (vgl. 4.5 und 5.4)

<u>Kennzahlen des OPTIONS=Kommandos</u>:

```
 1 : Einschluß von durch das MISSING VALUES=Kommando vereinbarten missing Values,
 2 : unabhängig von den jeweiligen Werten der Break-Variablen werden nur diejenigen
     Cases von der Verarbeitung ausgeschlossen, deren Werte bei der jeweiligen
     Kolumnen-Variablen als missing Values vereinbart sind,
 3 : die durch die Kommandos VARIABLE LABELS und VALUE LABELS definierten Etiketten
     werden nicht ausgedruckt,
 4 : der Report wird in Form eines sog. Baum-Diagramms ausgegeben,
 5 : Angaben über die Größe einer Teilgruppe werden unterdrückt,
 6 : für die Kolumnen-Variable wird der Summenwert ausgegeben,
 7 : die Ausgabe der Standardabweichung wird unterdrückt,
 8 : Variablenetiketten werden nicht ausgedruckt,
 9 : der Name der Break-Variablen wird nicht protokolliert,
lo : die Werte der Break-Variablen werden nicht ausgegeben,
11 : die Druckausgabe des arithmetischen Mittels wird unterdrückt und
12 : die Varianzen werden protokolliert.
```


<u>Kennzahlen des STATISTICS=Kommandos</u>:

```
 1 : Ausgabe einer Varianzanalyse-Tafel und
 2 : Ausgabe einer erweiterten Varianzanalyse-Tafel zur Durchführung eines
     Linearitäts-Tests.
```

```
CONDESCRIPTIVE variablenliste | name1 (stand1) [name2 (stand2)] ...
```

Leistung: Berechnung statistischer Maßzahlen für quantitative Merkmale (vgl. 4.1.4)

Kennzahlen des OPTIONS=Kommandos:

1 : Einschluß von missing Values, d.h. alle durch ein vorausgehendes MISSING VALUES=Kommando als missing Values vereinbarten Werte werden in die Datenanalyse mit einbezogen,

2 : durch das Kommando VARIABLE LABELS vereinbarte Variablenetiketten werden nicht ausgegeben,

3 : die standardisierten Werte werden errechnet und in eine Variable als Variablenwerte eingetragen, deren Variablennamen durch das Vorsetzen des Zeichens "Z" aus dem alten Variablennamen (höchstens 7 Zeichen!) gebildet wird.

4 : hinter den zuletzt ausgegebenen Statistiken wird ein Inhaltsverzeichnis ausgedruckt, in dem für jede Variable die Seitenzahl der zugehörigen Druckausgabe protokolliert ist (dies ist in der Regel nur sinnvoll, wenn sehr viele Variablen im CONDESCRIPTIVE=Kommando aufgeführt sind),

5 : es erfolgt ein listenweiser Ausschluß von Cases, d.h. in die Auswertung werden nur diejenigen Cases einbezogen, die für sämtliche innerhalb des CONDESCRIPTIVE=Kommandos aufgeführten Variablen einen gültigen Wert haben - in keiner Variablen darf somit ein durch ein MISSING VALUES=Kommando vereinbarter missing Value oder aber der system-missing Value SYSMIS auftreten,

6 : für jede Variable erfolgt die Ausgabe der abgerufenen Statistiken getrennt und

7 : pro Druckzeile werden maximal 8o Zeichen ausgegeben.

Kennzahlen des STATISTICS=Kommandos:

Kennzahl	Statistiken
1	arithmetisches Mittel
2	Standardfehler
5	Standardabweichung
6	Varianz
7	Wölbung
8	Schiefe
9	Spannweite
1o	minimaler Wert
11	maximaler Wert
12	Summe aller Werte
13	Statistiken der Kennzahlen 1, 5, 1o und 11

```
CROSSTABS        TABLES = variablenliste1 BY variablenliste2 [BY variablenliste3]...
                 [/ variablenliste4 BY variablenliste5 [BY variablenliste6]...] ...
```

Leistung: Beschreibung der statistischen Beziehung von Merkmalen (vgl. 5.1)

Kennzahlen des OPTIONS=Kommandos:

1 : Einschluß von durch das MISSING VALUES=Kommando vereinbarten missing Values,

2 : die durch die Kommandos VARIABLE LABELS und VALUE LABELS vereinbarten Etiketten werden nicht ausgedruckt,

3 : Ausgabe der (angepaßten) relativen Zeilenhäufigkeiten (ROW PCT),

4 : Ausgabe der (angepaßten) relativen Spaltenhäufigkeiten (COL PCT),

5 : Ausgabe der (angepaßten) relativen Gesamthäufigkeiten (TOT PCT),

6 : Unterdrückung der Ausgabe von Werteetiketten,

8 : die Werte der Zeilenvariablen werden in fallender Sortierfolgeordnung protokolliert,

9 : im Anschluß an die Kontingenz-Tabellen wird ein Inhaltsverzeichnis ausgegeben, in dem für jede Tabelle die Seitennummer der zugehörigen Druckausgabe protokolliert ist,

1o : für jede Zelle der Kontingenz-Tabelle werden die absolute Häufigkeit und die Identifikation der Zelle als jeweils ein Datensatz in eine Magnetplatten-Datei (vgl. Abschnitt 6.7.4) eingetragen, so daß diese Werte in einer nachfolgenden Datenanalyse mit z.B. einem anderen SPSS^X-Programm weiterverarbeitet werden können,

12 : es erfolgt keine Druckausgabe der Kontingenztabellen,

13 : Unterdrückung der Ausgabe der absoluten Häufigkeiten,

14 : Ausgabe der erwarteten Häufigkeiten,

15 : Ausdruck der Residuen, d.h. der Differenzen zwischen beobachteten und erwarteten Häufigkeiten,

16 : Ausgabe der standardisierten Residuen, d.h. der durch die Quadratwurzel aus der erwarteten Häufigkeit dividierten Residualwerte,

17 : Druckausgabe der angepaßten standardisierten Residuen, d.h.innerhalb der Berechnungsvorschrift zur Ermittlung der standardisierten Residuen wird die erwartete Häufigkeit zuvor mit dem Produkt aus zwei Faktoren multipliziert, wobei sich der erste (zweite) Faktor als Differenz von 1 zum Quotienten aus der zugehörigen Zeilenhäufigkeit (Spaltenhäufigkeit) zur Gesamthäufigkeit darstellt und

18 : Ausgabe aller für jede Zelle möglichen Informationen.

<u>Kennzahlen des STATISTICS=Kommandos</u>:

1 : bei 2x2-Kontingenz-Tabellen mit maximal 2o Cases wird ein exakter Fisher-
    Test durchgeführt, und bei mehr als 2o Cases werden der unkorrigierte und
    der durch die Yates-Korrektur veränderte Chi-Quadrat-Wert und die zugehörigen
    Signifikanzniveaus protokolliert; bei größeren Kontingenz-Tabellen wird der
    (unkorrigierte) Chi-Quadrat-Wert mit zugehörigem Signifikanzniveau ausgegeben,

2 : für 2x2-Kontingenz-Tabellen wird der Phi-Koeffizient und für größere Tabellen
    die Maßzahl Cramer's V ausgedruckt,

3 : es wird der Kontingenz-Koeffizient C ausgegeben,

4 : es werden die beiden asymmetrischen und der symmetrische Lambda-Koeffizient
    (von Goodman und Kruskal) protokolliert, und ferner werden errechnet:

6 : Kendall's Tau_b,

7 : Kendall's Tau_c,

8 : der Gamma-Koeffizient von Goodman und Kruskal und

9 : der symmetrische und die asymmetrischen Somers' d - Koeffizienten,

lo : es wird der Wert Eta (<u>nicht</u> Eta^2!) ausgegeben und

11 : es wird der Korrelationskoeffizient r nach Bravais-Pearson (<u>nicht</u> r^2!)
     ausgedruckt.

```
FREQUENCIES     VARIABLES = variablenliste
                [/ MISSING = INCLUDE]
                [/ FORMAT = NOLABELS]
                      [{CONDENSE}][{NOTABLE }][INDEX]
                      [{ONEPAGE }][{LIMIT(n)}]
                      [{DVALUE}]
                      [{DFREQ }][DOUBLE][NEWPAGE][WRITE]
                      [{AFREQ }]

                [/ HISTOGRAM = [MINIMUM ( wert1 )][MAXIMUM ( wert2 )]
                              [{FREQ ( wert3 )         }]
                              [{PERCENT [( wert4 )]    }]
                              [INCREMENT ( wert5 )][NORMAL]  ]
                [/BARCHART = [MINIMUM ( wert1 )] [MAXIMUM ( wert2 )]
                            [{FREQ ( wert3 )     }]
                            [{PERCENT [( wert4 )]}]                    ]

                [/STATISTICS = [MEAN] [MEDIAN] [MODE] [STDDEV] [VARIANCE]
                              [RANGE] [MINIMUM] [MAXIMUM] [SUM]
                              [SKEWNESS] [SESKEW] [KURTOSIS][SEKURT][SEMEAN]
                [/PERCENTILES = p1 [p2] ...] [ /NTILES = n ]
```

<u>Leistung:</u> Häufigkeitsauszählung und Berechnung von Statistiken (2.1, 4.1)

NOLABELS	: durch VALUE LABELS vereinbarte Werteetiketten werden nicht ausgegeben
CONDENSE	: die Tabellen werden in verdichteter Form ausgedruckt (Papierersparnis!), wobei die Prozentsätze nach einer Rundung ganzzahlig ausgegeben werden
ONEPAGE	: die Druckausgabe erfolgt nur für diejenigen Tabellen verdichtet, für die in der Standardform mehr als eine Druckseite benötigt würde
NOTABLE	: es wird nur die Anzahl der gültigen Cases protokolliert
LIMIT(n)	: die Druckausgabe erfolgt nur für diejenigen Tabellen, die höchstens "n" Merkmalsausprägungen enthalten
INDEX	: hinter den Tabellen wird ein Inhaltsverzeichnis ausgedruckt, in dem für jede Variable die Seitenzahl der zugehörigen Druckausgabe protokolliert ist
DVALUE	: die Einträge in der Tabelle sind absteigend nach Variablenwerten geordnet
DFREQ	: die Einträge in der Tabelle sind absteigend nach den Häufigkeiten der Variablenwerte geordnet
AFREQ	: die Einträge in der Tabelle sind aufsteigend nach den Häufigkeiten der Variablenwerte geordnet
DOUBLE	: im Anschluß an die Ausgabe einer Tabellenzeile wird eine Leerzeile erzeugt
NEWPAGE	: jede Tabelle beginnt auf einer neuen Druckseite,
WRITE	: die Ausgabe erfolgt in eine Magnetplatten-Datei,
MINIMUM (wert1)	: Ausschluß von Werten, die kleiner sind als "wert1"
MAXIMUM (wert2)	: Ausschluß von Werten, die größer sind als "wert2"
FREQ (wert3)	: die Ordinatenachse, die standardmäßig mit den Häufigkeiten beschriftet ist, wird skaliert auf der Basis des Werts "wert3", der größer oder gleich der größten absoluten Häufigkeit sein muß
PERCENT[(wert4)]	: entgegen dem Standardfall wird die Ordinatenachse mit Prozentwerten beschriftet; bei der Angabe von "(wert4)" wird die Achse auf der Basis von "wert4" skaliert, wobei dieser Wert größer oder gleich dem größten Prozentsatz sein muß
INCREMENT (wert5)	: die standardmäßig vorgenommene Klasseneinteilung von maximal 21 Klassen wird aufgehoben, wobei die aktuelle Klassenbreite durch den Wert "wert5" bestimmt wird
NORMAL	: zusammen mit dem Histogramm wird (zum Vergleich) die zugehörige Häufigkeitsverteilung unter der Annahme der Normalverteilung ausgegeben.[+)]

```
MULT RESPONSE   GROUPS = gruppenname1['etikett1'] ( variablenliste1 ( wert1 ) )
                     [ gruppenname2['etikett2'] ( variablenliste2 ( wert2 ) )]... /
                FREQUENCIES = gruppenname1[gruppenname2]...
```

<u>Leistung</u>: Häufigkeitsauszählung bei Mehrfachnennungen (vgl. 4.6)

<u>Kennzahlen des OPTIONS=Kommandos</u>:

1 : Einschluß von durch das MISSING VALUES=Kommando vereinbarten missing Values,

2 : es wird ein <u>listenweiser Ausschluß</u> verabredet, d.h. ein Case wird immer dann
    von der gesamten Auswertung ausgeschlossen, falls für ihn der Wert einer oder
    mehrerer (Indikator-) Variablen als missing Value vereinbart ist.

4 : Werteetiketten werden nur bei dichotomen Variablen ausgegeben,

7 : Häufigkeitstabellen werden komprimiert ausgedruckt und

8 : Häufigkeitstabellen werden nur dann komprimiert ausgegeben, wenn die Standard-
    ausgabe nicht auf einer Druckseite untergebracht werden kann.


```
NONPAR CORR     variablenliste1[WITH variablenliste2]
                  [/ variablenliste3[WITH variablenliste4]]...
```

<u>Leistung</u>: Beschreibung der statistischen Beziehung von Paaren ordinalskalierter
        Merkmale (vgl. 5.2)

<u>Kennzahlen des OPTIONS=Kommandos</u>:

1 : Einschluß von durch das MISSING VALUES=Kommando vereinbarten missing Values,

2 : es erfolgt ein <u>listenweiser Ausschluß</u> von Cases mit missing Values, d.h. ein
    Case wird dann von allen Koeffizientenberechnungen für die Paare einer bzw.
    (falls WITH kodiert ist) zweier Variablenlisten ausgeschlossen, falls er für
    eine Variable dieser Liste(n) einen missing Value besitzt,

3 : jedes Signifikanzniveau bezieht sich auf einen zweiseitigen Test (standard-
    mäßig wird das Signifikanzniveau für einen einseitigen Test ausgedruckt),

4 : ist in einer Spezifikationsliste das Schlüsselwort WITH nicht kodiert, so wer-
    den die ermittelten Assoziationskoeffizienten in Matrixform zeilenweise als
    Datensätze in eine Magnetplatten-Datei ausgegeben (vgl. Abschnitt 6.7.4),

5 : anstelle von Spearman's Rho wird der Koeffizient Kendall's Tau_b berechnet,

6 : es werden sowohl Spearman's Rho als auch Kendall's Tau_b ermittelt,

7 : reicht der Speicher nicht aus, um alle Cases in die Auswertung mit einbezie-
    hen zu können, so erfolgen die Berechnungen für eine Zufallsstichprobe,

8 : die Ausgabe der Casezahlen und des Signifikanzniveaus wird unterdrückt (eine
    signifikante Korrelation auf dem 1%-Niveau (o.1%-Niveau) wird durch einen
    Stern (zwei Sterne) gekennzeichnet und

9 : die Druckausgabe geschieht beim Fehlen des Schlüsselwortes WITH nicht als unte-
    re Dreiecksmatrix, sondern gemäß der Reihenfolge, die durch die Position der
    Variablen in ihren Variablenlisten bestimmt wird.

```
┌─────────────────────────────────────────────────────────────┐
│ PEARSON CORR    variablenliste1[WITH variablenliste2]        │
│                 [/ variablenliste3[WITH variablenliste4]] ...│
└─────────────────────────────────────────────────────────────┘
```

<u>Leistung</u>: Beschreibung der statistischen Beziehung von Paaren intervallskalierter
        Merkmale (vgl. 5.3.2)

<u>Kennzahlen des OPTIONS=Kommandos</u>:

```
┌─────────────────────────────────────────────────────────────────────────┐
│ 1 : Einschluß von durch das MISSING VALUES=Kommando vereinbarten missing Values, │
│ 2 : es erfolgt ein listenweiser Ausschluß von Cases mit missing Values,   │
│ 3 : Das Signifikanzniveau bezieht sich auf einen zweiseitigen Test zur Überprüfung │
│     von $H_0$( r=o ) anstelle eines (standardmäßig vorgenommenen einseitigen Tests, │
│ 4 : ist das Schlüsselwort WITH nicht kodiert, so werden die Korrelationskoeffizien- │
│     ten (zusammen mit einer Angabe über die Anzahl der gültigen Cases) in Matrix- │
│     form als Datensätze in eine Magnetplatten-Datei ausgegeben (vgl. 6.7.4), │
│ 5 : Signifikanzniveau und Anzahl der gültigen Cases werden nicht ausgegeben, │
│ 6 : die Druckausgabe erfolgt nicht in Matrixform, sondern die Koeffizienten werden │
│     reihenweise hintereinander ausgegeben und                             │
│ 7 : wirkt wie Kennzahl 4, wobei die Ausgabe der Anzahl der gültigen Cases unter- │
│     drückt wird.                                                          │
└─────────────────────────────────────────────────────────────────────────┘
```

<u>Kennzahlen des STATISTICS=Kommandos</u>:

```
┌─────────────────────────────────────────────────────────────────────────┐
│ 1 : vor der Ausgabe der Korrelationskoeffizienten werden in einer separaten Tabelle │
│     die arithmetischen Mittel (MEAN) und die Standardabweichungen (STD DEV) ausge- │
│     druckt und                                                           │
│ 2 : es erfolgt eine tabellarische Druckausgabe der Kovariationen (CROSS-PROD DEV) │
│     und der Kovarianzen (VARIANCE-COVAR) aller Variablenpaare.           │
└─────────────────────────────────────────────────────────────────────────┘
```

```
┌─────────────────────────────────────────────────────────────────────────┐
│ REPORT       [ FORMAT = layout-spezifikation /]                          │
│                VARIABLES = kolumnen-variablen-spezifikation /            │
│              [MISSING = auswertungsart /]                                │
│              [LTITLE = text1 /]                                          │
│              [CTITLE = text2 /]                                          │
│              [RTITLE = text3 /]                                          │
│              [LFOOTNOTE = text4 /]                                       │
│              [CFOOTNOTE = text5 /]                                       │
│              [RFOOTNOTE = text6 /]                                       │
│                BREAK = break-variablen-spezifikation-1 /                 │
│                SUMMARY = summary-angaben-1                               │
│                [/ SUMMARY = summary-angaben-2] ...                       │
│              [ / BREAK = break-variablen-spezifikation-2                 │
│                / SUMMARY = summary-angaben-3                             │
│                [/ SUMMARY = summary-angaben-4] ... ] ...                 │
└─────────────────────────────────────────────────────────────────────────┘
```

<u>Leistung</u>: Erstellung von Reports zur tabellarischen Darstellung von Statistiken
          (vgl. 4.4)

Zu den Layout-Spezifikationen zählen die folgenden Schlüsselwörter:

```
MARGINS ( l, r ), LENGTH ( t, b ) TSPACE ( z ), FTSPACE ( z ),
CHDSPACE ( z ), BRKSPACE ( z ), LIST ( n ), SUMSPACE ( n ) und TOTAL
```

Die Spezifikation für die Kolumnen-Variablen hat die Form:

```
variablenname1 [( LABEL )]['text1'['text2'] ...][( kolumnenbreite1 )]
[variablenname2 [( LABEL )]['text3'['text4'] ...][( kolumnenbreite2 )]]...
```

Das Subkommando MISSING hat die Form:

```
MISSING = LIST ( variablenname1 [variablenname2] ...) | NONE | LIST
```

Die Texte für die Kopf- und Fußzeilenbereiche müssen so kodiert werden:

```
LTITLE = 'text1' ['text2'] ... /
CTITLE = 'text3' ['text4'] ... /
RTITLE = 'text5' ['text6'] ... /
LFOOTNOTE = 'text1' ['text2'] ... /
CFOOTNOTE = 'text3' ['text4'] ... /
RFOOTNOTE = 'text5' ['text6'] ... /
```

Die Spezifikation für die Break-Variablen hat die Form:

```
variablenname1 [variablenname2 ]... [ 'text1' ['text2'] ...][( kolumnenbreite )]
[( LABEL )][( PAGE | SKIP ( leerzeilenzahl ) )] / [( TOTAL )] | ( NOBREAK )
```

Das Subkommando SUMMARY hat die Form:

```
SUMMARY = statistik1 ['text'] ( kolumnen-variable1 [( dezimalstellenzahl1 )]
                               [ kolumnen-variable2 [( dezimalstellenzahl2 )]]... )
          [ statistik2 ( kolumnen-variable3 [( dezimalstellenzahl3 )]
                        [ kolumnen-variable4 [( dezimalstellenzahl4 )]]...)]...
          [ SKIP ( n )]
```

oder:

```
SUMMARY = PREVIOUS ( nummer )
```

Dabei darf man für die Platzhalter "statistik" Schlüsselwörter für einfache und
für zusammengesetzte Statistiken einsetzen.

Tabelle der Schlüsselwörter für einfache Statistiken:

Schlüsselwort	für Report abgerufene Statistik-Informationen
VALIDN	Anzahl der gültigen Cases
VARIANCE	Varianz
SUM	Summe
MEAN	arithmetisches Mittel
STDEV	Standardabweichung
MIN	minimaler Wert
MAX	maximaler Wert
SKEWNESS	Schiefe
KURTOSIS	Wölbung
PCGT(n)	Prozentsatz der Cases, deren Werte größer als n sind
PCLT(n)	Prozentsatz der Cases, deren Werte kleiner als n sind
$PCIN(n_1,n_2)$	Prozentsatz der Cases, deren Werte nicht größer als n_2 und nicht kleiner als n_1 sind
ABFREQ(min,max)	absolute Häufigkeiten der Werte zwischen min und max
RELFREQ(min,max)	relative Häufigkeiten der Werte zwischen min und max
MEDIAN(min,max)	Median der Werte zwischen min und max
MODE(min,max)	Modus der Werte zwischen min und max

Tabelle der Schlüsselwörter für zusammengesetzte Statistiken:

Schlüsselwort	für Report abgerufene Statistik-Information
DIVIDE(arg1,arg2[faktor])	Wert der Division von "arg1" durch "arg2", multipliziert mit "faktor"
PCT(arg1,arg2)	Prozentsatz von "arg1" bezogen auf "arg2"
SUBTRACT(arg1,arg2)	Differenz von "arg1" und "arg2"
ADD(arg1,...,argn)	Summe aller Argumente "arg"
GREAT(arg1,...,argn)	Maximum aller Argumente "arg"
LEAST(arg1,...,argn)	Minimum aller Argumente "arg"
AVERAGE(arg1,...,argn)	arithmetisches Mittel der Argumente "arg"
MULTIPLY(arg1,...,argn)	Produkt der Argumente "arg"

```
SCATTERGRAM    variablenliste1 [WITH variablenliste2]
               [/ variablenliste3 [WITH variablenliste4]]...
```

Leistung: Ausgabe von Streudiagrammen und Beschreibung der Linearität einer
statistischen Beziehung (vgl. 5.3.1)

Kennzahlen des OPTIONS=Kommandos:

---

1 : Einschluß von durch das MISSING VALUES=Kommando vereinbarten missing Values,

2 : es erfolgt ein listenweiser Ausschluß von Cases mit missing Values,

3 : die durch das Kommando VARIABLE LABELS vereinbarten Etiketten werden nicht
    ausgedruckt,

4 : die Einteilung der Streudiagramm-Ausgabe in 9 Quadranten entfällt,

5 : in der Druckausgabe des Streudiagramms werden zusätzlich die beiden Diagonalen
    gekennzeichnet,

6 : das im Zusammenhang mit der Kennzahl 3 des STATISTICS=Kommandos ausgedruckte
    Signifikanzniveau bezieht sich auf einen zweiseitigen Test zur Überprüfung von
    H_o (r = o) anstelle eines (standardmäßig vorgenommenen) einseitigen Tests,

7 : die Beschriftung der senkrechten und waagerechten Achsen wird ganzzahlig vor-
    genommen und

8 : reicht der Arbeitsspeicher des $SPSS^X$-Systems nicht aus, um alle Cases in die
    Auswertung mit einbeziehen zu können, so werden die Berechnungen nur für
    eine Zufallsstichprobe der Cases durchgeführt.

Kennzahlen des STATISTICS=Kommandos:

---

1 : Korrelationskoeffizient r von Bravais-Pearson (CORRELATION),

2 : Determinationskoeffizient r^2 (R SQUARED),

3 : Signifikanzniveau (SIGNIFICANCE) für einen einseitigen Signifikanztest zur
    Überprüfung der Nullhypothese, daß beide Merkmale in der Grundgesamtheit un-
    korreliert sind (r = o),

4 : Standardfehler der Schätzung (STD ERR OF EST),

5 : Niveaukoeffizient (INTERCEPT) der Regressionsgeraden, welcher den Schnittpunkt
    der Regressionsgeraden mit der senkrechten Achse beschreibt und

6 : Steigungskoeffizient (SLOPE) der Regressionsgeraden, welcher gleich dem Tangens
    des Winkels ist, den die Regressionsgerade mit der waagerechten Achse bildet.

```
T-TEST       GROUPS = gruppenspezifikation1 / VARIABLES = variablenliste1
             |PAIRS = variablenliste2 [WITH variablenliste3]
             |GROUPS = gruppenspezifikation2 / VARIABLES = variablenliste4 /
             PAIRS = variablenliste5 [WITH variablenliste6]
```

Leistung: Signifikanztest für Mittelwertunterschiede bei abhängigen bzw.
          unabhängigen Stichproben (vgl. 5.5)

Kennzahlen des OPTIONS=Kommandos:

---

1 : Einschluß von durch das MISSING VALUES=Kommando vereinbarten missing Values,

2 : es erfolgt ein listenweiser Ausschluß von Cases mit missing Values, d.h. es
    wird ein Case dann von der Auswertung ausgeschlossen, falls er für irgendeine
    Variable, die im Subkommando VARIABLES bzw. PAIRS aufgeführt ist, einen als
    missing Value vereinbarten Wert enthält,

3 : die durch das Kommando VARIABLE LABELS vereinbarten Variablenetiketten werden
    nicht ausgedruckt,

4 : die Druckausgabe erfolgt 8o-spaltig und

5 : wird das Schlüsselwort WITH innerhalb des PAIRS=Subkommandos aufgeführt, so
    erfolgt der T-Test für abhängige Stichproben für die jeweils ersten Variab-
    len vor und hinter dem Wort WITH, anschließend für die jeweils zweiten usw.

A.4 Die JCL-Prozedur SPSSX

Um das $SPSS^X$-System zur Ausführung zu bringen, haben wir in unseren Beispielen
(für die Bearbeitung auf der Datenverarbeitungsanlage SIEMENS 7.788o unter dem
Betriebssystem BS 3ooo) das JCL-Kommando EXEC in der Form

```
// EXEC SPSSX
//DATAIN DD DSN= ...
//SYSIN DD *
   SPSS^X-Programm
```

als erstes Kommando in einem Job plaziert. Das hinter dem JCL-Kommandonamen EXEC
angegebene Wort SPSSX ist der Name der JCL-Prozedur SPSSX, welche mehrere JCL-
Kommandos zusammenfaßt, so daß dem Anwender die Nutzung des $SPSS^X$-Systems erleichtert wird.[+)] Für den Einsatz von $SPSS^X$ an der Datenverarbeitungsanlage SIEMENS
7.88o im Rechenzentrum der Universität Bremen besteht diese Prozedur aus den
folgenden JCL-Kommandos:[++)]

+) Die Vereinbarung einer derartigen Prozedur ist installationsabhängig, und daher
   sollte der Anwender vor dem Einsatz des $SPSS^X$-Systems die Programmberatung seines Rechenzentrums aufsuchen.

++) JCL-Kommandozeilen enthalten Informationen im Bereich von Zeichenposition 1 bis
   71. Reicht eine Zeile zur Kodierung nicht aus, so wird der Rest in eine oder
   mehrere Fortsetzungszeilen eingetragen. Die Trennung erfolgt stets hinter einem
   Komma. Die Fortsetzungszeile wird mit zwei Schrägstrichen (//) eingeleitet und
   die fortsetzende Information muß im Zeichenbereich 4 bis 16 beginnen.

```
    ┬  //SPSSX     PROC SCRUNIT=SYSDA,
 (1) //                CYLS='3,5',
    │  //                BLOCK=4o96,
    ┴  //                BUFFERS=2
 (2) //GO        EXEC PGM=SPSSX,PARM=48K,REGION=756K
 (3) //STEPLIB   DD   DSN=APP1.SPSSX.LOADLIB,DISP=SHR
 (4) //SPSSERR   DD   DSN=APP1.SPSSX.ERRFIL,DISP=SHR
 (5) //SPSSINFO  DD   DSN=APP1.SPSSX.INFOFIL,DISP=SHR
 (6) //FTo6Foo1  DD   SYSOUT=*
 (7) //FTo7Foo1  DD   DUMMY,DCB=(RECFM=F,LRECL=133,BLKSIZE=133)
    ┬  //FT1oFoo1  DD   UNIT=&SCRUNIT,SPACE=(TRK,(5,5))
 (8) //FT2oFoo1  DD   UNIT=&SCRUNIT,SPACE=(TRK,(1,1))
    ┴
 (9) //FT31Foo1  DD   SYSOUT=*,DCB=(RECFM=F,BLKSIZE=132)
    ┬  //SORTLIB   DD   DSN=SYS1.SORTLIB,DISP=SHR
(1o) //SORTWKo1  DD   UNIT=&SCRUNIT,SPACE=(CYL,(&CYLS))
    │  //SORTWKo2  DD   UNIT=&SCRUNIT,SPACE=(CYL,(&CYLS))
    │  //SORTWKo3  DD   UNIT=&SCRUNIT,SPACE=(CYL,(&CYLS))
    ┴  //SYSOUT    DD   SYSOUT=*
    ┬  //SYSUT1    DD   UNIT=&SCRUNIT,SPACE=(TRK,(4o,4o)),
(11) //                DCB=BUFNO=&BUFFERS
    ┴
    ┬  //SYSUT2    DD   UNIT=&SCRUNIT,SPACE=(CYL,(&CYLS)),
    │  //                DCB=(BUFNO=&BUFFERS,BLKSIZE=&BLOCK)
(12) //SYSUT3    DD   UNIT=&SCRUNIT,SPACE=(CYL,(&CYLS)),
    ┴  //                DCB=(BUFNO=&BUFFERS,BLKSIZE=&BLOCK)
    ┬  //SYSUT4    DD   UNIT=&SCRUNIT,SPACE=(CYL,(&CYLS)),
(13) //                DCB=(BUFNO=&BUFFERS,BLKSIZE=&BLOCK)
    ┬  //SYSUT5    DD   UNIT=&SCRUNIT,SPACE=(CYL,)&CYLS)),
(14) //                DCB=BUFNO=&BUFFERS
    ┴
    ┬  //TEMP1     DD   UNIT=&SCRUNIT,SPACE=(CYL,(&CYLS)),
    │  //                DCB=(BUFNO=&BUFFERS,BLKSIZE=&BLOCK)
(15) //TEMP2     DD   UNIT=&SCRUNIT,SPACE=(CYL,(&CYLS)),
    ┴  //                DCB=(BUFNO=&BUFFERS,BLKSIZE=&BLOCK)
```

In (1) ist durch das Wort "PROC" der Anfang der JCL-Prozedur und durch das Wort
"SPSSX" der Name dieser Prozedur festgelegt. Die Wörter vor den Gleichheitszeichen
"=" sind die Parameter SCRUNIT, CYLS, BLOCK und BUFFERS[+)], denen die hinter dem
Gleichheitszeichen angegebenen Werte als Voreinstellungen zugeordnet sind:
Dem Parameter SCRUNIT ist der Gruppenname SYSDA zugewiesen, der die innerhalb der
JCL-Prozedur SPSSX temporär definierten Dateien (diese werden nach Beendigung des
$SPSS^X$-Laufs vom Betriebssystem gelöscht) als Magnetplatten-Dateien festlegt.
Die Angabe "CYLS='3,5'" fordert für alle temporär definierten Dateien jeweils 3
Zylinder an Plattenspeicherkapazität an, der bei Bedarf bis zu 15 mal um jeweils
5 Zylinder erweitert werden kann. Mit der Angabe "BLOCK=4o96" wird festgelegt,
daß bei der Datenübertragung in die bzw. von den temporär erstellten Dateien je-
weils 4o96 Zeichen zu einem Block zusammengefaßt werden. Über die Festlegung
"BUFFERS=2" wird bestimmt, daß bei der Daten-Ein-/Ausgabe für die temporär einge-
richteten Dateien stets 2 Pufferbereiche aufgebaut und bearbeitet werden sollen.

In (2) wird mit dem JCL-Kommando "EXEC" das $SPSS^X$-System - mit dem Programmnamen
SPSSX - aufgerufen und zur Ausführung gebracht. Dabei wird durch die Angabe

---

+) Innerhalb der JCL-Prozedur SPSSX wird jeder Parameter durch das Zeichen "&"
   eingeleitet.

"PARM=48K" die Gesamtgröße für alle Ein-/Ausgabepuffer auf 48K und durch "REGION
=756K" der für den SPSS^X-Lauf zur Verfügung gestellte Hauptspeicherbereich auf
756K festgelegt, wobei 1K den Speicherbereich für 1o24 Zeichen kennzeichnet.

Durch das STEPLIB-Kommando (3) ist festgelegt, daß das SPSS^X-System (auf einer
Magnetplatte) in der Programmbibliothek "APP1.SPSSX.LOADLIB" abgespeichert ist.

Das DD-Kommando (4) mit dem DD-Namen SPSSERR beschreibt die Datei, aus der im Feh-
lerfall der zugehörige (ins Ablaufprotokoll einzutragende) Fehlertext gelesen
werden kann.

Durch das DD-Kommando SPSSINFO in (5) wird die Datei bezeichnet, in der diejenige
Dokumentation über das SPSS^X-System abgespeichert ist, die durch den Aufruf des
INFO=Kommandos ins Ablaufprotokoll ausgegeben werden kann (s. Anhang A.8).

Durch das DD-Kommando (6) wird festgelegt, daß die Ausgabe des Ablaufprotokolls
in die standardmäßig vereinbarte Ausgabeklasse erfolgen soll.

Die DD-Kommandos (7) und (9) sind dann von Bedeutung, wenn das SPSS^X-System bei
einem Programmfehler spezielle Kontrollinformationen für die Fehlerdiagnose auszugeben hat.

Die beiden DD-Kommandos (8) sind für spezielle Anwendungen mit von SPSS^X aus aufruf-
baren Programmen erforderlich.

In (1o) sind die DD-Kommandos angegeben, die zur Ausführung des Sortier-Kommandos
SORT CASES benötigt werden. Dabei fixiert der DD-Name SORTLIB die Programmbibliothek
SYS1.SORTLIB, in der das Sortierprogramm abgespeichert ist. Mit den DD-Namen
SORTWKo1, SORTWKo2 und SORTWKo3 werden die für den Sortierlauf benötigten Zwischen-
speicher-Dateien angesprochen, und die während des Sortierlaufs erzeugten Meldungen
werden über den DD-Namen SYSOUT ins Ablaufprotokoll eingetragen.

Das DD-Kommando (11) mit dem DD-Namen SYSUT1 beschreibt die Datei für die Ablage
der Etiketten, die im SPSS^X-Programm durch die Kommandos VARIABLE LABELS, VALUE
LABELS und ADD VALUE LABELS vereinbart werden.

Die beiden Kommandos (12) bezeichnen die beiden Dateien, in denen die Daten des
SPSS^X-files abgespeichert werden.

Mit dem DD-Namen SYSUT4 (13) wird die Datei vereinbart, in die vom SPSS^X-System
Zwischenergebnisse bei der Durchführung von Auswertungsverfahren eingetragen werden. Durch (14) wird eine Datei vereinbart, die für die Bearbeitung von SCSS-Pro-
grammsystem-Dateien gebraucht wird. Mit den beiden Kommandos (15) werden Dateien
für die temporäre Sicherung von SPSS^X-files bereitgestellt.

A.5 Struktur der Eingabedaten

Bei der Dateneingabe ist die Leistungsfähigkeit des $SPSS^X$-Systems nicht eingeschränkt auf Datensätze, die in Form einer rechteckigen Datenmatrix strukturiert
sein müssen, sondern es sind darüberhinaus eine Vielzahl weiterer Datenstrukturen
für die Dateneingabe erlaubt, u.a.:

- die mixed file-Struktur, d.h. es gibt nicht nur eine einzige Datensatz-Struktur,
  sondern mehrere unterschiedliche Datensatz-Strukturen, die caseweise übereinstimmen,

- die grouped file-Struktur, d.h. pro Case sind mehrere Datensätze zugelassen,
  deren Anzahl von Case zu Case variieren darf, und

- die nested file-Struktur, d.h. die einzulesenden Datensätze unterliegen einer
  hierarchischen Beziehung, wobei die Sätze auf der untersten Hierarchieebene die
  Cases definieren, denen die Eintragungen in den Sätzen der übergeordneten Hie-
  rarchiestufen zuordbar sind.

Wir geben im folgenden für die aufgeführten Struktur-Typen jeweils ein Beispiel.

mixed file-Struktur

Wir nehmen an, daß bei der Erfassung der Daten für die Mitglieder der Jahrgangsstufe 13 alle Werte ab der Kodespaltenposition 5 (vgl. Abschnitt 1.2) irrtümlich
mit Beginn der Zeichenposition 3 in den Datensätzen erfaßt wurden, so daß die
Daten um jeweils 2 Zeichenpositionen versetzt in der Magnetplatten-Datei abgespeichert sind:

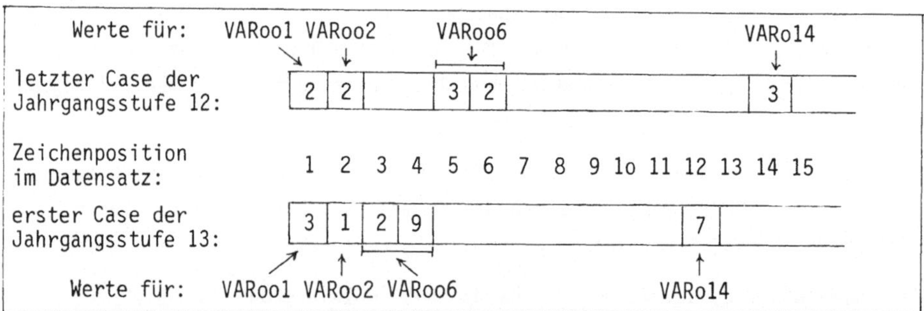

Diese Verzerrung wird bei der Dateneingabe korrigiert durch den Programmbeginn:

```
FILE TYPE       MIXED
                FILE = DATAIN
                RECORD = VARoo1 1
                WILD = WARN
.  RECORD TYPE 1, 2
.  DATA LIST    / VARoo2 2, VARoo6 5 - 6, VARo14 14
.  RECORD TYPE 3
.  DATA LIST    / VARoo2 2, VARoo6 3 - 4, VARo14 12
END FILE TYPE
```

Diese Kommandos ersetzen das Standard-Kommando DATA LIST für die Dateneingabe.

Das Subkommando <u>RECORD</u> im Kommando <u>FILE TYPE</u> legt die für alle Datensätze verbindliche Position der Satzart fest.

In den nachfolgenden <u>RECORD TYPE=Kommandos</u> wird durch die aufgeführten Werte
bestimmt, daß für die Eingabe eines Datensatzes mit einer der angegebenen Satzarten das unmittelbar auf das RECORD TYPE=Kommando folgende DATA LIST=Kommando
verwendet werden soll.

Durch das <u>WILD=Subkommando</u> im FILE TYPE=Kommando wird festgelegt, daß beim Auftreten eines Datensatzes mit einer Satzart, die in keinem RECORD TYPE=Kommando aufgeführt ist, eine Warnung auszugeben ist.

Das <u>END FILE TYPE=Kommando</u> schließt die Vereinbarungen des FILE TYPE=Kommandos ab.

<u>Grouped file-Struktur</u>

Wir nehmen an, daß bei den Befragten der Jahrgangsstufen 11 und 13 zusätzliche Angaben durch einen weiteren Fragebogen mit 1o Items erhoben wurden. Diese Daten
sind in einem zweiten Datensatz an den Zeichenpositionen 3 - 12 eingetragen worden.
Zur Unterscheidung vom jeweils ersten Datensatz wurde in der Zeichenposition 77
die Satzart mit dem Wert 1 markiert, und zur Überprüfung der Zusammengehörigkeit
von jeweils erstem und zweiten Datensatz wurde in dem Zeichenbereich 78 - 8o die
Identifikationsnummer der Befragten erfaßt.

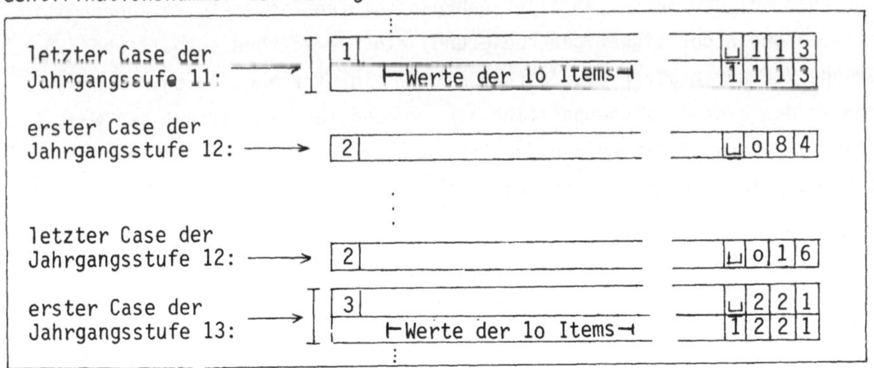

In dieser Situation müssen die derart gruppierten Datensätze durch die folgenden
Kommandos eingelesen werden:

```
FILE TYPE        GROUPED    FILE = DATAIN   RECORD = SATZART 77 ( A )
                            CASE = ID 78 - 8o   WILD = WARN   DUPLICATE = WARN
                            MISSING = NOWARN   ORDERED = NO
.  RECORD TYPE ' '
.  DATA LIST    /VAR1o1 1, VAR1o2 2, VAR1o6 5 - 6, VAR114 14
.  RECORD TYPE '1'
.  DATA LIST    / VAR2o3 TO VAR212 3 - 12
END FILE TYPE
```

Diese Kommandos ersetzen das sonst an dieser Stelle übliche Kommando DATA LIST
zur Eingabe der Datensätze in das SPSS^X-file.

Im Kommando <u>FILE TYPE</u> wird durch das Schlüsselwort <u>GROUPED</u> - im Unterschied zum
im vorausgehenden Beispiel kodierten Schlüsselwort <u>MIXED</u> zur Kennzeichnung der
mixed file-Struktur - die grouped file-Struktur gekennzeichnet.
Das Subkommando <u>RECORD</u> legt die - für alle Datensätze verbindliche - Position der
Satzart fest. Durch die Angabe von "(A)" wird bestimmt, daß das Zeichen an der
77. Zeichenposition als alphanumerischer Wert zu interpretieren ist. Deshalb werden
bei den nachfolgenden <u>RECORD TYPE=Kommandos</u> die Satzarten als alphanumerische Werte
angegeben, wobei die Wirkung des RECORD TYPE=Kommandos derjenigen bei der mixed
file-Struktur entspricht.

Durch das Subkommando <u>CASE</u> innerhalb des FILE TYPE=Kommandos wird die - für alle
Datensätze verbindliche - Stelle der Case-Identifikation festgelegt.

Die Angabe <u>WARN</u> im <u>WILD=Subkommando</u> besagt, daß jeder Datensatz gemeldet wird,
dessen Satzart nicht in einem RECORD TYPE=Kommando aufgeführt ist. Mit dem Spezifikationswert <u>WARN</u> im <u>DUPLICATES=Subkommando</u> wird festgelegt, daß jedesmal, wenn
mehr als ein Datensatz für eine Satzart bei einem Case auftritt, eine Warnung ausgegeben wird (in einem derartigen Fall werden die Variablen mit den Werten des
zuletzt eingelesenen Satzes besetzt).

nested file-Struktur

Wir nehmen an, daß bei den Befragten aller Jahrgangsstufen die erste Zeichenposition
pro Datensatz (entgegen der bisherigen Kodierung) ein Leerzeichen enthält und daß
vor jeder Gruppe von Datensätzen pro Jahrgangsstufe ein Jahrgangsstufensatz eingefügt ist, der in der ersten Zeichenposition als Kennung für die Satzart den Wert 1
und in der zweiten Zeichenposition den jeweiligen Kodewert für die betreffende
Jahrgangsstufe der nachfolgenden Datensätze enthält:

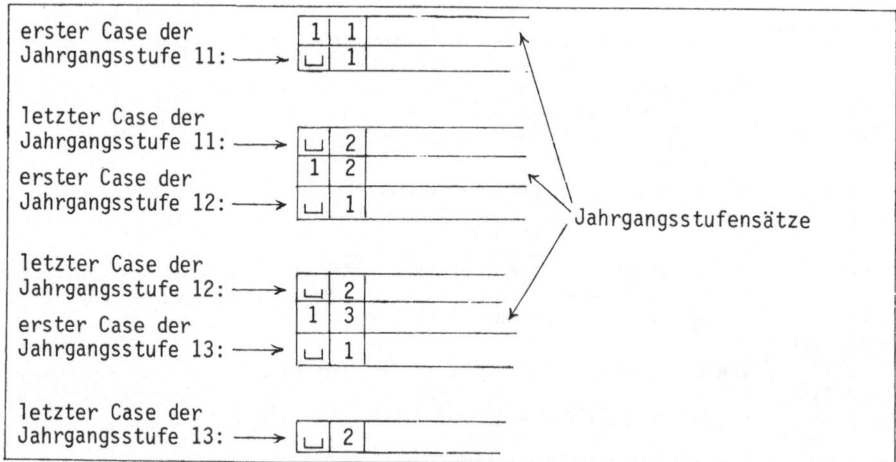

Anstelle des sonst üblichen DATA LIST=Kommandos wird die Eingabe dieser hierarchisch angeordneten Datensätze folgendermaßen vorgenommen:

```
FILE TYPE        NESTED   FILE = DATAIN
                 RECORD = SATZART 1 ( A )
                 WILD = NOWARN
                 DUPLICATE = NOWARN
                 MISSING = NOWARN
. RECORD TYPE '1'
. DATA LIST    / VARoo1 2
. RECORD TYPE '⎵'
. DATA LIST    / VARoo2 2, VARoo6 5 - 6, VARo14 14
END FILE TYPE
```

Im Kommando FILE TYPE wird durch das Schlüsselwort NESTED die nested file-Struktur festgelegt. Ansonsten sind die Eintragungen im FILE TYPE= und in den RECORD TYPE= Kommandos sinngemäß gleichartig zu den Angaben in diesen Kommandos bei der Verabredung der grouped file-Struktur (s.o.).

Dateneingabe mit einem Eingabeprogramm

Kann eine vorliegende Datensatz-Struktur keinem der oben angegebenen Struktur-Typen zugeordnet werden, so läßt sich ein eigenständiges Eingabeprogramm entwickeln. Wir demonstrieren dies im folgenden an einem Beispiel. Dazu unterstellen wir, daß - genau wie bei dem für die nested file-Struktur angegebenen Beispiel - pro Jahrgangsstufe vor jeder Gruppe von Datensätzen ein Jahrgangsstufensatz (gemäß der oben gewählten Struktur) eingefügt ist. Ferner verabreden wir, daß für die Befragten nicht einheitlich jeweils ein zweiter Datensatz mit den Angaben aus einem Zusatzfragebogen (mit 1o Items gemäß der oben angegebenen Struktur) vorliegt, sondern daß dem Datensatz mit den Fragebogendaten ein zweiter Datensatz folgen kann oder nicht. Zur Kennzeichnung dieses zweiten Datensatzes verabreden wir den Wert "1" an der Zeichenposition 77 - für den 1. Datensatz ist grundsätzlich das Leerzeichen eingetragen. Somit können wir die Struktur unserer Eingabe-Datei "A2oA.NGO.DATA" wie folgt skizzieren:

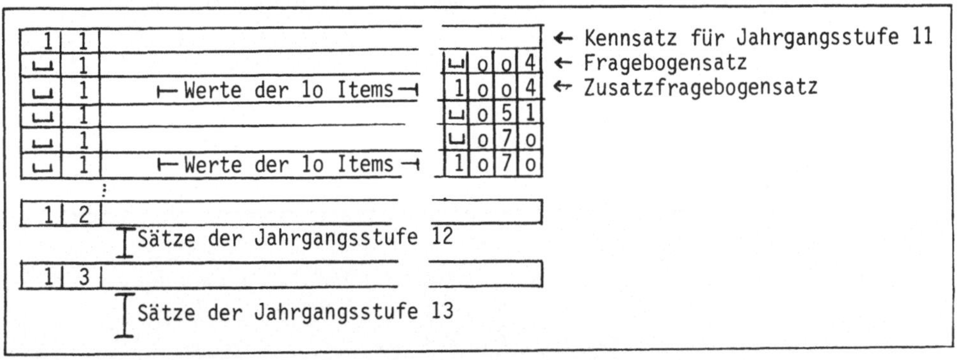

```
| 1 | 1 |______________________________|          ← Kennsatz für Jahrgangsstufe 11
| ⎵ | 1 |                              | ⎵ |o|o|4| ← Fragebogensatz
| ⎵ | 1 |  ⊢Werte der 1o Items⊣        | 1 |o|o|4| ⇐ Zusatzfragebogensatz
| ⎵ | 1 |______________________________| ⎵ |o|5|1|
| ⎵ | 1 |                              | ⎵ |o|7|o|
| ⎵ | 1 |  ⊢Werte der 1o Items⊣        | 1 |o|7|o|
              ⋮
| 1 | 2 |______________________________|
           ⊤Sätze der Jahrgangsstufe 12
| 1 | 3 |______________________________|
           ⊤Sätze der Jahrgangsstufe 13
```

Zur Eingabe der in dieser Art strukturierten Datensätze läßt sich das folgende
Eingabeprogramm, das wir anschließend erläutern werden, einsetzen:

```
INPUT PROGRAM
DATA LIST        FILE = DATAIN / #INDIK 1 - 2, #SATZART 77 (A)
COMPUTE          #ENDCASE = o
COMPUTE          #BLANK = o
COMPUTE          #VAR1o1 = o
SET              MXLOOPS = 7o
LOOP
.   DO IF ( #INDIK = 1 )
.       REREAD
.       DO IF ( #SATZART = '⎵' )
.          DO IF ( #BLANK = 1 )
.             COMPUTE #ENDCASE = 1
.          ELSE
.             DATA LIST FILE = DATAIN /
.                         VAR1o1 1, VAR1o2 2, VAR1o6 5 - 6, VARI14 14
.             COMPUTE   #BLANK = 1
.          END IF
.       ELSE
.          DATA LIST FILE = DATAIN / VAR2o3 TO VAR212 3 - 12
.          COMPUTE   #ENDCASE = 1
.       END IF
.       DO IF ( #ENDCASE = 1 )
.          COMPUTE   VAR1o1 = #VAR1o1
.          END CASE
.          COMPUTE   #ENDCASE = o
.          COMPUTE   #BLANK = o
.       END IF
.   ELSE
.       DO IF ( #BLANK = 1 )
.          COMPUTE   VAR1o1 = #VAR1o1
.          END CASE
.          COMPUTE #BLANK = o
.       END IF
.       DO IF ( #INDIK = 11 )
.          COMPUTE #VAR1o1 = 1
.       ELSE IF ( #INDIK = 12 )
.          COMPUTE #VAR1o1 = 2
.       ELSE IF ( #INDIK = 13 )
.          COMPUTE #VAR1o1 = 3
.       END IF
.   END IF
.   DATA LIST FILE = DATAIN END = #EOF / #INDIK 1 - 2, #SATZART 77 (A)
END LOOP IF ( #EOF = 1 )
DO IF ( #BLANK = 1 )
.   COMPUTE   VAR1o1 = #VAR1o1
.   END CASE
END IF
END FILE
END INPUT PROGRAM
FREQUENCIES      VARIABLES = VAR1o1, VAR1o2, VAR1o6, VAR114, VAR2o3 TO VAR212
```

Grundsätzlich ist jedes Eingabeprogramm durch das Kommando <u>INPUT PROGRAM</u> in der Form

> | INPUT PROGRAM |

einzuleiten und durch das Kommando <u>END INPUT PROGRAM</u> in der Form

> | END INPUT PROGRAM |

abzuschließen. Zwischen diesen beiden Kommandos wird festgelegt, wie die durch den Einsatz des DATA LIST=Kommandos eingelesenen und evtl. anschließend modifizierten Werte den einzelnen Cases zuzuordnen sind.

Die für einen Case gebildeten Variablenwerte werden nur dann in das $SPSS^X$-file übernommen, wenn anschließend das Kommando <u>END CASE</u> in der Form

> | END CASE |

ausgeführt wird. Der Aufbau des $SPSS^X$-files ist mit der Übernahme des letzten Cases gesondert zu beenden. Dazu ist das Kommando <u>END FILE</u> in der Form

> | END FILE |

auszuführen.

In unserem Eingabeprogramm haben wir die Kommandos <u>LOOP</u> und <u>END LOOP IF</u> gemäß der Struktur

> ```
> LOOP
>    ein oder mehrere SPSS^X-Kommandos
> END LOOP IF ( bedingung )
> ```

zur Einrichtung einer <u>Kommando-Schleife</u> eingesetzt. Nach Durchlaufen der Schleife wird am Schleifenende die im END LOOP IF=Kommando aufgeführte Bedingung überprüft. Trifft sie zu, so wird die Ausführung der Schleife beendet und die Programmausführung hinter dem END LOOP IF=Kommando fortgesetzt. Ist diese Bedingung nicht erfüllt, so wird die Schleife - mit Beginn des ersten hinter dem LOOP=Kommando angegebenen Kommando - erneut durchlaufen.

Die maximale Häufigkeit, mit der eine Schleife durchlaufen werden kann, ist durch den Spezifikationswert des Subkommandos <u>MXLOOPS</u> innerhalb des SET=Kommandos festgelegt, dessen Wert auf 4o voreingestellt ist.[+] Durch das SET=Kommando in der Form

> | SET   MXLOOPS = ganzzahl |

[+] Durch diesen kleinen Wert soll verhindert werden, daß eine Schleife unbeabsichtigt bis zum Verbrauch der gesamten zur Verfügung stehenden Rechenzeit durchlaufen wird (Endlosschleife).

läßt sich die erforderliche Anzahl geeignet festlegen. Wir wählen für "ganzzahl"
den Wert 5o3, weil maximal 5o3 Leseversuche zu erwarten sind.

Mit der von uns angegebenen Bedingung zur Schleifensteuerung wird überprüft, ob
das Ende der Daten-Datei bereits erreicht ist, d.h. ob nach dem Einlesen des
letzten Datensatzes ein erneuter Lesezugriff durch das DATA LIST=Kommando erfolgt
ist, der nicht erfolgreich ausgeführt werden konnte. Wir haben diese <u>Dateiende-
Bedingung</u> durch den Vergleich

> #EOF = 1

formuliert. Dabei ist "#EOF" eine Größe, die innerhalb des DATA LIST=Kommandos
als Spezifikationswert in der Form

> END = #EOF

angegeben wurde. Diese <u>END-Spezifikation</u> besagt, daß "#EOF" dann den Wert 1 erhält, wenn das Dateiende (end of file) erreicht ist. Solange das Dateiende nicht
erkannt ist, enthält "#EOF" den Wert o.

Bei der Größe "#EOF" handelt es sich um eine sogenannte <u>"Scratch-Variable"</u>, die
entgegen der sonst üblichen Variablen-Struktur nur einen <u>einzigen</u> Wert - und
nicht wie bei einer Variablen eine Liste von Werten (für jeden Case einen Wert) -
annehmen kann. Ein Objekt wird dadurch als Scratch-Variable gekennzeichnet, daß
sein Name durch das Sonderzeichen "#" eingeleitet wird.

In dem oben angegebenen Eingabeprogramm haben wir neben "#EOF" ferner die Objekte
"#ENDCASE", "#BLANK", "#VAR1o1", "#INDIK" und "#SATZART" als Scratch-Variable
eingesetzt. Dabei wird durch die Zuweisung des Werts 1 an die Scratch-Variable
#ENDCASE markiert, daß der aktuelle Case vor Einlesen des nächsten Satzes in das
SPSS^X-file integriert werden muß. Durch den jeweils aktuellen Wert von #BLANK
soll festgehalten werden, ob der vor dem aktuellen Datensatz eingelesene Satz ein
Fragebogensatz war (#BLANK = 1) oder ob es sich um einen Zusatzfragebogensatz
handelte (#BLANK = o). In der Scratch-Variable #VAR1o1 merken wir uns, ob der
zuvor eingelesene Jahrgangsstufensatz die 11., die 12. oder die 13. Jahrgangsstufe eingeleitet hat. Da Indikator- und Satzart-Informationen nicht in das SPSS^X-
file übernommen werden sollen, verwenden wir die Scratch-Variablen #INDIK und
#SATZART innerhalb des Eingabeprogramms. Scratch-Variable haben nämlich die
Eigenschaft, daß sie nicht in den Bestand eines SPSS^X-files aufgenommen werden.

Wichtig ist, daß nach der Dateneingabe mit dem DATA LIST=Kommando der eingelesene Satz für die Ausführung eines nachfolgenden DATA LIST=Kommandos erneut zur Eingabe bereitgestellt werden kann. Dazu stellt das SPSS^X-System das Kommando REREAD in der Form

```
REREAD
```

zur Verfügung. Haben wir nach der Eingabe eines Satzes festgestellt, daß es sich um keinen Jahrgangsstufensatz handelt, so ist der Satz erneut einzulesen. Dabei wird die im nachfolgenden DATA LIST=Kommando anzugebende Satz-Struktur daran ausgerichtet, welche Satzart beim vorausgehenden Lesezugriff für diesen erneut einzulesenden Satz festgestellt wurde.

Abschließend weisen wir darauf hin, daß die END-Spezifikation zur Erkennung des Dateiendes nur im letzten DATA LIST=Kommando aufzuführen ist, da nur bei der Ausführung dieses Kommandos das Dateiende erreicht werden kann.

Datengenerierung durch Eingabeprogramme

Eigene Eingabeprogramme sind nicht nur erforderlich bei der Dateneingabe aus Daten-Dateien mit komplexer Satz-Struktur, sondern auch notwendig, falls Variablenwerte innerhalb des SPSS^X-Programms erzeugt werden sollen. Dies ist z.B. dann von Bedeutung, wenn Daten zur Demonstration von Verteilungen bzw. für Testläufe innerhalb von Simulationsstudien gewonnen werden müssen.

So lassen sich z.B. durch das folgende Eingabeprogramm 5oo Realisierungen einer normalverteilten Zufallsvariablen VNORMAL mit dem Mittelwert o und der Varianz 1 erzeugen, deren Verteilung anschließend durch ein Histogramm beschrieben werden soll:

```
INPUT PROGRAM
SET             MXLOOPS = 5oo
COMPUTE         #ZAEHLER = o
LOOP
.   COMPUTE     VNORMAL = NORMAL( 1.o )
.   END CASE
.   COMPUTE     #ZAEHLER = #ZAEHLER + 1
END LOOP IF     ( #ZAEHLER = 5oo )
END FILE
END INPUT PROGRAM
FREQUENCIES     VARIABLES = VNORMAL / FORMAT = NOTABLE / HISTOGRAM =
```

Dieses Eingabeprogramm läßt sich durch den Einsatz des Kommandos LOOP in der Form

```
LOOP            scratchvariable = anfangswert TO endwert
```

und des Kommandos END LOOP in der Form

```
END LOOP
```

wie folgt abkürzen:

```
INPUT PROGRAM
SET           MXLOOPS = 5oo
LOOP          #ZAEHLER = 1 TO 5oo
.   COMPUTE   VNORMAL = NORMAL( 1.o )
.   END CASE
END LOOP
END FILE
END INPUT PROGRAM
```

In diesem Fall wird die Zählung durch die Angabe von

   #ZAEHLER = 1 TO 5oo

innerhalb des LOOP=Kommandos vom $SPSS^X$-System vorgenommen. Es wird mit dem Startwert 1 begonnen, schrittweise der Wert von #ZAEHLER bei jedem Schleifendurchlauf
um 1 erhöht und der Durchlauf mit dem Endwert 5oo beendet. In diesem Fall braucht
somit das Scheifenende nicht durch eine Bedingung innerhalb des die Schleife ab-
schließenden END LOOP=Kommandos überprüft zu werden.

A.6 Beispiel einer Datenerfassung am Bildschirmarbeitsplatz

Wir wollen den Einsatz eines Editierprogramms zur Erfassung der Werte unserer Datenmatrix (s. Abschnitt 1.4) exemplarisch für die DVA SIEMENS 7.88o unter dem Betriebssystem BS 3ooo beschreiben. Dazu legen wir fest, daß die Erfassung in eine Magnetplatten-Datei mit dem Dateinamen "A2oA.NGO.DATA" erfolgen soll, die zunächst einzu-
richten und daran anschließend zu editieren ist.

Dialogeröffnung

Nach dem Einschalten des Bildschirmarbeitsplatzes (Terminal) gibt das Betriebssystem
die Meldung

```
SYSTEM READY
```

auf dem Bildschirm aus und fordert dadurch zum Beginn eines Dialogs auf, den wir im
folgenden beispielhaft für den Benutzer mit der Benutzernummer A2oA darstellen.

Zur Eröffnung des Dialogs geben wir das LOGON-Kommando in der Form

```
LOGON TSS A2oA
```

zeichenweise über die Tastatur ein und senden diese Zeichenfolge, die (zur Eingabe-
kontrolle) am Bildschirm angezeigt wird, - durch den Druck auf die Spezial-Taste
"enter text" - abgekürzt im folgenden durch "<etx>" - ab, so daß wir die gesamte
Eingabe des LOGON-Kommandos wie folgt beschreiben können:

```
LOGON TSS A2oA<etx>
```

Das Betriebssystem meldet sich anschließend durch die Ausgabe von

    | ENTER CURRENT PASSWORD FOR A2oA- |

woraufhin das für die Benutzernummer A2oA verabredete Paßwort mitzuteilen ist. Die
Eingabe dieses Paßworts, das nicht am Bildschirm angezeigt wird, ist wiederum durch
den Druck auf die ⟨etx⟩-Taste abzuschließen. Nach der Überprüfung der Benutzernummer
und des Paßworts fordert das Betriebssystem durch die Meldung

    | READY |

den Benutzer zur Eingabe von Kommandos auf.

Allokierung der Magnetplatten-Datei

Da wir zunächst die Magnetplatten-Datei "A2oA.NGO.DATA" <u>allokieren</u>, d.h. den Dateinamen katalogisieren und den erforderlichen Speicherbereich zur Ablage der Datensätze auf der Magnetplatte einrichten lassen müssen, geben wir das <u>PFD-Kommando</u>[+)]
("PFD" ist die Abkürzung von "Programming Facility for Display Users") in der Form

    | PFD 3.2⟨etx⟩ |

ein und erhalten daraufhin am Bildschirm das folgende "⟨ DATASET UTILITY ⟩"-Menü
angezeigt:

                    Position des Cursors
                   /

```
------------/-----------------⟨ DATASET UTILITY ⟩---------------------------
OPTION ===> ↓

    A - ALLOCATE NEW DATASET          C - CATALOG DATASET
    D - DELETE DATASET                U - UNCATALOG DATASET
    R - RENAME DATASET                BLANK - DISPLAY DATASET INFORMATION

PFD LIBRARY DATASET:
    PROJECT ===>
    LIBRARY ===>
    TYPE    ===>

OTHER PARTITIONED OR SEQUENTIAL DATASET:
    DATASET NAME   ===>
    VOLUME SERIAL  ===>          (IF NOT IN CATALOG, OR IF OPTION 'C' SELECTED)

DATASET PASSWORD ===>            (IF PASSWORD PROTECTED)
```

Die Zeichenposition, an der auf dem Bildschirm ein über die Tastatur eingegebenes
Zeichen protokolliert wird, ist durch den <u>Cursor</u> - ein blinkendes Unterstreichungszeichen - markiert.
Zur Allokation von "A2oA.NGO.DATA" tragen wir im OPTION-Feld das Zeichen "A" ein,
wechseln danach durch mehrfachen Druck auf die <u>Tabulator-Taste</u> "TAB" [++)] auf den Anfang
des DATASET NAME-Felds zur Eingabe der Zeichenfolge "NGO.DATA" (dieser Text wird
intern automatisch durch das Präfix "A2oA" zum vollständigen Dateinamen "A2oA.NGO.DATA"

 +) Auf IBM-Anlagen ist anstelle des PFD-Kommandos das SPF-Kommando aufzurufen.
++) Die Bezeichnung der Tasten orientiert sich an der Tastatur des Personalcomputers
    6.61o der Firma Siemens. Die Bezeichnung der entsprechenden Funktionstasten bei
    anderen Tastaturen ist in der Regel gleich bzw. ähnlich.

ergänzt) und schließen die Menü-Eingabe durch den Druck auf die <etx>-Taste ab,
woraufhin das "< ALLOCATE NEW DATASET >"-Menü als neues Menü am Bildschirm angezeigt wird.

Die Felder dieses Menüs sind mit denjenigen Werten vorbesetzt, die bei der vorausgehenden Datei-Allokierung zugewiesen wurden.

Im ersten Feld, dem VOLUME SERIAL-Feld, tragen wir die Kennung der Magnetplatte ei
In unserem Fall ist dies der Name "USERo4". Anschließend machen wir geeignete Angaben für die Reservierung des Speicherbereichs. Wir verabreden durch die Eintragung von "TRKS" im SPACE UNITS-Feld, daß als Speichereinheit die Spur (track) dienen soll. Durch die Angabe des Werts 2 im PRIMARY QUANTITY-Feld fordern wir, daß
zunächst 2 Spuren bereitzustellen sind. Reicht während des Editierens dieser Speicherbereich nicht aus, so soll er automatisch um jeweils 1 Spur (bis zu 15 mal)
erweitert werden. Dies legen wir durch die Angabe des Werts 1 im SECONDARY
QUANTITY-Feld fest.

Da wir die Datei nicht in Unterdateien zergliedern wollen (wir richten eine sequen
tielle anstatt einer partitionierten Datei ein), tragen wir in das DIRECTORY BLOCK!
Feld den Wert o ein.

Durch die Angaben in den Feldern RECORD FORMAT ("FB"), RECORD LENGTH ("8o") und
BLOCKSIZE ("312o") beschreiben wir die Satzstruktur mit jeweils 8o Zeichen pro Sat.
und die Zusammenfassung von jeweils 39 Sätzen zu einem Block für den Transport der
Datensätze vom Hauptspeicher zur Magnetplatte und umgekehrt.

Insgesamt enthält der Bildschirm die folgenden Eintragungen:

```
--------------------------<  ALLOCATE NEW DATASET  >--------------------------

  +------------------------------------------------------------------------+
  !     DATASET NAME: A2OA.NGO.DATA                                        !
  +------------------------------------------------------------------------+
  ! VOLUME SERIAL        ===> USERO4        (DEFAULT TAKEN IF BLANK)       !
  ! SPACE UNITS          ===> TRKS          ('BLKS' 'TRKS' 'CYLS')         !
  ! PRIMARY QUANTITY     ===> 2             (IN SPECIFIED UNITS)           !
  ! SECONDARY QUANTITY   ===> 1             (IN SPECIFIED UNITS)           !
  ! DIRECTORY BLOCKS     ===> 0             (ZERO FOR SEQUENTIAL DATASET)  !
  ! RECORD FORMAT        ===> FB                                           !
  ! RECORD LENGTH        ===> 80                                          !
  ! BLOCK SIZE           ===> 3120                                        !
  +------------------------------------------------------------------------+
```

Wir beenden die Eingabe für dieses Menü durch den Druck auf die <etx>-Taste. Nach
der erfolgreichen Ausführung der Allokierung erscheint in der obersten Bildschirmzeile (auf der rechten Seite) die Meldung "ALLOCATION COMPLETED".

<u>Editierung</u>
Jetzt kann die Erfassung der Daten mit den Werten der Datenmatrix in die Datei
"A2oA.NGO.DATA" vorgenommen werden.
In das aktuelle Bildschirm-Menü - dies ist das "< DATASET UTILITY >"-Menü - tragen
wir an der aktuellen Cursorposition die Zeichenfolge "=2␣"

mit anschließendem Druck auf die Funktionstaste PF4 ("PF" ist die Abkürzung für
"Program Function") ein, wofür wir abkürzend

    =2 <PF4>

schreiben. Daraufhin wird das "< EDIT - DATASET MENU >"-Menü auf dem Bildschirm ausgegeben, in dessen DATASET NAME-Feld wir wiederum den Namen "NGO.DATA" eintragen.
Nach dem Abschicken des Menü-Inhalts durch den Druck auf die <etx>-Taste wird auf
dem Bildschirm das folgende EDIT-Menü angezeigt:

```
EDIT ---- A20A.NGO.DATA ----------------------------------------- COLUMNS 001 072
COMMAND ===>                                                      SCROLL ===> HALF
****** ****************************** TOP OF DATA ****************V10L10********
'''''''
'''''''
'''''''
'''''''
'''''''
    .
    .
    .
'''''''
'''''''
'''''''
****** ****************************** BOTTOM OF DATA ****************************
```

Zwischen der "TOP OF DATA"-Zeile und der "BOTTOM OF DATA"-Zeile ist Platz für die
Erfassung der ersten 2o Zeilen der Datenmatrix.
Zunächst wollen wir die erste Eingabezeile als eine Markierungszeile mit den Zei-
chenpositionsnummern einrichten, damit die Eingabe der Datenmatrix-Werte erleichtert wird. Dazu positionieren wir den Cursor durch den (mehrfachen) Druck auf die
Tabulator-Taste in die erste Eingabezeile auf den Anfang des Numerierungsfelds, das
zu Beginn jeder Eingabezeile durch die Zeichenfolge "'''''''" gekennzeichnet ist,
und tragen dort an den ersten vier Zeichenpositionen das Zeilenkommando COLS durch
die Eingabe der Zeichenfolge "COLS" ein. Anschließend betätigen wir die <etx>-Taste
und erhalten das folgende EDIT-Menü angezeigt:

```
EDIT ---- A20A.NGO.DATA ----------------------------------------- COLUMNS 001 072
COMMAND ===>                                                      SCROLL ===> HALF
****** ****************************** TOP OF DATA ****************V10L10********
=COLS> ----+----1----+----2----+----3----+----4----+----5----+----6----+----7--
'''''''
****** ****************************** BOTTOM OF DATA ****************************
```

Jetzt füllen wir die erste Eingabezeile mit den Werten, die in der ersten Zeile der
Datenmatrix enthalten sind. Dabei beachten wir die in der Erfassungsvorschrift vor-
geschriebene Plazierung der Werte in den jeweiligen Zeichenpositionen der Eingabezeile.
Falsch eingegebene Zeichen können durch Zurücksetzen bzw. Vorwärtsrücken der Cursorposition mit Hilfe der Spezialtasten "Cursor-links" und "Cursor-rechts" und nach-
folgendem Überschreiben berichtigt werden.

Zur Löschung eines Zeichens aus der in eine Eingabezeile eingetragenen Zeichenfolge
muß der Cursor mit Hilfe der Spezialtasten "Cursor-links" und "Cusor-rechts" unter
das zu löschende Zeichen positioniert werden. Danach ist die Spezialtaste "CHAR-links"
zu betätigen, woraufhin der rechts vom Cursor plazierte Teil der Zeichenfolge um eine
Position nach links geschoben wird. (Durch erneuten Druck auf die Taste "CHAR-links"
können weitere Zeichen gelöscht werden.)
Soll in die Zeichenfolge innerhalb einer Eingabezeile ein oder mehrere Zeichen eingefügt werden, so ist der Cursor auf das Zeichen zu positionieren, vor dem diese Ein-
fügung vorgenommen werden soll. Anschließend ist die Spezialtaste "CHAR-rechts" zu
drücken.[+)] Danach wird jedes über die Tastatur eingetragene Zeichen vor dem durch den
Cursor markierten Zeichen eingefügt. Dieser Einfügevorgang kann durch die Eingabe
weiterer Zeichen fortgesetzt werden und wird durch den Druck auf die Spezialtaste
"Reset" beendet.

Da im EDIT-Menü nur jeweils 72 Zeichen pro Eingabezeile angezeigt werden, kann eine
Erfassung in den Zeichenpositionen 73 - 8o erst dann vorgenommen werden, wenn die
Eingabezeile zuvor um 8 Zeichenpositionen nach links auf dem Bildschirm "verschoben"
wurde. Dies geschieht durch die Betätigung der PF11-Taste (Im Anschluß ist im
Numerierungsfeld der ersten Eingabezeile die Zeilennummer "ooooo2" eingetragen.)
Nach der Eingabe der Werte der Datenmatrix an den Zeichenpositionen 73 - 8o verschie-
ben wir die auf dem Bildschirm angezeigte Eingabezeile wieder um 8 Zeichenpositionen
nach rechts, indem wir die PF1o-Taste betätigen.

Nach der Füllung der ersten Eingabezeile müssen weitere Eingabezeilen im EDIT-Menü
erzeugt werden. Dazu ist das Zeilenkommando I in der Form "I18␣" zu Beginn der ersten
(freien) Eingabezeile im Numerierungsfeld mit dem Inhalt "ooooo2" einzutragen und
durch den Druck auf die <etx>-Taste abzusenden, woraufhin das folgende EDIT-Menü
angezeigt wird:

```
EDIT ---- A20A.NGO.DATA -------------------------------------------- COLUMNS 001 072
COMMAND ===>                                                 SCROLL ===> HALF
****** ***************************** TOP OF DATA ***************V1OL1O**********
=COLS> ----+----1----+----2----+----3----+----4----+----5----+----6----+----7----
000001 11123625121217966110111011010101101100010010010
   ,,,,,,
   ,,,,,,
   ,,,,,,
   ,,,,,,
   ,,,,,,
      .
      .
   ,,,,,,
   ,,,,,,
   ,,,,,,
****** ************************* BOTTOM OF DATA ***********************************
```

Jetzt können die generierten Eingabezeilen mit den Werten innerhalb der ersten Zeilen der Datenmatrix gefüllt werden. Dabei sind die o.a. Möglichkeiten zum Positionieren des Cursors, zum Korrigieren falsch eingegebener Zeichen, zum Einfügen von

---

+) Evtl. muß zuvor das Kommando "NULLS ON" in das COMMAND-Feld eingetragen und abgesandt werden.

Zeichen und zum "Blättern" vom Zeilenanfang zum Zeilenende und umgekehrt zu nutzen.

Ferner kann man den Cursor auch über Zeilen hinweg bewegen, indem man die Tasten "Cusor-hoch" bzw. "Cursor-tief" betätigt.

Desweiteren kann man überzählige Zeilen durch das Zeilenkommando D löschen. Dazu ist das Zeichen "D" an die erste Stelle des Numerierungsfelds der zu löschenden Zeile einzutragen und danach die <etx>-Taste zu betätigen. Durch diesen Löschvorgang kann zu jedem Zeitpunkt auch die Markierungszeile mit den Zeichenpositionen aus den Eingabezeilen eliminiert werden.

Gleichfalls ist es möglich, diese Markierungszeile an einer anderen Position im Menü erzeugen zu lassen, indem an der betreffenden Zeilenposition die Zeichenfolge "COLS" zu Beginn des Numerierungsfelds dieser Zeile eingetragen und dieses COLS-Zeilenkommando durch den Druck auf die <etx>-Taste abgesandt wird.

Nachdem die auf dem Bildschirm angezeigten Eingabezeilen mit den Werten aus den ersten Zeilen der Datenmatrix gefüllt sind, blättern wir durch den Druck auf die PF8-Taste um eine halbe Bildschirmseite (HALF), d.h. um 1o Zeilen vor, so daß sich der folgende Bildschirminhalt ergibt:

```
EDIT ----- A20A.NGO.DATA --------------------------------------------------- COLUMNS 001 072
COMMAND ===>                                                                  SCROLL ===> HALF
000011  111229041011159980010110111100111111000101000000
000012  111236161111179850100010110001000110001110000101
000013  111239151212258530000001100010010100011100000000
000014  111231341212257760101011110100001110011100011000
000015  111236231112178671101010110001001010010100000000
000016  111236342111136561001100011100010000001110110100
000017  112234451211167661110100110101010000001000010000
000018  112233451212122781110010010011100010000011111011
000019  112233561211158551010100001000101110110000011101
000020  112233341212167561010010111001011011011100100000
******  ************************************ BOTTOM OF DATA ********************************
```

Die bereits gefüllten Eingabezeilen sind automatisch mit Zeilennummern - jeweils mit der Schrittweite 1 - durchnumeriert worden. Diese Nummern sind Referenznummern für Kommandos an das Editierprogramm und keine Bestandteile der erfaßten Datensätze.

Zur Generierung weiterer 1o Eingabezeilen im unteren Teil des Bildschirms positionieren wir den Cursor auf den Anfang des Numerierungsfelds in der letzten Zeile vor der "BOTTOM OF DATA"-Zeile und tragen dort das Zeilenkommando "I1o⌴" mit anschließendem Druck auf die <etx>-Taste ein, woraufhin 1o neue Eingabezeilen im Anschluß an die ersten 1o, bereits mit Daten gefüllten Eingabezeilen auf dem Bildschirm ausgegeben werden. Der Cursor steht an der ersten Zeichenposition in der ersten neu generierten Eingabezeile.

Jetzt kann die Erfassung mit der Eingabe der nächsten 1o Zeilen aus der Datenmatrix fortgesetzt werden.

Nach dem Füllen dieser Eingabezeilen muß wieder um eine halbe Bildschirmseite vorgeblättert und daran anschließend müssen erneut lo Eingabezeilen generiert werden.

Ein evtl. erforderliches "Zurückblättern" auf eine zuvor eingegebene, aber nicht
mehr auf dem Bildschirm sichtbare Eingabezeile (zur Kontrolle) von bereits erfaßten Daten erfolgt durch den Druck auf die PF7-Taste.

Nach der Erfassung aller Werte der Datenmatrix wird die Editierung abgeschlossen
durch den Druck auf die PF3-Taste, woraufhin wiederum das "< EDIT DATASET MENU >"-
Menü angezeigt wird. Am Ende der obersten Zeile wird die Nachricht "DATASET SAVED"
ausgegeben, die anzeigt, daß die erfaßten Datensätze in die Magnetplatten-Datei
"A2oA.NGO.DATA" übertragen und dort abgespeichert worden sind.

Wir beenden die Editierung mit Hilfe der PF4-Taste durch die Eingabe von

> =X_⟨PF4⟩

an der aktuellen Cursorposition und erhalten daraufhin die Anforderung zur Eingabe
des nächsten Kommandos durch die Bildschirmausgabe von

> READY

angezeigt. Der Dialog wird abgeschlossen durch die Eingabe des LOGOFF-Kommandos
in der Form

> LOGOFF⟨etx⟩

woraufhin das Betriebssystem durch die Ausgabe der Meldung

> SYSTEM READY

das Ende des Dialogs anzeigt.

<u>Fortsetzung der Editierung</u>

Soll eine unterbrochene Datenerfassung (es wurde nur ein Teil der Datenmatrix-Werte
eingegeben und in die Magnetplatten-Datei übertragen) weitergeführt werden, so ist
nach der Aufnahme eines neuen Dialogs durch die Eingabe des LOGON-Kommandos und der
daraus resultierenden Aufforderung

> READY

zur Kommando-Eingabe das PFD-Kommando

> PFD 2⟨etx⟩

abzusenden. Jetzt kann nämlich unmittelbar editiert werden, weil die Magnetplatten-
Datei "A2oA.NGO.DATA" nicht mehr allokiert zu werden braucht.
Daraufhin wird das "< EDIT DATASET MENU >"-Menü am Bildschirm angezeigt, in das

wiederum im DATASET NAME-Feld der Dateiname der zu editierenden Datei - in unserem
Fall der Text "NGO.DATA" - einzugeben ist. Nach dem Absenden der Eingabe durch
den Druck auf die <etx>-Taste erscheint das EDIT-Menü in der folgenden Form auf dem
Bildschirm (wir unterstellen dabei, daß bereits mehr als 2o Datensätze erfaßt worden
sind):

```
EDIT ----- A20A.NGO.DATA --------------------------------------- COLUMNS 001 072
COMMAND ===>                                                      SCROLL ===> HALF
****** ***************************** TOP OF DATA *******************V1 OL.10********
000001 111236251212179661101110110101011011000100100100
000002 111235261112125451000000000000001111010110010101
000003 111235452212267561111111011100110100000000000000
000004 111230342222267551100000110001011011110000100000
000005 111236452212157661100100111000000001011000001001
000006 111235351112138851111110111101111111011111111001
000007 111235342222178561101001100010110001001011011101
000008 111235352222168851101110111001010001001000100000
000009 111233371111157581011011110101111011011011111111
000010 111229041011159980010110111100111111000101000000
000011 111236161111179850100010110001000110001110000101
000012 111239151212125853000000110001001010001110000000
000013 111231341212257760101011110100001110011100011000
000014 111236231112178671101010110001001010010100000000
000015 111236342111136561001100011100010000001110110100
000016 112236451211167661110100110101010000001000010000
000017 112233451212122781100100100111000100000111111011
000018 112233561211158551010100001000101110110000011101
000019 112233341212167561010010111001011011011100100000
000020 112236451212178881110101111001111001000100110110
000021 112236241211168750000100000111100011000100111101
```

Jetzt muß zunächst auf den zuletzt erfaßten Datensatz "vorgeblättert" werden, damit
im Anschluß daran die nachfolgenden Zeilen der Datenmatrix eingegeben werden können.
Dazu tragen wir im COMMAND-Feld des EDIT-Menüs das Kommando M (Abkürzung von
"MAXIMUM") ein und drücken daran anschließend die PF8-Taste:

```
M<PF8>
```

Daraufhin wird auf das Ende der bereits erfaßten Datensätze "vorgeblättert" und als
letzte Bildschirmzeile die "BOTTOM OF DATA"-Zeile angezeigt.

Durch den (erneuten) Druck auf die PF8-Taste wird um weitere 1o Zeilen vorgeblättert,
so daß im unteren Bildschirmteil wieder Platz für die Einrichtung neuer Eingabezeilen
zur Verfügung steht.

Durch die Eingabe des Zeilenkommandos I in der Form

```
Ilo<etx>
```

zu Beginn der letzten Zeile vor der "BOTTOM OF DATA"-Zeile werden 1o neue Eingabezeilen im unteren Teil des Bildschirms erzeugt. Von nun an kann die Editierung weiterer Zeilen der Datenmatrix (wie oben beschrieben) fortgesetzt und nach der Eingabe
aller Werte der Datenmatrix (wie oben beschrieben) abgeschlossen werden.

In der folgenden Übersicht geben wir eine Zusammenfassung der von uns verwendeten
Editier-Kommandos an:

```
COLS<etx>  : Erzeugung einer Zeile mit Spaltenmarkierungen hinter der Zeile, in
             deren Numerierungsfeld die Zeichenfolge "COLS" in den Zeichenpositio-
             nen 1 - 4 eingetragen wurde
In__<etx>  : Erzeugung von "n" neuen Eingabezeilen im Anschluß an die Zeile, in
             deren Numerierungsfeld die Zeichenfolge "In_" ab der Zeichenposition
             1 eingegeben wurde
D<etx>     : Löschung der Zeile, in deren Numerierungsfeld das Zeichen "D" in der
             Zeichenposition 1 eingetragen wurde
PF7        : "Zurückblättern"
PF8        : "Vorwärtsblättern"
PF1o       : "Verschieben" der Eingabezeilen um 8 Zeichenpositionen nach links
PF11       : "Verschieben" der Eingabezeilen um 8 Zeichenpositionen nach rechts
```

Erfassung der Jobzeilen

Zur Erfassung der Jobzeilen

```
// EXEC SPSSX
//DATAIN DD DSN=A2oA.NGO.DATA,DISP=SHR
//SYSIN DD *
DATA LIST        FILE = DATAIN /
                 VARoo6 5 - 6, VARoo7 7, VARo1o 1o, VARo14 14
FREQUENCIES      VARIABLES = VARoo6, VARoo7, VARo1o, VARo14
```

in die Magnetplatten-Datei "A2oA.SPSS.DATA" verfahren wir innerhalb eines Dialogs
nach der Aufforderung zur Kommando-Eingabe durch

```
READY
```

wie folgt:

1.) PFD 3.2<etx>
2.) Eingabe von "A" in das OPTION-Feld und von "SPSS.DATA" in das DATASET NAME-Feld
    des "< DATASET UTILITY >"-Menüs mit anschließendem Druck auf die <etx>-Taste
3.) Eingabe von "USERo4", 2, 1, o in die VOLUME-, PRIMARY QUANTITY-, SECONDARY
    QUANTITY- und DIRECTORY BLOCKS-Felder des "< ALLOCATE NEW DATASET >"-Menüs
    mit anschließendem Druck auf die <etx>-Taste
4.) =2_<PF4>
5.) Eingabe von "SPSS.DATA" in das DATASET NAME-Feld des "< EDIT DATASET MENU >"-
    Menüs mit anschließendem Druck auf die <etx>-Taste
6.) Eingabe der Jobzeilen in die Eingabezeilen des EDIT-Menüs
7.) Abschluß der Erfassung und Datensicherung in die Datei "A2oA.SPSS.DATA" durch
    den Druck auf die PF3-Taste
8.) =X_<PF4>
9.) LOGOFF<etx>

A.7 Beispiel einer Jobausführung am Bildschirmarbeitsplatz

Als Ergänzung zur Darstellung der Erfassung von Jobzeilen in eine Magnetplatten-
Datei geben wir jetzt an, wie man mit Hilfe des PFD-Kommandos unmittelbar nach der
Eingabe der Jobzeilen in die Eingabezeilen des EDIT-Menüs, d.h. in der Situation

```
EDIT ---- A20A.SPSS.DATA ----------------------------------- COLUMNS 001 072
COMMAND ===>                                                 SCROLL ===> HALF
****** ********************************* TOP OF DATA ****************V10L10********
000001 // EXEC SPSSX
000002 //DATAIN DD TSN=A20A.NGO.DATA,DISP=SHR
000003 //SYSIN DD *
000004 DATA LIST          FILE = DATAIN /
000005                    VAR006 5 - 6, VAR007 7, VAR010 10, VAR014 14
000006 FREQUENCIES        VARIABLES = VAR006, VAR007, VAR010, VAR014
****** ********************************* BOTTOM OF DATA ****************************
```

den Job starten und anschließend das nach der Jobausführung vorliegende Ablaufprotokoll ausgeben lassen kann.

Zunächst geben wir in das COMMAND-Feld des EDIT-Menüs das SUBMIT-Kommando in der
Form

    SUB<etx>

ein und beantworten die anschließende Anfrage nach einer (ein Zeichen langen) Jobkennung durch die Eingabe des Zeichens "1", woraufhin die Meldung über die Einrei-
hung des Jobs in eine interne Job-Warteschlange zur Jobausführung erfolgt und der
Bildschirminhalt sich wie folgt darstellt:

```
EDIT ---- A20A.SPSS.DATA ----------------------------------- COLUMNS 001 072
COMMAND ===> SUB                                             SCROLL ===> HALF
****** ********************************* TOP OF DATA ****************V10L10********
000001 // EXEC SPSSX
000002 //DATAIN DD TSN=A20A.NGO.DATA,DISP=SHR
000003 //SYSIN DD *
000004 DATA LIST          FILE = DATAIN /
000005                    VAR006 5 - 6, VAR007 7, VAR010 10, VAR014 14
000006 FREQUENCIES        VARIABLES = VAR006, VAR007, VAR010, VAR014
****** ********************************* BOTTOM OF DATA ****************************
KE0567400A ENTER JOBNAME CHARACTER(S) -
1
KE0562501 JOB A20A1 (JOB00610) SUBMITTED
***
```

Nach dem Druck auf die <etx>-Taste wird das EDIT-Menü angezeigt, und wir geben ein:

    =3.8<PF4>

Daraufhin wird das "< OUTLIST UTILITY >"-Menü auf dem Bildschirm ausgegeben. In
diesem Menü ist das Zeichen "L" in das OPTION-Feld und der Jobname "A2oA1" in das
JOBNAME-Feld einzutragen und die <etx>-Taste zu betätigen.[+]

[+] Das 5. Zeichen im OPTION-Feld muß die Jobkennung sein.

Sofern der Job ausgeführt ist, wird die Meldung "ON OUTPUT QUEUE" in der folgenden
Form angezeigt:

```
------------------------------------------<  OUTLIST UTILITY  >----------------------------------
OPTION ===> L

     D - DELETE JOB OUTPUT FROM SPOOL
     I - INFORM JOB STATUS
     P - PRINT JOB OUTPUT AND DELETE IT FROM SPOOL
     R - CHANGE SYSOUT CLASS
     BLANK - DISPLAY JOB OUTPUT

SPECIFY PARAMETERS BELOW:
     JOBNAME     ===> A20A1
     CLASS       ===>
     JOBID       ===>
     NEW CLASS ===>                          (FOR OPTION 'R')

PRINT CONTROL CHARACTER ===> ,     (A-ANSI,M-MACHINE,BLANK-NONE)
IEC561921 JOB A20A1(JOB00610) ON OUTPUT QUEUE
***
```

Nach dem Druck der <etx>-Taste ist das OPTION-Feld gelöscht, so daß man sich durch
erneuten Druck der <etx>-Taste das erzeugte Ablaufprotokoll am Bildschirm anzeigen
lassen kann. Zum "Vor-" und "Zurückblättern" und zum Verschieben der Protokollzeilen
darf man - wie im Abschnitt A.6 erläutert - die Tasten PF7, PF8, PF1o und PF11 benutzen.
Soll die Ausgabe des Ablaufprotokolls beendet werden, so ist die PF3-Taste zu betätigen. Anschließend kann das gesamte Ablaufprotokoll über einen Drucker auf Drucker-
papier ausgegeben werden. Dazu ist wie folgt zu verfahren:

Nach der Eingabe des Zeichens "P" in das OPTION-Feld des "< OUTLIST UTILITY >"-
Menüs und dem Druck der <etx>-Taste wird das "< OUTLIST UTILITY PRINT MENU >"-
Menü auf dem Bildschirm angezeigt, in das Rechenzentrums-spezifische Angaben
einzutragen sind (wie etwa für das Rechenzentrum der Universität Bremen):

```
OPTION ===> J

  J - SUBMIT PRINT JOB
  L - OUTPUT DATASET CONTENTS TO LOCAL PRINTER
  BLANK AND END KEY DELETES JOB OUTPUT FROM SPOOL WITHOUT PRINTING

SYSOUT CLASS       ===> A,DEST=R0      (FOR OPTION 'J')
LOCAL PRINTER ID ===>                  (FOR OPTION 'L')

JOB STATEMENT INFORMATION TO SUBMIT JOB:
  ===> //A20ADR JOB RACF
  ===> //*
  ===> //*
  ===> //*
```

Nach zweimaligem Druck der <etx>-Taste erscheint wieder das "< OUTLIST UTILITY >"-
Menü, in das wir innerhalb des OPTION-Feldes die Zeichen "=X" eintragen, so daß
durch Druck der PF4-Taste das PFD-System verlassen wird. Anschließend kann der
Dialog durch die Eingabe des LOGOFF-Kommandos beendet werden.

A.8 Die Kommandos FILE HANDLE, INFO und SHOW

FILE HANDLE

Bei den Betriebssystemen OS/MVS(IBM) und BS 3ooo(SIEMENS) wird eine physische Datei über ein DD-Kommando einem logischen Dateinamen zugeordnet, der innerhalb eines $SPSS^X$-Kommandos in einem Subkommando angegeben ist, z.B. innerhalb des DATA LIST= Kommandos im Subkommando FILE in der Form:

```
   // EXEC SPSSX
 //DATAIN DD DSN=A2oA.NGO.DATA,DISP=SHR
   //SYSIN DD *
   DATA LIST        FILE = DATAIN  ...
                :
                :
```

Unter allen anderen Betriebssystemen, unter denen das $SPSS^X$-System ablauffähig ist, muß die Spezifizierung der physischen Datei innerhalb des Kommandos FILE HANDLE in der Form

```
FILE HANDLE     logischer dateiname / datei-spezifikation
```

vorgenommen werden. Dieses Kommando muß vor dem $SPSS^X$-Kommando aufgeführt sein, mit dem erstmals auf die Datei zugegriffen wird.

INFO

Die Datei-Spezifikation ist Betriebssystem-abhängig und kann über den Einsatz des $SPSS^X$-Kommandos INFO an jedem Rechenzentrum, an dem $SPSS^X$ zur Verfügung gestellt wird, abgefragt werden. Dazu ist das folgende $SPSS^X$-Programm zur Ausführung zu bringen (die erforderlichen JCL-Kommandos sind in der Programmberatung des Rechenzentrums zu erfragen):

```
INFO           LOCAL
```

Als Ergebnis der Programmausführung werden die zur Ausführung eines $SPSS^X$-Jobs erforderlichen JCL-Kommandos, die Richtlinien für die Angabe der Datei-Spezifikation innerhalb des FILE HANDLE=Kommandos und spezifische installationsbedingte Hinweise ins Ablaufprotokoll eingetragen.

Mit dem INFO=Kommando kann sich der $SPSS^X$-Anwender zusätzlich über den Leistungsumfang des $SPSS^X$-Systems und über Veränderungen gegenüber der letzten Programmversion informieren. Neben dem Schlüsselwort LOCAL dürfen die folgenden Schlüsselwörter im Spezifikationsfeld des INFO=Kommandos angegeben werden:

OVERVIEW	: Überblick über alle abrufbaren Informationen
FACILITIES	: Meldungen über die aktuellen Veränderungen gegenüber der letzten Programmversion (ohne Änderungen in den Kommandos zum Abruf der Auswertungsverfahren)
PROCEDURES	: Meldungen über aktuelle Veränderungen gegenüber der letzten Programmversion innerhalb der Kommandos für den Abruf der Auswertungsverfahren
name1[/ name2]...	: wie beim Schlüsselwort PROCEDURES, jedoch nur für die Kommandos, deren Namen - durch Schrägstriche "/" voneinander getrennt - hintereinander aufgeführt sind
ALL	Ausgabe aller verfügbaren Dokumentationen

SHOW

Über bestimmte anlagenspezifische Voreinstellungen für das $SPSS^X$-System, von denen ausgewählte Größen mit Hilfe des SET=Kommandos (s. z.B. die Abschnitte 2.2, 3.5, 5.1.3, 6.4.3, 6.6.1, 6.6.4 und 6.7.3) zu Beginn eines $SPSS^X$-Laufs verändert werden können, kann man sich durch den Einsatz des Kommandos SHOW in der Form

SHOW	ALL

informieren.

Bei der Ausführung dieses SHOW=Kommandos werden z.B. die eingestellte Druckseitenlänge und -breite, der Startwert für den Pseudo-Zufallszahlen-Generator und der eingestellte Ersatz-Wert für die Dateneingabe von Leerzeichen protokolliert.

A.9 Glossar

Im folgenden sind die grundlegenden Begriffe zusammengestellt, die in dieser Einführungsschrift zur Erläuterung des $SPSS^X$-Einsatzes benutzt wurden:

Ablaufplan	Beschreibung der Arbeitsgänge zur Durchführung von Datenanalysen
Ablaufprotokoll	Zusammenfassung der Verarbeitungsergebnisse, die über einen Drucker als Druckprotokoll oder auf dem Bildschirm ausgegeben werden sollen
Allokierung	Katalogisierung des Dateinamens und Reservierung des angeforderten Speicherbereichs für eine Datei
alphanumerische Variable	Variable, die nur Texte als Werte enthält

Alternativklammern | Klammern, die festlegen, daß genau einer der eingeklammerten Ausdrücke angegeben werden muß

Betriebssystem | Programm, das alle Vorgänge in der Datenverarbeitungsanlage steuert und kontrolliert und an das der Anwender seine Anforderungen in Form von JCL-Kommandos formuliert

Bildschirmarbeitsplatz | Arbeitsplatz mit einer Tastatur zur Dateneingabe und einem Bildschirm zur Datenausgabe

Break-Variable | Variable, über deren (sortierte) Werte eine Gesamtgruppe in Teilgruppen gegliedert wird

Case | Untersuchungsobjekt bei der Datenanalyse mit $SPSS^X$

Cursor | Markierung der Zeichenposition auf dem Bildschirm, an der das nächste über die Tastatur eingegebene Zeichen eingetragen wird

Datei | Sammlung von Datensätzen

Dateiname | Name zur Bezeichnung einer Datei

Datenanalyse | Auswertung von Daten im Hinblick auf eine vorgegebene Problemstellung

Datenanalysesystem | Zusammenfassung von Programmen zur Datenanalyse

Datenerfassung | Übertragung der Werte der Datenmatrix bzw. der JCL- und $SPSS^X$-Kommandos auf einen maschinell lesbaren Datenträger

Datenmatrix | rechteckiges Schema aus Zeilen und Kolumnen, in dem jeder Schnittpunkt von Zeile und Kolumne einen Wert enthält

Datensatz | Zusammenfassung von Daten eines Cases auf einem Datenträger

Datenverarbeitungsanlage | Maschine, die Informationen automatisch verarbeitet, indem Programme zur Ausführung gebracht werden

deskriptive Statistik | Zusammenfassung der statistischen Verfahren zur Beschreibung von Merkmalen

DD-Name | symbolischer Dateiname bei den Anlagen IBM und SIEMENS mit den Betriebssystemen OS/MVS bzw. BS 3ooo

diskretes Merkmal | es sind nur bestimmte Merkmalsausprägungen möglich, die exakt ermittelt werden können und meistens durch Zählvorgänge bestimmt sind

Editierprogramm | Programm zur Datenerfassung und Datenkorrektur, mit dem

	der Anwender am Bildschirmarbeitsplatz kommuniziert
Editierung	Bearbeitung von Texten unter Einsatz eines Editierprogramms
Erfassungsbeleg	Beleg, auf dem Daten zum Zweck der Erfassung eingetragen sind
Erfassungsvorschrift	Plan für die Plazierung der Werte, die in einer Zeile der Datenmatrix eingetragen sind, innerhalb eines Datensatzes
Erhebungsbeleg	Beleg (z.B. ein Fragebogen, ein Beobachtungsprotokoll oder eine Ergebnisliste), auf dem die Daten ursprünglich erhoben wurden
Etikett	Text zur Kennzeichnung eines Variablenwerts oder einer Variablen
Fortsetzungszeile	Zeile, in der eine begonnene Eintragung eines $SPSS^X$-Kommandos fortgesetzt wird
Identifikationsnummer	Angabe zur Kennzeichnung eines Cases innerhalb eines Datensatzes
induktive Statistik	Zusammenfassung der statistischen Verfahren, mit denen von einer Stichprobe auf eine Grundgesamtheit geschlossen werden kann
inklusive Variablenliste	Vorschrift, die angibt, wie bei der Dateneingabe mehrere Variablennamen mit gleicher Anfangs- aber unterschiedlicher Endekennung als Elemente des $SPSS^X$-files erzeugt werden sollen
Intervallskala	Meßniveau, bei dem aus den Differenzen der Merkmalsausprägungen auf die Unterschiede der Merkmalsträger geschlossen werden kann
JCL-Kommando	Anforderung an das Betriebssystem ("JCL" ist die Abkürzung von "Job Control Language")
JCL-Prozedur	Zusammenfassung von mehreren JCL-Kommandos
Job	Zusammenfassung von JCL-Kommandos zu einem Arbeitsauftrag an das Betriebssystem
Job-Datei	Datei, deren Datensätze die JCL-Kommandos und die Programmzeilen des $SPSS^X$-Programms enthalten
Kodeplan	Vorschrift zur Verschlüsselung von Merkmalsausprägungen
Kolumnen-Variable	Variable, für die Statistik-Informationen in der Kolumne

	eines Reports tabelliert eingetragen werden sollen
Kommandoname	ein oder zwei Schlüsselwörter zur Einleitung eines SPSS^X-Kommandos
kontinuierliches Merkmal	theoretisch kann jeder Wert eines Intervalls als Meßwert auftreten
listenweiser Ausschluß	Ausschluß eines Cases von einer Datenanalyse, falls für ein oder mehrere in die Analyse einbezogene Variablen der zugehörige Variablenwert als missing Value vereinbart ist
Magnetplatte	magnetischer Datenträger für die langfristige Aufbewahrung großer Datenmengen, auf die schnell zugegriffen werden soll
Magnetplatten-Datei	Datei auf der Magnetplatte
Mehrfachnennungsfrage	Frage, die mehrere Antwortmöglichkeiten zuläßt
Merkmal	Eigenschaft eines Merkmalsträgers
Merkmalsausprägung	Wert, der an einem Merkmalsträger bzgl. eines Merkmals gemessen wird
Merkmalsträger	Gegenstand einer empirischen, d.h. erfahrungswissenschaftlichen Untersuchung
missing Value	ein Wert, der als fehlender Wert von einer Datenanalyse ausgeschlossen werden soll
Nominalskala	Meßniveau, bei dem die Merkmalsträger klassifiziert werden können
numerische Variable	Variable, die nur numerische Werte enthält
Optionalklammern	Klammern, die bestimmen, daß der eingeklammerte Ausdruck angegeben oder fehlen darf oder - bei zusätzlicher Angabe von drei nachfolgenden Punkten - beliebig oft wiederholt werden darf
Ordinalskala	Meßniveau, bei dem die Merkmalsträger vergleichbar sind
permanente Änderung	langfristige Änderung, die bis zum Programmende gültig bleibt
Programm	formale Beschreibung einer Problemlösung, die auf einer Datenverarbeitungsanlage zum Ablauf gebracht werden kann
reflexive Variablenliste	Variablenliste der Form "name1 TO name2", die alle die Variablen bezeichnet, die im SPSS^X-file zwischen "name1"

	und "name2" abgespeichert sind
Report	Bericht, in dem Statistiken oder Werte von Variablen tabelliert sind
Satznummer	Kennzeichnung, um den wievielten Datensatz es sich für den jeweiligen Case handelt
Schlüsselwort	ausgewähltes Wort, das für das SPSS^X-System eine spezielle Bedeutung besitzt
Sortiervariable	Variable, nach deren Werten die Cases des SPSS^X-files auf- oder absteigend sortiert werden sollen
Spezifikationswert	Bestandteil eines SPSS^X-Kommandos zur Spezifizierung der durch den Kommandonamen abgerufenen Anforderung
SPSS^X-file	Ausschnitt der Datenmatrix, der bei der Dateneingabe vom SPSS^X-System für die nachfolgenden Datenanalysen als Zusammenfassung von Variablen eingerichtet wird
SPSS^X-Kommando	Baustein eines SPSS^X-Programms zur Formulierung einer Anforderung
SPSS^X-Programm	formale Beschreibung des Arbeitsauftrags, der vom SPSS^X-System bearbeitet werden soll
SPSS^X-System	von der Firma SPSS Inc. entwickeltes Programmsystem zur statistischen Datenanalyse
Statistik	Maßzahl (summarische Information) zur Beschreibung der Verteilung eines Merkmals
Statistik-Information	Gesamtheit der für eine Variable im Zusammenhang mit der Erstellung eines Reports abgerufenen Statistiken
statistischer Test	Entscheidungskriterium darüber, ob die mittels einer Stichprobe erhobenen Daten mit einer Hypothese über die Grundgesamtheit verträglich sind
Stringvariable	alphanumerische Variable
Subfile	Gruppierung von Cases nach den Werten einer oder mehrerer Variablen des SPSS^X-files
Subkommando	Baustein eines SPSS^X-Kommandos
symbolischer Dateiname	Spezifikationswert innerhalb eines SPSS^X-Kommandos, der auf eines physische Datei weist

Syntax	Regeln zur Beschreibung des Aufbaus eines SPSS^X-Kommandos
system-missing Value	systemseitig festgelegter Wert, der einem Case in dem Fall zugewiesen wird, in dem der zuzuordnende Wert nicht korrekt gebildet werden kann
Teilgruppenwechsel	Änderung der Ausprägung von Variablen des SPSS^X-files, deren Werte auf- oder absteigend sortiert sind
temporäre Modifikation	kurzfristige Änderung, die bis zum Ende der unmittelbar nachfolgenden Aufgabenstellung gültig bleibt
Trennzeichen	Zeichen zur Abgrenzung von SPSS^X-Sprachelementen
Variable	Gesamtheit der Werte einer Kolumne der Datenmatrix, die bei der Eingabe in das SPSS^X-file übertragen wurden
Variablenetikett	Text aus maximal 4o Zeichen, der einem Variablennamen zugeordnet wird
Variablenliste	explizite oder implizite (durch reflexive oder inklusive Variablenlisten angegebene) Reihung von Variablennamen
Variablenname	aus maximal 8 Zeichen bestehender Name, der die Gesamtheit der Werte einer Variablen adressiert
Variablenwert	Wert einer Variablen
Werteetikett	Text aus maximal 2o Zeichen, der dem Wert einer Variablen zugeordnet wird
Werteliste	Aneinanderreihung von Werten

<u>Literaturhinweise</u>

Als Lehrbücher zur Einführung in die Statistik können empfohlen werden:

- BENNINGHAUS, H.
  Deskriptive Statistik
  Teubner Studienskripten, B. G. Teubner, Stuttgart 1974

- BLALOCK, H. M.
  Social Statistics
  McGraw-Hill Book Company, New York 1972

- BORTZ, J.
  Lehrbuch der Statistik
  Springer-Verlag, Berlin Heidelberg New York 1979

- KRIZ, J.
  Statistik in den Sozialwissenschaften
  rororo studium, Reinbek bei Hamburg 1973

- MAYNTZ, R. u. HOLM, K. u. HÜBNER, P.
  Einführung in die Methoden der empirischen Soziologie
  Westdeutscher Verlag, Opladen 1972

- RENN, H.
  Nichtparametrische Statistik
  Teubner Studienskripten, B. G. Teubner, Stuttgart 1975

- SAHNER, H.
  Schließende Statistik
  Teubner Studienskripten, B. G. Teubner, Stuttgart 1971

Als Quelle für diese Einführungsschrift in das SPSS^X-System dienten:
- SPSS Inc.
  SPSS^X User's Guide
  New York 1986
- SPSS Inc.
  SPSS-X, Documentation for SPSS-X Release 2.2, Installation Guide for IBM OS
  SPSS Inc., 1986

Als deutschsprachiges Nachschlagewerk ist erschienen:
- SCHUBÖ, W. u. H.-M. UEHLINGER
  SPSS^X, Handbuch der Programmversion 2.2
  Gustav Fischer Verlag, Stuttgart 1986

Register

$CASENUM 175
$DATE 175
$JDATE 175
$LENGTH 175
$SYSMIS 175
$WIDTH 175
)DATE 107f.
)PAGE 107f.

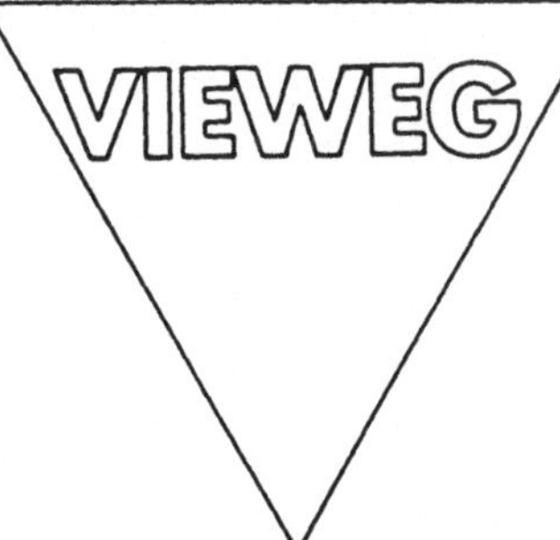

Wolf-Michael Kähler und Werner Schulte

SAS für Anfänger

Einführung in das Programmsystem

1987. XII, 212 Seiten mit 9 Tabellen und 75 Abbildungen. 16,2 x 22,9 cm. Kartoniert.

Das SAS (Statistical Analysis System) ist ein Programmsystem zur Informationsverarbeitung und statistischen Datenanalyse. Es wird von Anwendern unterschiedlicher Fachgebiete (Wirtschafts- und Sozialwissenschaften, Psychologie, Biologie u. a.) eingesetzt. Eine weite Verbreitung hat das System auch in der industriellen Verwaltung gefunden, wo Informationen dargestellt, analysiert und bewertet werden müssen. Die Leistungsfähigkeit des SAS-Systems ermöglicht unter anderem die Organisation von Daten, den Einsatz einfacher und komplexer statistischer Verfahren und die Erstellung individuell gestalteter Tabellen und Graphiken.

Mit diesem Buch wird eine problembezogene und am Beispiel einer empirischen Untersuchung orientierte Einführung in das Programmsystem SAS vorgelegt. Es wendet sich an alle, die für die Analyse empirischer Daten grundlegende Kenntnisse in der statistischen Datenverarbeitung erwerben wollen. Die Darstellung ist so gehalten, daß keine Vorkenntnisse aus dem Bereich der Elektronischen Datenverarbeitung vorhanden sein müssen. Jedoch sollte der Leser statistische Grundkenntnisse in beschränktem Umfang besitzen.

Das Buch ist so strukturiert, daß zunächst die Schritte der Vorbereitung und Durchführung einer Datenanalyse an einem einfachen Beispiel ausführlich beschrieben werden, bevor die gebräuchlichsten Prozeduren zur Kennzeichnung von Merkmalen und die vielfältigen Möglichkeiten der Daten- und Dateienmodifikation, die SAS bietet, vorgestellt werden. Dabei wird die zur Zeit aktuelle Version 5.16 des Programmsystems zugrunde gelegt.

Das Buch kann sowohl als Begleitbroschüre für Lehrveranstaltungen als auch zum Selbststudium empfohlen werden.

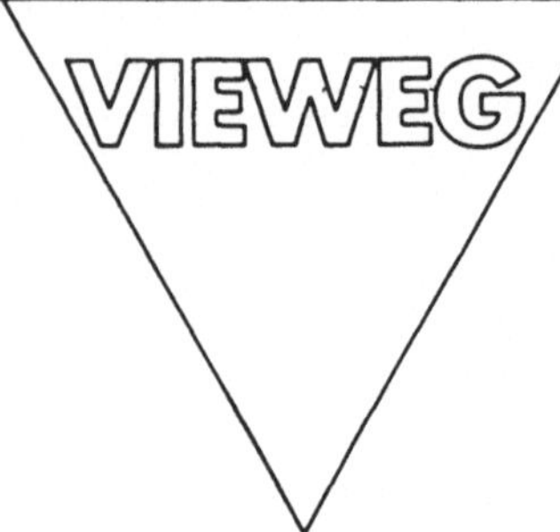

Wolf-Michael Kähler

Einführung in die Programmiersprache COBOL

Eine Anleitung zum „Strukturierten Programmieren".
3. Auflage 1984. VIII, 290 Seiten. 16,2 x 22,9 cm. Kartoniert.

Inhalt: Einführung – Vereinbarung der Datensatz-Struktur – Programmaufbau und Programmablauf – Syntax und Einteilung von COBOL-Anweisungen – Datentransport und Wertzuweisung – Einfache Ein-/Ausgabe – Einfache Steueranweisungen – Arithmetische Operationen – Tabellenverarbeitung – Qualifizierung – Erweiterte Steueranweisungen – Dateiverarbeitung – Ergänzende Programmiertechniken – Anhang – Lösungsteil.

COBOL ist weltweit die am häufigsten eingesetzte problemorientierte Programmiersprache. Vor allem eine sehr weitgehende Standardisierung sowie ihre leichte Erlernbarkeit geben COBOL diese Vormachtstellung. Die Schwerpunkte der COBOL-Programmierung liegen überwiegend im kommerziellen und administrativen, weniger im mathematisch-naturwissenschaftlichen Bereich.

Dieses Buch vermittelt die Grundlagen der Programmiersprache COBOL. Die einzelnen Sprachelemente werden anhand von Beispielen erläutert, die keine besonderen Kenntnisse aus dem Anwendungsbereich erfordern. Im Hinblick auf die Entwicklung und Darstellung von Problemlösungen wird der Leser mit den Grundgedanken des „Strukturierten Programmierens" vertraut gemacht. Er lernt u. a., wie man sog. Struktogramme als graphische Mittel zur Beschreibung von Problemlösungen einsetzen kann.

Vorkenntnisse aus dem Bereich der elektronischen Datenverarbeitung werden nicht vorausgesetzt. Zur Lernkontrolle werden Übungsaufgaben gestellt, deren Lösungen in einem gesonderten Abschnitt angegeben sind.